ETF
AKTIEN
DAYTRADING
TECHNISCHE ANALYSE

Das Große 4 in 1 Buch für Einsteiger

Wie Sie an der Börse intelligent investieren und mit Dividenden, Indexfonds & Trading nachhaltig Geld verdienen

INHALT

ETF
FÜR EINSTEIGER
Vermögensaufbau & passives Einkommen durch Dividenden

Wie Sie in Indexfonds intelligent investieren und finanzielle Freiheit erlangen. Erfolgreich Geld verdienen an der Börse

Einleitung

Was sind ETFs? Wozu sind sie gut? Wie können sie helfen, Ihr Kapital sicher anzulegen und Ihr Geld gleichzeitig zu vermehren? Die Jahre ziehen dahin. Ihre Zukunft ist in greifbarer Nähe, doch Sie wissen noch nicht so genau, was Sie mit ihr anstellen wollen? Sind Sie ratlos, wie Sie Ihr Geld bestmöglich anlegen können, um eine gesicherte Zukunft zu haben? In diesem Ratgeber stellen wir Ihnen eine relativ neue Anlageart vor, die in den letzten Jahren sehr an Beliebtheit gewonnen hat – ETFs oder besser gesagt Exchange Traded Funds. Bei Experten ist diese Anlageart sehr oft in der Kritik. Auch Fondsmanager pflegen einen gewissen Abstand zu dieser Anlageart.

Doch was macht diese Art der Geldanlage für Privatanleger so besonders? ETFs sind für alle Privatanleger eine perfekte Lösung, da sie eine einfache Investition des Kapitals ermöglichen. Ein ETF besteht aus einem Bündel aus Aktien – also einem Fonds. In diesem Bündel können aber auch Anleihen enthalten sein. Doch was ist der Unterscheid zwischen einem normalen Fonds und einem ETF? Ein ETF bildet lediglich die Wertentwicklung eines ihm zugrunde liegenden Index nach. Bei einem normalen, also aktiven Fonds entscheidet ein Fondsmanager, welche Aktien in den Fonds sollen. Aus diesem Grund ist die passiv gemanagte Geldanlage des ETFs auch so kostengünstig, da ein Fondsmanager wesentlich weniger eingreifen muss. Bei der aktiven Variante müssen Sie hingegen mit einem größeren Kostenanteil rechnen. ETFs sind vielseitig und eignen sich für wirklich jeden Anleger. Alle Anleger können, wenn sie dazu bereit sind, an die Finanzmärkte gehen und die typischen Risiken eingehen. Das bedeutet: Auch ETF-Anleger müssen der Börse standhalten können. Sie müssen den ständigen Schwankungen gewachsen sein und keineswegs aus Panik Handel betreiben. Deshalb gilt für alle Neulinge an der Börse: Beginnen Sie mit niedrigen Beträgen und fangen Sie erst dann an, diese zu steigern.

Nur so werden Sie sehen, ob Sie mit den Schwankungen zurechtkommen und ob Sie dem täglichen Wahnsinn der Börse gewachsen sind. ETFs zu ordern, ist leicht, sodass auch Sie sofort loslegen können. Die Exchange Traded Funds sind in den letzten Jahren immer beliebter geworden. Zahlreiche Anleger sind von dieser völlig neuen Methode überzeugt und suchen nun nach den besten Möglichkeiten, ihr Geld sicher anzulegen. ETFs gelten als sehr kostengünstig und einfach. Sie sollen sogar durchschnittlich besser als aktiv gemanagte Fonds sein. ETFs bieten einem jedoch nicht nur viele neue Chancen, sie bringen auch viele Risiken mit sich und sorgen für ein paar Nachteile bei einigen Anlegern. In diesem Ratgeber werden wir Sie also ausführlich über ETFs aufklären. Was sind überhaupt ETFs? Wie funktionieren sie? Wie sind sie aufgebaut und was bringen sie wirklich? Außerdem bringen wir Ihnen ein paar grundlegende Informationen zum Thema Vermögensbildung näher und gehen auf die Anlagearten ein, die Sie besser vermeiden sollten.

Warum sollte man Geld anlegen, sparen oder investieren?

Viele Menschen sparen. Wenn Sie Geld für sich oder Ihre Liebsten zurücklegen, dann fühlen Sie sich einfach glücklicher und besser als die Menschen, die nicht sparen. Wer spart, der steht auf der sicheren Seite und hält sich neue Möglichkeiten bereit. In der heutigen Zeit hat sich das Konsumverhalten extrem verändert. Genau aus diesem Grund hat sich auch die Sparfähigkeit enorm verändert. Die Sparziele sind dementsprechend selbsterklärend. Die häufigsten Gründe, weshalb Menschen etwas zurücklegen wollen, sind die Altersvorsorge, die Anschaffung eines Fahrzeuges oder eines Hauses oder die Renovierung von Wohneigentum.

Die Frage ist jedoch, wie man für seine Zukunft vorsorgen will. Möchte man lieber sparen oder vielleicht doch besser anlegen? Sparen bedeutet, dass man sein überschüssiges Einkommen auf einem Girokonto sammelt. Wenn man jedoch sein Geld anlegen will, dann sucht man gezielt nach guten Verzinsungen für sein Kapital. Anleger schauen demnach immer, ob sie ihre Mittel längerfristig binden können. Will man zum Beispiel sein Geld in Aktien investieren und erzielt man die übliche Rendite von 6 %, dann hat man nach einigen Jahren seine Anlage verdoppelt.

Geldanlage ist ein sehr kompliziertes Thema. Wer allerdings auf einen übertriebenen Konsum verzichten will, der ist bereit, sein Geld für die Zukunft anzulegen. Es spielt übrigens gar keine Rolle, ob Sie sich über diverse Anschaffungen Gedanken machen, Sie für Ihre Kinder vorsorgen oder sich einfach nur im Alter absichern wollen. Wieso also nicht in ein Unternehmen investieren, das Überschüsse erwirtschaftet? Geld anzulegen ist also gar nicht so schwer, wenn man einige Sachen beachtet. Jedoch kommen jedem zukünftigen Anleger einige Fragen in den Sinn, die er unbedingt vorher beantwortet haben möchte. Wie kann er sein angelegtes Kapital vermehren? Kann er jederzeit auf das Geld zugreifen, wenn er es benötigt? Natürlich gibt es viele unterschiedliche Anlagemöglichkeiten. Jede Form birgt ein paar Risiken, deswegen sollten Sie sich vorher gründlich über die einzelnen Möglichkeiten informieren.

WIE KANN MAN SEIN GELD AM BESTEN INVESTIEREN?

Es gibt viele Möglichkeiten, sein Geld anzulegen. Diverse Sparkassen und Banken bieten eine Vielzahl von Produkten an. Auch bieten Versicherungen und

Bausparkassen einige Möglichkeiten an, sein Geld anzulegen. Das Angebot ist vielfältig. Einige versuchen, ihre Kunden vom Goldankauf zu überzeugen, während andere Vermittler ihren Kunden den Kauf eines Wohneigentums schmackhaft machen wollen. Es ist völlig egal, ob die Kunden das Wohneigentum für sich beanspruchen, vermieten oder etwas anderes damit machen. Einige Banken bieten sogar Investmentfonds, Aktien oder auch Wertpapiere an. Jedoch trauen sich nicht viele Menschen an diese Form der Geldanlage heran. Die Menschen denken in den meisten Fällen eher sicherheitsorientiert.

Deshalb entschließen sich viele dazu, Versicherungs- und Bausparverträge abzuschließen. Sie denken, dass sie mit diesen niedrig verzinsten Konten auf der sicheren Seite stehen. Natürlich werden Sie nicht darum herumkommen, einige Versicherungen abzuschließen, denn jeder benötigt hin und wieder einmal eine KFZ- oder eine Haftpflichtversicherung. Auch eine Berufsunfähigkeitsversicherung kann sehr nützlich sein. Diese Versicherungen sind jedoch ebenfalls nicht zu 100 % sicher, denn oft kommt es vor, dass auch sie nicht immer in die Schadensregulierung eintritt. Lesen Sie sich aus diesem Grund immer die jeweiligen Versicherungsbedingungen durch, denn oft enthalten sie einen Ausschluss- oder einen Minderungsgrund.

Noch schmalere Renditen kann man durch eine abgeschlossene Lebensversicherung bekommen. Benötigt man im Alter eine Reserve, dann eignet sich diese Anlage sehr gut. Möchten Sie jedoch Ihr Geld wachsen lassen, dann müssen Sie auch ein höheres Risiko eingehen. Eine mögliche Wertsteigerung geht demnach immer auch mit höheren Risiken einher. Viele Menschen erwarten eine hohe Rendite und erhoffen sich ebenso eine hohe Sicherheit. Schauen wir uns die Anlageprodukte doch einmal etwas genauer an. Gold sieht vielleicht sehr schön aus, allerdings wirft dieses Anlageprodukt keine Verzinsung ab. Gold unterliegt nämlich auffälligen Wertschwankungen.

Immobilien sind derzeit sehr beliebt. Die niedrigen Zinsen für Immobilienkredite hält die Immobilienbranche auf Trab. Seit ungefähr zehn Jahren erleben die Preise für diese Anlageobjekte einen extremen Aufschwung. Wird dieser Trend weiterhin fortgesetzt, dann würde die Nachfrage bei gleichbleibendem Angebot immer mehr steigen. Allerdings ist auch diese Form der Anlage nicht völlig risikofrei, denn sehr günstige Objekte gibt es nur in weniger attraktiven Gegenden. Natürlich können auch Wertverluste und ein möglicher Mietausfall zum Problem werden, ebenso wie Unwetterschäden, weitere Renovierungskosten und Mietnomaden. In diesem Fall kann Ihnen dieses Anlageobjekt sogar Negativ-Renditen einbringen. Im schlimmsten Fall können Sie den eigenen Kredit nicht mehr tilgen, sodass ein Verlust des Mietobjektes droht.

Eine andere Möglichkeit, sein Geld anzulegen, sind Wertpapiere. Oft verstehen die Menschen nicht das Prinzip dahinter oder ihnen liegen einfach zu wenige

Informationen über diese Geldanlage vor. Dementsprechend vertrauen Menschen sehr selten auf diese Form der Kapitalanlage. Natürlich sollten Sie mit dieser Art der Kapitalsicherung vorsichtig sein, denn Wertpapiere verbriefen nur die Rechte an Unternehmen. Nur mühsam gelingt einem eine ausreichende Beurteilung des Unternehmens, sodass viele Anleger sich oft an den Entscheidungen von Experten orientieren. Die Experten managen ihre Vorhaben und versprechen deshalb überdurchschnittliche Renditen. Natürlich lassen die Experten sich für ihr Wissen auch gut bezahlen.

Ein festverzinsliches Wertpapier verspricht über eine bestimmte Anzahl von Jahren sehr gute Konditionen. Am Ende dieser Zeit wird das Wertpapier entweder zum Nominalwert wieder zurückgezahlt oder es wird zuvor an der Börse zum aktuellen Kurs veräußert. Normalerweise ist die Rendite höher als die von Spargeldern bei Banken. Investieren Sie in solche Anleihen, kann es während der Laufzeit zu Kursschwankungen kommen.

Diese Kursveränderungen tragen zu den Veränderungen des Zinsniveaus und der Sicherheit zur Rückzahlung bei. Aktien sind noch schwankungsempfindlicher. Wenn Sie in Aktien investieren, sind Sie Miteigentümer eines Unternehmens. Das Unternehmen hat die Absicht, Einkommen zu erzielen, allerdings unterliegt das Einkommen den verschiedensten Einflüssen. Oft spielen die Politik, die Natur und auch die Gesellschaft eine sehr große Rolle beim Kauf von Aktien. Auch wenn die Insolvenz eines Unternehmens gar keine Rolle spielt, können die Aktienkurse deswegen fallen. In den Industrieländern sind diese Schwankungen eher von kleiner Bedeutung, da die Aktienkurse im Durchschnitt auf lange Sicht deutlich ansteigen.

Natürlich können Sie in sämtliche Objekte investieren, die an den Märkten gehandelt werden. Rohstoffe, Kunstgegenstände, Gold, Währungen oder auch Oldtimer lassen auf steigende Preise hoffen. Oft sind die Märkte jedoch unberechenbar und daher nicht zu empfehlen, weshalb Menschen diese Anlagen häufig zu unsicher sind und sie ihr Geld lieber anders anlegen wollen.

Wer wünscht sich keine sichere Zukunft? Möglicherweise will man auch einfach nur ein wenig Geld für die Enkelkinder zurücklegen, damit diese ihre Zukunft flexibel gestalten können. Wenn es ums Geldsparen geht, sind die Menschen meist sehr ideenreich. Jedoch ist die derzeitige Marktlage äußerst schwierig. Geld zu sparen war noch nie so kompliziert wie heute. Die Zinsen für ein normales Sparbuch sind nämlich zurzeit sehr niedrig. Auch fällt es den Menschen schwer, eine große Summe aufzubringen, damit sie sich eine Immobilie leisten können. Die Frage, „Wie soll man sein Geld am besten anlegen?", ist daher gar nicht so leicht zu beantworten.

Welche Möglichkeiten sind wirklich sinnvoll? Wie können Sie denn nun Ihr Geld sicher anlegen? Die Aussicht, eine ordentliche Rendite durch Aktien zu erhalten, ist in der heutigen Zeit sehr geschrumpft. Viele Anleger haben in den letzten Jahren hohe Verluste einstecken müssen. Aufgrund des Absturzes der Telekom-Aktie und manchen anderen Aktien kam es zu sehr starken Kursveränderungen. Viele Anleger dachten, dass sie mit dieser Entscheidung für die Zukunft abgesichert sind. Jedoch ist genau das Gegenteil eingetreten, sodass viele kleine Anleger sich komplett vom Aktienmarkt entfernt haben. Deswegen ist das Thema Geldanlage ein sehr wichtiges Thema, welches man nie auf die leichte Schulter nehmen sollte. Suchen Sie nach einer Möglichkeit, die es Ihnen erlaubt, hohe Renditen zu erfahren und das Verlustrisiko so gering wie möglich zu halten.

Wenn Sie Ihr Geld anlegen wollen, dann müssen Sie vertrauen. Die Angebote der Banken erscheinen zunehmend unattraktiver, da diese Möglichkeiten immer mit niedrigen Zinsen verbunden sind. Die sicheren Methoden wie das Sparbuch, das Tagesgeld oder das Festgeld nutzen zwar sehr viele Menschen, jedoch werden Sie mit diesen Methoden nicht besonders hohe Renditen einfahren. Oft werden deswegen auch Lebensversicherungen abgeschlossen. Sie sparen mit solch einer Versicherung indirekt für Ihr späteres Leben. Diese Methode bietet Ihnen und Ihrem Geld hohe Sicherheit. Mittlerweile sind die Banken sogar schon so dreist geworden, dass sie die Negativzinsen von den Kunden wieder verlangen, damit sie das Gesparte bei eben diesen Banken anlegen.

SIND AKTIEN WIRKLICH SINNVOLL?

Zum größten Teil sind Aktien eine sichere Angelegenheit. Viele Kleinanleger können in der heutigen Zeit viele Möglichkeiten nutzen, um zusätzliche Einnahmen zu erzielen. Immer mehr Personen überlegen, ihr Geld in Aktien zu investieren. Aufgrund der niedrigen Zinsen bei einem Sparbuch bietet es sich natürlich an, sich vollkommen auf den Aktienhandel zu konzentrieren. Alle Aktionäre haben irgendwann einmal klein angefangen. Starten Sie am besten mit einem günstigen Depot bei einem Broker. Der Broker hilft Ihnen, sichere Aktien zu suchen. Sie werden in diesem Fall zwar keine riesigen Gewinne einfahren, allerdings wird Ihre Aktie sehr wahrscheinlich keinen heftigen Kursveränderungen unterliegen.

Können Sie das Risiko gut abschätzen, dann sind Ihre Aktien eine sichere Anlage. Natürlich müssen Sie jederzeit Aktienanalysen durchführen, um immer auf dem Laufenden zu bleiben. Diese Analysen sind notwendig, damit Sie Ihr Geld sicher anlegen können. Natürlich müssen Sie auch die ständigen Weiterentwicklungen und Neuentdeckungen immer im Auge behalten. Fangen Sie mit kleinen Beträgen an, so werden Sie schnell feststellen, dass der Aktienhandel gar nicht so verkehrt ist, wie immer alle Laien behaupten.

WAS GIBT ES FÜR ALTERNATIVEN?

Ihnen stehen viele Alternativen zur Verfügung, um Ihr Geld sicher anzulegen. Neben dem Aktienhandel können Sie natürlich auch gerne in diverse Immobilien investieren. Allerdings setzt diese Anlage eine sehr hohe Summe voraus. Sinnvoll ist es dementsprechend, in Immobilien zu investieren, die in den letzten Jahren in ihrem Wert gestiegen sind. Zum Beispiel sind Häuser oder Wohnungen in Großstädten sehr beliebt. Häuser brauchen jedoch sehr viel Pflege, damit Sie unnötige Schäden und andere Vorkommnisse ausschließen können.

Auch können Immobilienfonds als Geldanlage genutzt werden. Oft werden in der Branche sehr gute Angebote für Neukunden beworben. Als vor einigen Jahren die Immobilienkrise ausbrach, hat diese Branche jedoch einen großen Einbruch erlitten. Viele Menschen mussten damals auf ihr Geld warten. Viele Anleger meiden deshalb diese Investition, da sie nicht sofort das Geld zurückbekommen, wenn sie es anfordern.

Suchen Sie nach einer sicheren Methode, Ihr Geld anzulegen, dann könnte sich ein Riester-Rentenvertrag lohnen. Falls Sie Kinder haben, erhalten Sie außerdem zusätzlich Zulagen zu Ihren Sparverträgen. Auch kann eine Riester-Rente die Steuerlast senken. Allerdings sollten Sie immer darauf achten, dass noch mehr staatlich geförderte Modelle bestehen. In diesem Fall spielen die betriebliche und die private Altersvorsorge ebenso eine sehr große Rolle. So können Sie ganz einfach zusätzliche Ansparungen einfahren.

Im Folgenden werden wir Ihnen eine übersichtliche Anleitung auflisten, damit Sie ohne Probleme für Ihre Zukunft vorsorgen können. Was bedeutet eigentlich Geld anlegen? Geld anlegen bedeutet, dass man sein Geld für die Zukunft investiert und anspart. Es gibt sehr viele Möglichkeiten, sein Geld anzulegen, allerdings ist nicht jede Methode die beste Option für jeden Anleger. Oft treten Schwierigkeiten auf, die Sie aktiv bei Ihrem Handel stören könnten. Wichtig ist zum Beispiel, dass Sie möglichst jährlich Beträge investieren, die Sie in einem Notfall wieder ausgezahlt bekommen. Kommen Sie nicht jederzeit an Ihr Geld, dann ist das ein sehr schlechtes Merkmal. Achten Sie deshalb auf folgende Optionen:

GELD STREUEN

Wer sein Geld sicher anlegen will, der sollte sein Geld streuen, das heißt, Sie sollten Ihr Geld nicht nur in eine Anlageart legen. Legen Sie Wert auf die perfekte Kombination aus verschiedenen Geldanlagen. Investieren Sie in Aktien, zahlen Sie in Fonds ein oder kaufen Sie sich eine Immobilie, um möglichst hohe Renditen zu erwirtschaften.

DAS ZIEL

Welches Ziel verfolgen Sie, wenn Sie Ihr Geld anlegen? Wie viel Geld würden Sie gerne in zehn Jahren erwirtschaftet haben? Wer sich keine Ziele setzt, der kann nichts erreichen. Visieren Sie Ihr Ziel an und suchen Sie sich die beste Anlageart aus, um das zu erreichen, was Sie sich vorgenommen haben.

FILTERN SIE DIE ANGEBOTE

Viele Vergleichsportale bieten eine umfangreiche Erklärung zu den einzelnen Anlagearten. Vor- und Nachteile sowie zahlreiche Angebote werden miteinander verglichen, um dem zukünftigen Anleger eine kleine Übersicht zu verschaffen. Allerdings ist nicht jedes Angebot erstklassig und bietet das, was Sie sich vorgestellt haben. Filtern Sie deshalb die besten Angebote heraus, um Risiken zu vermeiden.

ACHTEN SIE AUF SICH

Fallen Sie nicht auf jedes Angebot herein. Tatsächlich werden oft genug Angebote verbreitet, die versprechen, dass Sie Ihr Geld ganz ohne Risiken anlegen können. Oft versprechen sie zudem eine schnelle Auszahlung und sehr hohe Renditen. Spätestens dann sollten Sie sich dieses Angebot genau anschauen, denn Sie können leider nicht davon ausgehen, dass Sie hohe Renditen bekommen und Sie dabei kein Risiko eingehen müssen. Nehmen Sie deswegen nur seriöse Angebote an.

BRAUCHEN SIE EINEN BERATER?

Nicht immer sind Finanzberater die beste Möglichkeit, das richtige Angebot zu finden. Wir wollen es ihnen nicht verübeln, aber die Finanzberater wollen meist ihre eigenen Angebote vertreiben. Dementsprechend achten die Berater nicht auf Ihr Vorhaben, sondern handeln nur im eigenen Interesse. Ergreifen Sie deshalb selbst die Initiative und versuchen Sie selbst einzuschätzen, welches Angebot am besten zu Ihnen passt.

WIESO SOLLTE MAN GELD ANLEGEN?

Wenn junge Menschen ihre Ausbildung oder ihr Studium beginnen, wissen sie oft noch nicht, welchen Berufsweg sie am Ende wirklich gehen. Oft werden sie von den unzähligen Angeboten überlaufen. Deswegen fällt es den jungen

Menschen selten leicht, einen passenden Berufszweig auszuwählen. Die Eltern raten ihren Kindern generell dazu, sich für einen Beruf zu entscheiden, der viel Geld einbringt. Doch leider ist das nicht immer die beste Lösung. Die Eltern interessieren sich in diesem Fall eher für die Zukunft der Kinder. Sie wollen, dass sich die Kinder Geld für die Zukunft zurücklegen. Doch nicht nur Kinder und Jugendliche sollten sich über eine passende Geldanlage Gedanken machen, alle anderen sollten das natürlich auch. Warum ist das Sparen so wichtig? Warum sollte sich jeder über eine geeignete Geldanlage informieren? Natürlich bemerken Sie im ersten Moment noch nichts von Ihrer Anlage, jedoch werden Sie nach einigen Jahren davon profitieren.

In den letzten Jahren ist die Zahl der Arbeitslosen in Deutschland extrem gesunken. Das bedeutet, dass viele Menschen sich selbst versorgen und ihre Zukunft aus eigenen Reserven absichern wollen. Geld anlegen ist sehr wichtig, denn auf diese Rücklage können Sie jederzeit zugreifen, wenn schlechte Zeiten in Sicht sind. Es kann immer einmal vorkommen, dass man seinen Job verliert oder andere schlimme Dinge passieren. Natürlich können auch schöne Dinge Geld kosten, wie zum Beispiel Kinder. Wenn Kinder in unser Leben treten, dann ist das oft mit vielen Kosten verbunden. Die Ausbildung, der Führerschein und möglicherweise diverse Spielsachen müssen bezahlt werden. Daher lohnt es sich, schon vorher mit dem Sparen anzufangen. Profitieren Sie schon früh von den Zinsen, die die verschiedenen Anlagearten mit sich bringen.

Geld anlegen heißt nicht, Geld für schlechte Zeiten zurückzulegen. Geld anlegen bedeutet, Geld zu empfangen, welches als Zusatz auf das eigene Kapital angerechnet wird. Schön wäre es natürlich für Sie, wenn Sie direkt hohe Renditen erwirtschaften würden, allerdings ist das oft mit einem gewissen Risiko verbunden. Neben Ihrem Kapital können Sie also nach einiger Zeit eine zusätzliche Rendite erwirtschaften. Der Aktienhandel ist als Anlageart besonders beliebt, da diese Methode eben sehr hohe Renditen abwirft.

Neben dem Aktienhandel gehören auch Sparbücher, Aktienfonds, Immobilienfonds und der Immobilienkauf zu den beliebtesten Anlagearten. Wussten Sie, dass der Abschluss einer Lebensversicherung besonders beliebt bei den Deutschen ist? Nach Ablauf einer gewissen Zeit bekommt der Anleger eine sehr hohe Endsumme.

WELCHE VORTEILE BIETET EINE GELDANLAGE?

Wenn man hohe Zinsen erwarten kann, dann ist man meistens mit der Geldanlageart zufrieden. So etwas wünschen wir uns. Jedoch sind nicht immer nur die Zinsen ein sehr großer Vorteil. Es gibt noch weitere Pluspunkte, die für Sie vermutlich sehr interessant sind. Eine Anlage kann Ihnen hohe Zinsen und eine relativ hohe Sicherheit bieten. Lassen Sie Ihr gespartes Geld bloß nicht einfach so auf Ihrem Konto. Die Verlockung ist einfach zu groß, dass Sie mal eben einmal etwas Geld abheben. So verschwenden Sie Ihr Geld für unnötige Ausgaben. Vielmehr sollten Sie Ihr Geld investieren. So sichern Sie sich perfekt für Ihre Zukunft ab und können sich als Rentner in Ruhe zurücklehnen. Geld anzulegen ist leider nicht immer leicht. Natürlich gibt es mehrere Optionen, sein Geld anzulegen, und auch verschiedene Handelsmethoden, um an der Börse den Überblick zu gewinnen, jedoch ist der Verlust trotzdem oft höher als anfangs geplant.

Wer längerfristig Geld zurücklegen will, der sollte schon früh damit anfangen. Viele Personen fangen deshalb mit dem Beginn einer festen Arbeitsstelle an. Auch die jungen Menschen sollten früh mit dem Sparen beginnen. Es wird daher empfohlen, direkt nach der Ausbildung oder nach dem Studium mit dem Sparen anzufangen. Oft wird ein monatlicher Betrag festgelegt, der bis zur Rente vom Konto abgezogen werden soll.

In letzter Zeit wird immer mehr spekuliert, ob es sich überhaupt lohnt, Geld für einen längeren Zeitraum anzulegen. Natürlich müssen auch hier wieder einige Bedingungen erfüllt sein. Wenn Sie zum Beispiel mit Aktien Ihr Geld langfristig anlegen wollen, dann benötigen Sie genügend Erfahrung, um dem Druck gewachsen zu sein. Viele Aktionäre verfolgen gar nicht das Ziel, Ihr Geld mithilfe von Aktien langfristig anzulegen. Sie brauchen äußerst viel Zeit und Erfahrung, um Erfolg zu haben. Beantworten Sie sich am besten die folgenden Fragen, um zu erkennen, welche Anlageart für Sie infrage kommt:

Welches Ziel setzen Sie sich?
Was müssen Sie also langfristig beachten?
Welche Anlageart bevorzugen Sie?
Haben Sie schon einmal Erfahrung mit einer Anlageart gesammelt?
Wie viel Geld würden Sie gerne erwirtschaften?
Wie viel Geld wollen Sie anlegen?

Die Fragen müssen Sie natürlich für sich allein beantworten, denn dann erfahren Sie, wie lange Sie überhaupt Ihr Geld anlegen möchten. Ihre Ziele sollten Sie natürlich kennen und klar bestimmen können. Suchen Sie nach einer Anlageart, mit der nur eine geringe Geldsumme angespart werden soll, um möglicherweise ein Auto oder ein anderes Wirtschaftsgut zu kaufen? Oder wollen Sie für einen langen Zeitraum eine gewisse Geldsumme zurücklegen? Was bedeutet überhaupt langfristig? Wenn Sie Ihr Geld langfristig anlegen wollen, dann dürfen Sie mindestens fünf Jahre nicht an Ihr Geld. Die Anlageart arbeitet dann für Sie. Wichtig ist nur, dass zusätzlich Zinsen einfließen.

Brauchen Sie das angelegte Geld für irgendwelche Anschaffungen oder wollen Sie es lediglich für Notfälle anlegen? Planen Sie schon 30 Jahre voraus oder interessieren Sie sich ausschließlich für die nächsten paar Jahre? Kommt ein Handel mit Aktien für Sie in Frage, dann haben Sie jederzeit die Möglichkeit, sich Ihr Geld auszahlen zu lassen. Achten Sie jedoch auch auf die Verluste, die Ihnen der Handel mit Aktien einbringen kann. Sollten Sie schon einige Erfahrungen gesammelt haben, dann ist das schon ein sehr großer Vorteil. Sie selbst können dann vielleicht sogar einschätzen, welche Anlage für Ihr Vorhaben am meisten Sinn macht.

WIE SIEHT IHRE DERZEITIGE LEBENSSITUATION AUS?

Natürlich sollten Sie, wenn Sie an einer langfristigen Geldanlage interessiert sind, auch an Ihre derzeitige Lebenssituation denken. Haben Sie gerade Ihren Beruf gewechselt oder überlegen Sie, Ihren Job zu wechseln? Machen Sie zurzeit eine Fortbildung? Planen Sie gerade, Nachwuchs zu bekommen? Oder wollen Sie vielleicht sogar in ein anderes Land ziehen? Einige dieser Situationen veranlassen Sie dazu, emotional zu handeln. Einige Lebenssituationen schränken Sie zudem zeitlich extrem ein, sodass Ihnen gar keine Zeit mehr bleibt, mit Aktien zu handeln. Auch Stress kann ein entscheidender Faktor sein, der gewisse Anlagearten negativ beeinflusst. Planen Sie deshalb zuerst Ihr Leben, seien Sie sich Ihrer Situation bewusst und überlegen Sie dann, was Sie mit Ihrem Geld vorhaben.

WIE BEGINNT MAN AM BESTEN?

Wenn Sie am Anfang noch nicht allzu viel Kapital haben, dann sollten Sie klein anfangen. Wenn Sie in Wertpapiere investieren wollen, sollten Sie nicht Ihr geringes Kapital einsetzen. Beginnen Sie lieber mit einem Musterdepot. Mit diesem Musterdepot können Sie lernen, den Handel zu verstehen, ohne dabei Verluste einzufahren. Natürlich sind Sie nicht gezwungen, mit einem Musterdepot zu beginnen. Sie können mit Ihrem geringen Kapital selbstverständlich auch zu einem Broker gehen und dort mit dem Handel starten. Jedoch hätten Sie bei negativen Ergebnissen keinerlei Rücklagen mehr. Aus diesem Grund müssen Sie Ihr ganzes Vorhaben besser planen. Nutzen Sie niemals Ihr komplettes Kapital für den Handel mit Aktien. Am Anfang wäre es sinnvoll, den Aktienhandel mit ungefähr 20 Prozent Ihres Kapitals zu beginnen. Setzen Sie sich nicht unter Druck, denn wer unter Druck handelt, der verliert oft den Überblick. Wenn Sie sich dazu entscheiden sollten, mit Aktien zu handeln, dann gehen Sie zudem immer von einem Komplettverlust aus. Finanzexperten raten dazu, Ihre Anlagen gut zu überdenken. Daher sollten Sie sich gar nicht erst in eine schwierige Situation bringen.

Was sind ETFs? (Warum sind sie so nützlich?)

Kommen wir nun zum eigentlichen Thema des Ratgebers – ETFs oder auch Exchange Traded Funds. Ein ETF ist ein börsengehandelter Indexfonds. Dieser zeigt die Wertentwicklung eines Index. Das kann zum Beispiel der DAX oder aber auch der Dow Jones Industrial Average sein. Im Großen und Ganzen beinhalten ETFs alle Vorteile der Aktien und Fonds. Am Anfang des Ratgebers haben wir Ihnen die verschiedenen Anlagearten vorgestellt und Ihnen nützliche Informationen zu den einzelnen Methoden gegeben. Nun wollen wir etwas genauer auf diese Möglichkeit eingehen. ETFs können Ihnen nämlich helfen, mit einem Wertpapier günstig in ganze Märkte zu investieren. Natürlich können Sie neben Aktien auch in andere Anlageklassen investieren. Genau deswegen sind ETFs die perfekte Grundlage für eine private Geldanlage. Mit ETFs können Sie nämlich zu jeder Zeit an der Börse handeln.

Bevor das Prinzip rund um das Thema ETFs genauer erklärt wird, sollten ein paar wichtige Begriffe erläutert werden. Wissen Sie, was ein Fonds ist? Sagt Ihnen ein Indexfonds etwas? Und was sind börsengehandelte Indexfonds? Diese Fragen können Sie nach dem folgenden Kapitel hoffentlich selbst beantworten.

Ein Fonds oder auch ein Investmentfonds ist sozusagen ein Auffangbecken für diverse Anlagegelder. Sehr einfach ausgedrückt bedeutet es, dass mehrere Anleger Ihr Geld zusammenlegen und einen Fondsmanager beauftragen, sich darum zu kümmern. Seine Aufgabe ist es dann, das Kapital möglichst ertragreich und breit gestreut mit einer vorher bestimmten Strategie zu investieren. Die Strategie oder besser gesagt die Anlagestrategie gibt dem Fondsmanager vor, in welche Anlageklassen er investieren darf. Die eigentliche Aufgabe des Fondsmanagers ist das Erzielen einer höheren Rendite durch den Erwerb und Verkauf von Investments. Dabei sollte der Manager eine wesentlich höhere Rendite erwirtschaften als die des Vergleichsindex.

Ein Indexfonds soll die Darstellung eines Index so exakt wie möglich angeben. Wenn Sie sich als Anleger für einen Indexfonds entscheiden, sind Sie jederzeit informiert, in was Sie investiert haben, denn jeder sollte die Zusammensetzung des zugrunde liegenden Index kennen. Schauen Sie sich doch einmal den DAX (der Deutsche Aktienindex) an. Dieser Index enthält die Aktien der größten Aktiengesellschaften. Sie benötigen – dank der Index-Nachbildung – bei ETFs und Investmentfonds keine zusätzlichen Analysen. Die Anbieter von ETFs erhalten übrigens aus diesem Grund nur eine sehr geringe Gebühr.

ETFs werden an der Börse gehandelt wie Aktien. Aus diesem Grund können Sie ETFs jederzeit erwerben und wiederverkaufen. Natürlich können Sie das nur während der Börsenöffnungszeiten machen. Normale Publikumsfonds werden hingegen nur einmal am Tag angeboten. Das passiert wiederum über die jeweilige Fondsgesellschaft. Wenn Sie mit solchen Publikumsfonds handeln, dann müssen Sie allerdings immer mit einem sehr hohen Ausgabeaufschlag rechnen. Wenn Sie jedoch die ETFs an der Börse kaufen und verkaufen, dann fallen normalerweise nur die Ordergebühren und möglicherweise eine kleine Differenz zwischen An- und Verkaufskurs an. Wenn Sie ein Kleinsparer sind, dann ist der Kauf und Verkauf von ETFs auch im Rahmen von ETF-Sparplänen möglich.

Warum ist der Begriff ETF nicht wirklich geläufig? Wenn Sie sich bei einer provisionsorientierten Bank über das Thema Geldanlage beraten lassen, dann werden Sie den Begriff ETF mit Sicherheit nicht hören, denn bei solchen Banken sind die ETFs nicht gern gesehene Produkte. Viele Bankberater bekommen beim Abschluss eines Vertrages eine Provision, bei der Vermittlung von ETFs jedoch nicht. Deshalb werden den Kunden des Finanzberaters diese Produkte nicht angeboten. Wenn Sie ETFs kaufen wollen, dann müssen Sie sich an einen bestimmten Honorarberater wenden.

Vielen Privatanlegern ist der Begriff ETF vollkommen fremd, Finanzexperten nutzen ETFs jedoch schon einige Jahre. Versicherungen und Pensionskassen nutzen die ETFs auch regelmäßig, dieses Produkt ist für sie ein absoluter Bestandteil in der Geldanlage. ETFs werden immer bekannter. Sollten Sie in der nächsten Zeit einmal Finanzzeitschriften lesen, dann wird Ihnen auffallen, dass sogar relativ oft über ETFs berichtet wird. Auch im Online-Bereich werden ETFs sehr oft genutzt. Jedoch sind ETFs nicht nur für die kurzfristigen Geschäfte von Vorteil, die Produkte eignen sich auch für Privatanleger, die ihr Geld langfristig zurücklegen wollen.

Was genau ist denn nun ein ETF? Exchange Traded Funds sind sozusagen Investmentfonds. Diese können ganz einfach über die Börse gekauft und wiederverkauft werden. In den USA sind die ETFs schon lange bekannt und beliebt. Der langjährige Erfolg in den USA hat ihnen die Tür in unser Land geöffnet. Zu unterscheiden sind die aktiv und die passiv gemanagten Fonds. Die passiven börsengehandelten Fonds formen die Wertentwicklung eines Basisindex, die aktiven Fonds sollen hingegen den Index schlagen. Der ETF-Markt hat mit nur zwei passiven Fonds begonnen, mittlerweile umfasst er ein Volumen von über 20 Milliarden Euro. Dabei kommt der ETF-Markt auf einen durchschnittlichen Tagesumsatz von ungefähr 200 Millionen Euro.

ETFs sind im Gegensatz zu Aktien sehr kostengünstig. Bei ETFs fallen nur die üblichen Handelsgebühren und die jährlichen Verwaltungsgebühren an. Jedoch weisen ETFs noch mehr Vorteile auf. Die liquiden ETFs werden durchgehend gehandelt, wodurch der Ein- und Ausstieg jederzeit stattfinden kann. Natürlich können Sie am Tag auch mehrfach handeln, und das zu den vorher geläufigen Kursen. ETFs werden bei Sparern immer beliebter. Bisher haben Sparer auf der ganzen Welt schon über 4,2 Billionen Dollar in ETFs investiert. ETFs bilden den Wertpapierindex nach.

Erwirbt man ETFs, dann entwickelt sich der Wert einer Anlage genauso wie der Börsenindex. Betrachtet man die einzelnen Aktien der Unternehmen, dann wird man oft ein Auf und Ab feststellen, schaut man jedoch auf einen längeren Zeitraum, dann wachsen die Märkte der mächtigen Börsen trotzdem. Deshalb gilt diese Methode als äußerst sicher und kostenarm. Jedoch haben ETFs auch einen großen Nachteil, denn einige Anleger investieren über viele ETFs in Klimasünder, Waffenunternehmen oder in sonstige fragwürdige Unternehmen. Nicht jeder will so seine Altersvorsorge aufbauen. Jedoch wird mittlerweile ein Schwester-Index für den MSCI World angeboten, der die fragwürdigen Unternehmen nicht unterstützt. Soziale Aspekte werden also weitestgehend berücksichtigt.

Schritt für Schritt: So richten Sie Ihren ETF-Sparplan ein

Wenn Sie monatlich einen bestimmten Betrag einzahlen wollen, dann eignet sich ein Fonds-Sparplan. Sparpläne haben den Vorteil, dass man nicht sofort sein ganzes Geld investiert, sondern jeden Monat einen gewissen Betrag weglegt. Wie legt man jedoch einen ETF-Sparplan an? Welche Schritte müssen Sie gehen, um einen gut durchdachten Plan auf die Beine zu stellen? Einen Sparplan zu erstellen ist gar nicht so schwer, Sie werden schon sehen.

SCHRITT NR. 1

Natürlich benötigen Sie, um mit dem ETF-Sparplan zu beginnen, ein Konto oder einen Depotzugang. Online ist das ganz einfach möglich. Bei allen Depotbanken läuft das Einrichten eines Sparplanes eigentlich gleich ab. Wenn Sie mit Online-Überweisungen und Online-Banking schon einmal in Berührung gekommen sind, dann werden Sie feststellen, dass das Einrichten eines Sparplanes ebenso leicht funktioniert. Wie beginnt man nun am besten? Melden Sie sich zunächst bei Ihrem Online-Broker an. Wenn Sie sich ein Konto eingerichtet haben, dann landen Sie direkt in Ihrer Finanzübersicht. Dort haben Sie einen genauen Überblick über Ihre Konten und Depots.

SCHRITT NR. 2

Nachdem Sie sich einen kleinen Überblick verschafft haben, gehen Sie auf den Punkt Geldanlage. Unter diesem Punkt können Sie mehrere Posten wählen. In diesem Fall wollen Sie einen Wertpapiersparplan erstellen, klicken Sie deshalb auf diesen Posten. Natürlich haben Sie noch keine Sparpläne, deshalb ist Ihre Übersicht noch leer. Bei den meisten Online-Brokern leuchtet dann ein Button auf, der darauf verweist, dass Sie Ihren Sparplan „HIER" einrichten können.

SCHRITT NR. 3

Im nächsten Schritt werden Sie ein wenig ausgefragt. Wie viel Geld wollen Sie regelmäßig sparen? Oder haben Sie vielleicht gar keine feste Rate eingeplant? Diese und noch weitere Fragen müssen Sie in diesem Schritt beantworten.

SCHRITT NR. 4

In diesem Schritt dürfen Sie die ETFs benennen, die Sie anlegen wollen. Unter diesem Punkt können Sie zwar nach einigen ETFs suchen, allerdings ist es wesentlich einfacher und auch genauer, wenn Sie das schon im Vorfeld erledigen. Im sogenannten ETF-Selektor können Sie sogar nach Ihren Interessen filtern und sehen, wie die ETFs reagieren.

SCHRITT NR. 5

Nachdem Sie sich für Ihre ETFs entschieden haben, müssen Sie Ihre Sparrate nur noch auf die ETFs aufteilen. Wenn Sie vorher eine bestimmte Sparrate angegeben haben, dann wird diese in den meisten Fällen automatisch aufgeteilt. Jedoch können Sie diese Aufteilung jederzeit anpassen. Nach einiger Zeit können Sie die Sparrate übrigens auch noch erhöhen, niedriger stellen oder sogar komplett aussetzen. Die Sparrate können Sie also Ihrer persönlichen Situation anpassen.

SCHRITT NR. 6

In diesem Schritt müssen Sie nun die wirklich wichtigen Daten auswählen. Zuerst müssen Sie sich für Ihren Sparplan einen Namen ausdenken. Unter diesem Punkt können Sie Ihrer Kreativität natürlich freien Lauf lassen. Dann müssen Sie den Kaufzyklus Ihres Sparplans bestimmen. Hier können Sie ein monatliches oder ein zweimonatliches Intervall wählen, Sie können sich aber auch für ein Kaufintervall entscheiden, das quartalsweise abläuft. Wenn Sie sich für mehrere ETFs entschieden haben, dann ist es tatsächlich sinnvoll, den Kauftag über den Monat auszubreiten. Orientieren Sie sich am besten an Ihrem Gehalt. Wann geht es auf Ihrem Konto ein? Wenn Sie wirklich sehr viel Geld sparen wollen, dann sollten Sie zudem Ihr Geld vor allen anderen Ausgaben in Ihren Sparplan geben. Verfallen Sie nicht dem unnötigen Konsum. Ab wann genau soll der Sparplan laufen? Wie lange soll der Zeitraum sein, in dem Sie sparen wollen? Legen Sie deshalb einen Tag fest, an dem der Sparplan losgeht, sowie einen Zeitpunkt, an dem er enden soll. Wenn Sie sich nicht sicher sind, wann genau das Ende sein soll, dann können Sie das Feld natürlich auch offenlassen.

SCHRITT NR. 7

Nachdem Sie alle Felder sorgfältig ausgefüllt haben, sollten Sie alle wichtigen Details noch einmal überprüfen. Haben Sie wirklich alles richtig angegeben?

Auch sollten Sie sich die genauen Kosteninformationen noch einmal anschauen. Alle Kosten werden Ihnen ganz genau angezeigt, da ein 5-Jahres-Plan perfekt simuliert wird. Haben Sie alles überprüft, dann können Sie den Sparplan freigeben.

Was steckt überhaupt hinter einem solchen Sparplan? Wie Sie bereits wissen, handelt es sich bei dem Erwerb um einen Fonds. Dieser Fonds bildet die Wertentwicklung vieler Aktien in einem Aktienindex ab. Sie legen Ihr Geld also nicht direkt nur in eine Aktie an, sondern Sie investieren in eine ganze Reihe von Aktien. Mit diesem nun angelegten ETF-Sparplan können Sie jeden Monat einen kleinen Geldbetrag ansparen. Viele Experten empfehlen nur eine langfristige Geldanlage in ETFs. Langfristig bedeutet in diesem Sinne, dass Sie Ihr Geld erst einmal nicht brauchen werden. Vermögenswirksame Leistungen wären eine gute Lösung. Bei den vermögenswirksamen Leistungen überweist Ihr Arbeitgeber Ihnen einen Betrag, bis zu 40 Euro sind hier üblich, damit Sie ihn auf ein Sparkonto anlegen können. Experten empfehlen jedoch, einen monatlichen Betrag von 50 Euro in einen Aktienfonds einzuzahlen und diesen langfristig anzulegen. Für ein solches Sparvorhaben sind ETFs natürlich äußerst passend. Ein ETF beinhaltet also viele unterschiedliche Branchen und Regionen, sodass Gewinne und Verluste aus einer Branche durch die andere Branche wieder ausgeglichen werden können.

SO FUNKTIONIERT EIN ETF-SPARPLAN

Nachdem Sie sich also ein Depot bei einem Broker eröffnet haben, werden Ihre Fondsanteile in diesem Depot sehr gut verstaut. Auch Änderungen Ihres Plans können Sie jederzeit vornehmen. Die Schritt-für-Schritt-Anleitung hat Ihnen dabei hoffentlich geholfen, die ersten Versuche zu unternehmen. Fakt ist, dass Sie mit einem ETF-Sparplan regelmäßig einen festen Betrag investieren können. Wenn Sie ein ETF über die Börse kaufen, dann müssen Sie gleich ganze Anteile erwerben. Wenn Sie sich jedoch einen Sparplan anlegen, dann erhalten Sie erst kleine Anteile eines ETFs.

Sie fragen sich die ganze Zeit, was ein ETF-Sparplan kostet? Bei einem solchen Sparplan können auf verschiedene Weise Kosten anfallen. Wenn Sie die Fondsebene betrachten, dann müssen Sie die laufenden Verwaltungskosten bezahlen, die für das Management des ETFs anfallen. Wie hoch diese Gebühren sind, können Sie in der Kostenquote nachschauen. Jedoch kann man sagen, dass ETFs eine sehr kostengünstige Anlageart darstellen. Einen sehr günstigen MSCI World-ETF erhalten Sie zum Beispiel schon für nur 0,15 Prozent Kosten pro Jahr. Auch die Verwahrung eines ETFs kostet Geld. Deswegen können für diesen Vorgang Depotgebühren entstehen. Bei vielen Online-Anbietern wird diese Leistung jedoch auch kostenfrei angeboten. Wenn Sie sich also online nach einem Broker umschauen, dann brauchen Sie für diesen Prozess keine Kosten einplanen.

Wenn Sie den ETF-Sparplan regelmäßig nutzen, dann können weitere Gebühren anfallen. Viele Online-Broker bieten spezielle Leistungen an, sodass in diesem Fall oft Ordergebühren hinzukommen können. Die meisten Broker bieten dann zum Beispiel 500 ETFs kostenfrei an, ohne eine Kaufgebühr zu verlangen. Jedes Jahr wechseln sie dann ihr Angebot und tauschen dementsprechend auch die ETFs aus.

Für wen ist eigentlich ein ETF-Sparplan geeignet? Nicht jeder Anleger hat so viel Geld, dass er sich ein ETF leisten kann. Deswegen bieten viele Banken an, ein Depot zu eröffnen, sodass verschiedene Summen für ETFs eingezahlt werden können. Wenn Sie sich nun für einen Sparplan entscheiden sollten, dann können Sie bereits geringe Beträge jeden Monat einzahlen. Wenn sich der Kurs des ETFs sehr gut entwickelt, sind sehr hohe Erträge möglich. Mit einer Rate von 50 Euro bieten die meisten Depotbanken einen ETF-Sparplan an. Natürlich kann die Rate immer an Ihre persönlichen Lebensumstände angepasst werden. Auch können Sie einmal pausieren, wenn Sie nicht in der Lage sind, Ihre monatliche Rate zu bezahlen. Haben Sie Ihren Job verloren? Haben Sie gerade familiäre Probleme? Oder müssen Sie irgendwelche wichtigen Reparaturen bezahlen? Diese Situationen können durchaus schon einmal eintreten. Wenn Sie wieder mehr Geld zur Verfügung haben, dann können Sie die Raten wieder aufnehmen.

Natürlich investieren Sie immer nach Gewichtung des jeweiligen Index. Ein Anleger setzt mit seinem Geld also auf den Markt. Es gibt viele verschiedene Märkte, in die Sie investieren können. Wenn Sie in sogenannte Schwellenländer investieren wollen, dann sollten Sie sich auf sehr viele Schwankungen gefasst machen. Wenn Sie die Absicht haben, Ihr Kapital langfristig anzulegen, dann wählen Sie lieber einen Index, der risikoarm ist. Aus diesem Grund investieren Sie lieber in den Markt der Industrienationen. Die Gefahren kann man auf diesem Markt schon relativ früh erkennen und die Aktien sind größtenteils fair bewertet. Je nachdem, wie sich eine Nation entwickelt, können die Kurse steigen und fallen, somit auch der ETF. Das Risiko eines ETFs ist also immer auf das Risiko des Marktes zurückzuführen. Sicher sind deshalb auch immer Indizes, die schon über Jahre hinweg bestehen und stetig steigen.

WARUM IST EIN SPARPLAN NUN EINE GUTE IDEE?

Wenn Sie Kapital breit streuen, dann wird das Risiko gesenkt. Das Risiko bezieht sich nicht nur auf den zugrunde liegenden Index, sondern auch auf den Zeitpunkt des Einstiegs. Langfristige Investitionen sind eigentlich immer eine gute Idee, allerdings sind einige Sachen existent, die es zu beachten gilt. Wenn Sie nämlich direkt vor einer Kurskorrektur einsteigen, müssen Sie meistens sehr lange warten, bis das Depot wieder im Plus ist. Damit Sie das vermeiden, sollten Sie regelmäßig investieren. Den richtigen Einstiegspunkt zu finden, ist nicht einfach, selbst Profis scheitern oft genug daran. Mit einem Sparplan können Sie hingegen ganz entspannt jeden Monat eine gewisse Summe einzahlen oder Sie wählen eine Zahlung pro Quartal. Wenn Sie sich für diesen Weg entscheiden, dann wird das Risiko, den falschen Einstiegspunkt zu finden, deutlich geschmälert. Zudem kann ein Sparplan dazu animieren, regelmäßig einen gewissen Betrag zurückzulegen.

Prinzipien erfolgreicher Vermögensbildung

Werden alle Grundsätze der Kapitalmarktforschung beachtet, dann wird für Sie die Vermögensbildung wesentlich lohnenswerter. Oft wird das Geld einfach nur so verpulvert, sodass das Geld bei den falschen Menschen ankommt. Die Finanzindustrie bekommt oft einen Großteil des Geldes, den eigentlich wir Sparer bekommen sollten. Anleger, die mit Ihrem Wissen punkten können und die versuchen, dieses Dilemma zu vermeiden, erwirtschaften viel höhere Einnahmen.

Auf Dauer können Sie sich dann natürlich auch über einen größeren Vermögensbestand freuen. Aus diesem Grund sollten Sie sich mit den wichtigsten Informationen rund um das Thema Vermögensbildung auseinandersetzen. Versuchen Sie, alle wissenschaftlichen Regeln zu kennen, und lernen Sie die passenden Anlagezusammensetzungen. Wenn Sie sich in diesem Wissensbereich noch nicht sicher fühlen, dann können Sie sich natürlich auch mit einem Finanzberater austauschen. Dieser bringt Ihnen vermutlich auch die Risikowahrnehmung etwas näher. Nachdem Sie Ihr Wissen auf einen geeigneten Stand gebracht haben, können Sie sich auf Dauer als Investor mit dem gewissen Know-how wohlfühlen.

Sobald Sie sich etwas Wissen angeeignet haben, hat das zudem den Vorteil, dass Sie in der Zukunft sinnvolle und unsinnige Sparangebote voneinander unterscheiden können. Auf nachteilige Angebote können Sie mit Ihrer Grundkompetenz nicht mehr hereinfallen. Sie können mit Ihrem neu gewonnenen Wissen schnell erkennen, wann genau sich die Anleger zu diversen Investments verleiten lassen, damit die Anbieter die größten Einnahmen erzielen.

An der Deutschen Börse sind tausende Wertpapiere gelistet. Wie soll man da das richtige Wertpapier auswählen? Welche Wertpapiere passen besonders gut in das Portfolio? Passen die jeweiligen Investitionen überhaupt zu meinen persönlichen Anlagezielen? Machen Sie sich mit den grundlegenden Zusammenhängen vertraut, auch wenn Sie Ihre Pläne an einen Vermögensverwalter abgeben. Schließlich wissen Sie ohne nützliches Know-how gar nicht, ob Ihr auserwählter Vermögensverwalter wirklich mit der Finanzwelt vertraut ist. Überprüfen Sie deshalb genau, wem Sie Ihr erspartes Kapital anvertrauen. Im Folgenden sind ein paar Grundsätze aufgelistet, die Ihnen in der Finanzwelt helfen können.

DIVERSIFIKATION

Diversifikation beschreibt die Anlage des Geldes auf viele verschiedene Wertpapiere. Mit diesem Prinzip können eventuelle Verluste leicht ausgeglichen werden. Steigt der Kurs bei einem Wertpapier, dann hat man Gewinn gemacht. Sinkt der Kurs bei einem anderen Wertpapier, entstehen Verluste. In diesem Fall sollten Sie Ihre Wertpapiere gut aussuchen. Suchen Sie sich Aktien, die verschiedene Ziele verfolgen, um Ihre möglichen Verluste ausgleichen zu können.

RISIKO UND RENDITE

Eine Regel im Geschäft mit Aktien und Wertpapieren lautet: Je höher das Risiko, das man eingeht, desto mehr Rendite erwirtschaftet man. Bezieht man diesen Spruch auf einen längeren Zeitraum, dann ist er meistens sogar zutreffend. Wieso sollte man sonst in eine risikoreiche Anlage investieren, wenn man keinen höheren Gewinn in Aussicht hat? Doch wie bestimmt man überhaupt das Risiko eines Investments? Oft wird das Risiko nach der Schwankung eines Kurses bestimmt. Finanzexperten reden von der Volatilität. Ein Investment, welches ein hohes Risiko mit sich bringt, sollte auf Dauer also auch mehr Rendite einbringen. Ein risikoarmes Investment dagegen bringt entsprechend eher weniger Rendite ein. Jedoch gibt es ein paar Probleme mit diesem Prinzip, zum Beispiel schwankt das Risiko auch im Zeitablauf. Das Risiko kann dementsprechend sehr stark ansteigen, wenn das Marktrisiko im Allgemeinen angestiegen ist. Der Zusammenhang von Risiko und Rendite gilt wirklich nur langfristig. Sollte das Risiko beim Kauf einer Aktie nur für einen kurzen Zeitraum ansteigen, dann wird die Rendite normalerweise nicht wirklich hoch ausfallen. Oft tritt nämlich genau das Gegenteil ein. Seien Sie sich deshalb immer vorher im Klaren darüber, wie viel Risiko Sie im Endeffekt tolerieren können.

GEBÜHREN

Bevor Sie nun in ETFs investieren, sollten Sie sich gut über die anfallenden Gebühren informieren. Die Gebühren sind nämlich für den langfristigen Erfolg einer Geldanlage ein entscheidendes Thema. Doch wie sehen Gebühren in diesem Bereich aus? Es gibt zum Beispiel die normalen Transaktionsgebühren, die Depotbankgebühren und die Handelsspesen. Es gibt noch sehr viele andere Gebühren, die eventuell anfallen können. Die Gebühren sollen natürlich möglichst niedrig ausfallen. Je kleiner die zusätzlichen Kosten sind, desto höher fällt logischerweise auch die Rendite aus. Die Gebühren sollten daher nicht mehr als 1 % des zurückgelegten Geldes betragen. Bei sehr teuren Fonds können die Gebühren auch schon einmal 3 % des angelegten Kapitals betragen. Wenn Sie zu solchen Fonds tendieren, dann müssen Sie allerdings auch schon mehr als 3 % Rendite pro Jahr einnehmen.

ANLAGEKLASSEN

Wenn Sie sich nicht gerade für ETFs entschieden haben, müssen Sie sich im Klaren darüber sein, welche andere Anlageklasse infrage kommt. Die üblichen Anlageklassen sind Aktien, Immobilien, Rohstoffe oder auch Bargeld. Alle Anlageklassen werden unterschiedlich behandelt, besonders das Risikoprofil und die Renditechance sind zum Teil sehr verschieden. Wichtig zu wissen ist jedoch, dass sich die Anlageklassen oft in einem charakteristischen Muster zueinander bewegen. Sie können dementsprechend parallel steigen und auch wieder fallen. Auch kommt es vor, dass sie sich eher gegensätzlich bewegen. Einige Anlageklassen sind jedoch kaum voneinander abhängig. Aus diesem Grund sollten Sie die verschiedenen Anlageklassen gut kennen, damit Sie in manchen Situationen besser urteilen können. Geldmarktfonds, Staatsanleihen und Unternehmensanleihen gelten als die Anlageklassen, die ein geringes Risiko aufweisen.

Dagegen weisen Aktien und Rohstoffe ein relativ hohes Risiko auf. Immobilien werden als Anlage oft unterschätzt und mit einem sehr geringen Risiko eingestuft. Doch es kommt immer darauf an, wie Sie investieren wollen. Wollen Sie Ihr Geld in Ihre eigenen vier Wände oder lieber in Immobilienaktien investieren? Diese Risikoprofile weichen natürlich extrem voneinander ab. Allerdings lohnt es sich auch teilweise, ein höheres Risiko einzugehen, da Aktien normalerweise über einen längeren Zeitraum mehr Rendite abwerfen.

RISIKOTOLERANZ

Wieso wollen Sie Ihr Geld investieren? Wollen Sie sich später ein Haus kaufen? Wollen Sie Ihren Kindern eine vernünftige Zukunft bieten? Möchten Sie Ihr Geld zurücklegen, um sich einen angenehmen Ruhestand zu sichern? Was haben Sie mit Ihrem gesparten Geld vor? Ihr Vorhaben ist entscheidend, damit Ihr Risiko beim Investieren angemessen ausfällt. Natürlich müssen Sie auch immer Ihr derzeitiges Einkommen bei dieser Entscheidung berücksichtigen. Neben dem geregelten Einkommen kommt es auch auf die Börsenerfahrung und die Fähigkeit an, gewisse Situationen richtig einschätzen zu können. Wer auf lange Sicht mehr Risiko eingeht, der kann normalerweise auch mehr Rendite erwarten. Jedoch sollte man sich trotzdem immer im Klaren darüber sein, wie viel Risiko man wirklich eingehen will. Wenn Sie keine riskanten Käufe tätigen, dann schränken Sie natürlich auch Ihre Renditechancen stark ein. Riskieren Sie jedoch zu viel, kann es sein, dass Sie sich zu viel zumuten und aus der Geldanlage frühzeitig aussteigen müssen. Wer zu früh aussteigt, der bleibt oft auf Verlusten sitzen. Mittlerweile gibt es viele nützliche Tools, die feststellen, welches Risiko für Ihre ausgewählte Anlage angemessen ist.

ZINSESZINS

Der Zinseszins hat eine sehr starke Wirkung, denn er sorgt dafür, dass die erwirtschaftete Rendite in der Zukunft wieder eine Rendite abwirft. Das hat zur Folge, dass das eigentlich angelegte Kapital immer geringer wird. Wer das erreichen will, muss die erarbeiteten Renditen und Zinsen jedoch investiert lassen. Hält man an diesem Prinzip fest, dann kann man mit einem starken Vermögenszuwachs rechnen.

INFLATION

Vermutlich wissen Sie bereits, was Inflation bedeutet. Inflation ist der prozentuale Anstieg des Preises für alltägliche Dienstleistungen und Güter. Die meisten Menschen ignorieren die Inflation jedoch gekonnt. Eine Inflation tut Ihrem Gesparten nicht gut, denn sie frisst Ihre Anlage regelrecht auf. Wenn Sie Geld zu einem Zinssatz unter der Inflationsrate anlegen, verlieren Sie an Kaufkraft. In Deutschland lag der Zinssatz in den letzten Jahren sehr oft im negativen Bereich, wenn man die Absicht hatte, kurzfristig Geld anzulegen.

AKTIVE UND PASSIVE GELDANLAGE – WAS IST DER UNTERSCHIED?

Aktive Geldanlagen versprechen oft ein sehr hohes Renditepotenzial. Oft versucht der Fondsmanager also, den Vergleichsindex zu übersteigen, zum Beispiel den DAX oder auch den globalen MSCI World. Allerdings wird das für den Anleger ein sehr teures Vergnügen, denn ein Fondsmanager verlangt sehr viel für seine Tätigkeiten.

Die passiven Fonds sind natürlich genau das Gegenteil von aktiven Fonds. Die passiven Fonds versuchen nicht, den Vergleichsindex zu übersteigen, sondern kopieren ihn lediglich. Wieso der passive Fonds nur versucht, den Index zu kopieren? Damit man die Performance ungefähr nachvollziehen kann. In diesem Fall kümmert sich kein überteuerter Fondsmanager um die Aktien.

FONDS

Ein Fonds ist für die Bündelung des Geldes mehrerer Investitionen verantwortlich. Dabei wird das Geld in viele Einzelteile gesteckt, wie zum Beispiel Aktien oder andere Anleihen. Anleger, die kein großes Kapital vorweisen, können ihre geringen Summen trotzdem in ein breit gefächertes Portfolio anlegen. Es gibt mehrere Arten von Fonds, denn nicht alle Fonds werden zum Beispiel gleich verwaltet. Die klassischen Fonds, wie die Investmentfonds und die ETFs, investieren für die Sparer in ausgewählte Anlageklassen, Sektoren und Regionen. Das Volumen der Fonds wird in die jeweiligen Anteile aufgespalten, die dann von den Sparern gehalten werden. ETFs werden häufig als passive Geldanlage behandelt, es gibt aber auch aktive Positionen. Die normalen Fonds werden zudem nicht an der Börse gehandelt, sondern direkt über die Fondsgesellschaft. Deswegen sind sie dementsprechend weniger liquide als ETFs. ETFs werden hingegen an der Börse notiert. Die Hedgefonds sind eine besondere Form der Fonds. Sie richten sich eher an Pensionskassen, aber auch an Versicherungen. Privatanleger kommen eher selten zu solchen Fonds.

STEUERN UND STAATLICHE FÖRDERUNG

Anleger können sich auf steuerliche Vergünstigungen und staatlich geförderte Anlageprodukte freuen. Die deutsche Regierung will damit die langfristige Geldanlage am Kapitalmarkt vorantreiben. Wenn Sie Steuern sparen wollen, dann sollten Sie zunächst auf den Sparerpauschbetrag zurückgreifen. Sie können einfach einen Freistellungsauftrag an Ihre Bank oder an Ihren Vermögensverwalter schicken, so müssen Sie auf Kapitalerträge bis zu einer Höhe von 801 Euro für Singles und 1.602 Euro für Paare keine Steuern zahlen. Wenn Sie keinen Freistellungsauftrag eingereicht haben, können Sie sich die gezahlte Steuer auf Kapitalerträge durch Ihre Einkommensteuererklärung zurückholen. Sicherlich haben Sie auch schon einmal von der Riester- und Rürup-Rente oder allgemein von der betrieblichen Altersvorsorge gehört. Diese Renten werden tatsächlich auch staatlich gefördert und sind fachlich so komplex, dass man es kaum in nur einem Satz erklären kann. Auch wenn das ganze Thema Rente ziemlich kompliziert ist, sollten Sie sich trotzdem ausgiebig damit beschäftigen.

Eine Kapitalanlage ist immer mit einem gewissen Risiko verbunden. Seien Sie sich deshalb stets darüber bewusst, dass Sie Ihr ganzes Vermögen zu jeder Zeit verlieren können. Auch Wertentwicklungen und diverse Prognosen sind nicht immer zuverlässig.

Aktives und passives Investieren

Sie fragen sich, ob das aktive oder das passive Investieren besser zu Ihnen passt? Fakt ist, dass die meisten Fonds auf Dauer nicht in der Lage sind, den allgemeinen Markt zu schlagen. Wir beziehen uns jetzt nur auf die Rendite und die Kosten der Fonds. Während man bei einem aktiven Fonds mit festen Gebühren rechnen kann, sind die Kosten bei passiven Fonds eher gering. Teilweise fallen die Kosten bei aktiven Produkten sogar noch höher aus, wenn man sehr erfolgreich gehandelt hat. ETFs sind dagegen sehr günstig. Oft werden die Fonds viel zu groß und zu breit angelegt. Daher kann es sein, dass ein aktiv gemanagter Fonds zu einem sehr großen Teil einen Index abbildet, der dann aber auch in manchen Bereichen von diesem abweicht, um das aktive Produkt zu rechtfertigen. Viele Fonds werden aufgrund ihrer Größe also semi-aktiv gemanagt. Aus diesem Grund ist eine Definition aktiv und passiv gemanagter Fonds sehr schwierig, denn die Unterschiede sind teilweise sehr gravierend.

VORTEILE VON ETFS

ETFs werden in der Regel passiv gemanagt und nicht aktiv betrieben. Es wird also ein bestimmter Index nachgestellt, dementsprechend gibt es ETFs auf Währungen, Aktien, Immobilien oder auf andere Produkte. Wenn Sie sich für ETFs entscheiden sollten, können Sie mit sehr geringen Kosten rechnen. Zudem bieten sie den Zugang zu vielen Anlagemöglichkeiten. Noch vor ein paar Jahren war es Privatanlegern gar nicht möglich, ETFs zu betreiben, lediglich große Investoren konnten die Vielfalt der ETFs nutzen. In der heutigen Zeit ist es mittlerweile jedem möglich, weltweit Aktien, Anleihen oder Rohstoffe zu bedienen. ETFs sind sehr liquide. Große und auch kleine Anleger können dementsprechend in ETFs investieren. Wozu dienen ETFs noch? ETFs können zur kurzfristigen Absicherung, zur Spekulation oder aber auch für eine langfristige Anlage eingesetzt werden. Nicht umsonst sind ETFs in den letzten Jahren immer beliebter geworden und machen mittlerweile einen großen Anteil des Kapitals aus.

NACHTEILE VON ETFS

Ein großer Nachteil von ETFs ist, dass man nur Gewinne auf Marktniveau erhalten kann, genauso wie das Risiko. Anleger erhalten also nur die übliche Rendite und das passende Marktrisiko. Wenn Sie mehr Risiko eingehen wollen, um mehr Rendite zu erhalten, dann sollten Sie das aktive Management wählen. Das bedeutet zwar wesentlich mehr Arbeit und auch die Gewinnerzielung ist nicht wirklich leicht, allerdings werden die etwas höheren Kosten dadurch auf jeden Fall gerechtfertigt. Die Anleger bekommen so die Möglichkeit, ein anderes Chance-Risiko-Profil zu erhalten, Sie müssen sich also nicht mehr nach dem Gesamtmarkt richten. Das heißt, dass ein aktives Management in diesem Fall eine bessere Lösung ist, da gute Werte erzielt werden können. Das Chance-Risiko-Profil ist beim passiven Management für den Investor also eher negativ ausgelegt. Achten Sie daher nicht unbedingt darauf, ob aktiv gemanagte Produkte höhere Kosten mit sich bringen, denn gute Produkte sind der wahre Schlüsselfaktor. Gute Fonds erfordern ein wenig Recherche, denn nicht überall sind sie leicht zu finden.

WIESO SOLLTEN MEHR ANLEGER AKTIV INVESTIEREN?

Wenn die Märkte funktionieren, dann funktionieren auch die Börsen. Aktive Investoren sorgen also für Angebot und Nachfrage an der Börse. Werden genügend Produkte angeboten und ist die Nachfrage für ein Produkt vorhanden, kommt es zu einer fairen Preisbildung. Das aktive Management spielt auf dem Markt eine sehr wichtige Rolle und sorgt ebenso dafür, dass eine faire Preisbildung zustande kommt. Beim aktiven Management sucht man am Markt nach neuen Ansätzen, wobei alle aktiven Manager meist verschiedene Ansichten haben. Der Markt wird dadurch liquide. Unternehmen sind erst durch gut laufende Märkte sinnvoll an der Börse gelistet. Diese nutzen sie in den meisten Fällen als Finanzierungsplattform, um sich Kapital zu besorgen. Der Markt bewegt das Kapital eher zu gut dastehenden Unternehmen. Weniger gute Unternehmen erhalten dementsprechend auch weniger oder sogar gar kein Kapital. Die schlechten Unternehmen scheiden dann logischerweise auch irgendwann aus dem Markt aus. Manche Finanzexperten sprechen immer wieder davon, dass das aktive Investieren ein wichtiges Element des wachsenden Wohlstandes ist. Wollen Sie eher passiv investieren, dann läuft das oft ohne Qualitätsprüfung ab. Das wiederum sorgt für unsichere Märkte, da das Kapital nicht sicher bereitgestellt werden kann. Wenn Sie zum Beispiel Ihr Kapital in einen Index-ETF investieren, dann wird das lediglich nach Gewichtung des Index geschehen. Das heißt, dass jede Aktie des Index also mit dem gleichen Betrag angelegt wird. Wenn Sie dieses Vorhaben aus Sicht eines aktiven Managements betrachten, machen solche Investitionen gar keinen Sinn. Es gibt einfach keinen Grund dafür, den gleichen Geldbetrag in eine gute und in eine schlechte Aktie zu investieren. Auch macht es keinen Sinn, dass man überhaupt Geld in eine schlechte Aktie investiert.

Wenn man passiv investiert, werden viele Unternehmen einheitlich bewertet, und das führt zu einer gewissen Ineffizienz an den Kapitalmärkten. Dementsprechend kann es sein, dass passive Investitionen in der Zukunft von einigen Schwankungen überrascht werden. Wie Sie nun wissen, werden die Unternehmen beim passiven Investieren gleichgeschaltet, was jedoch nicht wirklich sinnvoll ist.

Auch wenn es für die meisten Personen durchaus sinnvoll ist, ihr Geld in irgendeiner Art und Weise an der Börse zu hinterlegen, haben die meisten Anleger ganz andere Vorstellungen und müssen dementsprechend anders handeln. Dabei kommt es immer auf das Alter, das Kapital, die Familienumstände und auch auf den Gesundheitszustand an. Aufgrund dieser Kriterien können die Anforderungen an die Geldanlage stark auseinandergehen. Während manche Personen mit einer kleinen Rendite und einem sehr geringen Risiko im Jahr auskommen, gehen andere Anleger ein sehr hohes Risiko ein, um eben eine hohe Rendite zu erwirtschaften. Das passive Management kann diesen Anforderungen nur schwer gerecht werden. Jedes Vorhaben benötigt also eine andere Lösung. Wenn Sie eine hohe Rendite bekommen wollen, müssen Sie ein gewisses Risiko eingehen. Deshalb sollten Sie aktiv gemanagte Fonds suchen, die es über einen langen Zeitraum geschafft haben, den Gesamtmarkt zu schlagen. Nicht immer schaffen es aktiv gemanagte Fonds, den allgemeinen Markt zu schlagen. Eine Sache sollte Ihnen deshalb klar sein: Wo Gewinner zu finden sind, gibt es auch Verlierer. Als Anleger sollten Sie sich deshalb immer genau über die Fonds informieren, vor allem dahingehend, ob sie dauerhaft Gewinne einbringen konnten. Eine erfolgreiche Investition kommt nicht von allein, dabei spielt es keine Rolle, ob Sie aktiv oder passiv investieren.

WAS BEDEUTET AKTIVES FONDSMANAGEMENT?

Wie wir Ihnen bereits erläutert haben, gibt es aktive und passive Investmentfonds. Der Fondsmanager entscheidet bei aktiven Investmentfonds über die Investitionen auf dem Aktienmarkt. Fondsmanager suchen sich die Aktien jedoch keineswegs unwillkürlich heraus, hinter jeder Auswahl steckt eine ausgearbeitete Strategie. Es spielt dabei keine Rolle, ob es sich um einen Aktienfonds, einen Anleihenfonds oder einen Mischfonds handelt. Im Allgemeinen ist der Manager überzeugt davon, mithilfe seiner ausgearbeiteten Strategie und mit seinen auserwählten Aktien auf Dauer besser abzuschneiden als der Markt selbst. Der Fondsmanager versucht also, eine Überrendite zu erwirtschaften. Um dieses Ziel jedoch zu erreichen, muss er sehr viel Geduld und Zeit investieren. Nicht umsonst bekommt ein Fondsmanager für seine Tätigkeit eine relativ hohe Gebühr.

WAS IST BESSER? AKTIV ODER PASSIV?

Einige wissenschaftliche Studien haben bewiesen, dass aktive Investitionen auf Dauer den Gesamtmarkt nicht überbieten können. Hauptgrund sind eigentlich die anfallenden Gebühren. Neben einer einmaligen Gebühr kommen auch noch jährliche Gebühren hinzu. Damit man die Gebühren irgendwie wieder ausgleichen kann, müssen sich die aktiven Fonds überdurchschnittlich gut entwickeln. Nur so kann die Marktrendite überschritten werden. Jedoch kann man tatsächlich nicht sagen, dass die aktiven Manager immer die besten Aktien heraussuchen. Selbst die aktiven Fondsmanager orientieren sich nämlich oft an einem Index, sodass sich die jeweilige Anlagestrategie kaum von passiven Investitionen unterscheidet. Aus diesem Grund konnten sich ETFs Jahr für Jahr steigern. Aktuelle Studien besagen, dass passive Investitionen auch diverse Vorteile zu bieten haben. Dabei wurden die Nischenmärkte sowie alle Fonds, die aufgrund schlechter Wertentwicklung liquidiert werden mussten, ganz genau untersucht. Die Forscher gingen davon aus, dass die aktiv gemanagten Fonds wesentlich besser abschneiden müssten. Doch in den effizienten Märkten entwickelten sich die passiven Fonds besser als Vergleichs-Portfolios. Aktiv gemanagte Investmentfonds erwirtschaften aufgrund ihres Risikomanagements eine relativ hohe Rendite. Während die aktiven Fondsmanager die Verluste bei fallenden Märkten verringern können, müssen Sie bei ETFs und Indexfonds den drohenden Verlust hinnehmen. Das ist jedoch nicht ganz richtig, wenn man dieses Prinzip über einen längeren Zeitraum betrachtet. Die Überrendite nimmt sogar mit der Länge des Untersuchungszeitraumes zu. Ein Portfolio ist normalerweise die perfekte Kombination aus verschiedenen Anlagetechniken. Schauen Sie sich jetzt einmal Portfolios an, die zwei oder mehrere Fonds aufweisen. Wie wäre es, wenn die Portfolios mehrere Aktienfonds beinhalten würden? Oder betrachten Sie gerne einmal Portfolios mit mehreren Rentenfonds. Einige Untersuchungen haben ergeben, dass das Endergebnis für die Manager selbst negativer ausfiel, wenn mehr Fonds mit aktivem Management in den besagten Portfolios enthalten waren. Fakt ist: Wenn zwei oder mehrere aktiv gemanagte Fonds pro Anlagemöglichkeit im Portfolio enthalten sind, ist die Wahrscheinlichkeit höher, dass die Rendite höher ist als der im Voraus definierte Vergleichsindex. Ein Portfolio aus Indexfonds ist also sehr schwer zu überbieten. Sie müssen nur noch einen leichten und kostengünstigen Weg finden, den Sie gehen können. Die Kosten einer passiven Geldanlage betragen pro Jahr rund 0,49 % vom investierten Kapital. Die Kosten sind somit deutlich geringer als die der aktiven Geldanlage. Diese Ausgaben betragen um die 2,26 %. Es gibt genügend Untersuchungen, die sich mit investierbaren und verfügbaren Investmentfonds beschäftigen.

Wie funktionieren ETFs?

ETFs haben eigentlich eine sehr leichte Aufgabe. Sie müssen die Wertentwicklung des Marktes möglichst genau nachbilden. Schauen wir uns die ETFs anhand eines Beispiels an. Stellen Sie sich vor, Sie wollen in den deutschen Aktienmarkt investieren, wie würden Sie vorgehen? Wenn Sie schon ein wenig Ahnung vom Aktienmarkt haben und Ihnen die wichtigsten Begriffe geläufig sind, dann können Sie theoretisch selbst ein Unternehmen auswählen und die dazugehörigen Aktien erwerben. Wissen Sie zufällig, wie viele Aktien es ungefähr in Deutschland gibt? Es gibt ungefähr 1000 Aktien, die an der Börse notiert sind. Sollten Sie jedoch auf die Idee kommen, nur in eine Aktie zu investieren, dann gehen Sie ein sehr hohes Risiko ein.

Stellen Sie sich vor, diese eine Aktie würde ganz plötzlich abstürzen und sich als totale Niete erweisen. Gehen Sie lieber weniger Risiko ein und verteilen Sie Ihr Kapital breit gestreut. ETFs sind genau die richtige Wahl und somit eine sehr sichere Anlagemöglichkeit, da sie sich auf eine breit gefächerte Auswahl beziehen. ETFs beziehen sich meistens nur auf einen Index. Der bekannteste Index ist mit Sicherheit der DAX. Dieser Index enthält die 30 größten Aktiengesellschaften Deutschlands.

Der Index kann sich mit der Zeit ein wenig verändern. Einige Aktien verlieren nämlich an Wert und andere Aktien gewinnen an Wert. Da der DAX jedoch nur die 30 größten Aktiengesellschaften umfassen darf, prüft ein Gremium in regelmäßigen Abständen, ob die derzeitigen Gesellschaften die Kriterien immer noch erfüllen. Der DAX besteht schon seit 1988. Nur 15 Aktiengesellschaften haben es bis heute geschafft, sich im Index zu halten. Die anderen Gesellschaften haben einen heftigen Auf- und Abstieg erfahren, sodass sie aus dem DAX verschwinden mussten.

Die Wertentwicklung des DAX muss ein ETF nun genau nachahmen. Es gibt mehrere Möglichkeiten, wie man das erreichen kann. Theoretisch kauft ein ETF genau die Aktien ein, die auch im DAX enthalten sind. Sehr große Aktien haben logischerweise auch ein größeres Gewicht. Die Deutsche Telekom ist zum Beispiel eine überaus große Aktiengesellschaft. Der ETF muss nun also ein genaues Ebenbild des DAX erschaffen, sodass die Entwicklung der einzelnen Werte genau nachempfunden werden kann. Fällt nun eine Aktie weg, muss auch der ETF diese Aktie ausschließen. In der Regel muss ein ETF alle drei Monate einen Wandel vornehmen, denn dann entscheidet das Gremium meist über einen neuen Ab- oder Aufsteiger. Da der ETF nur alle drei Monate eine Veränderung durchzieht, fallen nur sehr geringe Verwaltungskosten an.

Man versucht also, den Index für andere Anleger leichter handelbar zu machen. ETFs werden also passiv gemanagt, wodurch sie niedrige Kosten haben. Seit dem Jahr 2000 kann man sein Kapital auch in Deutschland in die börsengehandelten Indexfonds anlegen. Seit diesem Jahr ist das Volumen der ETFs ständig in die Höhe gegangen. Das verwaltete Vermögen und die Anzahl der ETFs sind dabei stetig gewachsen. Doch nicht nur die Anzahl und das Vermögen haben sich gesteigert, sondern auch die Vielfalt der Produkte hat sich weiterentwickelt. Außerdem muss es sich nicht immer um einen Aktienindex handeln, denn es gibt auch Indizes im Rohstoff-, Devisen- oder auch im Rentenbereich. All diese Bereiche können die Grundlage für einen ETF sein.

Mit dem Kauf eines ETFs bekommt man als Anleger direkt ein Paket von Aktien oder Wertpapieren in nur einem einzigen Produkt. So können auch Börsenanfänger ganz leicht am Markt handeln. Da nicht nur in eine einzige Aktie investiert wird, ist die Risikostreuung sehr stark. Außerdem weisen ETFs eine einfache Handelbarkeit auf, da sie in der gesamten Börsenhandelszeit erworben und verkauft werden können.

Wussten Sie, dass das in ETFs eingezahlte Kapital auch als Sondervermögen bezeichnet wird? Doch was bedeutet das genau? Im Falle einer Insolvenz der Fondsgesellschaft können Sie keinen Totalverlust machen. Das ist nicht nur sehr praktisch, sondern auch ein großer Vorteil gegenüber den anderen Wertpapierarten. Bei Zertifikaten wird das Kapital zum Beispiel nicht als Sondervermögen behandelt.

ETFs sind besonders für private Anleger geeignet. Zum einen benötigen Sie nicht besonders viel Hintergrundwissen, dadurch sparen Sie sich einige Stunden an Recherche. Sie müssen sich also nicht genauer über bestimmte Aktien informieren, sondern sich nur über die Chancen und Risiken erkundigen. Wenn Sie an ausländischen Märkten interessiert sind, dann kann die Recherche schon einmal etwas aufwendiger sein. Wollen Sie in ein ETF investieren, brauchen Sie sich zum anderen keine Gedanken über die Abwicklungs- und Währungsmodalitäten der einzelnen Aktien zu machen. Wenn Sie sich immer am Index orientieren, können Ihnen die einfachen Anfängerfehler nicht passieren. Sie werden also nicht zur falschen Zeit verkaufen oder sich nur auf eine Aktie konzentrieren.

Bei einem ETF investieren Sie nicht direkt in eine Aktie, Sie arbeiten stattdessen für die Entwicklung mehrerer Aktien. Beim DAX sind es zum Beispiel 30 große Unternehmen, in die Sie investieren können. Ein DAX-ETF stellt also die Entwicklung dieser 30 verschiedenen Aktien nach. Aus den 30 verschiedenen Kursen der Unternehmen ergibt sich ein Kurs für den DAX. Betrachtet man den Kurs des DAX, dann erfährt man, wie sich die Kurse der größten Aktiengesellschaften entwickelt haben. Allerdings können Sie nicht sehen, welche Aktie genau zu dem DAX-Gewinn oder -Verlust beigetragen hat. Wenn Sie jedoch beobachten können, dass der DAX steigt, dann wurden mehr Aktien erworben als abgegeben. Betrachten Sie nun ein ETF, kopiert dieser die Entwicklung des DAX-Kurses und Sie können ebenso die Kursentwicklung der einzelnen Aktien erkennen. Der Wert des ETFs entwickelt sich also genauso wie der DAX.

Wenn zum Beispiel der DAX um ein paar Prozente ansteigt und Sie Geld in einen DAX-ETF investiert haben, dann ist der DAX-ETF ebenfalls um diese Prozentzahl gestiegen. Da ein ETF die Kurse mehrerer Unternehmen zeigt, ist auch das Risiko breit gefächert, denn wenn ein Unternehmen einmal nicht so erfolgreich ist und der Kurs auf Berg- und Talfahrt geht, dann werden Sie davon nicht so viel merken, da Ihr ETF mehrere Aktien umfasst. Die Unternehmen, die Gewinne eingefahren haben, können dann den Verlust des anderen Unternehmens ausgleichen.

Haben Sie sich nun einen ETF-Sparplan erstellt, können Sie versuchen, monatlich etwas Kapital anzusparen. Einige Experten raten sogar dazu, sein Geld nur langfristig in ETFs zu investieren. Wenn Sie das Geld in absehbarer Zeit also nicht brauchen, sollten Sie es in ETFs anlegen. Dabei spielt es keine Rolle, wie viel Sie investieren. Schon 50 Euro im Monat können eine Menge bewirken. ETFs sind sehr einfach zu koordinieren. Anleger bekommen über ETFs einen ganzen Schwung von Wertpapieren, sodass über den ganzen Markt ganz unkompliziert gehandelt werden kann.

Risiko

ETFs haben sehr viele Vorteile. Besonders für private Anleger sind ETFs lohnenswert. Allerdings ist keine Produktklasse völlig ohne Nachteile. So weisen auch ETFs ein paar Punkte auf, die für den Anleger nicht von Vorteil sind. Überlegen Sie nun also, in ETFs zu investieren, dann schauen Sie ganz genau hin. Denn auch bei diesen anscheinend sehr günstigen Produkten ist nicht alles so einfach, wie es auf den ersten Blick erscheint.

Was müssen Sie also beachten? Bei Swap-ETFs entsteht ein Kontrahentenrisiko, sodass der ETF darauf angewiesen ist, dass der Swap-Partner seinen Aufgaben nachkommt. Der ETF bleibt jedoch auf Forderungen sitzen, falls die Bank insolvent werden sollte. Das hat zur Folge, dass die Anleger das Geld nicht mehr zurückbekommen. Wieso das beim Swap der Fall ist? Der Swap ist nicht Teil des Sondervermögens.

Allerdings gibt es einige Begrenzungen, da der Swap höchstens zehn Prozent des Fondsvermögens betragen darf. Einige ETF-Anbieter legen dementsprechend sehr viel Wert darauf, dass der tatsächliche Wert immer unter der Zehn-Prozent-Grenze liegt. Die ETF-Anbieter treffen grundsätzlich Regelungen, um das Risiko zu minimieren. Die jeweiligen Swap-Partner sollen sich deshalb verpflichten, Sicherheiten zu hinterlegen, die den eigentlichen Wert des Swaps übersteigen. Diese Sicherheiten sind jedoch oft nicht im Verkaufsprospekt aufgelistet. Wenn Sie nun an diesem Produkt interessiert sind, sollten Sie sich nicht voll auf diese Garantien verlassen. Einige ETF-Anbieter setzen deshalb auf Verträge mit Banken, damit Sie immer abgesichert sind, falls ein Vertragspartner ausfällt.

WIE HOCH SIND DIE KOSTEN BEI SWAP-ETFS?

Was ein weiteres Problem bei Swap-ETFs darstellt? Die meisten Anleger können die aufgelisteten Kosten der Swaps nicht wirklich nachvollziehen. Die Swap-ETFs werden nicht an der Börse gehandelt, sondern bloß zwischen zwei Personen, die diesen Handel vertraglich festlegen. Swap-ETFs werden meist von sehr großen Bankkonzernen angeboten. Diese Bankkonzerne schließen die Verträge mit den Mutterkonzernen ab, sodass oft sehr hohe Gebühren anfallen. Anstatt über diese Gebühren aufzuklären, versuchen die Bankkonzerne, den Anlegern die Vorteile der Swap-ETFs näherzubringen. Sie stellen gekonnt die komplizierten Indizes in einer leicht verständlichen Abbildung dar und legen viel Wert auf die Kostenersparnisse. Die negativen Punkte sollen Sie keineswegs davon abhalten, sich auf die Swap-ETFs einzulassen, nur sollten Sie immer wissen, in was Sie Ihr Geld investieren.

WAS SIND PHYSISCH REPLIZIERENDE ETFS?

Physisch replizierende ETFs halten die in einem Index enthaltenen Wertpapiere auch im Fondsvermögen. Jedoch haben auch diese ETFs ihre Schwächen. Viele Gesellschaften halten sich offen, die Wertpapiere in Besitz des Fonds zu verleihen. Eventuell sind sie Spekulanten, die auf einen Tiefgang der Aktie hoffen und auch darauf gewettet haben. Die Aktie wird dann leer verkauft. Bevor Sie eine Aktie vom ETF leihen können, müssen Sie erst eine bestimmte Gebühr an den Fonds abführen. Die Anleger können durch die Wertpapierleihe einen netten Nebenverdienst erwirtschaften. Das scheint auf den ersten Blick erst einmal sehr positiv. Die Rendite Ihres Investments wird ja schließlich aufgebessert. Doch auch das bringt ein paar Probleme mit sich. Die zusätzlichen Renditen bringen natürlich auch ein höheres Risiko mit sich. Auch die Leihgebühr stellt eine Minderung des Risikos dar, denn die Wertpapiere werden aus der Hand gegeben. Was passiert jedoch, wenn Sie zahlungsunfähig werden? Der ETF bekommt die Wertpapiere sehr wahrscheinlich nicht zurück. Ein sicherer Schutz lässt sich auch durch gewisse Sicherheiten nicht ganz gewährleisten.

Allerdings ist die Tatsache, dass die Anleger das gesamte Risiko der Wertpapierleihgeschäfte übernehmen müssen, noch ein viel größeres Problem, denn von den Erträgen sehen sie nur einen sehr geringen Teil. Meistens halten die ETF-Anbieter in den Verträgen fest, dass mindestens 50 Prozent der Gewinne an sie selbst gehen. ETFs an sich sind also eine sehr interessante Möglichkeit, jedoch haben sie auch ihre Schwächen. ETFs haben gegenüber aktiv gemanagten Fonds sehr viele Vorteile. Doch auch die eben beschriebenen Nachteile sollten Sie in Ihre Entscheidung einfließen lassen. Im direkten Vergleich sind ETFs jedoch immer noch mehr zu empfehlen als die aktiv gemanagten Fonds.

ENGPÄSSE HINSICHTLICH DER LIQUIDITÄT

Mithilfe von ETFs ist der Handel von komplizierten Anlageklassen wesentlich leichter geworden. Der Markt hat sich so sehr weiterentwickelt, dass er schon fast von allein handelt. Die Fonds sind flüssiger geworden als die enthaltenen Wertpapiere. Experten sind sich über die Entwicklung des Marktes uneinig. Einige behaupten, ETFs würden die Krisen bei weniger flüssigen Anlagen dämpfen. Andere sind hingegen der Meinung, dass im Krisenfall nur noch mehr Ausschläge drohen würden. Fakt ist: Bei nicht liquiden Anlagen sollten Anleger mit Bedacht vorgehen. Sollte der Kurs abstürzen, könnte auch die Liquidität sehr schnell verschwinden oder der Preis könnte vom eigentlichen Wert der Wertpapiere stark abweichen. Oft droht dann sogar ein Handelsverbot, da eine zu große Abweichung entsteht, und es findet kein Handeln mehr statt.

MARKETINGFALLEN

Insgesamt gibt es nur fünf große Firmen, die auf dem ETF-Markt vertreten sind. Der Wettbewerb bei normalen Produkten ist sehr einseitig und hart, sodass neue ETF-Anbieter immer wieder neue Innovationen bieten wollen. Auf dem üblichen Markt entstehen jeden Tag neue ETFs, allerdings können sich nicht alle halten und somit verschwinden sie auch schnell wieder. Wenn Sie sich nicht sicher sind, in welche ETFs Sie investieren wollen, dann greifen Sie lieber zu den handelsüblichen Produkten und versuchen Sie, die neuen Produkte zu umgehen.

Im Index findet man die größten Unternehmen. Wenn der Kurs ansteigt, wird auch die Gewichtung des Unternehmens stärker. Seit der letzten Finanzkrise klettern die Aktienmärkte durchgehend – zwar mit kleinen Unterbrechungen, aber seit fast neun Jahren stetig. Viele Neuanleger haben aus diesem Grund nur positive Erfahrungen mit ETFs gemacht. Spätestens in der nächsten Krise werden die Anleger merken, wie schwer dieser Markt überhaupt ist. Auch die Funktionsweise der ETFs wird erst mit der nächsten Krise richtig untersucht. Wenn Sie die nächste Krise in Ihre Anlage einplanen und eine Strategie entwickeln, brauchen Sie in der nächsten Krise nicht panisch reagieren, denn Sie haben rechtzeitig ein Konzept entwickelt, wie man im schlimmsten Fall mit hohen Kursverlusten umzugehen hat.

ETF-Mythen

Wir haben für Sie zehn Mythen herausgesucht, die wir uns ein wenig genauer anschauen wollen. Oft werden auf diversen Veranstaltungen und in Leserbriefen Antworten zu sehr komplexen Sachverhalten geliefert. Wir schauen uns die wichtigsten Fakten an und bringen Ihnen das Thema ETF etwas näher. ETF wird teilweise auch nur mit den Worten einfach, transparent und flexibel beschrieben. Allerdings gibt es trotz der einfachen Vorgehensweise einige Dinge, die es zu beachten gilt. Schauen wir uns diese zehn Mythen einmal an:

MYTHOS NR. 1

Einige Experten behaupten, dass ETFs einige Steuervorteile mit sich bringen würden. Sie sollen sogar mehr bieten als andere Kapitalanlagen. Allerdings trifft diese Aussage nicht ganz zu, da die Zinsen, Dividenden und Veräußerungsgewinne der ETFs ebenso mit 25 Prozent versteuert werden. Auch werden die Erträge der anderen Kapitalanlagen mit 25 Prozent versteuert. Sie sehen also, dass es keinerlei Unterschiede bezüglich der Besteuerung gibt. Falls Sie jedoch ein Anleger sind, der einen sehr niedrigen persönlichen Steuersatz hat, dann können Sie die zu viel gezahlte Steuer mit Abgabe Ihrer Einkommensteuererklärung wieder zurückholen.

MYTHOS NR. 2

ETFs sind nur dann sinnvoll, wenn Sie langfristig Kapital anlegen wollen. ETFs eignen sich für die Buy-and-hold-Strategie besonders gut, da sie sehr günstig und transparent die Indizes kopieren. ETFs können jedoch noch wesentlich mehr, sodass sie auch für die kurzfristigen Ziele sehr gut geeignet sind. Wenn Sie Ihr Kapital kurzfristig anlegen wollen, dann haben Sie die Chance, mit Short-ETFs zum Beispiel auf einen Marktrückgang zu setzen. Auch können Sie mit manchen ETFs überproportional an der Entwicklung teilnehmen. ETFs werden aktiv gehandelt, das spiegelt auch die Turn-over-Rate wider. Insgesamt wechseln laut Statistik 10 Prozent der Anteile eines ETFs jeden Tag den Besitzer.

MYTHOS NR. 3

Sind ETFs wirklich für schnelles Investieren geeignet oder handelt es sich bei dieser Aussage um einen Mythos? Viele Spekulanten verwenden ETFs als kurzfristige Möglichkeit. Schnell und günstig nehmen sie also an kurzfristigen Trends teil. Die Aussage stimmt jedoch nicht ganz. Laut einer Statistik schlagen weniger als die Hälfte der aktiv gemanagten Fonds kurz- und langfristig ihre Benchmark. Bei aktiv gemanagten Fonds liegt das allerdings an den zum Teil sehr hohen Verwaltungskosten.

MYTHOS NR. 4

Der Kostenvorteil bei ETFs ist nur sehr geringfügig. Ist das wichtig? Die Ausgaben für Indexfonds liegen ungefähr bei 0,1 bis 0,5 Prozent. Wenn Sie jedoch aktiv managen, dann können die Kosten schon einmal zwischen 1,5 und 2,0 Prozent liegen. Wie wäre es, wenn wir zwei Fonds miteinander vergleichen? Schauen wir uns doch einmal einen Fonds mit einer Kostenquote von ungefähr 0,2 Prozent und einen Fonds mit einem Kostenanteil von 1 Prozent an. Natürlich gehen wir in erster Linie erst einmal davon aus, dass die beiden Fonds die gleiche Performance erzielen. Wenn wir uns die Anlage über einen langen Zeitraum anschauen, zum Beispiel über 30 Jahre, dann sieht der Kostenvorteil schon ganz anders aus. Während das ETF-Portfolio nach 30 Jahren mit einer jährlichen Rendite von 5 Prozent um die 400 Prozent zugenommen hat, hat ein ETF mit dem Kostenanteil von 1 Prozent allerdings nur 325 Prozent zugenommen. Wenn Sie noch mehr Rendite erwarten, dann kann sich dieser Effekt auch noch verstärken.

MYTHOS NR. 5

Haben Sie schon einmal etwas von Leveraged-ETFs gehört? Oft heißt es, dass man auf diese Art der ETFs verzichten sollte. In der letzten Zeit hat man viel Negatives über Leveraged-ETFs gehört. Oft wird diese Art der ETFs von den Anlegern nicht wirklich verstanden und somit werden sie häufig auch falsch umgesetzt. Aus diesem Grund gab es sehr viele negative Schlagzeilen über diese ETFs. Die meisten Anleger erwarten viel mehr, als ihnen wirklich zusteht, und bekommen folglich nie das, was sie vermuten. Sie versprechen sich von diesen ETFs mit Hebel einiges, allerdings bilden die gehebelten ETFs nur die Tagesperformance mit Hebel ab. Das führt oft zu Verwirrung.

MYTHOS NR. 6

Rohstoff-ETFs sollen angeblich einen sehr unkomplizierten Zugang zum Rohstoffmarkt ermöglichen. Allerdings denken viele Anleger, dass die Rohstoff-ETFs auch tatsächlich den aktuellen Marktpreis der Rohstoffe abbilden. Das stimmt nicht und liegt häufig an dem Aufbau der ETFs. Denn die ETFs legen nicht in den physischen Rohstoff an, sondern versuchen eher, die Entwicklung darzustellen. Aufgrund der hohen Lagerkosten macht es nämlich wenig Sinn, in den physischen Rohstoff zu investieren.

MYTHOS NR. 7

Anleger glauben sehr häufig, dass ETFs einen Index zu 100 Prozent genau nachbilden. Das stimmt jedoch häufig nicht. Der Index wird mithilfe einer optimierten Aktienauswahl oder mittels eines Swaps gebildet. Im Swap-ETF sind verschiedene Aktien enthalten. Die Performance der einzelnen Aktien wird dementsprechend gegen die des Index eingetauscht. Positionen, die nur eine sehr geringe Gewichtung aufweisen, werden bei diesem Vorgang nicht berücksichtigt. Die kleinen Posten haben nämlich ohnehin keinen Einfluss auf die Entwicklung des Index.

MYTHOS NR. 8

Limit-Orders sind dank der hohen Liquidität von ETFs total überflüssig. Limit-Orders sind in dieser Hinsicht nie überflüssig, denn wenn man außerhalb der üblichen Handelszeiten handelt, können sie sogar sehr nützlich sein. Dass ETFs eine hohe Liquidität aufweisen, ist allerdings richtig. Auch auf Nischenmärkten können Limit-Orders sehr nützlich sein, da das Handelsvolumen noch sehr gering ist.

MYTHOS NR. 9

Können ETFs in der Zukunft aktiv gemanagte Fonds komplett ersetzen? ETFs haben in der Vergangenheit immer mehr an Beliebtheit gewonnen. Auch prophezeien Experten einen stetigen Anstieg der ETF-Branche. Jedoch werden aktiv gemanagte Fonds immer eine Rolle spielen, da Anleger wesentlich genauer über ihre Kapitalanlage bestimmen können. Ehrlich gesagt werden aktiv gemanagte Fonds noch sehr lange sogar eine übergeordnete Rolle spielen, jedoch kann man eine Veränderung des Marktes wahrnehmen – langsam, aber stetig.

MYTHOS NR. 10

Können ETFs und ein aktives Management miteinander kooperieren? ETFs reagieren eher passiv und bilden ein passives Indexkonzept ab. Das spiegelt sich in dem Punkt wider, dass häufig nur in die bekannten großen Indizes investiert wird. Jedoch gibt es neben den passiven auch aktive Indexkonzepte. Diese Konzepte benutzen quantitative Ansätze und legen somit die Indexzusammensetzung fest.

Wie Sie sicherlich schon bemerkt haben, gibt es für jeden negativen Punkt auch eine andere Meinung. Bevor Sie also einfach Ihr Geld in ETFs investieren wollen, sollten Sie sich ganz genau über dieses Thema informieren. Fehler und andere Missverständnisse können so leicht umgangen werden.

Die große Kritik an ETFs

Immer wieder hört man, dass ETFs einige Gefahren mit sich bringen. Einige Vorteile von ETFs haben wir Ihnen in diesem Ratgeber schon aufgelistet. Kommen wir jetzt zu den Nachteilen von ETFs. Wie sich die Nachteile nun auf die ETFs beziehen und wieso ETFs allein nicht ausreichen, werden wir Ihnen nun in diesem Abschnitt etwas genauer erläutern. Es gibt insgesamt 15 Punkte, die wir uns näher anschauen wollen.

DIE KOSTEN VON ETFS

Oft wird gesagt, dass ein ETF teurer als eine Aktie ist, jedoch sollte Ihnen klar sein, dass eine Aktie keine Ausgaben mit sich bringt. Wenn Sie eine Aktie kaufen, dann befindet sie sich in Ihrem Besitz und wird Sie in Zukunft kein Geld mehr kosten. Auch kosten 50 gekaufte Aktien in der Zukunft kein Geld mehr. Wenn Sie sich jedoch ein ETF anlegen, sollten Sie in jedem Jahr einplanen, dass Sie etwas von Ihrer Rendite abgeben müssen, denn ein ETF kostet jährlich Gebühren. Die Fondsgesellschaft verlangt also in jedem Jahr einen gewissen Betrag, damit sie den Index regelmäßig für Sie abbilden kann. Aktien müssen also nicht jährlich mit einer Gebühr bezahlt werden, für ETFs müssen Sie hingegen einen gewissen Betrag zahlen. Die Gebühren können Sie bei der Rendite der ETFs also direkt wieder abziehen. Das macht normalerweise 0,1 % bis 0,5 % aus. ETFs haben also hinsichtlich der Gebühren einen gewissen Nachteil gegenüber anderen Anlagearten.

ETFs werden sehr breit gefächert. Wenn Sie mit Aktien ebenso breit anlegen wollen, müssen Sie sich sehr viele Aktien kaufen. In diesem Fall müssen Sie für jede gekaufte Aktie eine Ordergebühr bezahlen. Da ETFs die Gewichtung der enthaltenen Aktien von allein anpassen, müssen Sie für den Kauf eines ETFs nur einmal eine Ordergebühr bezahlen. Jeder Kauf auf dem Markt verlangt Gebühren. Je mehr Kapital Sie am Anfang haben, desto weniger wird Ihnen die Ordergebühr zur Last fallen. Wenn Sie breit diversifizieren wollen, dann sollten Sie sich trotz höherer Gebühren für ETFs entscheiden, denn das ist trotz der hohen laufenden Kosten immer noch die günstigere Wahl. Wenn Sie mehr Kapital zur Verfügung haben und Sie lieber in Einzelaktien investieren wollen, dann können Aktien für Sie tatsächlich günstiger sein. Sie werden zwar eine hohe Ordergebühr, dafür aber keine jährliche Gebühr zahlen müssen.

DURCHSCHNITT ERREICHEN

Ein bekanntes Zitat besagt, dass, wenn man breit in einen Markt investiert, man in der Regel die Durchschnittsrendite aller Aktien im Markt erreicht. Das klingt vielleicht sehr plausibel, ist jedoch völlig falsch, denn eigentlich erreicht man eine überdurchschnittliche Rendite. Aus diesem Grund sollten Sie den Unterschied der Brutto- und Nettorendite kennen. Die Bruttorendite beinhaltet die Rendite ohne Abzug der anfallenden Gebühren. Die Nettorendite hingegen ist die Rendite abzüglich der Gebühren. Die Nettorendite ist ausschlaggebend, da man als Anleger diese Rendite auf sein Kapital erhält. Die Durchschnittsrendite erhalten wir, wenn wir uns genauer auf die Bruttorendite konzentrieren. Das passive Investieren hilft dabei, den durchschnittlichen Wert zu erreichen. Die Nettorendite ist hingegen fast zwangsläufig, wenn man die aktive Vorgehensweise betrachtet, da man deutlich geringere Kosten hat. Man handelt wenig. Aus diesem Grund erreicht man in der Regel eine überdurchschnittliche Rendite.

WIE KANN MAN MIT ETFS EINE SEHR GUTE RENDITE ERREICHEN?

Gehen wir einmal davon aus, dass der aktive Investor eine Gebühr von ungefähr drei Prozent und der passive Investor eine Gebühr von 0,5 Prozent entrichten muss. Es gibt viele Beweise dafür, dass sich der Erfolg eines Privatanlegers und der Erfolg eines Fondsmanagers oft abwechseln und dass eher durch Zufall beide besser dastehen. Wenn man langfristig investiert, verringert sich stetig die Zahl derer, die besser als der passive Investor sind.

Den Vorsprung des passiven Investors können wir nicht eindeutig klären, darüber lässt sich natürlich streiten. Auch tauchen sehr oft Strategien auf, die versuchen, die aktive Anlagestrategie nachzustellen, um den Markt verlässlich zu besiegen. Jedoch kommt das sehr selten vor und demnach ändert es nichts an der Tatsache, dass das passive Investieren eine überdurchschnittliche Rendite einfährt. Ein weiterer Kritikpunkt ist außerdem, dass das passive Investieren jegliche Chance auf große Gewinne nimmt. Ihr großer Traum vom schnellen Geld kann demnach nicht einmal eben mit passivem Investieren erfüllt werden. Passives Investieren macht es also nicht möglich, Ihr Geld in kurzer Zeit zu vervielfachen. Ebenso können Sie nicht davon ausgehen, dass Sie Ihr ganzes Geld mit einem ETF verlieren.

Ein ETF ist so breit gefächert, dass es sehr unwahrscheinlich ist, dass Sie alles auf einmal verlieren. Sie können schließlich nicht erwarten, dass das große Geld auf Sie wartet, wenn Sie nichts riskieren. Der passive Investor sucht auf keinen Fall den Nervenkitzel. Wenn Sie eine Rendite anstreben, die weit über der

Marktrendite liegt, dann sollten Sie Ihr Geld nicht in ETFs investieren. Streben Sie hingegen eine überdurchschnittliche Rendite an, dann sind ETFs genau das Richtige für Sie.

ETFS VERSAGEN IM CRASH

Wenn Sie in ETFs investieren, dann kaufen Sie nicht alle Aktien blind ein. Es gibt Tools, die die Aktien nur nach bestimmten Kriterien aussuchen. Sie suchen zum Beispiel nach einer günstigen Bewertung oder nach einer sehr hohen Qualität. Im Endeffekt kauft jeder Anleger nach unterschiedlichen Kriterien, in anderen Branchen oder in verschiedenen Regionen. ETFs decken verschiedene Nischen ab, sodass nicht jede Aktie komplett blind gekauft wird. Wenn Aktien in vielen ETFs vertreten sind, dann werden sie von den Anlegern auch eher erworben. Aktien, die sich hingegen in eher unpassenden Regionen oder Branchen befinden, werden eher weniger gekauft.

ETFS SIND HOCHRISKANT, WEIL SIE DIE AKTIEN NICHT BESITZEN

Um den jeweiligen Index nachzustellen, benutzen ETFs verschiedene Wege. Entweder investiert ein ETF in die im Index enthaltenen Aktien, wobei ein paar davon wieder an andere Anleger verliehen werden, oder es kann sein, dass ein ETF eben nicht in die enthaltenen Aktien investiert. Wenn Letzteres der Fall ist, dann lässt er sich die Rendite von einem Partner auszahlen. Ein Partner kann in diesem Fall eine Großbank sein. Die erste Vorgehensweise nennt man das Wertpapierleihrisiko und die zweite Variante das Kontrahentenrisiko. Allerdings kann man auch ohne die beiden Risiken auskommen. Die Fondsindustrie hat in dieser Hinsicht sehr gute Arbeit geleistet, denn in der Praxis ist die Wertpapierleihe eine sehr oft genutzte Möglichkeit. Normalerweise wird diese Methode oft bei aktiv gemanagten Investmentfonds angewandt, doch wird scheinbar nur bei ETFs darüber gesprochen, dass es riskant ist. Schauen wir uns doch einmal die Bescherung bei beiden Varianten etwas genauer an.

Bei diversen Swap-Geschäften muss wenigstens zu 90 Prozent eine sehr liquide Sicherheit hinterlegt werden. Das bedeutet, dass das Ausfallrisiko nicht mehr als zehn Prozent betragen darf. In der Realität werden ETFs sehr oft überversichert. Oft werden also Sicherheiten in Höhe von zum Beispiel 105 Prozent hinterlegt. Viele Anbieter überprüfen die Besicherung täglich, sodass sie bei Bedarf angepasst wird.

Bei der Wertpapierleihe sieht die Besicherung etwas anders aus. Die Gewinne aus der Wertpapierleihe fließen zu einem großen Teil in die ETFs ein. Die

Rendite wird dadurch leicht erhöht. Wie findet eine Verleihung der Wertpapiere aus dem ETF überhaupt statt? Die Quote der Entleihung wird auf eine gewisse Höhe beschränkt, sodass zum Beispiel maximal 50 Prozent ausgeliehen werden können. Außerdem wird der Entleiher auf Herz und Nieren geprüft, ob er sich die Wertpapierleihe überhaupt leisten kann. Er wird also auf Bonität geprüft. Außerdem muss der Entleiher eine sehr liquide Sicherheit im Wert der Wertpapiere hinterlegen. Oft übersteigen diese Sicherheiten sogar den gesamten Wert der Leihe. Jeden Tag werden die Sicherheiten überprüft und wenn sie nicht mehr zutreffend sein sollten, dann werden sie dementsprechend angepasst. Sollten diese Sicherheitsmaßnahmen tatsächlich einmal fehlschlagen, dann bezahlen die Fondsgesellschaften den Fehlbetrag sehr oft aus eigenen Mitteln. Sie garantieren dafür, damit Sie keine Verluste einfahren.

Wie hoch das Risiko ist, muss im Endeffekt jeder für sich selbst einschätzen und entscheiden können. Es kam bisher noch nie vor, dass ein Anleger aus beiden Risiken einen finanziellen Schaden trug, noch nicht einmal in der Finanzkrise im Jahr 2008.

SCHUMMELN ETFS BEZÜGLICH DER LIQUIDITÄT?

In einigen Nischen-Bereichen kann die Liquidität sehr gering sein. Besonders in Crash-Phasen kann die Liquidität schon einmal einknicken. Zu den Wertpapieren, bei denen die Liquidität sehr niedrig sein kann, zählen die sogenannten Ramsch-Anleihen. ETFs machen den Anfang in solchen Nischen-Bereichen oder besser gesagt in solchen sehr schwer zugänglichen Anlagebereichen sehr leicht. Oft kommt es dazu, dass ein ETF teilweise sogar liquider ist als seine Wertpapiere – natürlich nur, wenn man den Durchschnitt betrachtet. Allerdings kann in schweren Zeiten, zum Zeitpunkt einer Krise, die Handelbarkeit der ETFs sehr schwierig sein. Natürlich kann es sein, dass in solchen Zeiten allgemein die zugrunde liegenden Wertpapiere kaum bis gar nicht gehandelt werden und die Liquidität äußerst schlecht ist. Außerdem betrifft dieses Problem in Zeiten einer Krise genauso alle anderen Fonds.

WERDEN ETF-ANLEGER VON AKTIVEN ANLEGERN AUSGENUTZT?

Oft kann es sein, dass Indizes angepasst werden müssen. Einige ETFs müssen dann Aktien nachkaufen. Wenn das passiert, können die extremen Indexveränderungen sehr starke Kursschwankungen hervorrufen. Nun gibt es allerdings einige sehr schlaue Anleger, die diese Anpassungen sinnvoll nutzen wollen. Bevor sie in den Index aufgenommen werden, investieren sie in die passende Aktie oder in die entsprechende Region. Somit werden sie vom Anstieg des Kurses durch das neu erwirtschaftete Kapital der ETFs profitieren. Nachdem sie sich den Kursanstieg zunutze gemacht haben, versuchen sie, die Aktie wieder zu verkaufen. Wenn Sie nun ein passiver ETF-Anleger wären, würden Sie durch diesen Vorgang einen finanziellen Nachteil erfahren. Der ETF steigt nämlich durch diese Veränderungen oft viel zu teuer ein.

In Fachkreisen nennt man diesen Vorgang auch Frontrunning. Sie sollten jedoch wissen, dass dieser Vorgang in Deutschland nicht legal ist, da sehr vertrauliche Informationen ausgenutzt werden. Jedoch gilt dieses Verbot nur so lange, bis die Daten in der Öffentlichkeit stehen. Eine Studie hat bewiesen, dass die Kursveränderung zweier Aktien im Zeitraum von der Bekanntgabe bis zur Aufnahme der Aktien in den Index bei ungefähr +8 Prozent lag. Wenn die Aktien jedoch herausgenommen wurden, lag die erwirtschaftete Rendite von der Bekanntgabe bis zur Umsetzung bei ungefähr +15 Prozent. Seit dem Jahr 2000 kann man bei diesen Werten aber einen abnehmenden Trend wahrnehmen. Der jährliche Verlust entsprach im Jahr 2008 hingegen 0,2 bis 0,3 Prozent. Jedoch kennen die Fondsgesellschaften dieses Problem und versuchen aktiv, dagegen vorzugehen.

Sie kaufen also nicht nur einmal die neuen Aktien, sondern versuchen, die einzelnen Positionen über einen gewissen Zeitraum nacheinander aufzubauen. Sie versuchen, ihre Käufe so gut es geht geheim zu halten, jedoch kann keiner einen Verlust völlig ausschließen. Das Frontrunning tritt allerdings sehr selten auf und bezieht sich nur auf einen kleinen Anteil der ETFs. Im Endeffekt kann auch das Frontrunning nichts gegen den Erfolg der ETFs anrichten. Auf lange Sicht schlagen ETFs die Fondsmanager in 72 bis 98 Prozent der Fälle.

WERDEN ETF-ANBIETER ZU MÄCHTIG?

Auf dem ETF-Markt gibt es viele große Anbieter, die den Markt beherrschen und einen großen Teil des Marktes abdecken. Jedoch gibt es auch ein paar kleine Anbieter, die auf dem Markt mitmischen. Auf einem ETF-Markt gilt: Sehr wenige Anbieter führen den Markt an, das führt jedoch zu eher schlechten Ergebnissen der Verbraucher. Die Kosten steigen drastisch an. Diese Aussage ist erst einmal nur theoretisch ausgedrückt. Wie sieht jedoch die Realität aus? Die Kosten von ETFs sind in den letzten Jahren sehr stark gesunken. In den kommenden Jahren könnte es also sein, dass dieses Anlageprodukt immer günstiger wird. ETF-Anleger werden in der Zukunft also mehr an diesem Produkt interessiert sein. Die Anbieter versuchen jedoch nicht, die Preise stetig zu heben, sie versuchen eher, sich gegenseitig zu unterbieten.

Ein weiterer negativer Punkt für die ausgeglichene Marktmacht ist das Insolvenzrisiko. Was würde passieren, wenn der Markt einmal richtig zusammenbrechen sollte? Was werden dann die ETF-Fondsgesellschaften machen? Werden sie ein zweites Beben auslösen? Fondsgesellschaften sind jedoch keine Banken. Von Banken können einige Risiken ausgehen. Wenn die Kurse eines Unternehmens fallen, wird zuerst das Kapital der ETF-Anleger angesprochen. Das investierte Kapital würde jedoch auch bei allen anderen Anlageformen angegriffen werden, sodass es völlig egal ist, ob es passiv oder aktiv gemanagte Fonds sind. Auch kann das investierte Geld einer Einzelaktie sofort an Wert verlieren. Selbst wenn zum Beispiel eine Fondsgesellschaft insolvent werden sollte, dann wäre Ihr investiertes Geld trotzdem geschützt. Ihr Geld gehört nämlich mit zum Sondervermögen. Das Sondervermögen darf im Falle einer Insolvenz auf keinen Fall angerührt werden, sodass Sie Ihr investiertes Kapital ohne Probleme wiederbekommen.

SIND ETFS FINANZPRODUKTE?

ETFs sind Finanzprodukte. Dennoch haben sehr viele Menschen gewisse Vorurteile gegenüber der Finanzindustrie. Allerdings sollten die Menschen und vielleicht auch Sie nicht direkt alles schlechtreden, denn inhaltlich bleibt von der negativen Kritik an den ETFs eher wenig haften. Wenn Sie jedoch fest davon überzeugt sind, dass die Finanzindustrie schlecht und jedes Produkt reine Abzocke ist, dann kann man Sie wahrscheinlich auch mit sehr guten Argumenten nicht vom Gegenteil überzeugen. Wenn Sie sich von diversen Fakten über ETFs nicht überzeugen lassen, dann sollten Sie definitiv zu einzelnen Aktien greifen.

FAZIT

Es gibt viele Experten, die ETFs kritisieren. Einige Kritiker stellen die Nachteile der ETFs für den Anleger dar, die Fondsmanager finden ETFs hingegen einfach nur störend. ETFs sind in der Finanzwelt sehr umstritten und oft Gesprächsthema in hitzigen Diskussionen. Für Sie als Anleger sollte aber nur der erste genannte Kritikpunkt eine Rolle spielen, das heißt, wenn Sie ETFs führen wollen, dann müssen Sie dafür die laufenden Kosten tragen. Außerdem können Sie durch die ETFs leicht zum Zocken animiert werden. Ebenfalls kann ein ETF den Brutto-Markt nicht schlagen. Nach einem längeren Zeitraum können ETFs jedoch auch effizienter werden und geläufige Mechanismen von Investmentfonds nutzen. Das sind erst einmal die wichtigsten Punkte, die Sie als zukünftiger ETF-Anleger beachten sollten.

Natürlich sind ETFs nicht gleich ETFs. Bevor Sie in ein ETF investieren, sollten Sie sich ausgiebig informieren, mit was Sie es überhaupt zu tun haben. Wie geht der ETF vor? Passt der anvisierte ETF zu Ihren Vorhaben? Diverse Nachteile und andere Risiken sind also vorhanden. Jedoch ändern diese Risiken nichts an der Tatsache, dass ETFs für den kleinen Privatanleger eine sehr gute Sache sind. ETFs sind nämlich immer noch günstiger als andere Anlagearten, außerdem sind sie risikoarm und man kann mit ihnen eine sehr gute Rendite erzielen. Daran können die schlechten Worte der Banken und Investmentfonds auch nichts ändern. Das ist Fakt.

Anlageprodukte, die Sie vermeiden sollten

Kommen wir nun zu einem neuen Abschnitt. Während wir im vorigen Kapitel etwas genauer auf das Anlageinstrument ETF eingegangen sind, wollen wir Ihnen nun einige Produkte vorstellen, von denen Sie besser Abstand halten sollten. Eine konservative Anlageform verfügt über ein sehr geringes Ausfallrisiko. Sie haben die Sicherheit, dass Ihr langfristig erspartes Kapital nicht plötzlich geschmälert wird. Ihr erspartes Vermögen bleibt also mindestens so erhalten, wie Sie es angelegt haben. Eine Geldanlage sollte demnach möglichst wenig Risiko mit sich bringen und besonders nachhaltig erfolgen. Im Folgenden werden wir uns die verschiedenen Anlagearten etwas genauer anschauen und die Vor- und Nachteile ausarbeiten.

Schauen wir uns das erste Anlageprodukt an, das Bausparen. Eigentlich ist das Bausparen keine richtige Geldanlage, da der Bausparvertrag oft zweckgebunden benutzt wird. Oft wird das angesparte Kapital dann für eine Baufinanzierung oder für Renovierungen des Hauses oder der Wohnung genutzt. Wenn die Sparer sich jedoch gegen das Darlehen entscheiden sollten, bekommen sie von manchen Banken sogar eine Prämie. Damit Sparer diese Prämie bekommen, müssen sie jedoch einige Regeln befolgen. Auch müssen regelmäßig Gebühren bezahlt werden, die nach Abschluss des Vertrages fällig werden.

Auch Sparpläne können Sie in Anspruch nehmen, wenn Sie Geld anlegen wollen. Wenn Sie einen Sparplan benutzen, legen Sie in regelmäßigen Abständen, zum Beispiel monatlich, einen Betrag zurück, um so ein kleines Kapital aufzubauen. Viele Anleger benutzen das Sparbuch. Sie überweisen jeden Monat einen bestimmten Geldbetrag von ihrem Girokonto auf ihr Sparbuchkonto. Das Sparbuch ist die beliebteste Form der Geldanlage, allerdings wirft es nicht sehr viel Rendite ab. Dennoch ist es ein wahrer Klassiker und wird besonders in Deutschland sehr oft genutzt. In der heutigen Zeit werden Sparpläne oft nur noch mit Aktien und Fonds verknüpft, allerdings wird ein Teil der eingezahlten Summe mit einem festen Zinssatz versehen und der Rest wird in Aktien oder auch in Fonds angelegt. So bekommt man wesentlich höhere Erträge und das Risiko wird gleichzeitig minimiert.

Beim Festgeld legen Sparer einen bestimmten Betrag über einen sehr langen Zeitraum zu einem vertraglich vereinbarten Zinssatz fest. Das Festgeld wird dabei in einer Summe eingezahlt. Diese Anlageform eignet sich deshalb nur für Personen, die ein größeres Kapital zur Verfügung haben. Wenn Sie noch kein Kapital ansparen konnten, dann ist diese Anlageart eher nichts für Sie. Dieses

Finanzprodukt bietet einen festen Zinssatz und weist keine Flexibilität auf. Dennoch ist das Festgeld eine sehr sichere Anlageart, da die Banken es als Einlagensicherung nutzen.

Neben dem Festgeldkonto wird als Ergänzung oft das Tagesgeld genutzt. Das frei gewordene Kapital kann so verzinst bestehen bleiben, bis Sie auf die Idee kommen, es neu anlegen zu wollen. Jedoch gibt es in den meisten Fällen Zinsen zu einem sehr geringen Zinssatz, allerdings ist die tägliche Verfügbarkeit für viele Anleger ein verlockendes Angebot.

Auch Immobilien gelten als sehr konservative Geldanlage, sie versprechen nämlich eine sehr stabile Wertanlage. Natürlich kommt es bei einer Anlage in Immobilien immer auf die Lage und den Zustand des Objektes sowie auf die allgemeine Marktlage an. Jedoch sind Immobilien als beständig und krisenresistent zu betrachten.

Ebenso krisenresistent ist eine Anlage in Gold und Edelmetalle. Diese Art der Anlage gilt als sehr stabil und wird von Experten immer wieder empfohlen. Vor allem Gold ist für eine langfristige Anlage geeignet.

VOR- UND NACHTEILE DER KONSERVATIVEN ANLAGEFORMEN

Die konservativen Anlageformen sind allesamt eine sehr sichere Geldanlage. Sparer können ganz ohne Vorkenntnisse ihr Kapital in diesen Anlageformen unterbringen. Außerdem wird kein Anleger ausgeschlossen, da die konservativen Anlageformen von jedem Sparer genutzt werden können. Zudem gibt es sehr viele Banken, die diese Formen der Geldanlage anbieten. Sie können also jederzeit zu Ihrer Bank des Vertrauens gehen und sich über jede einzelne Art informieren lassen. Jedoch bringen auch die sicheren Anlageformen ein paar Nachteile mit sich. Auch wenn die konservativen Anlageformen eine sichere Geldanlage sind, bringen sie in den meisten Fällen nur eine sehr geringe Rendite ein. Eine höhere Rendite können Sie allerdings auch nur dann erwarten, wenn Sie Ihr Geld für einen langen Zeitraum anlegen. Außerdem weisen diese Anlagen nur eine sehr geringe Liquidität auf. Auch wenn diese Anlageformen beliebt sind, dauert es sehr lange, bis man eine hohe Summe angespart hat.

RENDITESTARKE ANLAGEFORMEN

Wenn Geldanlagen eine hohe Verzinsung, hohe Dividenden und hohe Ausschüttungen mit sich bringen, dann spricht man von renditestarken Anlageformen. Allerdings sind diese Anlageformen oft mit einem höheren Risiko verbunden. Aktien sind zum Beispiel eine sehr riskante Geldanlage. Je nach Marktlage und Entwicklung des Unternehmens können die Renditen stark schwanken. Wenn Sie jedoch über das gewisse Know-how verfügen, können Sie mit Aktien sehr hohe Gewinne einfahren. Ihnen sollte allerdings immer stets bewusst sein, dass es keine Garantie auf diese Gewinne gibt.

Auch Anleihen gelten als eine sehr renditestarke Geldanlage. Anleihen sind auch noch relativ sicher, da sie über einen längeren Zeitraum einen bestimmten Zinssatz garantieren. Wenn Sie als Anleger Ihr Geld in Unternehmensanleihen investieren wollen, dann sollten Sie stets auf die Bonität achten und im Voraus sämtliche Informationen über das Unternehmens einholen.

Fonds zählen ebenfalls zu den renditestarken Anlageformen. Sie werden an der Börse gehandelt, wobei Sie nicht selbst die Fonds verwalten, denn das wird von einer Fondsgesellschaft übernommen. Diese Gesellschaften verteilen das Geld der Anleger auf viele Anlagebereiche. Ein Fonds bietet im Gegensatz zu einer einzelnen Aktie eine viel höhere Sicherheit, da Fondsanlagen sehr breit gefächert sind und sich auf mehrere Aktien beziehen. Die Rendite hängt demnach von der Konstellation der Fonds und zeitgleich von der Arbeit des Fondsmanagers ab. Wenn Sie sich für einen Fonds entscheiden sollten, dann müssen Sie auf jeden Fall die Verwaltungsgebühren berücksichtigen, um Ihre Rendite zu ermitteln.

Bei ETFs handelt es sich ebenfalls um Fonds, die an der Börse gekauft und dann wiederverkauft werden. Viele Anleger setzen bei diesem Finanzprodukt auf das passive Fondsmanagement. Der Fondsmanager stellt die Fonds anhand der Benchmarks zusammen. Der Anleger muss für die Tätigkeit des Managers natürlich auch eine Verwaltungsgebühr bezahlen, allerdings ist diese aufgrund der passiven Verwaltung nicht besonders hoch.

Natürlich können Sie Ihr Geld auch in Dinge investieren. Sie haben schon immer großes Interesse an alten Autos gezeigt oder sind total überzeugt von hochwertigem Schmuck? Auch Designerstücke sind bei Anlegern besonders beliebt und können genauso gut als Geldanlage genutzt werden. Ob Sie mit dieser Anlageart jedoch eine hohe Rendite erwirtschaften können, kann man nicht sagen, da man die Wertsteigerung nicht beeinflussen kann. Es gibt für die Bewertung von Gütern keine festen Regeln oder Richtwerte, deswegen sollten Sie sich bei Sachwerten ganz genau überlegen, in was Sie investieren wollen.

Derivate Finanzprodukte können Ihnen ebenfalls eine sehr hohe Rendite einbringen, jedoch sind bei dem Erwerb von Zertifikaten oder Optionen auch sehr hohe Verluste möglich. Wenn Sie Ihr Kapital mit dieser Anlageart vermehren wollen, brauchen Sie ausgereifte Kenntnisse über den Markt.

Im Endeffekt gibt es keine perfekte Anlageform. Viel lieber sollten Anleger einen überlegten Mix finden und das Geld in mehrere Anlageformen investieren. Natürlich müssen Sie Ihre eigenen Vorhaben, Wünsche, Risiken und Umstände berücksichtigen, um die beste Geldanlage für sich zu finden. Für welche Anlage

Sie sich am Ende entscheiden sollten, hängt ganz von Ihrer Risikobereitschaft ab. Wenn Sie schon ein hohes Kapital besitzen, wird es Sie vermutlich kaum schmerzen, wenn Sie an einem schlechten Tag ein paar Verluste einfahren. Wenn Sie jedoch sehr viele Jahre gespart haben, um sich ein bestimmtes Kapital aufzubauen, werden Sie mit Sicherheit etwas vorsichtiger mit Ihrem Geld umgehen und eine sichere Geldanlage wählen.

EINE KLEINE ENTSCHEIDUNGSHILFE FÜR SIE

Haben Sie schon einmal etwas von dem magischen Dreieck gehört? Das magische Dreieck vereint die drei wichtigsten Begriffe der Geldanlage. Bei Auswahl der Geldanlage sollten Sie auf die Rendite, die Sicherheit und die Liquidität bzw. die Verfügbarkeit achten. Folgenden Spruch sollten Sie sich daher gut einprägen:

Die beste Anlageform sollte bei maximaler Sicherheit und permanenter Verfügbarkeit eine hohe Rendite bringen.

Diesen Spruch sollten Sie als Anleger für immer im Kopf behalten. So sollte es zumindest in der Praxis sein, doch leider kann man diesen Spruch nur in der Theorie so einfach umsetzen. In der Realität müssen die Anleger in Bezug auf diese drei Faktoren ein paar Abstriche machen. Wägen Sie ab, welche der drei Faktoren Ihnen am wichtigsten sind. Je mehr Sie einen Punkt aus dem magischen Dreieck fokussieren, desto weniger Wert hat ein anderer Punkt. Es ist leider nicht möglich, dass alle drei Punkte gleichbehandelt werden können.

Lassen Sie uns ein Beispiel dazu anschauen: Sollten Sie sich für eine renditereiche Anlageart entscheiden, müssen Sie entweder Abstriche hinsichtlich der Sicherheit oder der Verfügbarkeit machen. Wenn Sie jedoch zusätzlich Ihr Geld absichern wollen, dann müssen Sie vermutlich auf die Verfügbarkeit komplett verzichten. Sollten Sie sich einen Fonds kaufen, ist es möglich, eine hohe Rendite zu erlangen und im gleichen Moment von einer sicheren Geldanlage zu profitieren. Jedoch müssen Sie bei diesem Beispiel mit einer wesentlich längeren Laufzeit rechnen. Ihr Geld ist für Sie demnach erst einmal nicht verfügbar.

RENDITE

Was ist überhaupt eine Rendite? Rendite nennt man die Erträge von Vermögens- oder Geldanlagen. Es kann sich dabei um Dividenden aus Aktien, Zinsen, Wertpapieren oder aber auch um Wertsteigerungen bei Devisen handeln. Das sind jedoch längst nicht alle Erträge. Es gibt noch viele weitere Ausschüttungen, die als Renditen bezeichnet werden. Wenn Sie mit einer Geldanlage sehr hohe

Renditen erzielen, müssen Sie allerdings auch mit sehr hohen Wertschwankungen oder sogar mit Verlusten rechnen. Auch müssen Sie diverse Gebühren berücksichtigen, die Ihre Rendite ebenso minimieren können.

SICHERHEIT

Je breiter gefächert Ihre Geldanlage ist, desto sicherer ist sie auch. Sie können Ihr Vermögen auf unterschiedliche Weise anlegen, in Fonds, in Wertpapieren, in Aktien oder auch in Sachwerten. Die Europäische Einlagensicherung bietet besondere Sicherheiten an, indem sich Banken dazu verpflichten müssen, die Einlagen der Kunden bis zu einer bestimmten Höhe abzusichern, falls eine Insolvenz eintreten sollte. Natürlich ist nicht nur die Europäische Einlagensicherung für die Sicherheit Ihrer Geldanlage verantwortlich, auch kommt es auf die Stabilität Ihrer Geldanlage an. Sind die Werte Ihrer Geldanlage relativ stabil? Der Kauf von Gold soll übrigens eine sehr hohe Sicherheit bieten.

LIQUIDITÄT

Liquidität bezeichnet die Verfügbarkeit Ihres Vermögens. Oft ist das angelegte Geld an einen bestimmten Zeitraum gebunden. Normalerweise bedeutet das für Sie: Je kürzer der Zeitraum ist, desto liquider ist auch die Geldanlage. Steigt die Liquidität, sollte Ihnen jedoch auch bewusst sein, dass sich die Rendite oft zeitgleich reduziert. Aus diesem Grund bringt das Tagesgeld die niedrigsten Erträge.

Wissenswertes rund um das Thema ETF

In diesem Kapitel wollen wir noch einmal alle wichtigen Fakten zum Thema ETF aufgreifen. Wie genau kann man ein ETF beschreiben? Was sind die grundlegenden Eigenschaften eines ETFs? Was bedeutet Diversifikation? Im letzten Teil dieses Ratgebers werden wir Ihnen diese und noch viele weitere Fragen noch einmal etwas genauer beantworten. Kommen wir sofort zur ersten Frage, die wir eben auch schon genannt haben: Was ist überhaupt ein ETF? Ein ETF ist ein Fonds. Dieser Fonds bildet die Wertentwicklung des ihm zugrunde liegenden Index ab. Außerdem kann dieser Fonds an der Börse gehandelt werden. Eigentlich verfolgen viele Fonds immer das Ziel, besser zu sein als der handelsübliche Markt, jedoch ist das nicht das Ziel eines ETFs. Viele Studien haben mittlerweile belegt, dass es für einen Fondsmanager kaum möglich ist, auf lange Sicht einen besseren Wert zu haben als ein bestimmter Index. Natürlich bezieht man sich hier nur auf den Index, den er versucht, nachzustellen.

Ein Fonds ist ein Sondervermögen. Der Anleger eines ETFs ist also dementsprechend nicht von der Zahlungsunfähigkeit des Anbieters betroffen. Was ist der Unterschied zwischen einem normalen Fonds und einem ETF? Ein ETF versucht, lediglich einen einzigen Index nachzubilden. Außerdem sind die jährlichen Kosten wesentlich geringer als bei einem normalen Investmentfonds. Ein ETF wird nämlich passiv gemanagt, sodass der Fondsmanager für seine geringfügigen Tätigkeiten nur einen kleinen Betrag bekommt.

Wenn Sie sich ETFs anschaffen, müssen Sie keine Angst haben, dass Sie sie für einen langen Zeitraum halten müssen, denn ETFs können jederzeit an der Börse wiederverkauft werden. Auch können ETFs außerbörslich verkauft werden. ETFs bilden einen Index ab, sodass die gesamte Geldanlage passiv gemanagt wird. Diese Geldanlage ist nur dafür da, die Entwicklung der einzelnen Werte zu verstehen. Wenn der Wert des nachgestellten Index steigt, dann steigt logischerweise auch der Wert des ETFs und wenn der Wert des Index sinkt, dann sinkt auch der Wert des ETFs.

Wann wurden die ersten ETFs gelistet? Die ersten ETFs fanden im Jahr 1993 in den USA ihren Weg zur Börse. Nachdem sie das erste Mal gelistet worden waren, konnte man schon in den ersten Jahren ein ständiges Wachstum feststellen. Seit der Jahrtausendwende kann man ETFs auch in Deutschland handeln. In den vergangenen Jahren wuchsen die Beliebtheit der Indexfonds und die Auswahl der ETFs.

Diversifikation bedeutet, dass Sie Ihr ETF-Portfolio besonders günstig und effizient streuen können. Sie verteilen Ihr Risiko auf mehrere Risikoträger, um das Profil Ihrer Anlage zu optimieren. ETFs bilden einen ganzen Index ab, aus diesem Grund können Sie also einen ganzen Markt abdecken, und zwar mit nur einer einzigen Transaktion.

ETFs sind besonders kosteneffizient, da keine Ausgabe- und Rücknahmeaufschläge anfallen. Es fallen lediglich die Transportkosten an, die beim Kauf und Verkauf eines ETFs entstehen. Außerdem müssen Sie für die Tätigkeiten des Fondsmanagers eine geringe Verwaltungsgebühr bezahlen.

ETFs bilden die Wertentwicklung des ihnen zugrunde liegenden Index ab, sodass sie besonders transparent sind. Durch das transparente Anlageinstrument können alle wichtigen Informationen zum Thema Handel auf Tagesbasis und sogar in Echtzeit eingesehen werden. Zudem können ETFs ganz einfach an der Börse gehandelt werden. Natürlich können Sie diese Vorgänge innerhalb eines Tages durchführen und sogar innerhalb von wenigen Sekunden ist es möglich, seine Meinung dem Markt zu präsentieren. ETFs können deshalb vielfältig als Teil einer Anlagestrategie eingesetzt werden. Sie versprechen im Gegenzug langfristiges Wachstum, teilweise Absicherung des Portfolios und kurzfristige Handelsmöglichkeiten.

Können ETFs einem richtigen Crash wirklich standhalten? Fondsmanager und diverse Banken sind sich darüber einig, dass ETFs im Falle eines Crashs versagen. Man läuft sozusagen ins offene Messer und liefert sich den schlechten Ereignissen aus. Ein Fondsmanager wiederum kann sofort handeln und Sie und Ihr Kapital vor Verlusten schützen. Jedoch tauchen auch in dieser Aussage ein paar Probleme auf. Das erste Problem bezieht sich auf die Statistiken, die über Zeiträume aufgezeichnet wurden, in denen Crashs eine Rolle spielten. Es ist logisch, dass Fondsmanager in diesen Zeiträumen besser abgeschnitten haben. Allerdings sollte dieser Effekt nicht wirklich lange angehalten haben. Das zweite Problem beinhaltet wahre Fakten.

Wie viele Fondsmanager haben es in den Jahren, in denen ein Crash stattfand, geschafft, den Markt zu besiegen? Die Zahl derer, die es wirklich geschafft haben, liegt in diesen besagten Jahren immer unter 50 %. In den Jahren des Crashs sind selbst die Anleger, die den Index nachgebildet haben, den Fondsmanagern einen Schritt voraus. Das dritte Problem bezieht sich auf die langfristige Entwicklung. Auch wenn die Fondsmanager für einen kurzen Moment sehr gut abschneiden sollten, müssen wir uns dennoch auf einen langen Zeitraum konzentrieren. Wenn wir weiter in die Zukunft blicken, werden Fonds wahrscheinlich eine überdurchschnittliche Rendite erwirtschaften, da sie die günstigeren Konditionen haben.

KAUFT MAN MIT ETFS IMMER AUCH SCHLECHTE AKTIEN?

Wenn man ein ETF kauft, dann schafft man sich gleichzeitig einen ganzen Haufen Aktien an. Natürlich werden nicht alle Aktien eine sehr gute Rendite abwerfen. Oft werden auch schlechte Aktien, die keine Gewinne abwerfen, Ihr Kapital schmälern. Anleger, die Ihre Fonds aktiv managen, sind deshalb von ETFs eher weniger begeistert. Fakt ist jedoch, dass selbst die besten Investoren in schlechte Aktien investieren. Jeder Anleger wird früher oder später einmal eine Aktie erwischen, die eine negative Auswirkung auf das Kapital haben wird. Daher kann man diese Aussage nicht nur auf ETFs beziehen, denn alle Aktien sind irgendwann davon betroffen. Die meisten Anleger und auch Fondsmanager schaffen es nicht, den Markt von guten und schlechten Aktien zu unterscheiden. Oft neigen die Anleger sogar dazu, die guten Aktien eher zu verkaufen und die schlechten Aktien zu erwerben.

Wieso sehen viele Anleger immer nur das Problem, dass schlechte Aktien in einem ETF enthalten sein könnten? Wieso sehen sie nicht den Vorteil, dass überhaupt gute Aktien enthalten sind? Denn die guten Aktien überwiegen bei den meisten Anlegern. Damit das Problem der schlechten Aktien wirklich zu einem richtigen Problem wird, müssen ein paar Punkte erfüllt sein. Natürlich brauchen Sie erst einmal das Wissen, um gute von schlechten Aktien unterscheiden zu können. Viele Anleger bekommen selbst das nicht hin. Die allgemeinen Kosten sollten außerdem so gering wie möglich gehalten werden, denn durch das ganze Handeln wollen Sie schließlich nicht auch noch Ihre mögliche Zusatzrendite aufzehren. Sie müssen auch mehr Zeit aufwenden und stets mehr Risiko eingehen.

Die meisten Privatanleger wollen es nicht hören, doch es entspricht der Realität. Für viele Anleger endet der Versuch, gute und schlechte Aktien zu unterscheiden, in wesentlich schlechteren Renditen.

ETF-ANLEGER WOLLEN NUR VON ANDEREN PROFITIEREN

Es gibt eine Theorie, die Effizienzmarkthypothese. Ohne Eingehen eines bestimmten Risikos ist es fast nicht möglich, eine bessere Rendite zu bekommen. Alle Informationen wurden nämlich schon in die Aktienkurse eingepreist. Die Aussage meint also, dass auf den Märkten nur faire Preise herrschen. Das ist nachvollziehbar, oder nicht? Wenn negative Schlagzeilen verbreitet werden, dann sinkt logischerweise auch der Aktienkurs. Wenn Sie in den Nachrichten positive Meldungen wahrnehmen, dann steigt ein bestimmter Aktienkurs. Aus diesem Angebot und aus dieser Nachfrage entsteht also ein Preis und folglich sind Angebot und Nachfrage im Einklang.

Nach dieser Aussage ist es also nicht mehr denkbar, eine Überrendite zu erwirtschaften. Aus diesem Grund wird in ETFs nur passiv investiert. Während Fondsmanager, Analysten und andere Privatanleger für die fairen Preise auf dem Markt verantwortlich sind, sind ETF-Anleger eher Trittbrettfahrer. Die Fondsmanager und diverse andere Experten analysieren die jeweiligen Bilanzen, die Gewinn- und Verlustrechnungen, das Management und viele weitere Faktoren, sodass der Preis auf dem Markt immer fair bleibt. Wenn Sie nun also breit in den Markt investieren, machen Sie sich an diesen fairen Preisen zu schaffen. Sie machen sie sich zunutze, obwohl Sie selbst nichts zu diesen Preisen beigetragen haben. Jedoch müssen wir auch diese Aussage etwas kleiner halten, denn einige große Unternehmen haben ihren Ruhm nicht den ETFs, den Fondsmanagern oder anderen Privatanlegern zu verdanken, sondern die Kunden sind dafür verantwortlich, denn sie kaufen schließlich die sehr teuren Produkte. Im Endeffekt sind sämtliche Kaufentscheidungen der Verbraucher dafür verantwortlich, wo das Geld des Anlegers am Ende landen wird. Die Kaufkraft des Kunden entscheidet darüber, welches Unternehmen wertvoll ist. Welches Unternehmen verkauft die meisten Autos, Smartphones, Staubsauger etc.?

ETFS SIND FÜR DIE KURSBEWEGUNGEN VERANTWORTLICH

Wenn Sie logisch handeln wollen, dann müssen Sie einfach die in einem ETF enthaltenen Aktien erwerben, denn ein ETF bildet den zugrunde liegenden Index ab, während Sie die darin enthaltenen Aktien kaufen. Wenn nun also ein Kurs steigt, dann werden sehr wahrscheinlich mehr Anleger diese Aktie kaufen. Je höher der Kurs steigt, desto beliebter wird auch die Aktie. Auch wichtig zu wissen ist, dass, wenn der Kurs eines Unternehmens steigt, das Unternehmen an der Börse an Wert gewinnt. Ein ETF muss genau dieses Szenario berücksichtigen, ein ETF gewichtet die Aktien nämlich nach ihrem Wert an der Börse. Ein ETF muss jedoch nicht die Aktie nachkaufen, wenn der Börsenwert eben dieser Aktie steigt. Sie muss nicht nachgekauft werden, nur damit sie der Gewichtung des Index entspricht. Wenn das der Fall ist, werden vermutlich noch mehr Aktien erworben, die ohnehin schon gekauft wurden. Die ETFs würden dementsprechend den Trend künstlich beeinflussen.

In der Realität sieht dieser Prozess jedoch ganz anders aus. Steigt eine Aktie im Wert und kann der ETF diese Aktie halten, wird der Anteil der Aktie automatisch im ETF gesteigert. Der ETF muss also nicht nachträglich mehr Aktien kaufen, da jegliche Veränderungen des Preises bei der Gewichtung durch den Preis nachgebildet werden. Wenn allerdings jede Aktie im Index den gleichen Wert hat, stellt das eine Ausnahme dar, jedoch kommt dies eher selten vor. Auch sieht dieser Prozess anders aus, wenn eine beliebige Aktie den Index wechselt. Wechselt eine Aktie in einen kleineren Index, müssen die ETFs vom vorigen Index diese Aktie theoretisch verkaufen und der kleinere Index-ETF muss die Aktie kaufen. Natürlich spielt der Marktanteil der ETFs ebenso eine sehr große Rolle, sodass die Aktie dadurch beeinflusst wird. Dieses Szenario tritt äußerst selten auf und wenn überhaupt nur bei replizierenden ETFs.

SOLLEN ALLE MENSCHEN NUR NOCH ETFS KAUFEN?

Noch ist die Anlageart ETF sehr unbekannt. Wenige Anleger in Deutschland benutzen diese Art der Anlage. Noch sind wir also sehr weit davon entfernt, dass ETFs sich in irgendeiner Art und Weise auf das Marktgeschehen auswirken – bis zum heutigen Tage vielleicht. ETFs bieten nämlich sehr viele Vorteile und genau deshalb werden irgendwann sehr viele Menschen auf sie aufmerksam. Die Menschen erkennen irgendwann die Vorteile von ETFs und werden in der Zukunft womöglich immer mehr Kapital in diese Anlageart investieren. Die meisten Banken und Vertreter versuchen jedoch, die für sie besten Produkte an die zukünftigen Anleger zu bringen. Die völlig überteuerten Produkte werden meist angenommen und somit bremst die Finanzbranche diesen Wandel ein wenig aus. Werden ETFs in 10 oder 20 Jahren groß rauskommen? Das kann leider keiner so richtig beantworten. Nehmen wir einmal an, dass ETFs in den nächsten 10 Jahren einen gewaltigen Aufschwung erleben – was passiert dann? Was ist, wenn die meisten Anleger nur noch in ETFs investieren?

Wenn alle ihr Geld nur noch in ETFs investieren, wer kümmert sich dann um die Preise auf dem Markt? Wie wir in den vorigen Abschnitten schon gelernt haben, beruht der Erfolg der ETFs darauf, dass am Markt faire Preise herrschen. Je weniger Analysten, Fondsmanager und andere Experten sich ein Unternehmen genau anschauen, desto mehr wird sich der Wert der Aktie vom eigentlichen Wert wegbewegen. ETFs nehmen einfach nur den Wert auf, den sie von anderen Marktteilnehmern bekommen. Deshalb haben aktive Anleger meist bessere Chancen, da sehr wenige Teilnehmer für die Findung des Preises verantwortlich sind, und wenn man mit ein wenig Geschick und Logik an die Sache herangeht, findet man bestimmt günstige Aktien. Je weniger effizient der Markt ist, desto besser ist die Lage für aktive Anleger.

Dann wird es wiederum mehr aktive Anleger geben, sodass nicht mehr alle Menschen nur passiv in ETFs investieren. In der heutigen Zeit ist es wahrscheinlich unmöglich, dass Informationen zu langsam oder in nur sehr geringen

Mengen übertragen werden. Unsere hochleistungsstarken Computer machen es möglich und Probleme bezüglich der Technik kommen nur sehr selten vor. Eher nehmen die Informationsbeschaffung und die Informationsbearbeitung zu. Das passive Investieren liegt auf dem aktuellen Markt nicht bei 20 %, sondern eher bei unter einem Prozent.

Demnach ist die Frage, was passieren würde, wenn alle nur noch in ETFs investieren, gar kein richtiges Argument. Haben Sie sich schon einmal die Frage gestellt, wie es ist, wenn es nur noch Unternehmer oder Selbstständige geben würde? Was wäre, wenn alle nur noch in einem Laden einkaufen würden? Es gibt viele Beispiele, die nach dieser Art aufgebaut sind. Sollten wir nun jeden Beruf, jedes Unternehmen, jede Anlageart untersagen, damit es bloß nicht zu Ungereimtheiten kommt, wenn jeder das Gleiche tut? Dieses Beispiel liegt jedoch in weiter Ferne, da der Markt selbst vermutlich alles daran setzen wird, dass so etwas nicht passiert und dass die Menschen nie genau die gleichen Schritte unternehmen werden.

HABEN ETFS EINE EIGENE MEINUNG?

ETFs halten oft große Aktienbestände bei sich, ganz zum Ärger vieler Fondsmanager. Denn viele Aktien enthalten ein Stimmrecht, welches auf der jährlichen Hauptversammlung genutzt werden kann. Mit dieser Stimme kann man für oder gegen Vorhaben des Vorstandes stimmen. Für Privatanleger ist dieses Stimmrecht eher weniger nützlich. Vielmehr wird den Fondsmanagern, die viele Aktienbestände vorweisen können, ein großes Mitspracherecht eingeräumt. Ein Fondsmanager spielt eine sehr große Rolle in der Unternehmenspolitik. Außerdem kontrolliert er die wesentlichen Abläufe des Unternehmens. Er bespricht die Interessen der Aktionäre, beäugt einige Dinge kritisch und versucht so, das Unternehmen auf den richtigen Weg zu bringen. Wegen rechtlicher Grundlagen behalten die Fondsgesellschaften die Stimmrechte der in den ETFs enthaltenen Aktien. Oft üben sie diese auch aus.

Einige ETF-Fondsgesellschaften haben in den letzten Jahren keinen guten Eindruck hinterlassen. Oft sollen sie die Anträge der Vorstände ohne Kommentar durchgelassen haben, damit die Stimmrechte verfallen. Natürlich ist das nicht immer der Fall, denn einige Fondsgesellschaften nehmen sehr wohl Einfluss, um die Interessen der Anleger zu vertreten. In den letzten Jahren haben sich vermehrt Fondsgesellschaften gemeldet, um zu versichern, dass sie auf den Aktionärsversammlungen das Stimmrecht für die Kunden wahrnehmen.

KÖNNEN ETFS ZU SEHR VERLOCKEN?

ETFs sind besonders für Anfänger eine sehr gute Möglichkeit, in den ganzen Markt einzusteigen. ETFs lassen sich sehr gut verhandeln und haben nicht sehr hohe laufende Kosten. Die guten Konditionen verleiten viele Anleger jedoch dazu, ein hohes Risiko einzugehen und nebenbei zu zocken. Je geringer die jährlichen Kosten sind, desto mehr wollen sie das Anlageinstrument des aktiven Verhandelns nutzen. Doch genau deswegen verlieren ETFs ihren großen Vorteil. Auf Dauer sind ETFs sehr günstig und sogar oft besser als viele Investmentfonds. Doch eigentlich sind ETFs dazu da, um passiv zu investieren. Sie sind perfekt, um als passives Anlageinstrument erfolgreich zu dienen. Jedoch halten auch sie nicht allen Börsenproblemen stand, denn Sie selbst sind für das Anlageprodukt verantwortlich. Sie selbst tragen die Verantwortung und sind für den richtigen Umgang mit dem Produkt zuständig. ETFs sind gut, besonders für Anfänger ein geeignetes Produkt, jedoch nur so lange, bis sie anfangen, mit ihnen zu zocken. Denn dann werden ihnen die Vorteile, die ETFs mit sich bringen, nicht viel nützen.

ETFS VERZERREN MIT NUTZLOSEN AKTIEN DEN MARKT

Eine Aktie ist gestiegen, schuld daran sind die ETFs. Leider tauchen bei dieser Aussage ein paar Ungereimtheiten auf, denn weiß derjenige, der diese Aussage getroffen hat, dass es an der Börse nicht um die Vergangenheit, sondern um die Zukunft geht? Wenn in der Zukunft mehr Gewinn erwartet wird, dann steigt logischerweise auch der Aktienkurs an. Normalerweise sollten sich Anleger nicht für die Vergangenheit interessieren, wieso etwas passiert ist, sondern sich nur fragen, was die gekaufte Aktie in der Zukunft bringen wird. Außerdem: Wie soll ein kleiner Anteil an passiv angelegten ETFs eine der größten Aktien der Welt beeinflussen? Für viele Anleger erscheint es als die beste Möglichkeit, eine Aktie viel zu teuer zu verkaufen und Gewinne einzufahren. Oder kann der Markt es einfach nicht möglich machen? Wieso reagieren einige Anleger nicht auf diese Überbewertung und setzen auf fallende Kurse? Mit Leerverkäufen können sie das ohne Probleme machen. Wie können zudem Aktien trotz steigender ETF-Zuflüsse fallen, wenn ETFs doch eigentlich für steigende Kurse verantwortlich sind? Viele Anleger machen sich dieses komplizierte Thema zu eigen und interpretieren zu viele Dinge hinein. Doch wieder andere machen sich dieses Thema viel zu einfach.

Wenn Sie nach einer kostengünstigen und relativ einfachen Methode suchen, sich ein kleines Vermögen aufzubauen, dann sollten Sie in ETFs investieren. ETFs sind eine sehr gute Möglichkeit, um das in die Realität umzusetzen, denn sie bilden die Wertentwicklung eines Index sehr genau ab. Mit einem ETF können

Sie also mit wenigen Wertpapieren einen ganzen Markt abdecken. Viele hundert Aktien sind in diesem Index enthalten. Weltweit können Sie sich so ein diversifiziertes Portfolio aufbauen, um dadurch Ihr Risiko zu schmälern. Sie streuen also Ihr Kapital und können den Marktschwankungen besser standhalten.

Auf welche ETFs lässt man sich denn nun am besten ein? Fakt ist, dass Aktionäre ihr Geld nicht mit den Kursgewinnen verdienen, sondern auch mit den dazugehörigen Dividenden. Dividenden sind die ausgezahlten Erträge. Bei ETFs werden die Erträge einfach neu investiert oder die Gewinne gehen zurück an den Besitzer. Sollten Sie sich für eine neue Investition entscheiden, dann nennt man das thesaurierend. Wenn Sie ein kleines Vermögen aufbauen wollen, dann ist der thesaurierende ETF eine sehr gute Entscheidung. Wenn Sie sich nur nebenbei etwas dazu verdienen wollen, dann können Sie den ausschüttenden Fonds wählen. So bekommen Sie regelmäßig Geld ausgezahlt. Ihre Fonds müssen Sie bei diesem Vorgang nicht verkaufen.

Wenn Sie sich Ihr Geld ausschütten lassen, ist die Wertsteigerung logischerweise geringer als bei einem thesaurierenden Fonds. Ein ausschüttender DAX-ETF formt sich wie der Kurs-DAX, sodass er sogar schlechter ist als der normale DAX.

Fonds können auf verschiedene Art einen Index nachstellen. Im Normalfall kaufen sie einfach die Aktien, die im zugrunde liegenden Index enthalten sind. Wichtig ist, dass die Aktien im gleichen Verhältnis erworben werden. Die Aktien müssen die gleichen Anteile haben. Diesen Vorgang nennt man physische Replikation. Die physische Replikation ist übrigens auch die sicherste Variante aus Kundensicht.

Wenn in einem Index Aktien enthalten sind, die nicht häufig gehandelt werden, wenden viele Fonds einen ganz einfachen Trick an. Sie erwerben einfach andere Aktien und tauschen deren Erträge gegen die des Index aus. Diesen Vorgang nennt man Swap-Geschäft. Allerdings sollte Ihnen klar sein, dass bei einem Swap-Geschäft ein gewisses Kontrahentenrisiko entstehen kann. Wenn sich die Aktien im Fonds schlechter entwickeln, muss der Swap-Partner für den Ausgleich sorgen und die Differenz begleichen. Wenn er dazu nicht in der Lage ist, dann bleibt den ETF-Besitzern nur der geschmälerte Wert der Aktien zurück. Die synthetische Replikation ist in diesem Fall sicherer als ein Zertifikat, welches komplett wertlos werden kann, aber immer noch weniger sicher als eine physische Replikation.

Die perfekte Lösung wäre ein Sampling. Der Fonds kauft also nur die Aktien ein, die überwiegend für die Wertentwicklung zuständig sind. Der Unterschiedsbetrag wird auch hier wieder über die Swap-Geschäfte abgewickelt. Wenn Sie sich für das optimierte Sampling entscheiden sollten, dann werden nicht nur die wichtigsten Aktien gekauft, sondern es wird auch anhand einer statistischen Analyse geschaut, welches Portfolio den gesamten Index gut nachstellt.

SO FINDEN SIE DEN RICHTIGEN ETF

Wenn Sie den perfekten ETF suchen, dann müssen Sie sich zuerst über einen bestimmten Index Gedanken machen. Seien Sie sich im Klaren darüber, was Sie wollen. Wenn Sie noch relativ neu im Geschäft sind und Ihr Vermögen möglichst breit streuen wollen, sollten Sie sich erst einmal mit dem MSCI All Countries World Index beschäftigen. Besonders für die ersten Geschäfte an der Börse ist dieser Index eine sehr gute Wahl. In diesem Index sind Aktien aus 23 Industrie- und 23 Schwellenländern enthalten.

Natürlich müssen Sie sich als Anfänger nicht zwingend auf diesen Index beschränken. Auch können Sie gezielt auf den Erfolg gewisser Märkte setzen. Viele Anleger setzen auch auf die Entwicklungsländer, die an der Grenze zu einem Schwellenland stehen. Auch können Sie auf Länder setzen, die zwar ein beeindruckendes Wirtschaftswachstum vorweisen können, aber in denen dennoch viel Potenzial steckt. Ebenso können Sie ETFs auf bestimmte Branchen anwenden. Wenn Sie den für sich perfekten Index gefunden haben, brauchen Sie nur noch den passenden ETF. Bei der Auswahl des ETFs sollten Sie insbesondere auf die Gebühren achten.

SO FINDEN SIE DEN RICHTIGEN BROKER

Wie finden Sie den besten Broker? ETFs laufen eigentlich über alle Broker, sie sollten lediglich einen Zugang zu den deutschen Börsen haben. Natürlich können Sie Ihre Aktien auch über die Hausbank kaufen, jedoch sollten Sie bei Ihrer Hausbank auf die Konditionen achten, denn oft ist der Kauf von Wertpapieren mit sehr hohen Kosten verbunden. Ein guter Broker sollte jedoch eher geringe Gebühren anbieten. Manche Banken verzichten sogar komplett auf Kaufgebühren, wenn sie Sparpläne anbieten. Die jährlichen Verwaltungsgebühren sind jedoch auch sehr gering und liegen meist bei unter 0,1 Prozent. Wenn Sie nicht jeden Tag Aktien handeln wollen, dann lohnt sich ein Broker meist gar nicht.

Immer wieder hört man, dass Experten den MSCI World Index empfehlen. Dieser Index ist einfach eine Lösung für sämtliche ETF-Anleger. Doch ist eine Anlage auf den MSCI World Index wirklich so sinnvoll? Die Wirtschaft scheint heute sehr instabil. Die Kurse spielen verrückt und gehen ständig auf und ab. Vor allem in manchen Regionen und zu bestimmten Zeiten sind die Kursschwankungen extrem. Wenn man jedoch auf einen längeren Zeitraum blickt, dann gleichen sich diese Schwankungen wieder aus. Auch auf der internationalen Ebene ist und bleibt die Börse weitestgehend stabil und sicher. Wenn der Index in einer Nation einen Abwärtstrend verspürt, dann geht ein anderer Index meistens bergauf.

Wenn diese Aussage stimmt, dann ist der Weltaktienindex doch in jedem Fall eine sichere Anlage, oder nicht? Eine Wertsteigerung, eine langfristige Anlage, eine regelmäßige Auszahlung und ein dadurch gesichertes Einkommen, das verspricht eine Investition in den MSCI World Index. Doch kann man den Experten trauen und auf diese Allzwecklösung zurückgreifen?

Was ist eigentlich der MSCI World Index? Dieser Index ist ein Weltaktienindex. Die größten Unternehmen der Industriestaaten sind in diesem Index enthalten. Gemessen werden diese Unternehmen an deren Börsenwert. Zum jetzigen Zeitpunkt sind es ungefähr 1.600 Aktien aus 23 Ländern. Im Allgemeinen gibt es den MSCI World Index schon seit 1970, die durchschnittliche Rendite hingegen erst seit 1975. Nach der damaligen Ölkrise ging es los. Dieser Index überstand sogar den schwarzen Montag, die Dotcom-Blase und die Finanzkrise im Jahr 2008. Der Index stellt die Weltwirtschaft sehr realistisch nach, allerdings musste er während dieser Krisen ordentlich einstecken. Er erholte sich aber auch schnell wieder, sodass er mittlerweile sehr stabil ist.

Ein ETF versucht, den Index so genau wie möglich abzubilden. Im Moment existieren 17 Indexfonds auf den MSCI World Index. Acht ETFs sind dabei thesaurierend, neun wurden mit einer Gewinnausschüttung an die Anleger ausgezahlt und zwölf sind physisch. Thesaurierend bedeutet, dass die Erträge aus Dividenden wieder neu angelegt werden, physisch bedeutet, dass die Aktien durch eine optimierte Auswahl ersetzt werden. Die letzten sechs ETFs sind replizierend, was bedeutet, dass Tauschgeschäfte mit einer Bank durchgeführt werden, die eine gleiche Wertentwicklung zusichert. Die iShares sind die mit Abstand größten ETFs des MSCI World.

Wie sehen die Risiken des MSCI World Index aus? Es kommt bei diesem Index immer darauf an, wie sich die Weltwirtschaft entwickelt. Wenn sich die Konjunktur im entsprechenden Land negativ entwickelt, so wird auch der ETF negativ beeinflusst, der ETF ist nämlich an das globale Kursbarometer angeschlossen. Der MSCI World Index hat sich jedoch immer wieder von starken Krisen erholen können. Auch nach sehr starken Schwankungen konnte er immer wieder konstant steigen. Wenn man nun also einen längeren Zeitraum betrachten würde, dann hätte man als Anleger in jedem Fall Erträge erzielt.

Das sind im Übrigen die zehn größten Unternehmen, die im MSCI World Index enthalten sind: Microsoft, Apple, Facebook, Amazon, Johnson & Johnson, Nestlé, Proctor & Gamble, Alphabet (Google), Visa und JP Morgan Chase.

Bei diesen großen Unternehmen kommt es schon einmal vor, dass es den einen oder anderen Skandal gibt, sodass die Kurse extrem ins Schwanken geraten. Oft beeinflussen diese Gerüchte und Skandale den Kurs negativ, sodass er stark abfällt. Für den Fall, dass dies passieren sollte, wollen wir Ihnen die Diversifikation etwas näherbringen. Ein auf dem MSCI World basierender ETF ist also sehr breit gefächert. Wenn der Kurs eines Unternehmens einmal fallen sollte, dann dürfte das auf Ihren ETF keinerlei Auswirkungen haben. Außerdem kann man darauf hoffen, dass die sehr großen Unternehmen alles dafür tun würden, dass diese negativen Schlagzeilen wieder verschwinden, und somit dafür sorgen, den negativen Kurs so schnell wie möglich wieder auszugleichen. Die Größe des Unternehmens spielt in diesem Fall schon eine sehr große Rolle. Die Zusammenstellung des Index wird vierteljährlich angepasst.

In welcher Währung werden die MSCI World ETFs gehandelt? Die meisten ETFs im MSCI World werden in US-Dollar getraded, allerdings gibt es die ETFs auch in Euro. Wenn man sich den Wert etwas genauer anschaut, dann liegt der Index in Euro und in US-Dollar ungefähr gleich. Sollten Sie einen ETF in US-Dollar handeln, müssen Sie ständig auf die Wechselkurse und die jeweiligen Gebühren achten. Diese Gebühren müssen Sie dann von Ihrer eigentlichen Rendite abziehen. Wenn Sie jedoch in Euro handeln, dann ersparen Sie sich die umständlichen Wechselkurse und können eventuell sogar mehr Gewinne erzielen. Es kommt dabei stets auf die Wechselkursstrategie an, da es manchmal auch sinnvoll sein kann, ETFs in einer Fremdwährung zu kaufen.

Wenn Sie an der Börse handeln, sollten Sie zudem stets die unterschiedlichen Zeiten der Länder beachten. Beim MSCI World Index müssen Sie jedoch nicht darauf achten, da dieser Index Länder verschiedener Zeitzonen beinhaltet, sodass der Kurs zu jeder Uhrzeit neu berechnet wird. Beim DAX hingegen wird der Tag mit einem bestimmten Preis beendet, denn dann ist Börsenschluss.

Macht ein MSCI World ETF Sinn? Natürlich kann kein Aktienmarkt Ihnen eine bestimmte Sicherheit geben, doch tatsächlich kann sich ein ETF im MSCI World Index lohnen. Der Index macht es möglich, dass Sie Teilhaber der Weltwirtschaft sind, die sich ohnehin aktuell auf einem aufsteigenden Pfad befindet. Der MSCI World Index beinhaltet derzeit nur Aktien aus Industrieländern, allerdings könnte man das eigene ETF-Portfolio mit einigen Fonds der Schwellenländer auffüllen. Seien Sie sich jedoch darüber bewusst, dass der MSCI World Index zu über 62 Prozent aus amerikanischen Unternehmen besteht. Wussten Sie zudem, dass die USA zurzeit den größten Aktienmarkt auf der Welt besitzt? Dementsprechend ist auch der Anteil am Weltindex größer. Auch Deutschland ist ein Industrieland und somit im MSCI World Index enthalten. Der Weltaktienindex ist auch bezüglich der Branchen sehr weit aufgestellt. Aus diesem Grund ist dieser Index ein sicherer Baustein. Auch sollten die sehr rentablen Erträge nicht außer Acht gelassen werden, denn diesbezüglich macht ein MSCI World ETF auch eine sehr gute Figur.

Schluss

Wir hoffen, wir konnten Ihnen mit diesem Ratgeber das Thema ETF ein wenig näherbringen. Seit dem Jahr 2000 können Anleger in Deutschland ihr Kapital in ETFs investieren und sich so ein kleines Vermögen aufbauen. ETFs wurden in den letzten Jahren immer beliebter. Durch den Ratgeber konnten wir Ihnen hoffentlich vermitteln, wieso dieses Finanzprodukt bei vielen Anlegern so beliebt ist. ETFs sind Fonds, die auf Dauer über die Börse gehandelt und nicht über eine Fondsgesellschaft abgewickelt werden. ETFs sind sehr flexibel, denn sie können sich auf mehrere Anlageklassen beziehen – Aktien, Rohstoffe, Währungen, Sachwerte oder Immobilien.

Diese Anlageart ist sehr kosteneffizient, denn für alle Anleger fallen nur sehr geringe Verwaltungsgebühren an. Während aktive Investmentfonds versuchen, den Markt zu schlagen, verlaufen ETFs nur parallel, denn sie bilden die Wertentwicklung des ihnen zugrunde liegenden Index ab. Sie versuchen also nicht, den Markt zu besiegen, sondern sie folgen ihm nur. Auch die Liquidität macht ETFs so beliebt, denn sie können zu Börsenzeiten zu jeder Zeit gekauft und verkauft werden. Die Anlageart ist bei Experten so verhasst und bei Anlegern so beliebt. Dabei sind sie total einfach aufgebaut und transparent. Im Ratgeber sind wir auf viele Mythen eingegangen und haben versucht, sie verständlich zu erklären, sodass wir Ihnen ein wenig Licht im dunklen Universum der ETFs schenken konnten. Für Einsteiger sind ETFs einfach die beste Wahl. Die geringen Verwaltungsgebühren, das einfache Handling und die vielfältigen Gestaltungsmöglichkeiten machen ETFs zu einem einfach zu lenkenden Anlageinstrument.

Natürlich gibt es auch diverse Nachteile, aber wenn man diese Anlageart auf Dauer ausführen möchte, steht dem Aufbau eines kleinen Vermögens nichts mehr im Wege.

AKTIEN FÜR EINSTEIGER

Das 1x1 der Geldanlage in Aktien & ETF. Schritt für Schritt zum erfolgreichen Investor an der Börse werden – Intelligent investieren, Geld sparen und passives Einkommen erzielen!

Vorwort

Eines ist ja wahrscheinlich allen von uns gemein: Wir sehen unser Geld lieber mehr werden, als dass es weniger wird. Doch wo gelingt einem dies heute noch?
Zum Zeitpunkt dieser Zeilen sieht es so aus, als ob die Zentralbanken der Welt nach ohnehin niedrigen Zinsen die Leitzinsen wieder senken werden. In den USA sieht es so aus, als ob die Federal Reserve schon bald wieder die Zinsen senken wird. Die Europäische Zentralbank hingegen hat seit den Maßnahmen nach der Finanzkrise 2009 die Zinsen nie wieder angehoben und muss nun zu noch unbekannten, drastischeren Maßnahmen greifen, um die Märkte vor einer neuen Krise zu schützen. Und die australische Zentralbank hat ihren Leitzins sogar schon vor einigen Monaten gesenkt.

Daher haben auch Sie schon lange praktisch keine Zinsen mehr auf dem Sparbuch oder Tagesgeldkonto. Auch auf dem Anleihenmarkt wird es immer schwerer, noch Anleihen mit guter Bewertung und einigermaßen hohen Zinsen zu finden.

Die Bundesanleihe notiert zurzeit sogar negativ. Lediglich Institutionen wie die Riester-Rente oder Ähnliche kaufen diese aber trotzdem, da ihnen keine andere Wahl bleibt. Deutschland macht also gerade damit Geld, indem es Geld verleiht. Das ist doch einmal eine Geschäftsidee! Spaß beiseite, denn auch hier sehen Sie, dass die Rechnung mit der Riester-Rente nicht aufgehen wird, wenn die Institutionen am Ende weniger Geld wiederbekommen, als sie investierten. Somit bekommen auch die Riester-Anleger wahrscheinlich kaum etwas oder das fehlende Geld wird vom Steuerzahler nachgeschossen, wodurch im Endeffekt dann jeder leiden wird.

Was also tun? Der Aktienmarkt ist einer der wenigen Märkte, auf welchen sich Geld noch vermehren lässt. Produkte wie Knock-out-Zertifikate und Ähnliches lassen wir in diesem Buch außen vor. Mit diesen lässt sich zwar noch mehr Rendite erzielen, aber ebenso lassen sich damit auch schnell Verluste einfahren. Daher legen wir unseren Fokus auf Aktien und Produkte, welche Aktien beinhalten oder Aktienindizes abbilden (Fonds und ETFs sowie Tracker-Zertifikate).

In diesem Buch finden Sie neben grundlegenden Informationen auch Ideen zur Anlage, zur eigenen Analyse der Charts und dazu, wie Sie sich in einigen Beispielsituationen verhalten können.

Wie sehen Sie sich?

Man kann zwischen verschiedenen Anlegertypen unterscheiden. Einige wollen das schnelle Geld, andere einen kontinuierlichen Zuwachs des Vermögens.

DER SICHERHEITSORIENTIERTE ANLEGER

Dieser Anlegertyp setzt ganz darauf, sein angelegtes Kapital zu erhalten. Er tut sich schwer damit, Geld zu verlieren, und es stresst ihn sehr, wenn die Kurse an der Börse einmal ins Negative drehen. Er möchte sein erarbeitetes Vermögen am liebsten ohne Stress langsam, aber sicher vermehren. Für ihn bieten sich also Aktien von z. B. Konsum- und Versorgungsunternehmen an, da diese immer benötigt werden, aber keine neuen Hype-Technologien anbieten. Auch eignen sich breit gefächerte Fonds, welche von einem Menschen verwaltet werden, oder ETFs, mit denen er eine ganze Branche oder Region kaufen kann und somit breit diversifiziert und sein Risiko minimiert.

Auch einige Tracker-Zertifikate, welche einen Index abbilden, der sich aus mehreren Aktienkursen und Anlageklassen zusammensetzt, bieten sich für diesen Anlegertyp an. Er möchte sich nicht täglich mit der Börse beschäftigen und lieber machen lassen, als selbst aktiv werden.

Sein Investment soll ihm zwar einen Ertrag bringen, dieser muss jedoch nicht hoch sein und ein Inflationsausgleich oder etwas mehr ist ihm oft genug. Verlustrisiken will er deswegen jedoch auf gar keinen Fall in Kauf nehmen.

DER RISIKOBEWUSSTE ANLEGER

Dieser Anlegertyp beschäftigt sich mehr mit der Börse. Er sucht aktiv nach Anlageideen und liest meist auch viel Literatur. Er weiß, dass eine höhere Rendite oft nur mit einem höheren Risiko einhergeht. Er kann durch sein Knowhow dieses Risiko jedoch relativ gut einschätzen. Große Verluste möchte auch er vermeiden, jedoch stört es ihn nicht, wenn ein Investment einmal nach hinten losgeht oder monatelang im Negativen rentiert. Er möchte sein Geld überdurchschnittlich vermehren und ist dabei auch selbst aktiv. Für ihn eignen sich einzelne chancenreiche Aktien, welche er einem diversifizierten und relativ sicheren Depot zumischt, um seine Renditechancen zu erhöhen. Auch ETFs, welche einzelne Branchen wie Technologiewerte oder Zukunftsmärkte abbilden, eignen sich zur Steigerung seiner Rendite.

Sein Depot sollte jedoch noch immer einen soliden Fuß haben.

DER SPEKULATIVE ANLEGER

Ihn zeichnet aus, dass er möglichst schnell eine hohe Rendite erreichen möchte. Er investiert mit Hebelprodukten und anderen Produkten, um möglichst hohe Renditen in kurzer Zeit möglich zu machen. Normale Aktien sind für ihn fast nichts, es sei denn, es handelt sich um Highflyer, welche einen großen Hype auslösen. Eventuell sind noch ETFs etwas für ihn, welche einen Index mit einem Faktor abbilden. Sie bilden also beispielsweise bei einem Faktor von 2 die Bewegungen des Index doppelt so stark ab (positiv und negativ!). Auch wenn Verluste diesen Anleger ebenfalls schmerzen können, nimmt er sie in Kauf. Ihm sind wahrgenommene Chancen wichtiger als Sicherheit und Werterhalt. Oft sind gerade Neulinge an der Börse vom Börsenfieber erfasst und handeln nach diesem Motto. Ohne richtiges Wissen werden so jedoch fast nur Verluste gemacht und ein Gewinn hin und wieder schafft es vielleicht gerade so, diese Verluste auszugleichen.

Gerade die Neulinge steigen bei Bewegungen in die falsche Richtung schnell aus, verkaufen im Minus und ärgern sich, wenn der Kurs wieder steigt und sie nicht dabei waren. Dann kaufen sie wieder und machen eventuell etwas Plus, aber nicht genug, um den Verlust sinnvoll auszugleichen. Diese Anleger beobachten die Kurse stündlich, jeden Tag. Mit sehr vielen Kenntnissen über die Börse können einige Anleger mit diesem Ansatz jedoch tatsächlich weit überdurchschnittliche Renditen erzielen.

Wahrscheinlich denken die meisten Deutschen, dass alle Anlegertypen dieser spekulative Typ sind, und daher wollen sie nichts mit der Börse zu tun haben.

Grundlagen

Die Börse ist seit Jahrhunderten Umschlagplatz für Waren und auch für Kontrakte für Rohstoffe. Heutzutage werden jedoch neben Kontrakten für Rohstoffe auch Unternehmensanteile (also Aktien) gehandelt. Allerdings ist es in Deutschland so, dass die große Mehrheit, wenn es um die Geldanlage geht, nichts mit der Börse oder den Kapitalmärkten zu tun haben möchte. Negative Argumente wie Vergleiche der Börse mit einem Casino oder die Meinung, dass man an der Börse sowieso nur Geld verliert, machen immer wieder die Runde. Dies kommt auch daher, dass die Deutschen lieber über negative Erfahrungen sprechen und daher Themen wie Börse und Finanzen nur zu Krisenzeiten in aller Munde sind.

Wenn man sich die Daten der letzten Jahrzehnte einmal ansieht, stellt man fest, dass dies mitnichten der Fall ist. Nach Angaben der Deutschen Bundesbank lagen im Jahr 2017 Einlagen in Höhe von annähernd 2,1 Billionen Euro praktisch zinslos auf deutschen Giro- und Tagesgeldkonten herum.

Die Inflation zehrt dort das Geld langsam auf.

Und dabei muss man sich gar nicht großartig und täglich mit der Börse beschäftigen, um überschüssiges Geld sinnvoll anzulegen.

Durch verschiedene Aktien, ETFs, Fonds und andere Produkte kann der Anleger sein Risiko und seinen Gewinn sehr gut ausloten und justieren. Informationen sind frei verfügbar und sogar in YouTube-Videos werden diese einfach erklärt. Mit ein wenig entsprechendem Wissen können Geldanleger aus abertausenden Finanzprodukten das zu ihrem Anlegertyp passende Investment herausfiltern. Ob Sie Aktien kaufen, in einen Fonds oder ETF einmalig einsteigen oder mit einem ETF-Sparplan kleine Summen über einen langen Zeitraum investieren wollen – ein Investment an der Börse ist und bleibt in Zeiten niedriger Zinsen praktisch alternativlos.

Natürlich ist nicht jedes Investment direkt erfolgreich, aber mit ein wenig Diversifikation können Sie Ihr Risiko minimieren und von der Breite des Marktes profitieren.

BEGRIFFE

Hier ist für Sie eine Auswahl an Begriffen zusammengefasst, welche Ihnen immer wieder im Börsenleben begegnen werden.

VOLATILITÄT

Als Volatilität wird die Schwankungsbreite eines Wertpapiers angegeben. Dabei kann sie für alle Anlageklassen angegeben werden, für Aktien, Indizes oder auch für Währungen. Vor allem institutionelle Investoren beschäftigen sich intensiv mit der Volatilität, da sie an ihr den zu erwartenden, maximalen Gewinn und Verlust abschätzen können. Dabei bedeutet eine hohe Volatilität, dass der Kurs eines Wertpapieres stark schwankt, also in kurzer Zeit relativ stark steigen, aber auch genauso gut wieder fallen kann. Eine niedrige Volatilität bedeutet im Umkehrschluss, dass die Kurse eines Wertpapieres wenig schwanken und daher sehr stabil in eine Richtung laufen. Produkte mit geringen Volatilitäten schonen also die Nerven.

Weiterhin wird zwischen einer implizierten und einer historischen Volatilität unterschieden. Die historische Volatilität wird aus den Kursverläufen der Vergangenheit berechnet. Es werden dazu die maximalen und minimalen Kursstände über einen bestimmten vergangenen Zeitraum miteinander verglichen. Daraus ergibt sich eine durchschnittliche Schwankungsbreite. Unter der implizierten Volatilität versteht man eine aktuelle, in einem Optionsscheinpreis enthaltene und vom Markt erwartete Volatilität. Dieser Wert wird zur Beurteilung des Wertes eines Optionsscheines herangezogen. Eine höhere implizierte Volatilität, welche höher als die historische Volatilität ist, bedeutet, dass der Schein eher teuer ist.

RENDITE

Als Rendite bezeichnet man den Gesamtertrag einer Anlage im Verhältnis zum angelegten Kapital. Dabei spielt es keine Rolle, ob es sich um eine Aktie, einen Fonds, ein ETF oder etwas anderes handelt. Eine Renditeangabe kann sich auf verschiedene Zeitebenen beziehen. Sehr oft werden Sie schon von der sogenannten Rendite per annum oder p. a. gehört haben. Diese Angabe bezeichnet die Rendite einer Anlage pro Jahr. Die Rendite hängt dabei von verschiedenen Faktoren ab. Diese Faktoren sind auf der einen Seite die Kosten, die durch die Anlage entstehen, also negative Faktoren:

- Gebühren beim Kauf und Verkauf,
- Kosten pro Jahr für Manager und anderes,
- Ausgabeaufschläge oder Verkaufsabschläge sowie
- Weitere Gebühren.

Auf der anderen Seite kommen positive Faktoren zusammen:

- Kurszuwachs,

- Zinsen,
- Dividenden und
- Wechselkursgewinne.

Die Rendite wird dabei immer in Prozent angegeben und kann nur für die Vergangenheit genau angegeben werden. Für die Zukunft ist sie eigentlich immer nur ein Schätzwert.

BAFIN

Die Bundesanstalt für Finanzdienstleistungsaufsicht. Sie leistet mit ihrer Aufsichtstätigkeit einen wichtigen Kernpunkt, um die Zahlungsfähigkeit von Kreditinstituten, Versicherern und Finanzdienstleistern sicherzustellen. Außerdem dient der Teil der Marktaufsicht dazu, faire und transparente Verhältnisse an den Märkten zu gewährleisten und die Gemeinschaft der Verbraucher zu schützen. Dieser Schutz erstreckt sich auf alle Produkte und Finanzdienstleistungen, welche von der BaFin beaufsichtigt werden.

Zu ihren Aufgaben gehört es ebenfalls, zu verhindern, dass das Finanzsystem in irgendeiner Form zu Zwecken der Geldwäsche und der Terrorismusfinanzierung missbraucht wird.

BÄREN

Bären sind in der Börsenwelt Investoren oder Anleger, welche mit fallenden Kursen rechnen. Diese setzen mit Papieren, die bei fallenden Kursen eine positive Rendite abwerfen, auf fallende Kurse von Aktien, Währungen, Indizes etc. Sie sind daher auch Short am Markt investiert. Je tiefer die Kurse fallen, desto größer ist der Gewinn der Bären.

BULLEN

Bullen sind diejenigen Anleger an der Börse, welche mit steigenden Kursen der Aktien und Anlageprodukten wie Fonds, ETFs etc. rechnen. Man sagt auch, dass die Bullen Long investiert sind. Je weiter die Kurse an den Börsen steigen, desto mehr Rendite machen die Anlagen der Bullen.

EMERGING MARKETS (EM)

Die Entwicklungs- und Schwellenländer der Erde und die ehemaligen Ostblockstaaten werden heute im Allgemeinen als Emerging Markets bezeichnet. Bei diesen Ländern sind die Wachstumsraten meistens größer als die Wachstumsraten und Kapitalmärkte der Industrieländer. Im Gegenzug sind die Emerging Markets aber auch häufig weniger liquide und Ereignisse an den Börsen oder auch nur größere Wertpapierkäufe oder -verkäufe können einen stärkeren Einfluss auf die Kursentwicklung der Börsen dieser Länder haben.

BLUE CHIPS

Blue Chip ist eine Bezeichnung für eine Aktie eines erstklassigen und weltweit bekannten Unternehmens. Das Unternehmen sollte ebenfalls eine hervorragende Bonität, also Zahlungsfähigkeit, vorweisen können und regelmäßig Dividenden an seine Aktionäre ausschütten.

BONITÄT

Bonität betitelt die Kreditfähigkeit und Kreditwürdigkeit eines Schuldners (Unternehmen, Staaten, Länder und Personen). Schuldner mit einer hohen Bonität sind eher vor Krisenzeiten gefeit als Schuldner mit einer geringen Bonität.

BASISWERT

Der Basiswert ist der Wert, welcher einem Finanzinstrument zugrunde liegt, der sogenannte Bezugswert. Dieser ist vor allem für Zertifikate und Optionsscheine wichtig. Der Basiswert kann sich dabei z. B. auf eine einzelne Aktie, aber auch auf einen Index oder einen Rohstoff beziehen.

DIVIDENDE

Eine Dividende ist ein Teil des Gewinns eines an der Börse gelisteten Unternehmens, welcher im Normalfall einmal jährlich an die Aktionäre ausgeschüttet wird. Diese Ausschüttung erfolgt pro Aktie. Ein Aktionär, welcher viele Aktien des Unternehmens besitzt, bekommt daher auch einen größeren Dividendenbetrag (Dividende multipliziert mit gehaltenen Aktien).

DIE WICHTIGSTEN INDIZES

Die Kurse der weltweiten Börsen werden zumeist verglichen, indem die Punktestände von Indizes verfolgt und verglichen werden. So wird in Deutschland vor allem der Deutsche Aktienindex, kurz DAX, verfolgt. In Amerika erhalten der S&P 500, der Dow Jones sowie der NASDAQ große Beachtung. Die US-amerikanischen Indizes haben dabei auch global eine große Bedeutung, da der Aktienmarkt in den USA nach wie vor der bedeutendste weltweit ist.

DAX

Der wohl für die deutschen Anleger wichtigste Aktienindex ist der Deutsche Aktienindex oder auch kurz DAX. Von diesem werden Sie auch als Nicht-Aktionär mit fast 100-prozentiger Sicherheit schon einmal gehört haben. Denn praktisch keine Nachrichtensendung oder Tageszeitung kommt ohne einen Kommentar zum aktuellen Indexstand des DAX aus. Dieses große Interesse der Journalisten an dem Index, bei eigentlich geringem Interesse der deutschen Bevölkerung am Thema Börse, kommt nicht daher, dass man seit Jahrzehnten krampfhaft versucht, mehr Menschen für die Börse zu begeistern, sondern daher, dass an der Entwicklung des DAX-Standes auch Entwicklungen der Weltpolitik und Weltgeschichte, der Wirtschaftslage in Deutschland oder der internationalen Beziehungen zwischen Deutschland und anderen Handelspartnern abgelesen werden können.

In neuerer Zeit beeinflussen zumeist auch die Aussagen des zum Zeitpunkt des Verfassens dieses Buches amtierenden US-Präsidenten Donald J. Trump die Entwicklung des DAX. Androhungen von Zöllen auf aus Deutschland in die USA exportierte Waren treffen den DAX besonders hart, da viele der im DAX gelisteten Unternehmen besonders viele Güter exportieren. Auch Entscheidungen der deutschen Politik können den Kurs beeinflussen. So haben Beschlüsse zur Klimapolitik, wie beispielsweise der Ausstieg aus der Atom- oder Kohlekraft, direkten Einfluss auf Energieversorger.

Wie setzt sich der DAX zusammen?

Der DAX besteht aus 30 deutschen Unternehmen. Er wurde 1988 ins Leben gerufen. Diese Unternehmen werden nach verschiedenen Kriterien in den DAX aufgenommen oder auch ausgeschlossen. Diese Kriterien sind folgende:

- Das Unternehmen muss im Prime Standard der Deutsche Börse AG gelistet sein. Es muss alle Anforderungen in Bezug auf Transparenz, Bilanzierung, Jahresabschluss, Aktionärsversammlungen, Kommunikation etc. ausnahmslos erfüllen.
- Das Unternehmen muss eines der 35 Unternehmen an den deutschen Börsen sein, welche die höchsten Marktkapitalisierungen aufweisen. Die Marktkapitalisierung ist das Produkt aus aktuellem Börsenkurs der Aktie multipliziert mit der Anzahl der ausgegebenen Aktien. Jedoch wird hier nur der Free Float oder auch der Streubesitz einberechnet. Alle Aktien, die ab 5 % aufwärts

einem einzigen Aktionär gehören, werden in die Berechnung nicht mit einbezogen.

- Die Aktien müssen am Markt ein relativ hohes Handelsvolumen vorweisen, also stark gehandelt werden.

Diese Kriterien werden viermal jährlich überprüft. Wenn nun allerdings der DAX steigt, bedeutet das nicht, dass alle Aktien der Unternehmen im DAX auch steigen. Es gibt immer Tops und Flops, das heißt, einige Aktien steigen an einem Tag vielleicht um +3 % und andere verlieren -1 %. Der Punktestand des DAX berechnet sich dann aus dem Durchschnitt nach Marktkapitalisierung gewichtet. Das bedeutet, dass ein Unternehmen mit einer Marktkapitalisierung von 50 Milliarden Euro den DAX stärker beeinflussen kann als ein Unternehmen mit einer Marktkapitalisierung von 10 Milliarden EUR. Diese Gewichtung wird allerdings auf maximal 10 % begrenzt. Wenn also ein Unternehmen nach Marktkapitalisierung mehr als 10 % des DAX ausmachen würde, bleibt die Beeinflussung so, als ob es nur 10 % ausmachen würde.

Eine Eigenschaft trennt den DAX von fast allen anderen Indizes weltweit: Der DAX wird als einer der wenigen Indizes als Performanceindex berechnet. Dies bedeutet, dass in den DAX nicht nur die Kursentwicklungen einfließen, sondern ebenfalls Dividendenzahlungen der Unternehmen. Daher steigt der DAX im Grunde viel schneller als andere Indizes.

Dies hat zur Folge, dass der Index im Prinzip verzerrt dargestellt wird, denn auch, wenn die Aktienkurse theoretisch betrachtet ein ganzes Jahr stehen bleiben würden, würde der DAX trotzdem aufgrund der Dividenden steigen.

EURO STOXX

Was für Deutschland der DAX ist, ist für Europa, nein, besser gesagt für die Eurozone, der Euro Stoxx. In diesem Index sind die 50 größten Unternehmen aus der Eurozone gelistet. Somit werden Sie hier auch einige der größten Unternehmen aus dem DAX wiederfinden, allerdings auch die größten Unternehmen aus dem französischen CAC 40 oder auch dem spanischen IBEX. Auch hier bestimmt sich die Gewichtung aus der Marktkapitalisierung. Im Gegensatz zum DAX ist der Euro Stoxx jedoch ein Kursindex. Sein Indexstand errechnet sich daher einzig und allein aus den Kursgewinnen und Kursverlusten der Aktien der in ihm gelisteten Unternehmen. Dividenden fließen nicht mit ein.

S&P 500

Der Standard & Poor's 500 Index wird, wie man unweigerlich vermuten kann, vom Unternehmen Standard & Poor's herausgegeben. Er beinhaltet die 500 nach Marktkapitalisierung größten an US-Börsen gelisteten Unternehmen. Obwohl in den Anfangszeiten nur US-Unternehmen in dem Index gelistet waren, sind heute auch Nicht-US-Unternehmen eingeschlossen, sofern sie an US-Börsen gelistet sind und ihre Bilanzen und Jahresberichte in USD veröffentlichen.

Er ist ebenfalls ein Kursindex, wird also genauso wie der EuroStoxx ohne Berücksichtigung der Dividenden berechnet. Wie beim DAX werden hier die einzelnen Unternehmen nach Marktkapitalisierung gewichtet.

Den S&P 500 gibt es seit 1959. Zurückgerechnet gibt es jedoch bis in das Jahr 1789 Kurse. Von 1789 bis zum 15.07.2019 ist der S&P 500 um ganze 3014 % gestiegen. Vor wenigen Tagen wurde dabei erstmals die historische Marke von 3000 Punkten durchbrochen. Wenn Sie dieses Buch in ein paar Jahren lesen, ist diese Information jedoch wahrscheinlich recht belanglos.

NASDAQ

Der Nasdaq, auch Nasdaq Composite genannt, besteht aus allen Unternehmen, welche an der Technologiebörse Nasdaq gehandelt werden. In ihm stecken viele Unternehmen aus dem Silicon Valley, wie z. B. Facebook, Microsoft oder Apple. Insgesamt besteht er jedoch aus 5000 Unternehmen, welche mit Technologie zu tun haben. Teilweise wird auch nur vom NASDAQ 100 gesprochen. Dieser Index enthält nur die 100 größten Technologieunternehmen der Nasdaq-Börse. Er ist wie die meisten Aktienindizes ein reiner Kursindex, wird also ohne Dividendenzuflüsse berechnet. Da in ihm viele Unternehmen mit neuen Technologien und Produkten stecken, ist er größeren Schwankungen ausgesetzt als andere Indizes, denn diese Unternehmen werden oft stark „gehyped“ und dann verstärkt gehandelt.

MSCI WORLD

Der bekannteste sogenannte Weltindex. In ihm werden große und mittelgroße Unternehmen weltweit aus insgesamt 23 verschiedenen entwickelten Ländern (daher auch Industrienationen) gelistet. Dazu gehören beispielsweise die USA, die Euroländer, Japan oder auch das Vereinigte Königreich.

Dabei werden etwa 85 % des Free Floats (Streubesitz) aller Aktien dieser Länder berücksichtigt und nach Marktkapitalisierung gewichtet. Aufstrebende Länder bzw. Emerging Markets werden nicht berücksichtigt.

Insgesamt sind in ihm etwa 1600 Unternehmen aus diversen Branchen berücksichtigt. Die genaue Auswahl beruht dabei auf einem eigens entwickelten System von MSCI und S&P, dem Global Industry Classification Standard. Genaue Einsicht in die aktuell gelisteten Unternehmen haben private Anleger leider nicht.

Trotzdem ist dieser Index sehr breit gefächert und kann auch als ein Indikator der Weltwirtschaft herangezogen werden.

Da die Unternehmen jedoch auch durch die Marktkapitalisierung gewichtet werden und die meisten und teuersten Unternehmen in den USA ansässig sind, machen US-Unternehmen auch mehr als die Hälfte des Index aus. Er ist ebenfalls ein Kursindex, sodass Dividendenausschüttungen der Unternehmen keinen Einfluss auf seinen Kurs haben.

DOW JONES

Der Dow Jones ist der wichtigste Index an den US-Börsen. Er ist bereits seit 1896 verfügbar und damit der älteste aller Indizes. Ins Leben gerufen wurde er von Charles H. Dow und dem Wallstreet Journal. Er beinhaltet die 30 größten Industrieunternehmen der USA. Die Aktien der Unternehmen werden hier allerdings nicht nach Marktkapitalisierung gewichtet. Die Gewichtung bezieht sich allein auf die Höhe des Aktienkurses. So kann ein Unternehmen mit einer Marktkapitalisierung von 80 Milliarden Dollar und einem Aktienkurs von 150 USD weniger gewichtet sein als ein Unternehmen mit einer Marktkapitalisierung von 10 Milliarden USD, aber einem Aktienkurs von 220 USD.

AKTIEN – SICH SELBST DIE ROSINEN HERAUSPICKEN

Mit Aktien haben Sie die Möglichkeit, am Erfolg eines Unternehmens teilzuhaben. Viele Unternehmen zahlen ihren Aktionären auch regelmäßig eine Gewinnbeteiligung (Dividende) aus, mit der Sie zusätzlich von einer Aktie profitieren. Doch gerade die Einzelauswahl von Aktien birgt auf der einen Seite eine hohe Renditemöglichkeit, die weit über der des Marktes liegen kann, auf der anderen Seite aber auch überdurchschnittliche Verlustrisiken.

Man setzt hier auf einzelne Unternehmen. Daher sind gerade hier Vorarbeiten nötig, bevor Sie investieren. Sie sollten solide Kenntnisse zu den Unternehmen haben und sich vorab mit der Fundamentalanalyse beschäftigen (lesen Sie dazu das Kapitel „Fundamentalanalyse“). Natürlich ist es nur möglich, Aktien von Unternehmen zu kaufen, welche Sie auch an den für Sie verfügbaren Börsen handeln können. So ist es meist sehr schwer oder mit hohen Gebühren verbunden, wenn Sie z. B. eine ganz großartige Firma in Mexiko kennen, deren Aktien aber nur an der Bolsa Mexicana de Valores gelistet sind.

Ebenfalls spielt die Währung, in der die Aktien ausgegeben werden, eine Rolle bei Ihrem Investment. Kaufen Sie Aktien in USD, haben Sie zusätzlich noch die Möglichkeit, am Wechselkurs Gewinne einzufahren, denn die Aktien werden auch wieder in USD veräußert. Achten Sie aber auf eventuelle Gebühren Ihres Brokers bezüglich Fremdwährungen. Diese können Ihren Gewinn reduzieren.

Wenn Sie einzelne Aktien kaufen, haben Sie teilweise auch gewisse Rechte als Aktionär. Sie haben Stimmrechte, können also auf den Jahreshauptversammlungen mit abstimmen. Je mehr Aktien Sie dabei besitzen, desto mehr Stimmen haben Sie. Oder Sie kaufen Vorzugsaktien: Dabei verzichten Sie auf Ihre Stimmrechte und bekommen als Ausgleich dafür eine etwas höhere Dividende.

Auch werden Besitzer von Vorzugsaktien bei einer Liquidation des Unternehmens gegenüber Stammaktienbesitzern bevorzugt, indem die Vorzugsaktien einen höheren Restwert behalten.

Es werden allerdings nicht immer Vorzugsaktien an allen Börsen oder allgemein an der Börse angeboten.

Wenn Sie Aktien eines Unternehmens besitzen, sind Sie also zu einem bestimmten Prozentsatz Eigentümer des Unternehmens. Ihnen gehört also zum Teil die Firma, daher auch Ihr Recht, auf den Hauptversammlungen mitzubestimmen (bei Stammaktien).

ETFS – EINFACH GANZE INDIZES KAUFEN

ETF steht für Exchange Traded Fund. Im Prinzip sind diese also auch eine Art Fonds, allerdings gibt es große Unterschiede zu einem klassischen Fonds. ETFs sind börsengehandelte Indexfonds, welche einen ganzen Markt abbilden. Sie beziehen sich dabei immer auf einen Referenzindex. Ganz einfach kann dieser Referenzindex z. B. der DAX sein. Ein ETF auf den DAX beinhaltet nun also zum Beispiel alle Aktien, in bestimmter Gewichtung, welche auch im DAX enthalten sind. Dies entspricht dann auch einer sogenannten physischen Replikation.

ETFs gibt es jedoch auch auf diverse andere Indizes. Teilweise wurden extra neue Indizes geschaffen, um ein neues Produkt anbieten zu können und somit z. B. einen ETF auf eine bestimmte Branche aufzulegen.
Das Positive an ETFs ist, dass man mit ihnen ganz unkompliziert und mit geringem Kapital in ganze Portfolios investieren kann. So kostet ein Anteil eines ETFs vielleicht 20 Euro und mit diesen 20 Euro hat man dann die Möglichkeit, an der Kursentwicklung aller Unternehmen, welche im abgebildeten Index stecken, teilzuhaben. Als Privatanleger wäre es praktisch unmöglich, eine Aktie von jedem Unternehmen in einem Index einzeln in entsprechender Gewichtung zu kaufen. Wenn man alle Aktien im DAX kaufen möchte, wären dies schon 30 verschiedene Aktien. Mit einem ETF hat man dies mit einem einzigen Kauf erledigt.

Von klassischen Fonds unterscheidet sie, dass es keinen aktiven Fondsmanager gibt. Die ETFs sind also einfach dauerhaft investiert und entwickeln sich so (mit minimalen Abweichungen) wie der abgebildete Index – sowohl ins Positive als auch ins Negative. Sie können allerdings nie besser als ihr Referenzindex laufen, aber auch nie schlechter.

Dies führt jedoch auch dazu, dass die Gebühren sehr gering sind. 0,5 % pro Jahr oder weniger sind keine Seltenheit. Auch fallen meist keine Ausgabeaufschläge an. Sie eignen sich sehr gut dazu, das eigene Depot zu diversifizieren, da man z. B. mit einem ETF auf dem MSCI World Index direkt in etwa 1600 Unternehmen gleichzeitig investieren kann. Vor allem diese große Vielseitigkeit der ETFs machen sie zu einem interessanten Anlageprodukt.

Auch gibt es diverse andere abgebildete Indizes. So kann man z. B. einen Teil seines Geldes in einen ETF stecken, welcher Emerging Markets wie Südamerika abbildet.

Teilweise existieren ETFs, welche die Bewegungen des Marktes doppelt so stark abbilden. Diese bieten risiko- und renditeorientierten Anlegern Möglichkeiten, den Markt zu schlagen. Steigt also der DAX um 1,5 %, steigt ein ETF mit dem Faktor 2 um 3 %. Aber Achtung, auch Bewegungen in entgegengesetzter Richtung sind doppelt so stark! Verliert der DAX 1,5 %, verliert der ETF 3 %.

Es gibt grundsätzlich zwei Arten von ETFs: physisch replizierende ETFs und synthetisch replizierende ETFs. Daneben kann man noch zwischen thesaurierenden und ausschüttenden ETFs unterscheiden.

Physische ETFs bilden exakt den zugrunde liegenden Index ab, das heißt, dass auch tatsächlich alle Aktien, die im Index enthalten sind, in entsprechendem Verhältnis gekauft werden müssen, um den ETF zu bilden. Ein ETF auf den Euro Stoxx muss also alle 50 Unternehmen beinhalten, die auch im Euro Stoxx gelistet sind, und dies nach Marktgewichtung. Dies hat zur Folge, dass diese ETFs durch die großen Mengen an gehandelten Aktien auch die Kurse selbst beeinflussen. Ein physischer ETF hat jedoch den Vorteil, dass wirklich das drin ist, was Sie auch vermuten würden.

SYNTHETISCH ODER PHYSISCH

Ein synthetischer ETF hingegen muss nicht die Wertpapiere beinhalten, die auch in seinem Basisindex enthalten sind. Vielmehr wird hier ein Vertrag mit der herausgebenden Bank abgeschlossen, welcher besagt, dass die Bank ihr Geld so investiert, als ob sie in den zugrunde liegenden Index investieren würde. Das heißt aber auch, dass sie nicht alle Aktien des Index kaufen muss, sondern nur dafür sorgen muss, dass die Performance des ETF dem des Index entspricht. Mit welchen Wertpapieren dies erreicht wird, ist nicht vorgeschrieben. Sollten die von der Bank gekauften Wertpapiere besser laufen als der eigentliche Index, streicht die Bank für sich Gewinne ein. Wenn die Wertpapiere schlechter laufen sollten, muss die Bank aus Eigenkapital nachschießen. Dieses Verhalten wird auch als Swapping oder Swap bezeichnet. Daher nennt man die synthetischen ETFs hin und wieder auch Swap-ETFs.

Für Sie als Anleger bedeutet dies, dass Sie nicht genau wissen, welche Aktien im ETF liegen. Auf die Entwicklung des Kurses des ETFs hat dies aber eigentlich keinen Einfluss, da der zugrunde liegende Index ja trotzdem nachgebildet wird. Ein zusätzliches Risiko besteht jedoch gegenüber eines physischen ETFs: Da der ETF nicht selbst Aktien kauft, sondern dies von der Vertragspartnerbank übernommen wird, könnte es im Falle einer Pleite der Bank zu Ausfällen im ETF kommen.

In den Informationsmaterialien zu den ETFs wird immer angegeben, um welche Art von ETF es sich handelt.

AUSSCHÜTTEND ODER THESAURIEREND

Der Unterschied zwischen ausschüttenden und thesaurierenden ETFs liegt darin, dass eventuelle Dividendenzahlungen bei einem ausschüttenden ETF an die Anleger ganz oder zum Teil ausgezahlt werden. Mit einem solchen ETF haben Sie also die Möglichkeit auf einen regelmäßigen Geldfluss in Ihr Depotkonto. Zur langfristigen Anlage eignen sich jedoch eher die thesaurierenden ETFs, denn diese legen die Dividenden und Zinsen wieder an und dadurch erhöht sich sozusagen Ihre investierte Summe und die Rendite ist über einen langen Zeitraum etwas höher. Dazu eine Beispielrechnung mit einer einmaligen Investitionssumme von 2000 EUR, die Sie für 10 Jahre halten – einmal in einem ausschüttenden und einmal in einem thesaurierenden ETF investiert. Bei beiden ETFs wird die gleiche jährliche Rendite von 5 % angenommen, bei laufenden Kosten der ETFs von 0,5 %. Der ausschüttende ETF schüttet 1 Mal jährlich 2 % aus:

	Ausschüttender ETF	Thesaurierender ETF
Erzielter Gewinn [EUR]	1613,72	1775,55
Summe ausgeschüttete bzw. thesaurierte Beträge [EUR]	502,01	552,35

Tabelle 1: Unterschiede in der Entwicklung des Geldwertes einer Anlage in zwei hypothetische ETFs (ausschüttend und thesaurierend) nach 10 Jahren Haltedauer.

Sie sehen also, dass sich ein thesaurierender ETF im Endeffekt mehr lohnt als ein ausschüttender. Dies liegt am Zinseszinseffekt. Da die angelegte Summe bei dem thesaurierenden ETF steigt, vergrößern sich die erzielte Rendite und auch der Betrag, auf den Sie wieder thesaurierte Beträge im nächsten Jahr erhalten. Bei dem ausschüttenden ETF wird das ausgeschüttete Geld diesem Effekt entzogen. Wenn Sie also auf regelmäßige Erträge verzichten können, sollten Sie dem thesaurierenden ETF den Vorzug gewähren.

Eine weitere Variante zur Investition in einen ETF bilden sogenannte Sparpläne. Mehr dazu im Kapitel „Sparpläne".

Teilweise wird auch angeboten, vermögenswirksame Leistungen in ETFs anzulegen, sofern Ihr Arbeitgeber so etwas zahlt. Diese Anlage in die vermögenswirksamen Leistungen wird staatlich unterstützt. Für die staatliche Förderung gibt der Anleger jedoch einen Teil seiner Freiheiten auf und die Anlage des Geldes wird weniger flexibel.

Allerdings sind ETFs nicht nur für langfristige Anleger interessant. Auch kurzfristige Investments sind aufgrund der geringen Gebühren möglich. ETFs lassen sich so einfach wie eine Aktie handeln, decken aber einen gesamten Markt ab. Daher können Sie so auch auf kurzfristige Bewegungen eines gesamten Marktes reagieren und diese für sich nutzen. Auch werden Kurse dauerhaft während der Handelszeiten zur Verfügung gestellt. Bei Fonds ist dies nicht immer möglich, da diese oft nur über eine Fondsgesellschaft handelbar sind und die Kurse nur 1 oder 2 Mal pro Tag gestellt werden.

Mit ETFs kann beim Trading auch auf fallende Märkte gesetzt werden. Viele Anbieter bieten auch Short-ETFs an, mit denen man von fallenden Kursen des Referenzindex profitiert (aber bei steigenden Kursen verliert). Auch gehebelte ETFs, mit denen man entweder auf steigende oder auf fallende Märkte setzen kann, sind erhältlich.

ETFs gibt es auch noch für diverse andere Basiswerte. Neben den Indizes können Sie über ETFs auch in Rohstoffe wie Öl oder Weizen, in Edelmetalle oder Industriemetalle sowie in die größten Kryptowährungen investieren. Dann werden die ETFs jedoch ETCs, Exchange Trade Commodities, genannt.

FONDS – ANDERE AKTIV FÜR SICH HANDELN LASSEN

Auch Fonds sind eine Möglichkeit, mit einem einzelnen Investment direkt viele Aktien in sein Depot zu legen. Denn auch hier hat man durch die im Prinzip automatische Diversifikation ein geringeres Risiko als bei einem einzelnen Investment in ein oder zwei Aktien. Es ist also möglich, ähnlich wie bei ETFs, direkt in ganze Märkte zu investieren und an deren Kursentwicklung zu partizipieren. Von ETFs unterscheiden sich Fonds jedoch in einigen Punkten. Zuerst einmal wird ein Fonds immer von einem Fondsmanager betreut. Das heißt, dass hier

eine echte Person sitzt, welche sich um den Fonds kümmert. Dies hat einige Vor- und Nachteile.
Vorteilhaft ist hier, dass diese Person den Fonds nicht nur stumpf den Märkten nachlaufen lässt, so wie es bei ETFs der Fall ist. Der Manager kann mehr oder weniger stark eingreifen, auch einmal neue Anlageklassen aufnehmen oder einen Teil des Fondsvermögens in Cash umschichten, um die Schwankungen zu reduzieren. Welche Anlageklassen er dabei kaufen kann, wird immer vorher im Infomaterial des Fonds angegeben. Die Veröffentlichung dieser Informationen ist eine Voraussetzung für die Zulassung eines Fonds. Daher muss ein Fonds auch diese Materialien zur Verfügung stellen. Des Weiteren muss ein Fonds zur Zulassung zahlreiche weitere Richtlinien erfüllen. Zum einen muss das Fondsvermögen als Sondervermögen ausgewiesen werden, zum anderen muss die Fondsgesellschaft bei der BaFin eine Erlaubnis zum Betreiben des Einlagengeschäfts und Bankgeschäfts haben. Immer wieder fliegen unlautere Betreiber auf. Oft sind dies auch Menschen, welche unerlaubt Kredite an andere Menschen vergeben.

Das Geld, welches ein Fonds zur Verfügung hat und mit dem der Manager investieren kann, bildet sich aus dem Geld der Anleger. Die Anleger vertrauen dem Fonds also ihr investiertes Geld an und der Manager kann dieses Geld verwenden, um in neue Aktien zu investieren. Vorteilhaft bei Fonds ist, dass das Fondsvermögen bei den Fondsgesellschaften als Sondervermögen gilt und daher im Falle einer Pleite der Fondsgesellschaft nicht angetastet werden darf. Somit geht es für die Anleger nicht verloren. Ein anderer Vorteil gegenüber ETFs ist, dass manche Fonds seine Anleger nicht nur durch die Kursgewinne des Fonds an Kapitalsteigerungen teilhaben lassen, sondern auch durch z. B. Dividendenzahlungen oder Erlösen aus Zinszahlungen. Diese werden entweder an die Anleger ausgeschüttet oder wieder im Fonds angelegt (thesauriert), wodurch eine zusätzliche Investitionssumme zur Verfügung steht und somit auch weitere Kurssteigerungen erzielt werden können.

Nachteil eines Managers ist definitiv, dass die Kosten für Sie höher sind, denn der Manager möchte für seine Arbeit bezahlt werden. Daher liegen die Kosten für Fonds oft bei über 1 % der Anlagesumme pro Jahr.

Vorteilhaft ist natürlich auch, dass man sich nach dem Kauf nicht mehr großartig mit seiner Anlage beschäftigen muss. Gerade für Anleger, welche nicht täglich auf Kurse schauen möchten, ist dies von Vorteil. Man lässt den Manager für sich arbeiten.

Trotzdem können Sie natürlich auch bei einem Fonds börsentäglich wieder aussteigen und Ihre Anteile verkaufen. Außerdem dient dabei die Fondsgesellschaft immer als ein Käufer Ihrer Anteile. Es kann also nicht passieren, dass Sie keinen Käufer finden und Ihre Anteile nicht zum antizipierten Verkaufspreis loswerden.

Manche Fonds verlangen noch Ausgabeaufschläge, auch wenn diese weniger werden. Sie zahlen also beim Kauf ein wenig mehr. Einige Fonds verlangen auch Abgabeabschläge, doch diese sind fast ganz verschwunden, was, so denke ich, auch mit den vielen ETFs zu tun hat, bei denen diese nicht existieren. Somit musste man diese Auf- und Abschläge abschaffen, um mit den ETFs konkurrieren zu können.

Interessant können auch sogenannte Hedgefonds sein. Hier haben die Manager die Möglichkeit, auch auf negative Kursentwicklungen an der Börse zu setzen und damit Kursverlusten des Fonds entgegenzuwirken beziehungsweise Aktien gegen Kursverluste abzusichern (zu hedgen). Dazu kauft der Manager zu der Aktie ebenfalls zu einem gewissen Anteil ein Short-Produkt auf eben diese Aktie, welches eine positive Rendite aufweist, wenn der Aktienkurs fällt. Oder er platziert eine Kauforder für ein Short-Produkt, wenn der Aktienkurs unter einen bestimmten Wert fällt. Dadurch werden die Verluste der Aktie ein wenig aufgefangen.

Hier können also mehr oder weniger, je nach Erfahrung des Managers, sowohl in Bären- als auch in Bullenmärkten Gewinne erzielt werden.

Ähnlich wie bei ETFs ist es auch bei Fonds möglich, schon mit relativ kleinen Anlagesummen Anteile eines Fonds zu kaufen. Denn auch diese gibt es teilweise schon im niedrigen zweistelligen Bereich zu haben. Somit kann man mit kleineren Summen bereits in einen breiten Markt investieren.

Nachteilig kann jedoch sein, dass es nur die wenigsten Manager schaffen, ihren Fonds besser laufen zu lassen als der Markt, also eine höhere jährliche Rendite zu erzielen als der Gesamtmarkt.

Auch ist es leider so, dass Fondsmanager wegen gesetzlicher oder fondsinterner Vorgaben und anderen Anlagerichtlinien des jeweiligen Fonds normalerweise zu einem Mindestmaß investieren müssen. Dies auch dann, wenn es gerade besser wäre, nicht zu investieren. Ausnahmen sind hier jedoch Hedgefonds, da diese wie gesagt auch mit negativen Entwicklungen Gewinne erzielen können.

Für kurzfristige Investments sind Fonds aufgrund der höheren Gebühren nicht geeignet. Es werden jedoch wie auch bei ETFs Sparpläne angeboten, mit denen Sie langfristig und kontinuierlich kleine Summen ansparen können.

Ebenfalls wie bei ETFs gibt es ausschüttende und thesaurierende Fonds. Lesen Sie zur Erklärung das Kapitel über ETFs.

TRACKER-ZERTIFIKATE

Als dritte Möglichkeit, direkt an der Entwicklung breiter Märkte teilzuhaben, bieten sich Tracker-Zertifikate an. Wie der Name vermuten lässt, zeichnen diese die Entwicklung eines Basiskurses nach, daher aus dem Englischen: to track = verfolgen. Tracker-Zertifikate gehören zu den sogenannten Partizipationsprodukten. Sie sind dabei die am weitesten verbreitete Klasse dieser Produkte. Wie anfangs erwähnt, bilden die Tracker-Zertifikate die Wertentwicklung eines bestimmten Basiswertes eins zu eins ab, im Negativen wie im Positiven, also sowohl bei Kursgewinnen als auch bei Kursverlusten. Mit Short- oder Put-Tracker-Zertifikaten können Anleger allerdings auch von fallenden Kursen des Basiswerts profitieren. Diese Art der Anlage eignet sich daher sehr gut als Beimischung in einem Depot und vor allem für risikobewusste und renditeorientierte Anleger. Aber auch für längerfristige Anleger sind Tracker-Zertifikate durchaus interessant. Die Partizipation ist bei Tracker-Zertifikaten in den meisten Fällen open end. Dies bedeutet, dass sie auf alle Ewigkeit laufen und nicht zu einem bestimmten Datum fällig werden. Nur Put-Tracker-Zertifikate sind oft mit einem Stop-Loss-Mechanismus ausgestattet. Als Basiswerte gibt es eine große Auswahl wie Einzelwerte, Indizes, Sektoren oder Portfolios. Als Zertifikat für Einzelwerte sind sie interessant, da sie sich hier oft auf Werte beziehen, auf die man als Privatinvestor sonst keinen Zugriff hätte.

Im Grunde sind sie daher also ebenfalls eine Möglichkeit, sein Depot weiter zu diversifizieren oder auch ein wenig zu spekulieren. Dabei sind die Zertifikate übersichtlich gestaltet und die Funktion ist meist gut nachvollziehbar.

Es kann auch sein, dass Tracker-Zertifikate ein bestimmtes Bezugsverhältnis zum Basiswert haben. Dies ist dann von Vorteil, wenn der Basiswert schon sehr teuer ist und Sie somit Ihr Investment nicht mehr gut unterteilen könnten. Wenn Ihnen z. B. Amazon mit 1500 USD pro Aktie zu teuer ist, bietet sich ein Tracker-Zertifikat auf Amazon mit dem Bezugsverhältnis von 1:100 bzw. 0,01 an. Hier kostet ein Teil dann nur 15 USD und Sie können z. B. am Amazon-Kurs mit einem Investment von nur 300 EUR teilhaben, denn die Wertentwicklung bleibt 1:1. Wenn die Aktien von Amazon um 1 % zulegen, steigt auch das Zertifikat um 1 %. Auf eventuelle Dividendenzahlungen müssen Sie jedoch verzichten, die bekommen Sie nur als Aktieninhaber.

Eine andere interessante Möglichkeit stellen Tracker-Zertifikate dar, welche als Basiswert ein Portfolio bzw. Basket haben. Als Beispiel dazu dienen die angebotenen Zertifikate von Wikifolio. Dabei möchte ich keine Werbung machen, allerdings habe ich mit diesem Anbieter Erfahrung sammeln können.
Hier ziehen diese an der Börse handelbaren Zertifikate die Entwicklung von sogenannten Wikifolio-Portfolios nach. Die Zertifikate werden dabei von der

Wertpapierbörse Lang & Schwarz herausgegeben. Die Wikifolio-Portfolios können aus diversen Anlageklassen bestehen, neben Aktien auch aus Hebelprodukten oder ETFs und Fonds oder wiederum aus anderen Wikifolios. Daher sind diese Portfolios sehr breit diversifiziert. Vorsicht ist jedoch in der Hinsicht geboten, dass die Manager dieser Portfolios nicht immer Profis sind. Dafür lassen sich aber auf der Homepage wikifolio.com nach kostenloser Anmeldung alle Entwicklungen und auch jede Position in den Portfolios frei einsehen und nicht nur die größten 10 Positionen, wie bei den meisten ETFs und Fonds. Das Investment ist daher sehr transparent. Im Unterschied zu Fonds haben diese Manager jedoch keinen Kontakt zu Ihrem investierten Geld. Die investierte Summe hat also keinen Einfluss auf die Investitionskraft des Managers.

Teilweise ist es auch möglich, die Manager persönlich zu kontaktieren. Beschimpfen oder bedrohen Sie diese jedoch nicht bei Kursverlusten, denn für den Kauf des Zertifikats waren allein Sie verantwortlich! Niemand kann Ihnen Gewinne versprechen.

Einige dieser Wikifolios haben eine durchaus beeindruckende Performance im Vergleich zum Markt. Kurssteigerungen von bis zu 150 % in 3 Jahren sind keine Seltenheit. Andere verfolgen Strategien, bei denen die Kurse möglichst wenig schwanken, sodass nur Volatilitäten (Schwankungsbreite des Kurses) von etwa 2 bis 3 % pro Jahr erreicht werden können und Sie somit keine große Angst vor großen und plötzlichen Verlusten haben müssen.

Sparpläne

Sparpläne sind vor allem für langfristige Investoren interessant. Sie bieten die Möglichkeit, mit geringem Kapital über einen langen Zeitraum immer wieder regelmäßig zu investieren. Im Gegensatz zu Einzelinvestitionen haben Sie bei einem Sparplan kein Timing-Risiko und somit können Sie vom Cost-Average-Effekt profitieren. Dabei werden z. B. jeden Monat für 50 EUR Anteile an einem ETF gekauft. Dadurch, dass Sie jeden Monat anlegen, kaufen Sie einmal zu hohen und einmal zu niedrigeren Kursen. Dies hat den Vorteil, dass Sie keinen Einstiegspunkt finden müssen.

Falls die Märkte fallen, drehen Ihre zuvor gekauften Anteile zwar ins Minus, doch da Sie nun ebenfalls zu günstigen Kursen weiter kaufen, bringen Ihnen diese neuen Anteile bereits ein Plus, sobald die Märkte wieder steigen, und Ihre vorherigen Anteile sind dann wieder bei 0. Unterm Strich haben Sie durch den günstigen Zukauf also bereits ein Plus.

Sparpläne eignen sich sehr gut zur privaten Altersvorsorge. Wenn Sie für 30 Jahre nur 50 EUR monatlich in einen ETF mit 0,5 % laufenden Kosten pro Jahr anlegen und man von einem durchschnittlichen jährlichen Marktzuwachs von nur 5 % ausgeht (hier sind Crashs schon mit einberechnet), haben Sie am Ende 18.000 EUR eingezahlt und dazu 19.348,84 EUR an Rendite erhalten (aufgrund von Zinseszins). Insgesamt können Sie sich nach 30 Jahren über ein Vermögen von 37.348,84 EUR freuen! Sparpläne werden von vielen Banken angeboten. Bei einem Sparplan müssen Sie im Vergleich zu Einzelinvestments auch keine Ordergebühren beim Kauf der Anteile zahlen. Es gibt Sparpläne sowohl mit ETFs als auch mit Fonds.

FÜR DIE BLUTIGEN ANFÄNGER UNTER IHNEN: WIE GEHEN SIE VOR, UM EINE AKTIE ZU KAUFEN?

Heutzutage ist ein Aktienkauf nicht mehr so kompliziert wie beispielsweise in den 1990er Jahren. Damals musste man noch telefonisch seinen Broker oder seine Bank anrufen und mitteilen, dass man diese oder jene Aktie gerne zu bestimmter Stückzahl kaufen möchte. Der Kauf wurde meistens dann ausgeführt, wenn der Broker gerade Zeit fand. Das geschah dann auch einmal zu wesentlich schlechteren Kursen.

Heutzutage funktioniert der Kauf online. Kurse werden meist in 15-minütigen Abständen oder kürzer gestellt. Da der Kauf dann in der Regel automatisiert abläuft, wird auch innerhalb von wenigen Minuten Ihre Kauforder ausgeführt.

Was brauchen Sie nun also? Zunächst einmal müssen Sie ein Depot anlegen. Dies können Sie bei Ihrer Bank des Vertrauens tun oder auch bei diversen Onlinebrokern. Suchen Sie im Internet einmal nach einem Broker oder Depotvergleich. Dort werden Ihnen dann direkt verschiedene Depotanbieter aufgelistet und Sie sehen direkt einen Vergleich und bekommen eine Übersicht zu den unterschiedlichen Gebühren der Anbieter. Um das Depot zu erstellen, müssen Sie sich ausweisen können und je nach Bank oder Anbieter über einen Wohnsitz in Deutschland verfügen. Dies ist jedoch nicht überall so. Meistens dauern die Erstellung und Überprüfung ein bis zwei Wochen. Per Post werden Ihnen Zugangsdaten und Ähnliches zugestellt.

GELD AUF DAS DEPOTKONTO ÜBERWEISEN

Wenn Sie nun Ihre Zugangsdaten zu Ihrem neuen Depot vorliegen haben, müssen Sie jedoch zunächst von Ihrem Girokonto eine Geldsumme auf Ihr Depot(konto) überweisen. Eine automatische Abbuchung von Ihrem Girokonto ist nicht möglich, auch dann nicht, wenn Sie Ihr Aktiendepot bei Ihrer Hausbank eröffnet haben. Bei der Überweisung können Überweisungskosten Ihrer Bank anfallen. Als Tipp sage ich Ihnen, dass Sie lieber gleich eine größere Summe überweisen sollten, damit Sie später einmal bei weiteren Aktienkäufen auch direkt handeln können und nicht erneut zwei oder drei Tage auf Ihr Geld warten müssen.

AKTIE ODER ANLAGEPRODUKT DEFINIEREN

Wenn Ihr Geld nun auf Ihrem Depot angekommen ist, können Sie über den Handelsbereich den Kauf auswählen und dort per Eingabe der ISIN oder WKN die Aktie definieren. Die ISIN ist eine internationale Kennnummer für Wertpapiere. Jede Aktie und auch jedes Anlageprodukt, Zertifikat etc. hat eine klar definierte ISIN. Keine ISIN existiert doppelt.

Wenn auch einmal der Name einer Aktie je nach Börse unterschiedlich sein kann, so ist die ISIN immer dieselbe!

Die WKN ist ebenfalls eine eindeutige Kennnummer für Wertpapiere etc., allerdings nur in Deutschland. Alle Aktien, welche an deutschen Börsen handelbar sind, haben also eine eindeutig zuordnungsbare WKN und auch eine eindeutige ISIN.

Ob Sie nun in Ihrem Depot eine Aktie zum Kauf per WKN oder ISIN suchen, spielt grundsätzlich keine Rolle.

Haben Sie nun also die Aktie ausgewählt? Gut, nun müssen Sie noch angeben, wie viele Stücke Sie kaufen wollen. Sie müssen dabei immer ganze Zahlen wählen. Wenn Sie also 500 Euro in eine Aktie investieren möchten, welche in dem Moment einen Kurs von 21,89 Euro hat, müssen Sie entweder 22 oder 23 Stück kaufen. Sie können nicht 22,8 kaufen, um genau 500 Euro zu investieren.

SPREAD

Erschrecken Sie nicht, wenn Ihr Kaufkurs etwas höher als der Kurs ist, welchen Sie gerade noch in den News gesehen haben. In den News und Kurslisten werden immer die Verkaufskurse gelistet. Diese Differenz zwischen Verkaufs- und Kaufkurs nennt man auch Spread.

An dieser Differenz verdient der Broker Geld. Der Spread kann sich zu verschiedenen Tageszeiten unterscheiden. So ist er meist kurz nach Handelseröffnung und kurz vor Handelsschluss etwas größer als am restlichen Handelstag.

Wenn Sie also eine Aktie zu 21,89 Euro sehen, kostet diese eventuell zum Kauf 22,11 Euro. Der Broker verlangt daher etwa 1 % Gebühr. Diese Gebühr lässt sich auch nicht umgehen. Natürlich muss Ihre Aktie dann auch zunächst auf 22,11 Euro als Verkaufskurs steigen und weiter noch, um den Wert der sonstigen Gebühren, welche an den Handelsplätzen (also an den Börsen wie Frankfurt oder Stuttgart) anfallen, herauszuholen, damit Sie mit +/- 0 verkaufen können.

HANDELSPLATZ

Als dritten Schritt wählen Sie nun den Handelsplatz aus, also an welcher Börse Sie die Aktie kaufen möchten. Dieser Schritt ist nicht unwesentlich, da die Kurse an den unterschiedlichen Börsen auch unterschiedlich sein können. Zudem verlangen manche Börsen auch noch geringe Gebühren (Meist um die 2-3 EUR pro Order). Als Handelsplatz bieten viele Broker auch einen Direkthandel oder einen außerbörslichen Handel an. Die Konditionen zu diesen Angeboten können Sie aus den Ihnen zur Verfügung gestellten Informationsmaterialien entnehmen.

ORDERART ODER ORDERZUSATZ

Also nun auf Kaufen klicken? Nicht so schnell. Natürlich gehen Sie davon aus, dass nach Ihrem Kauf die Kurse auch steigen. Sollte dies jedoch einmal nicht der Fall sein, können Sie nun direkt einen Wert angeben, bei dem die Aktie wiederverkauft wird, falls es nach unten gehen sollte. Es kann auch vorkommen, dass an Ihrer ausgewählten Börse gerade sehr viele Orderanfragen zu Ihrer Aktie vorliegen und Ihre Order erst viel später ausgeführt wird, wenn der Kurs schon wieder gestiegen ist und Sie eigentlich viel zu teuer kaufen würden. Auch dagegen gibt es einen Schutz.

Orderzusätze können Ihnen also eine Art Puffer geben, um nicht direkt ins Messer zu laufen. Es sind jedoch nicht alle Orderzusätze zwingend notwendig. Manchmal kann es auch besser sein, sich einfach auf das Wesentliche zu beschränken. Sie sollten aber auf jeden Fall einmal von den Ordertypen gehört haben. Es ist ja zumeist auch besser, wenigstens einmal die Bedienungsanleitung zu einem neuen Elektrogerät zu lesen, bevor man loslegt.

Billigst

Bei diesem Ordertyp wird Ihr Kauf zum nächstmöglichen Kurs ausgeführt. Dieser kann jedoch auch etwas höher liegen, als Sie eigentlich wollten, wenn gerade keine Verkäufer mit passender Stückzahl vorhanden sind, von denen Sie die Aktien kaufen können. Es bedeutet also nicht wirklich billigst, sondern eher unlimitiert.

Bestens

Dieser Ordertyp ist – wie der Ordertyp Billigst für eine Kauforder – die unlimitierte Variante zum Verkaufen. Ihre Aktien werden also auf den Markt geschmissen und dann verkauft, wenn sich ein Käufer findet. Normalerweise geht dies sehr schnell, vor allem bei geläufigen Aktien. Es kann bei exotischen Papieren jedoch auch einmal dauern, sodass dann der Kurs von Ihrem antizipierten Verkaufskurs abweicht.

Limit

Dieser Orderzusatz bedeutet, dass Sie ein Kurslimit eingeben, zu welchem Sie kaufen möchten. Das Limit muss dabei unter dem aktuellen Kurs liegen. Dies eignet sich dazu, wenn Sie davon ausgehen, dass der Kurs bald fallen wird, und Sie einsteigen möchten, wenn er bis zu einem bestimmten Kurs gefallen ist. Denken Sie jedoch daran, dass Sie den Kaufkurs und nicht den Verkaufskurs angeben. Wenn wir bei unserem Kursbeispiel bleiben und der Verkaufskurs der Aktie gerade bei 21,89 Euro, der Kaufkurs bei 22,11 Euro liegt, können Sie als Limit z. B. 21,50 Euro angeben. Dies bedeutet, dass, wenn der Kaufkurs auf 21,50 Euro fallen sollte, Ihre Order dann automatisch platziert wird.
Hingegen kann eine Limit-Order auch zum Verkauf genutzt werden. Hier besagt das Limit, dass Sie zu diesem Kurs automatisch verkaufen. Wenn Sie also bereits die Aktie besitzen, können Sie eine Verkaufsorder mit Limit aufgeben, welche dann beispielsweise bei 25 Euro liegt. Somit wird automatisch verkauft, wenn der Verkaufskurs Ihrer Aktie die 25 Euro erreicht.

Stop-Loss

Dieser Ordertyp dient dazu, Ihre Verluste zu beschränken. Eine Stop-Loss-Order wird also dann ausgeführt, wenn der Kurs eine bestimmte von Ihnen definierte Marke unterschreitet. Oft setzt sich dieser Ordertyp auch aus zwei Marken zusammen: Zum einen aus dem Wert, bei dem Sie verkaufen möchten, und zum anderen aus dem Wert, bis zu dem Sie maximal verkaufen möchten.

Wenn Sie nun also Ihre Aktie bei 22,11 Euro gekauft haben, können Sie z. B. sagen, dass Sie maximal 5 % Verlust der Aktie hinnehmen, aber nicht mehr. Also stellen Sie den Stop-Loss auf 21,10 Euro ein und als Stop-Loss-Limit 21,01 Euro. Ihre Aktien werden dann automatisch bei einem Abfall des Kurses auf 21,10 Euro verkauft. Sollte sich zu diesem Preis kein Abnehmer finden, bleibt Ihre Order am Markt bis zu einem Preis von 21,01 Euro. Ihre Aktien können also direkt zu 21,10 Euro verkauft werden oder auch erst zu 21,05 Euro, jedoch nicht für weniger als 21,01 Euro. In Extremsituationen am Markt kann es jedoch immer vorkommen, dass der Kurs so stark fällt, dass dieser Puffer nicht ausreicht. Fällt der Kurs unter 21,01 EUR, ohne dass ein Käufer gefunden wurde, werden Ihre Aktien nicht mehr verkauft. Denken Sie also vorher nach, ab welchem Kurs und bis zu welchem Kurs Sie verkaufen möchten.

Umgedreht eignet sich eine Stop-Limit-Order dazu, bei einem Kurs zu kaufen, sobald der Kaufkurs eine bestimmte Marke übersteigt. Wenn Sie also z. B. mit der Chart-Technik erkennen, dass sich bei Ihrer Aktie ein Kaufsignal ab 22,20 EUR bildet, können Sie eine Stop-Limit-Order ab 22,20 Euro bis 22,30 Euro setzen. Ihre Kauforder wird dann ausgeführt, sobald der Kaufkurs der Aktie die 22,20 EUR erreicht, und sie wird bis zu einem Kurs von 22,30 EUR ausgeführt. Über 22,30 EUR wird Ihre Order jedoch nicht mehr ausgeführt.

ACHTUNG: Von Broker zu Broker unterscheiden sich die Bezeichnungen zu den Orderzusätzen teilweise. Hin und wieder werden auch noch weitere Ordertypen angeboten. Die hier aufgeführte Beschreibung trifft nur auf meinen Broker zu.

Lesen Sie sich immer das Infomaterial zu den Orderzusätzen durch, dieses wird von jedem Broker angeboten. Oder rufen Sie die Infohotline Ihres Brokers an.

Alles eingestellt?

Dann können Sie nun auf Kaufen klicken. Meistens sehen Sie nun noch eine Zusammenfassung Ihrer Order mit allen Gebühren. Noch können Sie hier wieder zurückgehen, falls Sie z. B. lieber eine andere Börse auswählen wollen.

Wenn alles in Ordnung ist, können Sie nun kostenpflichtig kaufen. Den Status Ihrer Order können Sie in Ihrem Orderbuch verfolgen. Nun sind Sie Aktionär!

FUNDAMENTALE ANALYSE

Die Fundamentalanalyse dient einfach gesagt dazu, abzuschätzen, wie ein Unternehmen wirtschaftlich dasteht. Sie basiert auf der Idee oder dem Gedanken, dass ein Unternehmen einen fairen Wert besitzt, dem sich langfristig auch der Börsenkurs anpassen muss. Wenn der berechnete faire Wert in etwa dem Wert entspricht, zu dem die Aktien des Unternehmens gerade an der Börse gehandelt werden, spricht man von einem fair bewerteten Unternehmen.

Sollte der berechnete Wert des Unternehmens allerdings höher liegen als der Kurs der Aktien des Unternehmens, wird dies bei der Fundamentalanalyse als Kaufsignal gesehen. Denn die Aktien sind in diesem Fall unterbewertet und sollten sich in Zukunft also wieder dem fairen Wert annähern und steigen. Andersherum steht ein Aktienkurs, welcher über dem berechneten Wert des Unternehmens liegt, für bald fallende Kurse der Aktie. Denn auch hier sollte sich der Kurs wieder dem fairen Wert angleichen. Die Berechnung des fairen Wertes kann dabei mithilfe verschiedener Kennzahlen erfolgen. Für die fundamentale Analyse des Unternehmens sind dabei Zahlen aus der Gesamtwirtschaft, aus der jeweiligen Branche und aus dem Unternehmen selbst wichtig. Diese wiederum bestehen aus einem qualitativen und quantitativen Teil.

Man kann die Fundamentalanalyse in drei Sektionen einteilen, welche man auch von grob bis fein betrachten kann. Diese sind:

- Globalanalyse
- Branchenanalyse
- Unternehmensanalyse (qualitativ und quantitativ)

GLOBALANALYSE

Zunächst beschäftigen Sie sich mit den nationalen und internationalen Beziehungen, um die wirtschaftlichen Rahmenbedingungen eines Unternehmens einschätzen zu können. Daher nennt man diesen Schritt auch „Global“. Sie müssen dabei alle Faktoren berücksichtigen, welche einen Einfluss auf die Wirtschaftstätigkeiten des Unternehmens haben.

Diese sind unter anderem die globale Zinspolitik der Länder, in denen das Unternehmen aktiv ist. Beachten Sie auch, in welchen Ländern eine eventuelle Produktion ausgelagert ist und wo Produkte wieder eingeführt werden müssen. Gibt es Freihandel oder sogar extra Zölle? Auch die Geldpolitik der einzelnen Zentralbanken hat auf die globalen Faktoren einen großen Einfluss. Müssen Gewinne in Fremdwährungen etwa immer wieder in USD oder Euro gewechselt werden, kann der Wechselkurs Gewinne stark schmälern, aber auch noch einmal vergrößern.

Außerdem hat die Zinspolitik auch einen direkten Einfluss auf Ihren Kaufkurs der Aktie. Niedrige Zinsen gehen oft mit steigenden Märkten einher. Auch wirkt sich der Zinssatz darauf aus, ob und inwieweit ein Unternehmen eventuell Schulden aufnimmt, um neues Geld für Forschung oder Entwicklung und Wachstum zur Hand zu haben. Hohe Zinsen können im Umkehrschluss dazu führen, dass Unternehmen die Investitionen zurückfahren. Signale hierfür kommen vor allem von den Pressekonferenzen der Zentralbanken.

Aber auch kleinere Kommentare von Mitgliedern der FED (Federal Reserve (USA)) oder der EZB (Europäische Zentralbank) können große Bewegungen auf den Märkten auslösen. Ebenfalls kann sich ein Blick auf Rohstoffpreise lohnen. Vor allem Firmen im produzierenden Gewerbe sind von stabilen Preisen für die Rohstoffe ihrer Produkte abhängig.

BRANCHENANALYSE

Im nächsten Schritt, wenn die Globalanalyse soweit abgeschlossen ist, gehen Sie eine Ebene tiefer und sehen sich die Branche an, in der das Unternehmen tätig ist. Dabei sollten Sie sich vor allem einmal strukturelle Aspekte und die jeweiligen Abhängigkeiten vom Konjunkturverlauf ansehen. Dazu schauen Sie sich zunächst einmal an, welche Konkurrenten und Wettbewerber das Unternehmen hat. Wie viele Wettbewerber gibt es, wie groß ist deren Marktanteil, welche komplementären Güter bieten diese an oder bietet Ihr Unternehmen noch andere Güter an, welche die Konkurrenz nicht anbietet? Was macht die Branche im Moment sonst? Gibt es neue Entwicklungen, in denen Ihr beobachtetes Unternehmen führend ist oder hinterherhinkt? Was treibt die Branche um? Gibt es sonst noch Spezialprodukte, in denen das Unternehmen vielleicht kaum Konkurrenz hat?

Auch müssen Sie schauen, ob die Branche des Unternehmens eher zyklisch oder antizyklisch ist. Bei zyklischen Unternehmen und Branchen erwirtschaften diese am meisten, wenn die Konjunktur eines Landes allgemein gut läuft. Antizyklische Branchen profitieren in Zeiten, in denen die Konjunktur sich eintrübt. Teilweise gibt es auch Unternehmen, die immer ein wenig vor dem Konjunkturhochpunkt bereits ihren Hochpunkt erreichen und dann wieder schlechter laufen. Vergleichen Sie dazu die Daten mit der Konjunktur in der Vergangenheit.

Außerdem hat natürlich auch die Politik eines Landes Einfluss auf einige Unternehmen. Als Beispiel soll hier die Rüstungsindustrie gelten, welche natürlich bei einem Krieg besser läuft als die meisten anderen Branchen. Andere Branchen, wie die Energie- und Versorger-Branche, werden bei politischen Entscheidungen wie dem Kohleausstieg oder der Energiewende allgemein belastet. Teilweise eingeführte extra Steuern oder auch Werbeverbote wie für die Tabakindustrie sind weitere Beispiele, welche sich negativ auf ganze Branchen auswirken können.

Andererseits sind Begünstigungen wie Subventionen oder Steuerreduzierungen antreibend für eine Branche.
Weiterhin können Ihnen Daten wie Lagerbestände oder Auftragslage einen Hinweis darauf geben, wie es gerade um die Branche steht. Hohe Lagerbestände deuten auf eine niedrigere Nachfrage an Produkten vom Verbraucher hin und weniger Aufträge auf einen Abschwung in der Konjunktur. Dabei helfen können Ihnen auch von Wirtschaftsweisen und Wirtschaftsinstituten veröffentlichte Berechnungen und Daten zu verschiedenen Branchen und der Konjunktur. Auch führen diese immer wieder Umfragen unter Firmenchefs durch, um einen Rückschluss auf die derzeitige Lage zu erhalten. Zum Beispiel sind diese Daten der amerikanische Empire State Index, der deutsche Gfk Konsumklimaindex oder auch BIP-Prognosen und der Einkaufsmanagerindex.

UNTERNEHMENSANALYSE (QUALITATIV)

Wenn Sie sich nun auch mit der Branche Ihres auserwählten Unternehmens ausreichend beschäftigt haben, kommen Sie zur Unternehmensanalyse an sich. Zuerst schauen Sie sich dabei die qualitative Seite dieser an. Dieser qualitative Teil beleuchtet dabei im Prinzip alles, was sich nicht berechnen oder in Zahlen fassen lässt. Dazu zählen die Produktpalette oder auch die Unternehmenskultur und einfach das Geschäftsmodell. Außerdem spielt es auch eine Rolle, ob die Produktion sehr aufwändig ist oder ob das Unternehmen vielleicht gar nicht produziert, sondern nur Dienstleistungen anbietet. Ist das Management des Unternehmens vertrauenswürdig? Handelt es sich vielleicht noch um eigene Inhaber, welche das Unternehmen wie ihre Westentasche kennen, oder wurde es bereits von Hedgefonds aufgekauft, welche nur an Profit, aber nicht an anderen Dingen interessiert sind? Wie ist das Verhältnis zu Mitarbeitern und den Gewerkschaften? Ein schlechtes Verhältnis kann sich zum Beispiel in Streiks entladen.

UNTERNEHMENSANALYSE (QUANTITATIV)

Dieser Teil der Analyse beschäftigt sich nun mit den harten Zahlen! Hier geht es um Bilanz, Kurs-Gewinn-Verhältnis etc., um das Unternehmen genau mit anderen vergleichen und die wirtschaftliche Situation in der Firma benennen zu können. Diese Zahlen beleuchten wir nun genauer.

KURS-GEWINN-VERHÄLTNIS (KGV)

Wenn Sie schon ein wenig an der Börse aktiv sind und sich etwas mit Finanznachrichten beschäftigt haben, haben Sie sicherlich schon einige Male vom KGV gehört oder gelesen. Das KGV ist eine der bekanntesten fundamentalen Kennzahlen. Sie wird aus dem Verhältnis des Aktienkurses zum erwirtschafteten Gewinn pro Aktie berechnet.

Die Formel lautet dabei:

KGV = aktueller Aktienkurs/Gewinn pro Aktie

Mit dieser Kennzahl ist es möglich, abzuschätzen, ob ein Unternehmen eher über- oder unterbewertet ist. Dabei bedeutet ein niedriges KGV von z. B. 5, dass ein Unternehmen bei aktuellem Gewinn fünf Jahre braucht, um den aktuellen Aktienwert zu erwirtschaften.

Ein hohes KGV kann also bedeuten, dass ein Unternehmen schon sehr hoch bewertet ist, da es z. B. bei einem KGV von 15 schon 15 Jahre benötigt, um überhaupt den aktuellen Wert zu erwirtschaften.

Gerade neue aufstrebende Unternehmen, wie Unternehmen aus dem Tech-Sektor, haben oft ein KGV von weit über 25 oder mehr. Das liegt auch daran, dass diese Unternehmen oft noch gar keinen bis sehr wenig Umsatz machen und viel Geld aufnehmen müssen, um die Entwicklung zu finanzieren.

Den errechneten KGV-Wert können Sie nun auch zum Vergleich mit anderen Unternehmen oder mit dem Branchen-KGV, also dem durchschnittlichen KGV, den Unternehmen in derselben Branche haben, heranziehen. Hierbei gilt, dass ein niedrigeres KGV als das durchschnittliche in der Branche im Allgemeinen positiver zu bewerten ist als ein höheres. Denn dies bedeutet auch, dass das Unternehmen in der Branche als unterbewertet gilt, weil der Marktwert pro Aktie im Vergleich zum Gewinn pro Anteil niedriger ausfällt als bei den meisten anderen Unternehmen in einer vergleichbaren Branche. Passen Sie allerdings auf, wenn das KGV negativ sein sollte. Ein niedriges KGV zeigt zwar eine Unterbewertung an, ein negatives KGV deutet allerdings auf ein Verlustgeschäft hin.

KURS-UMSATZ-VERHÄLTNIS (KUV)

Bei dem KUV müssen Sie den gesamten Umsatz Ihres auserwählten Unternehmens mit dem aktuellen Aktienkurs ins Verhältnis setzen. Die Formel dazu ist:

KUV= aktueller Aktienkurs/Umsatz

Grundsätzlich ist diese Zahl weniger aussagekräftig, weil hier nur der Umsatz betrachtet wird. Wenn ein Unternehmen zwar viel Umsatz macht, seine Ausgaben allerdings trotzdem höher sind, macht es Verlust. Diese Zahl sagt also nichts zur Wirtschaftlichkeit eines Unternehmens aus.

KURS-CASHFLOW-VERHÄLTNIS (KCV)

Das nächste für Sie interessante Verhältnis ist das KCV. Hier wird das Verhältnis des Kurses zum Cashflow pro Aktie betrachtet. Der Cashflow ist dabei im Grunde der Umsatzüberschuss aus allen geschäftlichen Aktivitäten Ihres auserkorenen Unternehmens. Diese Zahl lässt also auf die Wirtschaftlichkeit eines Unternehmens rückschließen, denn hier sind die Ausgaben bereits vom Umsatz abgezogen. Im Vergleich zum KGV bietet diese Kennzahl auch einen Vergleich des Unternehmens nach vielen Investitionen oder bei schwankungsstarken Branchen. Ebenfalls lässt sich ein Umsatzüberschuss schlechter schönen als ein allgemeiner Gewinn. Bei der Ermittlung des Gewinns hat das Unternehmen noch Möglichkeiten, das Ergebnis ein wenig schönzurechnen, da es dieses durch Abschreibungen oder Rückstellungen beeinflussen kann. Bei der Berechnung des Cashflows werden Abschreibungen etc. jedoch nicht berücksichtigt. Im Rückschluss kann somit auch eine große Differenz zwischen KGV und KCV bedeuten, dass das Unternehmen seine Spielräume bei der Bilanzierung ausgenutzt hat, wenn also das KGV und das KCV einer Periode deutlich auseinanderliegen. Der KCV berechnet sich wie folgt:

KCV = aktueller Aktienkurs/Cashflow

Trotzdem gilt auch ein niedriges KCV als eher positives Signal für Ihre Investition. Ein hohes KCV bedeutet hingegen, dass das Unternehmen lange Zeit benötigt, um mit seinem Umsatzüberschuss den Aktienkurs zu decken.

KURS-BUCHWERT-VERHÄLTNIS (KBV)

Das KBV ist das Verhältnis zwischen aktuellem Aktienkurs und dem Buchwert pro Aktie des Unternehmens. Der Buchwert ist ein Wert, welcher angibt, wie viel Eigenkapital auf die einzelnen Anteilseigner entfällt. Auch zeigt das KBV an, ob der bilanzierte Buchwert stimmt. Die Berechnung erfolgt über die Summe der Vermögensgegenstände (Aktiva) minus der ausstehenden Verbindlichkeiten des Unternehmens und minus der immateriellen Vermögensgegenstände (wie selbstgeschaffene Patente oder geistiges Eigentum). Der Buchwert gibt daher auch an, was das Unternehmen wert ist bzw. wie viel es bei einer Liquidation wert wäre, bei der alle materiellen Eigentümer der Firma verkauft werden. Um nun das KBV zu berechnen, setzt man diese errechnete Zahl des Buchwertes ins Verhältnis zu der Menge an ausgegebenen Aktien des Unternehmens. Ein KBV über 1 ist dabei ein Zeichen dafür, dass das Unternehmen am Markt einen höheren Wert hat als all seine materiellen Güter zusammen bzw. als der reine

Substanzwert. Vor allem bei Unternehmen aus der Dienstleistungsbranche muss dies allerdings kein schlechtes Zeichen sein, da diese oft kaum materielle Werte besitzen und mehr geistiges Eigentum haben. Auch ein Markenname ist ein immaterielles Gut und schmälert daher den Wert der materiellen Güter. Als günstig anzusehen ist es, wenn Sie Unternehmen finden, bei denen das KBV gegen 1 tendiert, besser aber ein wenig unter 1 liegt. Allein gesehen bedeutet ein KBV unter 1 aber nicht immer, dass das Unternehmen günstig ist. Betrachten Sie daher auch andere Kennzahlen. Ein niedriges KGV zusammen mit einem KBV unter 1 kann auf eine Unterbewertung hindeuten. Teilweise kann es auch vorkommen, dass ein Unternehmen Verluste macht, welche sich negativ auf das Eigenkapital auswirken, jedoch noch nicht den Buchwert beeinflussen und sich erst in einiger Zukunft auch auf diesen negativ auswirken. In diesem Fall wäre es eher unvorteilhaft, zu investieren.

EIGENKAPITALQUOTE

Die Eigenkapitalquote des für Sie interessanten Unternehmens ergibt sich aus dessen Anteil an Eigenkapital an der Gesamtbilanzsumme. Bei wenig verschuldeten Unternehmen ist diese hoch, bei verschuldeten Unternehmen gering, da dann Schuldner einen großen Anteil an der Bilanzsumme einnehmen. Sie ist ein sehr wichtiger Wert, welcher zur Ermittlung der Sicherheit und Krisenfestigkeit eines Unternehmens dient. Je niedriger die Eigenkapitalquote, desto höher ist also dementsprechend der Verschuldungsgrad und desto höher ist auch die Gefahr, dass das Unternehmen in einer Krise seine Schulden nicht zurückzahlen kann und in die Insolvenz gerät. Bei einer hohen Eigenkapitalquote liegen jedoch genug Reserven vor, um eine Krise durchzustehen. Daher sollten Sie auf Unternehmen mit einer hohen Eigenkapitalquote setzen, damit Sie auch in Krisen sichergehen können, dass das Unternehmen diese überleben wird.

DIVIDENDENRENDITE

Die Dividendenrendite ist das Verhältnis der Dividende, welche an die Anteilseigner der Aktien ausgeschüttet wird, und dem aktuellen Wert der Aktie. Für Sie ist diese Dividendenrendite interessant, da Sie an ihr ableiten können, mit welcher jährlichen Rendite Sie rechnen können, wenn der Kurswert sich nicht mehr verändern würde. Die Dividende zeigt aber nicht immer an, wie gut ein Unternehmen wirklich dasteht. Oft bleibt die Dividendenrendite auch über Jahre hinweg ähnlich, obwohl sich Gewinnzahlen ändern. Auch bei weniger Gewinn halten viele Unternehmen an ihrer Dividende fest, damit die Aktienbesitzer nicht verkaufen und eine gewisse Sicherheit haben.

Technische Analyse

CHARTS LESEN

Die Chartanalyse beruht auf der Idee, dass sich Muster wiederholen. Erfahrungswerte aus Jahrzehnten haben gezeigt, dass im Zusammenhang mit der menschlichen Psyche tatsächlich einige Muster in den Charts immer wieder vorkommen und sich auch ähnlich auflösen. Daher ist es möglich, mit der Chartanalyse die Bewegungen der Kurse bis zu einem gewissen Maße vorauszusehen. Natürlich treffen diese Vorhersagen nicht immer zu, aber manche Chart-Formationen haben eine Trefferquote von weit über 60 %.

Dabei braucht das Lesen der Charts jedoch einiges an Erfahrung. Sie werden bis zu einem Jahr brauchen, bis Sie das nötige Gefühl und Wissen besitzen, um erfolgreich die Charts zu lesen.

Bei der Chartanalyse ist es wichtig, keine Emotionen mit in seine Entscheidungen einfließen zu lassen. Aus eigener Erfahrung kann ich Ihnen sagen, dass Emotionen nur dazu führen, dass Sie schnell wieder verkaufen, falls es kurz in die falsche Richtung geht, nur um dann festzustellen, dass Sie das Chart-Muster doch richtig erkannt hatten, der Kurs kurze Zeit später in die von Ihnen richtig erkannte Richtung dreht und diese auch beibehält. Nur sind Sie dann nicht mehr dabei.

Geben Sie der Analyse etwas Zeit, setzen Sie eine Stop-Loss-Order nicht zu knapp und behalten Sie einen kühlen Kopf.

Für langfristig orientierte Anleger ist die Chartanalyse sowieso eher weniger bedeutsam. Allerdings lassen sich auch aus längeren Zyklen am Markt mögliche gute Kaufpunkte ermitteln, um noch ein paar extra Prozente an Rendite mitzunehmen.

Die gesamte Technische Analyse mit all ihren Chart-Mustern hier zu besprechen, würde allerdings den Rahmen dieses Buches sprengen. Daher werden hier nur einige Muster besprochen.

CHART-FORMATIONEN

Hier nun einige grundlegende Chart-Formationen, die Ihnen helfen können, Kauf- und Verkaufssignale zu erkennen oder abzuschätzen:

UNTERSTÜTZUNGEN UND WIDERSTÄNDE

Diese Linien dienen oft als Signalgeber für einen Verkauf oder Kauf. Theoretisch gesehen stellen Widerstände und Unterstützungen ein Preisniveau dar, auf dem sich Kauf- und Verkaufsinteressen der Händler an der Börse annähern. Dies bedeutet bei steigenden Kursen in einer Aufwärtsbewegung, dass bei einem Erreichen eines bestimmten Preisniveaus die Kaufbereitschaft weniger wird und somit der Kurs an dieser Linie oft zunächst umdreht. Daher bezeichnet man dies als eine Widerstandslinie. Die Verkaufsbereitschaft nimmt dort wieder Oberhand, weil die Mehrheit der Händler nun der Meinung ist, dass der Kurs ein faires Preisniveau erreicht hat. Man geht von weniger starken Anstiegen aus und einige nehmen ihre Gewinne mit und verkaufen im Plus. Von den nun fallenden Kursen verschreckt, verkaufen nun auch noch erst kurz vorher eingestiegene Händler und der Kursverfall beschleunigt sich.

Diese Linien lassen in der Charttechnik jedoch erkennen oder erahnen, ob der Kurs in der Vergangenheit schon einmal an einem ähnlichen Preisniveau umdrehte oder kämpfte. Widerstandslinien bilden sich daher oft an alten Hochpunkten.

Im Umkehrschluss sind Unterstützungslinien Preisniveaus, an denen die Händler wieder Potenzial in der Aktie sehen. Diese bilden sich oft an alten Tiefpunkten, an denen der Kurs schon einmal wieder ins Plus drehte. Oft ist dies auch ein Preisniveau, bei dem sich die Marktteilnehmer erinnern, dass von hier schon einmal eine Aufwärtsbewegung startete oder dass sie dort das letzte Mal die Aktie gekauft haben. Durch wieder steigende Kurse werden noch weitere Käufer angelockt.

Zusätzlich haben runde Kurszahlen wie 20, 100 oder 350 das Potenzial, als psychologische Linien zu gelten. Ein Kurs kämpft viel eher mit der 100 als mit der 98,2.

Nach dem Durchbrechen von Widerstands- oder Unterstützungslinien kommt es oft zu weiterem Potenzial, wodurch sich der Kursverlauf beschleunigt. Beim Durchbruch der Unterstützungslinie geht es oft beschleunigt weiter abwärts und beim Durchbrechen einer Widerstandslinie gibt es Chancen auf die nächsten Höchststände.

SYMMETRISCHES DREIECK

Das symmetrische Dreieck besteht eigentlich nur aus zwei Trendlinien, welche jedoch immer weiter zusammenlaufen und somit ein Dreieck bilden. Dies kann vorkommen, wenn der Kurs einer Aktie eine längere Zeit angestiegen ist und dann ein wenig stagniert. Dabei werden die Kursbewegungen immer kleiner und laufen somit immer weiter zusammen.

Die nächsten Hochpunkte im Kursverlauf liegen dabei immer ein wenig unter dem vorherigen Hochpunkt. Gleichzeitig liegen die neuen Tiefpunkte jedoch immer etwas höher als die vorherigen Tiefpunkte.

Wenn man nun immer an den Endpunkten eine Linie zeichnet, bildet sich das Dreieck. Je länger oder umso größer das Dreieck wird, desto aussagekräftiger wird es und mit entsprechend mehr Kraft findet vermutlich der Ausbruch statt.

Das Dreieck wird aufgelöst, sobald ein Hochpunkt wieder über dem vorherigen liegt (Bullische Auflösung) oder der nächste Tiefpunkt unter dem vorherigen liegt (Bearische Auflösung).

Der Ausbruch muss jedoch nicht am Ende, also an der Spitze des Dreiecks stattfinden. Ein Ausbruch hier führt sogar öfter zu Fehlausbrüchen, bei denen der Kurs nur kurz ausbricht und dann wieder in die entgegengesetzte Richtung dreht.

FLAGGEN

Diese Formationen sind meiner Meinung nach sehr vielversprechend, man kann sie auch als trendbestätigend bezeichnen. Sie bilden sich meistens nach starken Aufwärts- oder Abwärtsbewegungen. Dabei lässt sich der starke vorherige Anstieg auch als ein Fahnenmast sehen. Dieser starke vorherige Anstieg ist jedoch auch zwingend nötig. Die Flagge selbst läuft dann ein wenig wackelig gegen den Trend. Daher kommen die Kurse langsam nach oben und unten wackelnd zurück, ohne größere Bewegungen zu zeigen.

Zu diesen Formationen kommt es, wenn nach einem starken Anstieg die ersten Marktteilnehmer ihre Gewinne mitnehmen. Sobald der Kurs jedoch wieder nach oben ausbricht, kommt es meist zu einem weiteren Anstieg. Eine Flagge kann sich über einen Zeitraum von bis zu vier Wochen erstrecken.

Die Flaggen eignen sich also als Zeichen dafür, dass die Käufer nun erst einmal genug hatten. Der langfristige Trend ist jedoch weiterhin aufwärtsgerichtet.

Daher eignet sich ein Ausbruch aus der Range, der Schwankungsbreite der Kurse, der Flagge sehr gut als Kaufpunkt, mit dem Sie an dem nächsten Teil der Aufwärtsbewegung teilhaben können. Diese Form der Flaggen nennt man Bullenfahnen, da sie in einem steigenden Markt vorkommen. Auf der anderen Seite gibt es auch Bärenfahnen, diese kommen in fallenden Märkten vor. Dabei bilden sie sich nach starken Abverkäufen, wenn die Märkte wieder etwas nach oben drehen. Dies liegt daran, dass nach dem Abverkauf schon wieder einige Händler zu günstigen Preisen einsteigen. Oft reichen diese Käufe dann aber nicht aus, um den Kurs wieder nach oben zu drehen. Der Markt wackelt dann etwas nach oben und wieder zurück. So bildet sich die Bärenflagge. Sobald der Kurs nach unten aus der

Flagge fällt, setzt sich der Verfall meistens noch einmal weiter fort. Bricht er nach oben aus, kann dies auf ein Ende der Abwärtsbewegung hindeuten.

Ebenfalls finde ich, dass Flaggen, ob nun Bullenflagge oder Bärenflagge, im Gegensatz zu anderen Formationen relativ einfach im Chart erkannt werden können. Dazu bedarf es gar nicht so viel Übung. Manche Formationen sind so undurchsichtig, dass ich nach Jahren am Markt noch Schwierigkeiten mit dem Erkennen dieser habe. Dabei möchte ich Ihnen noch einen kurzen Tipp geben: Wenn Sie sich in einem Chart-Muster nicht ganz sicher sind, bleiben Sie lieber dem Markt fern. Neue Möglichkeiten wird es für Sie schon bald darauf wieder geben. Denn auch hier, bei einfachen Formationen, lauern teilweise Bullenfallen. Damit ist gemeint, dass der Kurs zwar nach oben aus der Flagge ausbricht, dann aber in den nächsten Bewegungen wieder in die Flagge fällt und somit das Kaufsignal zunichtemacht. Ganz risikofrei geht es leider nie, sonst wären wir auch alle schon schwerreich.

STEIGENDE UND FALLENDE DREIECKE

Im Gegensatz zu symmetrischen Dreiecken liegen hier die beiden Trendlinien, welche die Dreiecke begrenzen, steigend oder fallend vor.

Bei einem steigenden Dreieck zeigt dabei die obere Linie praktisch keinerlei Steigung auf und ist daher nahezu waagerecht. Dafür zeigt jedoch die untere Linie nach oben. Daher liegen also die neuen Tiefs im Chart-Verlauf immer etwas höher als das vorhergegangene Tief. Die neuen Hochs liegen jedoch auf dem gleichen Level wie die Hochs zuvor. Auch ein steigendes Dreieck ist dabei eine Formation, welche als Unterbrechung in einem Bullenmarkt gesehen werden kann. Dabei schaffen es die Käufer nicht, neue Hochs zu generieren, die Verkäufer hingegen schaffen es aber auch nicht, den Kurs gen Süden laufen zu lassen.

Sollte der Kurs nach oben aus dem Dreieck ausbrechen, also ein Hoch bilden, welches über dem letzten Hoch liegt, setzt oft der nächste Aufwärtsschub ein. Man kann diesen Ausbruch also als Kaufsignal sehen.

Hingegen ist ein fallendes Dreieck das genaue Gegenteil. Hier bildet die obere Linie einen Abfall aus und die untere Linie ist nahezu horizontal.

Das fallende Dreieck ist daher als Pause in einem Bärenmarkt zu sehen. Hier schaffen es, analog zum steigenden Dreieck, die Käufer nicht, neue Hochs zu generieren, die Verkäufer sind jedoch noch nicht stark genug, um den Markt weiter fallen zu lassen.

Erkennen Sie also ein fallendes Dreieck im Chart-Verlauf, ist dies eher ein Signal, dem Markt fernzubleiben – es sei denn, die Bären schaffen es nicht, den Kurs nach unten aus dem Dreieck fallen zu lassen. Und sollte der Kurs sogar ein höheres Hoch ausbilden, kann dies als Umkehrsignal gesehen werden, welches auf nun wieder steigende Kurse hindeuten kann.

TRENDLINIEN

Eine Trendlinie können Sie in einen Chart einzeichnen, indem Sie die letzten Hochpunkte miteinander verbinden. Dabei bildet sich entweder ein steigender Trend oder ein fallender Trend der Kurse. Je mehr Punkte durch die Trendlinie abgedeckt werden, desto aussagekräftiger ist der Trend.

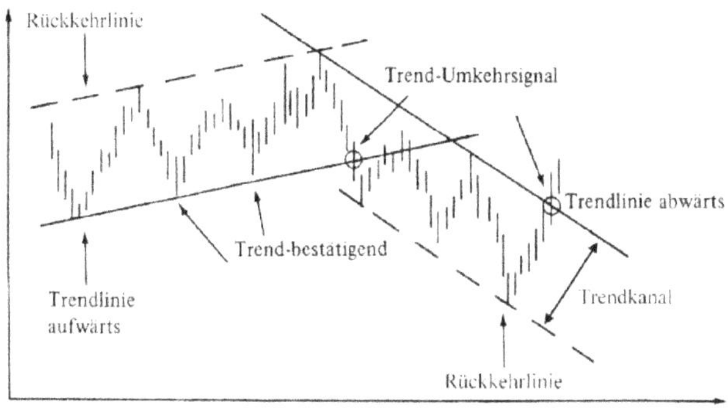

Crash! Blutbad! FOMO! – Emotionen an der Börse

Emotionen gehören zur Börse, da an der Börse Menschen handeln. Obwohl man immer wieder liest, dass man möglichst emotionsfrei handeln sollte, gelingt dies auch den Profis nicht zu 100 %.

Jeder bekommt Angstschweiß, wenn er in seinem Depot einen dicken Minusbetrag sieht. Jeder spielt mit dem Gedanken, bei stark fallenden Kursen schnell zu verkaufen, bevor das Minus noch größer wird.

Andersherum ärgern sich viele, wenn die Kurse immer weiter steigen, man selbst aber nicht investiert hat und sich hunderte Euro an Gewinn entgehen lässt. Genau bei diesen Situationen kommt es dann immer wieder zu Entscheidungen, welche eigentlich jeder Regel widersprechen.

Doch ruhig und cool bleiben fällt vor allem am Anfang des Börsenlebens schwer. Mir ging es da nicht anders. Heute sehe ich, dass mein Depot mit ruhigerem Puls um einiges besser läuft! Trotzdem muss ich Ihnen sagen, dass, vor allem beim aktiven Handel, trotz aller Literatur, die Sie lesen können, die wirkliche Erfahrung nur durch Schmerz gelernt werden kann. Daher fangen Sie klein an. Investieren Sie kleine Beträge, Beträge, mit denen Sie zwar einige Male hätten feiern oder essen gehen können, aber nichts, was Sie für Ihre nächste Wohnungseinrichtung oder Ihr Motorrad hätten nutzen können.

Vor allem die Verlust-Angst ist bei vielen Menschen gerade am Anfang groß und so wird oft überstürzt gehandelt. Andere erwarten ständig den nächsten Crash in der übernächsten Woche und trauen sich nicht, zu investieren. Menschen haben oft vor allem vor extremen, aber sehr unwahrscheinlichen Ereignissen Angst. Diese Ereignisse sind z. B. ein Flugzeugabsturz, ein Terroranschlag, ein Haiangriff, ein drohender Bürgerkrieg, der Untergang der zivilisierten Welt oder einfach der Verlust allen Geldes. Daher werden diese Szenarien auch immer wieder gerne in Filmen thematisiert, denn diese Ereignisse sind gleichzeitig fesselnd, sofern sie uns nicht direkt betreffen. Man kann die Angst an der Börse in einer Art Angstkurve beschreiben: Sie beginnt mit leichtem Zweifel, dieser geht jedoch oft schnell in Zuversicht über, die Lust am Gewinn steigert sich immer weiter bis zu Gier, es folgt Hochmut über das Erreichte und die Gewinne. Dann folgt ein erster Schreck, der sich auf die letzte Hoffnung ausweitet, welche in komplette Ratlosigkeit und schließlich in totale Angst bzw. Panik übergeht. Darauf folgen Reue und Abscheu.

Sobald Panik ausbricht, lässt sich eine Situation nicht mehr kontrollieren. Es werden Fluchtreflexe ausgelöst und die Menschen fliehen fast automatisch, das rationale Denken lässt nach, wir informieren uns nicht mehr, kommunizieren nicht mehr und denken nur noch daran, uns zu retten, egal, wie und wer oder was dabei auf der Strecke bleibt. Panik ist leider auch ansteckend. Wenn eine Person panisch wird, stresst dies automatisch andere Menschen, welche auch in Panik geraten können. Diese Panik greift auf weitere Menschen um, bis schließlich ganze Massen in Panik geraten.

An der Börse lassen sich so die immer stärker werdenden Abverkäufe erklären. Immer mehr Anleger wollen noch schnell heraus, die Kurse rauschen immer schneller abwärts, was auch noch zuvor entspannte Anleger verunsichert, bis auch diese panisch werden. Irgendwann setzt Ernüchterung und Schockstarre ein. Nur wenige haben nun noch Nerven, um wieder zu kaufen. Oft pendeln die Märkte zunächst mit wenig Bewegung hin und her.

Aber was tun, wenn nun doch der richtig heftige Crash kommt? Eine nicht ganz einfach zu beantwortende Frage, denn oft lässt sich der Crash erst als solcher erkennen, wenn es bereits zu spät ist. Einige Verluste werden Sie deswegen dann wahrscheinlich so oder so machen bzw. Sie werden einen Teil Ihrer Gewinne verlieren (je nachdem, wie lange Sie schon Gewinne angesammelt haben). Verlieren Sie nun nicht ganz Ihre Nerven, denn Ihr Geld ist noch nicht verloren, solange Sie nicht auf den Verkaufen-Button geklickt haben. Außerdem passiert ein Crash meistens in Etappen. Crasht es also und die aktuelle Nachrichtenlage begründet dies auch, sollten Sie bedenken, dass der Kurs fast immer nach der ersten großen Abwärtsbewegung wieder einige Prozentpunkte hochgeht. Warten Sie also mindestens auf diesen Rebound, um Ihre Papiere loszuwerden. Damit sichern Sie sich immerhin einige Prozente weniger Verlust.

Schauen Sie außerdem, ob die Kurse tiefer als 20 % vom Hochpunkt fallen. Denn erst bei über 20 % Minus gehen die Märkte in einen Bärenmarkt über. So hat es zumindest die Vergangenheit gelehrt. Sollte der Kurs bei etwa Minus 20 % drehen und sich ein neuer Aufwärtstrend zeigen, sind dies eher Kaufkurse. Allerdings sollten Sie hier eine Stop-Loss-Order setzen, denn diese beginnende Aufwärtsphase ist immer wieder von Rücksetzern geprägt. Die Marktteilnehmer sind noch nervös und verkaufen beim kleinsten Anzeichen von Schwäche.

Trotz allem ist auch ein richtiger Crash meistens bereits nach wenigen Jahren wieder ausgebügelt. Also sind die Kurse (besser gesagt die Kurse der Indizes) dann bereits wieder auf dem Niveau wie vor dem Crash und ein neuer Crash ist in weiter Ferne. Daher ist ein Crash für langfristige Anleger gar nicht so schlimm.

Die andere Seite des Blatts ist FOMO. Dies bedeutet Fear Of Missing Out, also ins Deutsche übersetzt „Die Angst, etwas zu verpassen". Diese entsteht, wenn die Kurse schon eine ganze Zeit lang in einem Bullenmarkt sind und vor allem dann, wenn die Presse aufspringt. Alle reden nur noch von dem Bullenmarkt, vielleicht hören Sie auch von Freunden, wie viel Plus diese schon gemacht haben. Daher steigen Sie nun auch noch ein. Doch dann fallen kurze Zeit später die Kurse.

Persönlich muss ich Ihnen sagen, dass das Verhalten bei FOMO viel schwerer ist als bei einem Crash, denn es ist extrem schwer, zu ermitteln, wann man besser dem Markt fernbleibt.

Ich habe die Erfahrung gemacht, dass man spätestens dann, wenn die Charts parabolische Formen annehmen und der Aufwärtstrend im 3. Monatsfenster praktisch 90 Grad nach oben zeigt, draußen bleiben sollte. Solche Charts sind nicht gesund. Auch sind Berichte in Medien wie der Bildzeitung, welche normalerweise so viel mit der Börsenberichterstattung zu tun haben wie ein Apfel mit einer Zitrone, ein Zeichen dafür, skeptisch zu werden. Viele Investoren warten auf solche Zeichen, denn mit dem Einstieg von Privatanlegern, welche normalerweise nicht an der Börse aktiv sind, erhalten die Kurse noch einmal den letzten Schub nach oben. Kurz danach verkaufen dann die erfahreneren Anleger, um die maximalen Gewinne mitzunehmen. Die vor Kurzem eingestiegenen Privatanleger stehen dann schnell fallenden Kursen gegenüber und sind schockiert, warum sie immer zum falschen Zeitpunkt kaufen.

Warten Sie dann einfach den Rücksetzer ab und steigen Sie ein, wenn sich die Kurse wieder aufwärtsbewegen.

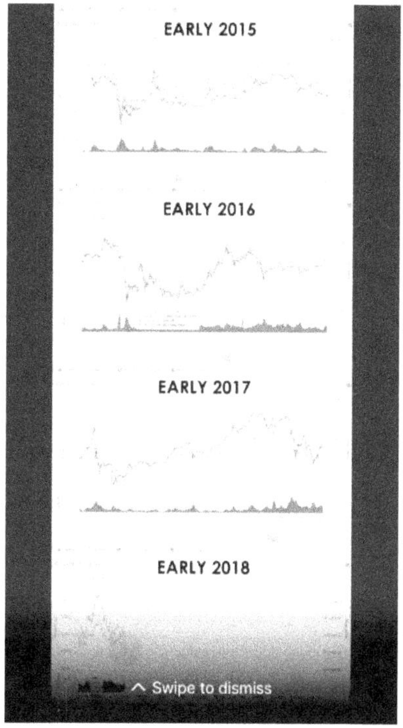
EARLY 2015
EARLY 2016
EARLY 2017
EARLY 2018
^ Swipe to dismiss

Der Einfluss der Zentralbanken

Die Zentralbanken beeinflussen das Börsengeschehen vor allem mit ihren Entscheidungen zu den jeweiligen Leitzinsen. Die Leitzinsen sind die Zinsen, zu denen sich Banken bei der jeweiligen Zentralbank Geld leihen können, um es dann über Kredite an z. B. Unternehmen weiterreichen zu können. Dabei beeinflusst der Leitzins die Börsen, weil man annimmt, dass niedrige Leitzinsen auch zu günstigeren Kreditkonditionen führen und somit Unternehmen günstig Schulden aufnehmen können, um in Forschung oder neue Produktionsanlagen zu investieren und damit die Wirtschaft auf längere Sicht anzukurbeln, da so neu oder mehr produziert werden kann. Diese neuen Produkte werden von Konsumenten gekauft (auch weil es auf Sparbücher keine Zinsen mehr gibt und es sich somit eher lohnt, Geld auszugeben), wodurch mehr Warenumschlag stattfindet, welcher den Unternehmen wiederum Geld einbringt. Die Wirtschaft wird also angetrieben. Gleichzeitig steigt die Inflation des Geldes. Hingegen kann eine Leitzinserhöhung dann nötig sein, wenn die Wirtschaft heiß läuft, die Inflation also zu stark steigt. Die höheren Zinsen verleiten Konsumenten dann eher dazu, ihr Geld nicht auszugeben, da es z. B. auf Sparbücher auch höhere Zinsen gibt und sich somit Sparen lohnt. Dem Wirtschaftszyklus wird somit Geld entzogen. Niedrige Zinsen bedeuten für die Börsen also erstens, dass die Unternehmen in Wachstum investieren, was sich wahrscheinlich auch in Zukunft positiv für das Unternehmen auswirken wird, und zweitens, dass mehr Leute in Aktien investieren, da es keine Zinsen auf Sparanlagen gibt, was die Kurse zusätzlich treibt. Doch in jüngerer Vergangenheit haben die sogenannten QE-Pakete ebenfalls Einfluss auf die Märkte gehabt. Bei einem QE-Paket werfen die Notenbanken die Gelddruckmaschine an und nutzen dieses Geld, um damit Anleihen zu kaufen. Die Zentralbanken treten dabei bisher nur als Käufer von Staatsanleihen mit bester Bonität auf. Ob diese Kauftätigkeiten noch auf andere Papiere ausgeweitet werden, um weiterhin die Wirtschaft zu stimulieren, kann nur vermutet werden. Vor allem nach einem Beschluss oder der Bekanntgabe zu der Umsetzung der QE-Produkte kam es in der Vergangenheit immer wieder zum Auftakt großer Aufwärtsbewegungen der Kurse an den Börsen. Beispielsweise war es so, dass nach der ersten QE-Bekanntgabe der Federal Reserve in den USA der Kurs um etwa 50 % zulegen konnte. Als 2010 die Euphorie abflachte und es zu erneuten Sorgen um die Konjunktur kam, wurde wenige Zeit später, am 27.08.2010, das QE-2-Paket beim globalen Branchentreff der Notenbanken in Jackson Hole beschlossen. Dies führte direkt zu neuen Kursanstiegen von bis zu weiteren 30 %. Ebenfalls beeinflusste dieser Anstieg neben dem US-Markt auch andere Märkte wie die Rohstoffmärkte oder auch die Emerging Markets, welche ebenfalls stiegen.

Anlagestrategien

Einige ausgewählte Strategien sollen Ihnen nicht vorenthalten werden. Es gibt jedoch wahrscheinlich fast so viele Strategien wie Indizes. Das Problem ist nur, dass man der Strategie treu bleiben muss, damit diese funktioniert. Hier nun eine Auswahl:

BUY AND HOLD

Einfach gesagt: Kaufen und drin bleiben – egal was passiert. Diese Strategie baut allerdings auf der Buy-the-Dip-Strategie auf. Man versucht also, Aktien zu finden, welche gerade günstig sind, investiert dann langfristig in diese und vertraut darauf, dass die Märkte generell immer weiter steigen. Im Grunde zahlt sich diese Strategie aus, allerdings ist sie eben nur etwas für langfristige Investoren.

Sobald die Kurse für Sie genug gestiegen sind, können Sie verkaufen und sich über den Gewinn freuen. Man muss hier allerdings trotzdem Grenzen setzen, denn ein häufiger Fehler von vielen Anlegern und Händlern ist es, eventuelle Verluste aussitzen zu wollen. Wenn eine Aktie immer weiter fällt und nicht wieder steigen will, ist es sinnvoller, Verluste zu realisieren, als immer weiter ins Minus zu gleiten. Setzen Sie sich daher vorher einen Stop-Loss, auch wenn nur im Geiste. Beobachten Sie auch die Nachrichten und Finanzberichte zu den Unternehmen – wenn hier keine Besserung in Aussicht ist, macht es keinen Sinn, weiter im Markt zu bleiben.

Ein Tipp zu der Buy-and-Hold-Strategie ist es, das anfangs investierte Geld wieder aus dem Markt zu nehmen, sobald Ihre Aktien genug gestiegen sind. Somit ist Ihr Risiko, Minus zu machen, ab diesem Punkt tatsächlich bei 0 %.

Dies bedeutet also, dass Sie für 1000 EUR eine Aktie oder einen ETF kaufen. Sobald das Papier um 100 % gestiegen ist (ja, dies kann etwas dauern), verkaufen Sie so viele Anteile, dass Sie 1000 EUR realisieren. Nun haben Sie Ihr Anfangsinvestment wieder, aber noch immer Anteile, welche weiter steigen können. Ein Crash wäre nun zwar ärgerlich, aber Sie haben sozusagen kein Geld verloren.

DIVIDENDENSTRATEGIE

Bei dieser Strategie geht es nur nebensächlich um den Kursgewinn der Aktien. Diese Strategie zielt darauf ab, dass die Unternehmen, deren Aktien man hält, regelmäßig Dividenden auszahlen. Bei vielen Unternehmen geschieht dies über Jahrzehnte und bis um die 3,5 % p. a. pro Aktie. Man sollte bei der Auswahl der Unternehmen jedoch nicht unbedingt die Unternehmen mit der höchsten

Dividende auswählen, sondern die, die bereits seit Jahrzehnten eine kontinuierliche Dividende zahlen – daher lieber Unternehmen, welche schon seit 20 Jahren 2 % an Dividende zahlen, wählen, als Firmen, welche in den letzten 3 Jahren 5 % gezahlt haben und dafür vorher nie. Diese Strategie lohnt sich jedoch eigentlich nur, wenn Sie große Summen anlegen, sodass Sie von den Dividenden andere Dinge finanzieren können, und nur für sehr langfristige Anlagen. Denn von Kursverlusten dürfen Sie sich nicht stören lassen. Kursgewinne hingegen sind eine Art Extra, welche Sie aber eigentlich nicht wahrnehmen, da Sie ja auf die Dividenden abzielen, und dafür müssen Sie Ihre Papiere halten.

Um interessante Unternehmen zu ermitteln, kann Ihnen auch die Dividendenrendite helfen. Schauen Sie dazu im Kapitel zur Fundamentalanalyse nach.

Falls Sie diese Strategie fahren wollen, müssen Sie auch wirklich daran festhalten. Wenn Sie hin und wieder einmal Kursgewinne mitnehmen wollen, sind Sie nicht mehr in der Dividendenstrategie. Wie gesagt, diese Strategie ist nur bei großen Anlagesummen möglich. Wer pro Dividendenzahlung 500 EUR erhalten möchte, muss schon etwa 15.000 EUR investieren. Es gibt auch einige ETFs, welche auf eine Dividendenstrategie setzen. Hier sind bereits dividendenstarke Unternehmen aus verschiedenen Regionen ausgewählt und man muss nicht mehr selbst recherchieren.

BUY THE DIP UND VALUE INVESTING

Diese Strategie ist antizyklisch, das bedeutet, dass Sie dann kaufen, wenn Aktien ausgebombt, also gerade in einem starken Kursverfall sind. Auch wenn dies einfach klingt, gibt es einiges zu beachten. Zunächst müssen Sie hier aufpassen, nicht in ein fallendes Messer zu greifen. Warten Sie definitiv auf ein charttechnisches Kaufsignal, bevor Sie zuschlagen. Ein kurzes wieder nach oben Drehen der Kurse nach einem starken Abverkauf ist normal und kann eher eine Bärenfahne sein.

Schauen Sie sich auch vorher das Unternehmen und die Nachrichten etwas an.

- Ist der Abverkauf gerechtfertigt?
- Was hat den Abverkauf ausgelöst?
- Kann das Unternehmen auch Strafzahlungen relativ schmerzfrei wegstecken oder würden diese das Unternehmen an den Rand der Insolvenz führen?
- Hat das Unternehmen ein aufrichtiges Management?
- Womit macht das Unternehmen seinen Umsatz?
- Macht das Unternehmen seit Jahren einen Gewinn oder verliert es eigentlich dauerhaft Geld, um z. B. zu wachsen oder eine neue Technologie zu finanzieren?

Ein Stichwort dabei sind Value-Werte. Diese sind Aktien von Unternehmen, welche seit Jahrzehnten stabil sind und ihren Gewinn aus Produkten erzielen, welche mehr oder weniger von jedermann gebraucht werden. Sie haben daher einen kontinuierlichen Umsatz und müssen nicht auf schnelle Hypes setzen.

Machen Sie sich also ein Bild von dem Unternehmen und der wirtschaftlichen Verfassung. Die Aktiengesellschaft muss dabei profitabel arbeiten und ihre Umsätze und Gewinne möglichst über die letzten Jahre und Jahrzehnte immer weiter gesteigert haben. Um eine Problem- und Schwächephase durchzustehen, sollte sich das Unternehmen in einer soliden finanziellen Situation befinden, also fast gar nicht oder nur ein wenig verschuldet sein und über ausreichende finanzielle Mittel verfügen, um eine Problemphase zu überwinden.

Ebenfalls wichtig für den Value-Ansatz ist es, ob der Preis nach einem Abverkauf unter dem inneren Wert des Unternehmens liegt. Diese Frage ist nicht ganz leicht zu beantworten.

Eine Hilfe kann dabei der Discounted Free Cashflow oder DFCF sein. Hierbei werden die zukünftigen freien Geldflüsse eines Unternehmens geschätzt und dann mit einem vergleichbaren Unternehmen oder einer alternativen Anlage verglichen und deren Zins auf die Gegenwart geschätzt.
Da hier aber eine Schätzung auf einer Schätzung beruht, ist diese Idee oft nicht sehr genau. Eine andere Idee kann auch das KGV der Aktien des Unternehmens sein und somit als Hilfe dienen. Lesen Sie dazu im Kapitel zum KGV.

Erfüllt das Unternehmen diese Anforderungen also, dann löst eine schlechte Nachricht auch bei solch gut aufgestellten Unternehmen bei vielen Anlegern erst einmal Panik aus und es wird verkauft. Im Nachhinein bieten dann aber diese niedrigen Kurse Kaufgelegenheiten. Vor allem für langfristige Anlagedauern ist dies eine gute Strategie, aber auch für kürzere Anlagedauern, bei denen Sie nur den Rebound der Kurse mitnehmen wollen.

Ist Ihnen das zu viel Recherchearbeit? Natürlich gibt es mittlerweile auch Indizes, die nur Value-Unternehmen beinhalten, und diverse ETFs, die dann diese Indizes abbilden. Damit können Sie den Experten die Auswahl überlassen.

TRENDSURFING

Diese Strategie finde ich persönlich sehr erfolgreich. Um diese Strategie anzuwenden, müssen Sie allerdings ein wenig Charts lesen können und auch dazu bereit sein, sich regelmäßig mit den Charts zu beschäftigen. Diese Strategie eignet sich für alle Anlegertypen, lediglich die Zeitebenen, in denen sie die Trends ausmachen, unterscheiden sich von Anlegertyp zu Anlegertyp. Als kurzfristiger Anleger beobachten Sie eher auf Stunden- und Tagesbasis, mittelfristige Anleger schauen auf Tages- und Wochenbasis und langfristige Anleger auf Wochenbasis aufwärts.

Ein Trend liegt immer dann vor, wenn der letzte Schlusskurs Ihrer Zeitebene über dem vorherigen Hoch liegt und das letzte Tief ebenfalls über dem vorherigen Tief. Dies wäre ein Aufwärtstrend. Als Einstiegspunkt bietet sich dabei immer der Ausbruch des Kurses über das letzte Hoch an. Als Stop-Loss dient das Unterschreiten des letzten Tiefs. Den Stop-Loss können Sie dabei dann auch immer nachziehen, sobald ein weiteres Hoch erreicht wurde. Somit bleiben Sie im Markt und kassieren Gewinne und sobald der Trend bricht, steigen Sie automatisch aus. Analog liegt ein Abwärtstrend vor, wenn das letzte Hoch unter dem vorherigen Hoch liegt und das letzte Tief unter dem vorherigen Tief.

Natürlich ist jedoch auch diese Strategie nicht 100 % sicher. Teilweise kommt es zu Fehlsignalen und der Kurs bricht nur kurz nach oben aus, um dann wieder zu drehen und sogar weiter zu fallen. Dies nennt man dann auch Bullenfalle.

Aktien kaufen - Praxisbeispiel

Im Folgenden wird Ihnen der Prozess des Kaufs einer Aktie anhand eines Beispiels erläutert. Zu jedem Schritt erhalten Sie dabei wertvolle Tipps, auf welche Sie besonders achten sollten, damit sich Ihr Aktienkauf am Ende als profitabel erweist. Als Praxisbeispiel dient vorliegend die Aktie der Volkswagen AG. An dieser Stelle sei erwähnt, dass diese Auswahl willkürlich ist und keinesfalls eine Empfehlung zum Kauf darstellen soll.

Schritt 1: Aktiendepot eröffnen

Um überhaupt eine Aktie kaufen zu können, brauchen Sie zunächst einmal ein Depot. Ein Depot ist im Grunde nichts anderes als ein Konto, auf welches Sie Monat für Monat beispielsweise Ihre Gehaltszahlungen empfangen und von welchem aus Sie regelmäßig Ihre Rechnungen begleichen. In ähnlicher Weise werden auf einem Depot die Bestände Ihrer erworbenen Aktien sozusagen „gelagert". Zudem werden über das Depot auch die Käufe und Verkäufe Ihrer Aktien abgewickelt.

Ein Depot können Sie entweder über eine Bankfiliale, zum Beispiel über Ihre Hausbank, oder über einen sogenannten Online-Broker eröffnen. Bei Letzterem handelt es sich um eine Online-Bank beziehungsweise ein Online-Kreditinstitut, welches ausschließlich im Internet präsent ist und keine lokalen Filialen aufweist.

Der Vorteil, ein Depot über Ihre Hausbank zu eröffnen, liegt auf der Hand: Sie haben hier bereits ein Girokonto und können sich individuell über Ihr Aktienvorhaben beraten lassen. Jedoch fallen dabei Gebühren für die Depotführung an, die nicht unbedingt niedrig sind. Und hier liegt der große Vorteil von

Online-Brokern: Die Eröffnung und die Führung eines Depots sind hier sehr günstig, wobei es sogar Anbieter gibt, bei denen es kostenlos ist. Beliebt sind hier vor allem die Consorsbank, die ING und flatex. Die Führung eines Depots ist bei allen drei Brokern kostenfrei, auf jegliche Beratung müssen Sie hier jedoch verzichten. Neben Ihrem Depot müssen Sie bei Ihrem gewählten Online-Broker allerdings zusätzlich auch ein Konto eröffnen, über welches Ihre Aktienkäufe abgegolten werden. Dafür müssen Sie dann von Ihrem Hauptkonto zunächst Guthaben auf dieses Verrechnungskonto übertragen, andernfalls können Sie keinen Aktienhandel betreiben. Doch auch bei Online-Brokern ist das „Traden“ – das Kaufen und Verkaufen von Aktien – nicht völlig gebührenfrei. Sowohl Bankfilialen als auch Online-Broker berechnen pro „Trade“ Gebühren, die von Anbieter zu Anbieter unterschiedlich ausfallen. Natürlich fallen diese Gebühren bei Filialbanken in der Regel wesentlich höher aus, doch auch bei Online-Brokern können Sie durchaus beachtlich sein. Achten Sie bei der Wahl Ihres Online-Brokers also unbedingt auf die Konditionen.

Für die nachfolgenden Schritte wurde der Online-Broker Consorsbank ausgewählt. Auch diese Auswahl soll nicht als ausdrückliche Empfehlung verstanden werden, sondern dient lediglich Erklärungszwecken. Da sich die Benutzeroberflächen beziehungsweise die Systeme von Brokern im Großen und Ganzen ähneln, lassen sich die folgenden Ausführungen auch problemlos auf andere Online-Broker anwenden.

Schritt 2: Potenzielle Aktie suchen und auswählen

Wir nehmen also an, dass Sie sich für die Volkswagen-Aktie interessieren. Nun gehen Sie auf die Webseite Ihres Online-Brokers – hier also jene der Consorsbank – und geben oben rechts in die Suchmaske „Volkswagen“ ein. Es erscheint eine Liste, in welcher Sie die entsprechende Aktie auswählen. Zunächst gelangen Sie nun auf eine Übersichtsseite, auf welcher Sie sich noch einmal ausführlich über die Aktie der Volkswagen AG informieren können. Beispielsweise können Sie sich das Firmenprofil anschauen, bestimmte Kennzahlen einsehen oder die aktuelle Kursentwicklung sowie die Entwicklungen der letzten sechs Monate anhand von übersichtlichen Diagrammen analysieren.

Nun klicken Sie oben rechts auf „Kaufen“ und es erscheint die Seite „Order erteilen“. Als „Order“ wird übrigens in der Börsensprache schlicht ein Handelsauftrag bezeichnet. Ein Aktienkauf ist demnach eine Kauforder, ein Aktienverkauf eine Verkaufsorder. In der ersten Zeile finden Sie dementsprechend die Orderart, welche bereits auf „Kaufen“ gesetzt ist. Darunter befindet sich der Name der Aktie mit ihrer Wertpapierkennnummer (WKN) und ihrer Internationalen Wertpapierkennnummer (ISIN). In unserem Beispiel sieht das wie folgt aus:

VOLKSWAGEN AG VZ
WKN: 766403 ISIN: DE0007664039
Diese Kennnummern dienen der eindeutigen Identifikation der jeweiligen Aktie. In den darunter liegenden beiden Zeilen ist noch das Depot, über welches Sie „traden" – in unserem Beispiel die Consorsbank – und Ihr entsprechendes Abrechnungskonto aufgeführt.

Schritt 3: Handelsplatz auswählen
Unter der Zeile „Abrechnungskonto" finden Sie schließlich den „Handelsplatz", welcher den Ort bezeichnet, an dem Sie Ihre Aktie kaufen möchten. Und hier werden Sie nun aktiv. Den geeigneten Handelsplatz auszuwählen, ist wohl der wichtigste Schritt beim Aktienkauf. Sie haben zwei Optionen: Entweder ordern Sie über den Börsenhandel oder Sie kaufen die Aktie über den außerbörslichen Direkthandel.

Im Rahmen des Börsenhandels findet der Aktienkauf direkt an der Börse statt, beispielsweise über die Börse in Frankfurt und dessen elektronisches Handelssystem Xetra oder auch über die Börsen in Stuttgart, Hamburg oder München. Im Gegensatz dazu handelt es sich bei außerbörslichem Direkthandel (auch OTC-Handel genannt) um einen Aktienkauf über einen Anbieter. Zu nennen sind an dieser Stelle beispielsweise die populären Anbieter „Tradegate", „Baader Bank" oder auch „Lang und Schwarz". Der Vorteil ist hier, dass die Börsengebühren entfallen, doch dafür sind die Kaufpreise der Aktien oft höher als direkt an der Börse. Zudem sind die Liquidität und das Handelsvolumen meist geringer als beim Börsenhandel und folglich besteht für Aktienkäufer ein höheres Risiko. Das heißt für unser Beispiel, dass es im Vergleich zum Börsenhandel weniger Marktteilnehmer gibt, die in Erwägung ziehen, eine oder mehrere Aktien der Volkswagen AG zu erwerben. Dementsprechend befinden sich natürlich auch weniger Aktien der Volkswagen AG auf diesen Handelsplätzen im Umlauf.

Wenn Sie nun auf die entsprechende Schaltfläche für „Handelsplatz" klicken, öffnet sich ein Fenster, in welchem verschiedene Handelsplätze gelistet werden. Hier können Sie nun die Konditionen der unterschiedlichen Handelsplätze vergleichen und sich am Ende für einen entscheiden. Exemplarisch vergleichen wir hier die beiden Handelsplätze „Tradegate" und „Xetra". Zunächst einmal sollten Sie sich den aktuellen Kaufkurs und den aktuellen Verkaufskurs anschauen. Der Kaufkurs – auch Geldkurs genannt – ist dabei der Preis, den Sie aktuell für eine Aktie der Volkswagen AG zahlen müssen.

Der Verkaufskurs hingegen – auch Briefkurs genannt – entspricht dem Wert, den Sie erhalten könnten, wenn Sie eine Aktie der Volkswagen AG jetzt verkaufen würden. Des Weiteren sollten Sie die Handelsspanne, den sogenannten „Spread", beachten, denn dieser gibt Aufschluss über die Liquidität Ihrer potenziellen Aktie auf dem jeweiligen Handelsplatz. Es handelt sich dabei um die Differenz zwischen dem Kaufkurs und dem Verkaufskurs. Je niedriger dieser Spread ist, desto höher fällt die Liquidität der Aktie aus. Der Kauf einer Aktie mit einem niedrigen Spread ist vergleichsweise risikoarm, denn je höher die Liquidität der Aktie, desto stärker wird sie gehandelt.

Für unser Beispiel nehmen wir an, dass auf dem Handelsplatz Tradegate (OTC) der Kaufkurs der Volkswagen-Aktie aktuell bei 1.305,55 Euro liegt. Der Verkaufskurs liegt hingegen bei 1.304,02 Euro. Damit ergibt sich ein Spread von 1,53. Auf dem Handelsplatz Xetra (Börsenhandel) liegt der Kaufkurs der Volkswagen-Aktie gerade bei 1.309,95 Euro und der Verkaufskurs liegt bei 1.308,53 Euro. Der Spread beträgt hier also 1,42. Sie sehen, dass in diesem Fall der Kaufpreis beim außerbörslichen Direkthandel günstiger ausfällt. Auch wenn der Spread von Tradegate ein höheres Risiko andeutet als bei Xetra – man vergleiche den Spread von 1,53 gegenüber dem Spread von 1,42 –, haben Sie im Hinterkopf, dass beim außerbörslichen Direkthandel ja ohnehin eine niedrigere Liquidität besteht als beim Börsenhandel. Außerdem wissen Sie, dass beim außerbörslichen Direkthandel die Börsengebühren entfallen. Aufgrund des Kaufkurses und der entfallenden Gebühren entscheiden Sie sich also in unserem Beispiel für den außerbörslichen Direktpartner Tradegate und wählen diesen in der Liste aus.

Übrigens können Sie in der Handelsplatz-Liste auch die einzelnen Handelsplätze anklicken, um jeweils die zusätzlichen Kosten einzusehen. Bei unserem Online-Broker Consorsbank fallen beim außerbörslichen Direkthandel und somit auch bei Tradegate keine zusätzlichen Kosten an, während bei Xetra zusätzlich 1,50 Euro berechnet werden. Bei anderen Börsen, beispielsweise Hamburg, betragen die Zusatzkosten sogar 2,50 Euro zuzüglich der Maklercourtage sowie der Transaktions- und Handelskosten. Diese zusätzlichen Kosten unterscheiden sich aber von Broker zu Broker, da jeder Broker andere Verträge mit bestimmten Handelsplätzen besitzt. Deshalb sollten Sie diese Informationen immer auf den Seiten Ihres gewählten Brokers einholen.

Schritt 4: Stückzahl wählen

Als Nächstes müssen Sie die Aktien-Stückzahl auswählen. Sie müssen sich also überlegen, wie viele Stücke der Aktie Sie kaufen möchten. Sie können hier entweder direkt die gewünschte Stückzahl angeben oder Sie tragen einen Betrag in Euro ein, für welchen Sie Aktien-Anteile kaufen möchten. Wenn Sie einen Euro-Betrag eingeben, zeigt Ihnen das System von Consorsbank automatisch, wie viele Stücke der Aktie Sie für den jeweiligen Betrag bekommen. Analog können Sie dies natürlich auch selbst berechnen: Wenn Sie beispielsweise 4.000 Euro in die Aktie der Volkswagen AG investieren möchten, ergibt der Quotient dieses Betrags und des aktuellen Kaufkurses die Stückzahl der Aktie, also 4.000 Euro/ 1.302,55 Euro

= 3,07. Dann wird der Betrag auf- beziehungsweise abgerundet, um auf eine ganze Stückzahl zu kommen. Sie können nämlich immer nur eine ganze Aktie erwerben, nicht etwa eine halbe oder gar ein Viertel von ihr. Für unser Beispiel gehen wir vereinfacht davon aus, dass Sie genau eine Aktie der Volkswagen AG erwerben. Aufgrund der anfallenden Ordergebühren ist es in der Praxis natürlich nicht sinnvoll beziehungsweise rentabel, nur eine einzige Volkswagen-Aktie zu erwerben.

Schritt 5: Limit setzen

Nun haben Sie die Möglichkeit, dem Kaufpreis Ihrer Aktie ein Limit zu setzen. Dabei legen Sie fest, welchen Betrag Sie maximal bereit sind, für die Aktie zu zahlen. Bevor Sie ein Limit setzen, sollten Sie in der Zeile darüber auf „Kurs aktualisieren" klicken, da sich Kurse innerhalb von Minuten ändern und Sie Ihr Limit dann genau auf den aktuellen Kurs anpassen können. Bei einem aktuellen Kaufkurs der Volkswagen-Aktie von 1.305,55 € geben Sie beispielsweise in das entsprechende Eingabefeld ein Limit von 1.306 Euro ein. Das bedeutet dann, dass Sie nicht mehr bezahlen möchten als 1.306,00 Euro und Sie vermeiden, die Aktie gegebenenfalls zu teuer zu erwerben. Natürlich können Sie bei Ihrem Limit frei wählen, dieser Betrag dient hier nur exemplarisch.

Schritt 6: Gültigkeit der Order festlegen

Zuletzt legen Sie noch fest, wie lange die Order im sogenannten Orderbuch eingetragen sein soll. Im Orderbuch werden alle Kauf- und Verkaufsorder eingetragen, um damit die Kurse festzulegen beziehungsweise zu ermitteln. Sie können hier beispielsweise „Monatsende", „Tagesgültig" oder auch ein bestimmtes Datum festlegen.

Schritt 7: Order prüfen

Nun haben Sie alle notwendigen Daten für den Kauf Ihrer Aktie festgelegt. Klicken Sie auf „Weiter zur Tan-Eingabe", um die Order anzulegen. Bevor Letzteres geschieht, gelangen Sie auf eine Seite, auf der Sie noch einmal Ihre eingegebenen Daten überprüfen können. Hier sehen Sie dann auch die anfallenden Gebühren für Ihren Aktienkauf. Diese belaufen sich bei unserer Volkswagen-Aktie auf insgesamt 18,03 Euro. Um zu sehen, aus welchen Kosten sich die Gesamtkosten im Einzelnen zusammensetzen, können Sie hinter „Ordergebühren" auf „Kostendetails" klicken und es öffnet sich ein weiteres Fenster. Hier sehen Sie zunächst die Einstiegskosten, also die Kosten, die beim Kauf der Volkswagen-Aktie anfallen.

Diese betragen 0,69 % des Kaufkurses und belaufen sich dementsprechend auf 9,01 Euro. Darunter finden Sie die Grundgebühr in Höhe von 0,35 % des Kaufkurses, also 4,57 Euro. Zuletzt fällt noch die Provision an, ebenfalls in

Höhe von 0,35 % des Kaufkurses und damit in Höhe von 4,57 Euro. Hätten Sie die Aktie nun beispielsweise über den Handelsplatz Xetra geordert, wäre hier zusätzlich noch die Börsengebühr aufgeführt, im Fall von Xetra also 1,50 Euro.

Schritt 8: Aktie kaufen

Um die Aktie nun kaufen zu können, fordern Sie unterhalb der Zusammenfassung Ihrer Orderdaten durch einen Klick auf „Mobile Tan anfordern" eine Mobile Tan an, tragen diese anschließend in das entsprechende Eingabefeld ein und bestätigen den Vorgang. Nun wird Ihnen die Meldung „Die Order wurde erfolgreich angelegt" gezeigt. Das bedeutet, dass Ihre Order im Markt aufgegeben wurde und sie nun im Orderbuch aufgeführt ist, sofern der Kaufpreis nicht Ihr Limit übersteigt. Sollte der Kaufkurs aktuell Ihr Limit übersteigen, wird die Order ausgeführt, sobald der Kaufkurs Ihrem Limit entspricht oder sich unterhalb Ihres Limits befindet.

Tipp für Aktien-Neulinge

Sollten Sie ein Anfänger in Sachen Aktienkauf sein, haben Sie die Möglichkeit, den Kauf von Aktien erst einmal kostenlos zu üben, ohne irgendwelche aus Unwissenheit oder Unkenntnis resultierenden Risiken einzugehen. Dies funktioniert mithilfe eines Musterdepots. Hierbei handelt es sich um eine fiktive Plattform, auf der Sie mit virtuellem Geld in Aktien investieren können. Die Aktienkurse leiten sich dabei aber praktischerweise von jenen des realen Börsenmarktes ab. Ein Musterdepot können Sie übrigens auch als erfahrener Aktienkäufer nutzen, um beispielsweise neue Strategien zu entwickeln oder zu testen. Als empfehlenswerte Anbieter sind an dieser Stelle die Musterdepots von ING und Comdirekt zu nennen.

Depotaufbau und Diversifikation

Wenn Sie bereits am Finanzmarkt aktiv sind und ein eigenes Depot haben, sollten Sie nie alles auf eine Karte setzen. Und wenn Sie neu am Markt sind, sollten Sie diese Zeilen vorher lesen und vor dem Investment bedenken.

Denn wenn Sie alles auf eine Karte setzen, z. B. Ihr Lieblingsunternehmen, würden im Falle eines Rückfalls dieser einen Aktie die Verluste direkt spürbar werden. Es ist daher besser, Ihr angelegtes Geld auf mehrere, verschiedene Aktien und Produkte zu verteilen, es also zu diversifizieren.

Durch eine Diversifikation in unterschiedliche Anlageklassen oder Branchen und Regionen lassen sich Verluste einiger Positionen durch Gewinne anderer Positionen auffangen und schlagen somit nicht so dramatisch zu Buche. Zum Beispiel könnte es so ablaufen:

Ohne Diversifikation:

Sie haben nur Aktien von einem im DAX gelisteten Autokonzern. Dort haben Sie eine größere Summe angelegt, sagen wir 10000 EUR. Nun kommt es zu einem Skandal wie vor einigen Jahren bei VW und der Kurs der Aktie bricht in kurzer Zeit um 10 % ein. Damit hätten Sie direkt einen Verlust von 1000 EUR gemacht (sofern Sie dann verkaufen).

Mit Diversifikation:

Sie haben wieder 10000 EUR investiert, diesmal jedoch 2000 EUR in Ihren Automobilkonzern, 3000 EUR in einen ETF auf den DAX und 5000 EUR auf einen ETF, der weltweit Aktien abbildet (wie den MSCI World, welcher bis zu 1600 Aktien enthält).

Nun kommt es wieder zum Skandal. Ihre Aktien des Automobilkonzerns verlieren 10 %. Sie verlieren nun aber nur 200 EUR mit dieser Position.

Sagen wir nun, andere Unternehmen im Dax laufen sehr gut, der DAX gewinnt in dieser Zeit und steigt um 2 %, der Weltwirtschaft geht es gut und der MSCI World legt sogar um 3,5 % zu.

Damit werden die Verluste des Automobilkonzerns komplett aufgefangen und Sie stehen sogar noch mit 35 EUR Plus da.

Position	Anteil am Depot in %	Anteil am Depot [EUR]	Gewinn/Verlust/Position in %	Gewinn/Verlust/Position [EUR]
Automobilkonzern	20 %	2000	- 10 %	-200
DAX ETF	30 %	3000	+ 2 %	+60
MSCI World ETF	50 %	5000	+ 3,5 %	+175
Gesamtgewinn/-verlust [EUR]				**+ 35**

Tabelle 2: Beispieldepot mit Diversifikation.

Dies ist die Diversifikation eines Depots. Es ist daher sehr sinnvoll, eine bunte Mischung an Aktien im Depot zu haben oder direkt ETFs oder Fonds zu kaufen, welche in sich selbst schon gut diversifiziert sind. Auch kann es sinnvoll sein, ETFs und Fonds von verschiedenen Anbietern zu kaufen. Das reduziert das Ausfallrisiko durch den Herausgeber, wobei die meisten Herausgeber große Banken und Geldinstitute sind, welche im Grunde als stabil bewertet werden können.

Praktische Informationsquellen für Ihren Handel

Ohne Werbung machen zu wollen und ohne für den Inhalt der Quellen oder deren Verfügbarkeit verantwortlich zu sein.

go.guidants.com
Eine der besten freien Angebote im Netz, um Charts im Auge zu behalten.

finanzen.net
Weitreichende Informationen und Nachrichten zu Börse und Geld. Auch mit starker Such-Engine, mit welcher Sie alle Informationen zu Ihren Anlageprodukten finden, mit eigener Suchmaschine, um ETFs nach diversen Bedingungen zu filtern.

finanzmarktwelt.de
Eine etwas andere und unabhängigere Finanzwebseite mit täglichen News und Kommentaren zu diversen Themen in der Finanzwelt, teilweise auch sarkastisch angehaucht. Ein weiterer Vorteil sind der Trade des Tages und andere Signale, bei denen Sie fast täglich eine Handelsidee mit Kauf- und Verkaufsmarken präsentiert bekommen.

EINIGE WEITERE TIPPS ZU IHRER ANLAGE

1.: ERST EINMAL EINEN ÜBERBLICK VERSCHAFFEN

Kochen Sie sich einen Tee und nehmen Sie sich Ihre Ordner zu Ihren Finanzen vor, um sich einen Überblick zu verschaffen.

Denn zunächst sollten Sie abschätzen, wie viel Geld Sie anlegen möchten und wie viel Sie in nächster Zeit nicht direkt benötigen. Handel an der Börse ist immer eine Zeitsache. Große Gewinne entstehen in den meisten Fällen nicht über Nacht. Sehen Sie Ihr Investment also eher als ausgelagertes Geld, welches Ihnen eine Rendite bringt.

Nehmen Sie niemals Schulden auf, um an der Börse zu handeln. Sie sollten immer nur Geld an der Börse anlegen, auf welches Sie auch die nächste Zeit verzichten können und bei dem Sie sich vorher bereits festlegen, wie viel Verlust Sie verkraften können. Am besten sollten Sie komplett auf das angelegte Geld verzichten können. Vor allem sollten Sie niemals Geld an der Börse investieren, welches Sie für regelmäßige Zahlungen oder für eine dringende Anschaffung in nächster Zukunft gebrauchen könnten. Setzen Sie sich einen Stopp – ob im Geiste oder als Order ist dabei nicht wichtig. Stopps von minus 2 % bis 10 % können sinnvoll sein, je nach Anlagedauer. Bei längerer Anlagedauer eher 10 % als 2 %, da die Aktie mehr Zeit hat, sich zu erholen. Sollten Sie vorher noch andere Schulden oder Kredite haben, welche Sie nicht durch Ihr Einkommen ohne Probleme decken können, ob es durch Studienkredite oder Ähnliches ist, sollten Sie diese zunächst so schnell wie möglich begleichen. Gehen Sie keine Finanzierungsverträge ein, die Ihre finanziellen Mittel übersteigen.

Auch kann Ihre berufliche Situation einen Einfluss haben. Wenn Sie zum Beispiel einen befristeten Arbeitsvertrag haben, sollten Sie keine Sparpläne abschließen, bei denen Sie nicht pausieren können. Im Falle einer temporären Arbeitslosigkeit müssen Sie so dann nicht auch noch den Sparplan finanzieren.

2.: PLANUNG

Machen Sie sich immer vor der Anlage einen genauen Plan darüber, was Sie mit Ihrer Anlage im Einzelnen erreichen wollen. Wollen Sie langfristig mit kleinen Beiträgen Monat für Monat in einen Sparplan investieren und sich somit langfristig ein Vermögen aufbauen oder wollen Sie das schnelle Geld und spekulieren auf den Kursausbruch, mit dem Risiko, dass es eher zu einem Kursfall kommt? Wollen Sie einem Fondsmanager die Kontrolle überlassen oder mit einem ETF einfach mit dem Markt mitschwimmen?

Auch müssen Sie sich fragen, wie lange Sie anlegen möchten. Fonds und ETFs eignen sich z. B. eigentlich nur für eine Anlagedauer von einigen Jahren, Sparpläne eher für Jahrzehnte und Aktien gehen auch einmal monatsweise.

Schauen Sie sich die Produkte auch genau an. Es gibt immer ein Factsheet als PDF-Download mit den wichtigsten Eckpunkten und Kosten. Ein Fonds ist z. B. im Allgemeinen immer teurer als ein ETF, da der Manager bezahlt werden muss.

3.: RISIKO UND RENDITE

Bedenken Sie immer, was Sie erreichen wollen. Bleiben Sie nur kurz am Markt, können Kursverluste weniger gut ausgeglichen werden als bei einem längeren Investment. Denn das längere Investment hat Zeit, den Verlust wieder auszugleichen. Je nach Größe des Verlustes ist dies oft auch mit Emotionen verbunden und es kann schwerfallen, den Verlust auszusitzen. Helfen kann dabei eine Stop-Order, welche Sie nach oder während des Kaufes Ihrem Broker mitteilen. Fällt der Kurs Ihres Wertpapiers unter eine bestimmte Schwelle, wird automatisch verkauft. Dies kann tiefere Verluste begrenzen oder ausschließen. Allerdings sind Sie dann aus dem Markt heraus und können auch nicht an einer Erholung partizipieren. Es macht daher Sinn, den Stop-Loss-Wert immer einmal wieder nachzuziehen, sodass Sie im Falle eines Kursrückgangs trotzdem noch im Plus verkaufen, bevor Ihre Anlage ins Negative dreht. Anlagen über Jahre zahlen sich meistens besser aus. Selbst nach einem Crash liegt der Gesamtmarkt oft bereits nach ein paar Jahren wieder auf dem Niveau von vor dem Crash.

Wer immer wieder ein- und aussteigt, zahlt auch viel mehr an Gebühren an den Broker, da fast immer Gebühren pro Kauf und Verkauf anfallen. Es gibt auch die Börsenweisheit: Hin und her macht Taschen leer.

Und da ist etwas dran. Setzen Sie also Ihren Stop-Loss nicht zu eng, damit Sie nicht ständig heraus gekickt werden. Und vergessen Sie nicht, Ihr Depot zu kontrollieren, um zu sehen, ob Sie noch „drin" sind. Aber Achtung: Bei extremen Kursverlusten an der Börse kann es passieren, dass der Stop-Loss nicht immer direkt ausgeführt wird, weil alle verkaufen und sich kein Käufer für Ihre Papiere finden lässt. Auch sollten Sie ein- bis zweimal im Jahr Ihr Depot überprüfen und schauen, ob noch alles zu Ihrer Anlageidee passt oder ob Sie einige Gewinne realisieren und in andere Papiere umschichten wollen.

4.: KOSTEN IM AUGE BEHALTEN

Behalten Sie immer die Kosten von Anlageprodukten im Auge. So gibt es Unterschiede bei den Depotbanken, welche pro Order hohe Gebührenunterschiede verlangen. Die Ordergebühr nagt an Ihrem Gewinn. Wenn Sie beim Kauf und Verkauf jeweils 10 Euro an die Bank zahlen müssen, muss Ihr Investment diese 20 Euro erst einmal wieder erarbeiten, um auf 0 zu kommen. Auch gibt es große Unterschiede zwischen den Börsen, also z. B. Frankfurt und Stuttgart. Diese verlangen teilweise auch noch Gebühren.

Ebenfalls wollen die Anbieter von ETFs und Fonds auch noch Ihre Scheibe vom Brot. ETFs sind fast immer günstiger, da kein Manager bezahlt wird. Auch sind ETFs, welche Standartindizes wie den Dow Jones abbilden, wiederum oft viel günstiger als Spezial-ETFs, welche sich auf einzelne Branchen konzentrieren. Teilweise gibt es ETFs mit laufenden Kosten von nur 0,1 % pro Jahr. Bei Fonds ist es oft mehr als das 10-Fache. Auch fallen Kosten durch den Spread an, die Differenz zwischen Kauf- und Verkaufswert. Der Spread verändert sich im Laufe eines Handelstages öfter. Mal liegt die Differenz zwischen Kauf und Verkaufskurs bei 2 %, mal nur bei 0,5 %. Direkt nach Handelsstart ist der Spread teilweise abstrus hoch, genauso nach Handelsschluss der Börsen (ab 18 Uhr bzw. 22 Uhr). Depotgebühren verlangen die meisten Broker heute nicht mehr. Sollte das bei Ihnen der Fall sein, können Sie ganz einfach mit Ihrem Depot umziehen. Dabei fallen keine

Kosten an und Ihre Wertpapiere werden einfach ins neue Depot übertragen. Sie müssen also nichts verkaufen. Die Dokumente dafür gibt es normalerweise bei dem neuen Broker und Sie reichen diese ausgefüllt bei Ihrem alten Broker ein. Schauen Sie neben den Kosten für Depot und Börse auch einmal, wo sonst noch unnötige Kosten anfallen. Wie sieht es z. B. mit den Gebühren für Ihr Girokonto aus? Lässt sich da etwas optimieren?

5: MAL ETWAS ANDERES TUN

Hin und wieder kann es vorteilhaft sein, ein wenig gegen den Strom zu schwimmen. Tun Sie nicht immer das, was alle tun, denn wenn fast alle Händler und Anleger immer dieselben Aktien oder Branchen kaufen, steigen hier zwar die Kurse stark an, doch irgendwann sind alle investiert und diese Anlagen steigen nicht wirklich weiter. Dann verlieren einige die Geduld und steigen aus, was die Kurse zu Fall bringen kann. Suchen Sie sich daher auch hin und wieder Anlageklassen oder Branchen, von denen man gerade nichts oder nur sehr wenig liest und hört. Investieren Sie dort nicht Ihr ganzes Vermögen, aber zu einem kleinen Teil kann ein solches Investment einige Extrarenditen einfahren.

6.: EIN LETZTER TIPP ZU FINANZBERATERN

Trauen Sie nicht blind Beratern, Vermittlern und Verkäufern. Hinterfragen Sie diese gerne kritisch. Viele Finanzvermittler haben den Druck, Ihre eigenen Produkte zu verkaufen, da diese dann oft besser bezahlt werden. Dabei lassen die Berater oft bessere Produkte außen vor. Es macht daher Sinn, sich selbst mit den Produkten zu befassen. Beispielsweise versuchen wahrscheinlich einige Berater, Ihnen eher Fonds als kostengünstige ETFs zu empfehlen, da bei Fonds die Provision höher ausfällt. Es kann auch vorkommen, dass einige Berater andere eigene Ziele mit der Beratung verfolgen und somit Ihre Ziele nicht im Vordergrund stehen. Teilweise werden jedoch auch unabhängige Beratungen angeboten, beispielsweise von den Verbraucherzentralen. Wenn Sie eine Beratung in Anspruch nehmen, egal, ob unabhängig oder nicht, sollten Sie sich ruhig erst einmal alle Informationen mit nach Hause nehmen und diese in Ruhe durchgehen, bevor Sie Sparpläne oder andere Verträge abschließen.

Warum Psychologie im Aktienhandel eine große Rolle spielt

Einer der größten Gründe für das Scheitern am Aktienhandel ist der Einfluss der Psychologie. Kein Wunder also, dass direkt ein neuer Zweig der Psychologie gebildet wurde, der sich Börsenpsychologie nennt. Im Grunde genommen dreht es sich hier um die Gefühle und Ängste der Aktionäre und darum, wie diese sich verhalten. Denn der Kauf und Verkauf von Aktien hängt von zwei bedeutenden Faktoren ab: Der Angst und der Gier. Abhängig von diesen beiden Gefühlen sind natürlich die Risikofreudigkeit und somit die verschiedenen Verhaltensweisen und Entscheidungen, die an der Börse getroffen werden.

An der Börse geht es vorwiegend um die verschiedenen Emotionen, die beim Aktienhandel eine große Rolle spielen. Diese beeinflussen ebenfalls das Gefühl von Verlust und Gewinn oder können sogar Informationen verfälschen. Eine wichtige Emotion ist Angst, denn Verluste können natürlich jederzeit eintreten. Dadurch, dass die Börse dermaßen von Zufall geprägt ist, haben die meisten Anleger auch mit zweifelnden Gefühlen zu kämpfen. Zweifel und Unsicherheit führen dann in den meisten Fällen zu Ängsten und zu einem eher unangenehmeren Bild von der Börse. Andere Menschen haben dagegen eher mit Gier zu kämpfen und sind bereit, Risiken in Kauf zu nehmen, wenn dadurch größere Gewinne zu erwarten sind.

Die menschliche Psyche ist komplex und beim Kauf von Aktien spielt eine Mischung von verschiedensten Emotionen eine Rolle. Alle genannten Emotionen führen oft dazu, dass der Anleger dazu verführt wird, unbedacht und unklug zu handeln. Es kann also durchaus sein, dass die Emotionen verhindern, dass Gewinne eingefahren werden. Kein Wunder, denn Verluste können auch körperlich gefühlt werden! Ein kurzer Exkurs in die Psychologie ist an dieser Stelle also durchaus angebracht. Im Folgenden erhalten Sie mehrere kurze Fälle mit Erklärungen und Tipps, wie Sie in diesen Situationen vorteilhaft handeln können. Bestimmt finden Sie sich in einem der Beispiele wieder!

DIE AKTIEN DIREKT NACH EINEM GEWINN VERKAUFEN

Viele Anleger freuen sich immens, wenn der Kurs für ihre gekauften Aktien steigt. Sie verkaufen die Aktien direkt, nachdem sie ihren ersten Gewinn erzielt haben. Dadurch, dass dies meist viel zu früh passiert, wird der Zeitpunkt des maximalen Gewinns, also das Kurshoch, verpasst. Diese Anleger erzielen somit aufgrund ihrer Emotionen weniger Gewinn, als erwartet werden könnte.

Ein möglicher Grund ist die Zukunftsorientierung des Menschen. Die meisten Menschen freuen sich eher über schnelle Gewinne. Der Körper schüttet dann nämlich Glückshormone aus, die sich positiv auf den Körper auswirken – eine natürlich programmierte Belohnung! Dieses Belohnungssystem ist tückisch, denn Glückshormone machen tatsächlich süchtig. Der Mensch ist dann eher gewillt, schnelle Gewinne zu machen, da er so schneller und öfter diese Gefühle erleben kann.

Nur selten kommt es vor, dass Menschen dazu bereit sind, längerfristig zu investieren, um einen möglicherweise höheren Gewinn in der Zukunft zu erzielen. Problematisch ist hier allerdings auch der Zweifel, ob sich der Kurs auch tatsächlich in die richtige Richtung bewegt. Merkwürdigerweise finden die meisten Anleger es nicht so schlimm, wenn der Kurs nach dem Verkauf tatsächlich steigt. Gegensätzlich dazu wäre, wenn der Kurs sinkt und der Anleger Verluste macht. Diese Verluste werden von der menschlichen Psyche als kritisch bewertet und in einigen Fällen sieht der Anleger vor lauter negativen Emotionen nur noch den Gewinn, der ihm entgangen ist. Aus diesem Grund gehören die meisten Anleger an der Börse zu dem ersten Typen, nämlich zu der Gruppe von Menschen, deren Ziel eine häufige und schnelle Gewinnausschüttung ist.

Tipp: Sobald die ersten Gewinne ausgeschüttet werden, atmen Sie erst einmal tief durch und versuchen Sie, den Kurs aus einer rationalen und objektiven Sicht zu betrachten. Dies funktioniert immer gut, wenn Sie sich mit Fakten und Zahlen umgeben. Die ausführliche Analyse von Graphen bietet ebenso wichtige Anhaltspunkte. Es ist auch immer zu empfehlen, den Kurs mit Freunden oder Bekannten zu betrachten, die sich mit Aktien auskennen und so Einblicke zu erhalten, die nicht von Emotionen überschattet werden. Im letzten Schritt erfolgt dann die Entscheidung, ob die Aktien behalten oder doch verkauft werden sollten.

ANLEGER HÄNGEN AN SINKENDEN AKTIEN

Ein weiterer Fall ist, wenn der Aktienkurs sinkt. Der Anleger verspürt dabei trotzdem positive Emotionen, nämlich in Form von Hoffnung. Er wartet also darauf, dass der Aktienkurs wieder steigt, auch wenn er sich nicht sicher ist, ob die Aktie jemals wieder profitabel für ihn sein wird.

Der Grund hierfür liegt im natürlichen Belohnungssystem, denn der Körper schüttet nicht nur Glückshormone aus, sondern straft auch bei negativen Ereignissen. Forscher haben nämlich herausgefunden, dass der Verlust von Geld tatsächlich zu einer Aktivierung von Arealen im Gehirn führt, die eigentlich für

Schmerz- und Angstsituationen zuständig sind (Wellcome Trust, 2007). In anderen Worten reagiert der menschliche Körper bei Geldverlusten genauso, wie wenn er sich körperlich verletzen würde.

Die Anleger behalten daher ihre sinkenden Aktien, um dem körpereigenen Bestrafungssystem zu entgehen, auch wenn die Situation hoffnungslos ist.

Tipp: Führen Sie sich vor Augen, dass Sie mit dem Verkauf der Aktien womöglich in andere Aktien investieren können, um so den Verlust mit einem möglichen Gewinn zu verbinden. Es ist wichtig, dass Sie das körpereigene Bestrafungssystem überlisten und eventuell direkt mit einer Belohnung antworten. Sie können gerne Tätigkeiten ausüben, die Endorphine, also Glückshormone ausschütten, wie beispielsweise das Treiben von Sport.

BEEINFLUSSUNG DER EINSCHÄTZUNG DURCH DEN KAUFKURS

Viele Anleger bestimmen den Zeitpunkt des Verkaufs der Aktien unterschiedlich, wenn sie die Aktien zu unterschiedlichen Zeitpunkten erworben haben. Zeitpunkt und Kursperioden sind hier entscheidende Faktoren, die dieses Handeln erklären könnten. Diese wirken sich nämlich auf die Einschätzung des Kurses aus. Es kann also sein, dass ein Anleger eine Aktie erwirbt, sich nach einigen Monaten über eine Wertsteigerung von 30 Prozent freut und mit dem Verkauf der Aktien reagiert. Ein anderer Anleger hat diese Aktie aber bereits vor Jahren gekauft und ist davon überzeugt, dass eine Steigerung von über 30 Prozent möglich sein kann. Ein Anleger, der schon nach einigen Tagen einen Gewinn von 30 Prozent erzielen kann, wird sich dann überlegen, ob dies erst der Start der Kurve und das Hoch noch zu erwarten ist – dieser wird ebenfalls die Aktie behalten.

Alle drei Fälle sind im Zusammenhang mit dem gleichen Unternehmen, doch alle drei haben andere Beweggründe für ihr Verhalten. Dies hängt damit zusammen, dass hier subjektiv und nach Bauchgefühl gehandelt wird. Sie können sich sicher vorstellen, dass Anlageexperten nicht mit Bauchgefühl arbeiten und sich auf objektive Fakten stützen werden.

Tipp: Rufen Sie den Kurs im Internet auf und betrachten Sie ihn dabei über mehrere Jahre. Es ist wichtig, die Kurse objektiv und unabhängig vom Einstiegszeitpunkt zu betrachten. Viele Broker sind deswegen so erfolgreich, weil sie es schaffen, eine objektive Sicht auf den Aktienkurs zu behalten.

Stellen Sie sich dabei folgende Fragen:

- Benötige ich einen längeren Verlauf des Kurses?

- Ist der Kursverlauf aussagekräftig?
- Gibt es Risiken, die ich nicht kenne?
- Kann ich eine Prognose treffen, wie hoch das Kurshoch sein wird und welche Ereignisse dieses Hoch beeinflussen?

DER GLAUBE, DASS ES EINEN OPTIMALEN EINSTIEGSZEITPUNKT GIBT

Der Grund, warum Anleger so gerne auf einen optimalen Einstieg warten, ist, dass sie so die Aktien mit möglichst wenig Geld erwerben können, um diese anschließend mit der maximalen Gewinnausschüttung, wenn der Kurs sein Hoch erreicht, wieder zu verkaufen. Hier ist die Gewinnspanne natürlich höher, als wenn der Anleger die Aktien zu einem vergleichsweise teuren Preis erwirbt. Diese Taktik ist an sich nicht verkehrt und kann zu sehr hohen Gewinnen und zu höherem Erfolg auf Aktienmärkten führen.

In der Praxis bleibt dies aber eine utopische Idee, denn diese Market-Timing-Strategie ist fast unmöglich zu beherrschen und einzusetzen. Es können nicht einmal alteingesessene Profis von sich behaupten, dass sie den optimalen Einstieg erwischen.

Tipp: Peilen Sie den Cost-Average-Effekt an, indem Sie regelmäßig konstante Summen bei verschiedenen Kaufzeitpunkten investieren. So sind Sie in der Lage, konsequent Ihre Investition zu steigern und gleichzeitig das Risiko zu minimieren. Ein Pluspunkt ist, dass Sie hier nicht ewig auf einen optimalen Einstiegszeitpunkt warten und so unnötige Zeit verschwenden (Zeit ist Geld!).

DAS TUN, WAS ALLE ANDEREN AUCH TUN

Erinnern Sie sich noch an Pokémon Go? Zu diesem Zeitpunkt hätte sich wahrscheinlich jeder gewünscht, eine Aktie von Nintendo zu besitzen, denn der Aktienkurs stieg enorm an. Doch der sogenannte Herdentrieb kann Aktienkurse erheblich beeinflussen und diese verändern. Im Allgemeinen kann beobachtet werden, dass massenartige Käufe von Aktien unklug sind, denn diese stehen im Gegensatz zum antizyklischen Verhalten. Dieses Verhalten beschreibt das Schwimmen gegen den Strom und weist an, die Aktien bei ruhigen Phasen zu kaufen und beim Erreichen des Kurshochs zu verkaufen. Das Herdenverhalten ist allerdings komplett anders, denn die große Masse fängt an, die Aktien zu erwerben, wenn das Kurshoch erreicht oder angenähert wird. Diese Anleger sorgen also lediglich dafür, dass die klugen frühen Investitionen der anderen Anleger vermehrt werden. Wer dem Strom folgt, wird wenig Gewinn erzielen, in schwerwiegenden Fällen macht er sogar Verluste.

Wer also kurz nach dem Launch von Pokémon Go in die Aktien von Nintendo investiert hat, hätte wahrscheinlich hohe Verluste gemacht. Im Gegensatz dazu hätten die Anleger, die die Nachrichten von Nintendo regelmäßig verfolgt haben und wissen, dass das Unternehmen demnächst ein neues Produkt einführt, hohe Gewinne gemacht.

Tipp: Behalten Sie den Kurs im Auge und investieren Sie frühzeitig. Eine gute Idee ist es immer, die Zeitungen im Blick zu behalten und Trends in der Wirtschaft oder Technologie zu betrachten. Besonders die mögliche Einführung von disruptiven Produkten sollten Sie gut im Auge behalten. Disruptive Produkte sind Produkte, die innovativ sind und den Ruin von anderen Produkten veranlassen könnten. Ein Beispiel für ein disruptives Produkt sind Smartphones, die alte Handys, Taschenrechner und mittlerweile sogar kleine Digital-Kameras vom Markt verdrängen.

DIE AKTIEN ALS GROSSE LIEBE

Dass wir Menschen Geld lieben, ist bestimmt jedermann bekannt. Viele Anleger haben es aber tatsächlich geschafft, eine emotionale Verbindung mit den Aktien einzugehen. Eventuell wurden mit den Aktien positive Emotionen verknüpft, beispielsweise durch regelmäßige Gewinnausschüttungen und einen konstant guten Kurs. Wir erinnern uns, dass das körpereigene Belohnungssystem eine große Rolle spielt und sogar Suchtverhalten auslösen kann. Vielleicht ist der Anleger aber auch einfach emotional ans Unternehmen gebunden, wenn dieses Unternehmen Produkte herstellt, die der Anleger funktional oder auch einfach ethisch als sehr gut empfindet. Dieser Anleger ist dann darauf erpicht, dem Unternehmen seine Unterstützung zu demonstrieren.

Emotionale Verbundenheit kann aber vor allem an der Börse heimtückisch sein, denn so werden Aktien länger als nötig behalten, obwohl der Kurs eventuell sogar sinkt. Die Folgen davon sind entgangene Gewinne oder sogar große Verluste.

Tipp: Die Aktienkurse können trotz der emotionalen Verbundenheit objektiv betrachtet werden. Das rationale Handeln können Sie fördern, indem Sie feste Ziele setzen, um die Aktien zu verkaufen. Setzen Sie sich klare Kennzahlen und halten Sie auch konsequent an den Kennzahlen fest, sollte es zu einem Sinken des Kurses kommen.

MENSCHEN KAUFEN IMMER BEI UNTERNEHMEN EIN, DIE SIE KENNEN

Im Verkauf ist es schon länger bekannt, dass persönliche Verbindungen

Verkäufe erheblich steigern können. Nicht umsonst ist Network-Marketing ein sehr erfolgreiches Business-Modell, denn hier wird mit persönlichen Connections gearbeitet. Auch an der Börse gilt das Sprichwort, „Was der Bauer nicht kennt, das frisst er nicht". Es konnte beobachtet werden, dass Aktionäre eher bereit sind, in Unternehmen zu investieren, die namhaft und bekannt sind, obwohl die Gewinnchancen vergleichsweise gering sind. Im Gegensatz dazu erfreuen sich ausländische Unternehmen, die wirtschaftlich stabil mit guter Aussicht auf hohe Gewinne und hohem Wachstum sind, wenig Beliebtheit. Rational gesehen ist es natürlich unklug, nur in Unternehmen zu investieren, die man kennt. Doch die menschliche Psyche ist darauf eingestellt, dass der Mensch eher dazu geneigt ist, Unsicherheiten zu vermeiden und in Bekanntes zu investieren. Das Gefühl der Sicherheit bei deutschen Unternehmen wird durch deutschsprachige Dokumentation und Berichte in den zentralen Medien deutlich gestärkt. Im Gegensatz dazu müssen sich Aktionäre, die in ausländische Unternehmen investieren, mit sprachlichen und kulturellen Unterschieden auseinandersetzen. Die Unsicherheit wächst, je fremder das Unternehmen ist.

Diversifikation kann allerdings nur erreicht werden, wenn in unterschiedliche Unternehmen investiert wird. Wer sich nur auf den deutschen Markt konzentriert, verpasst so Chancen und kann das Risiko nicht so gut aufteilen wie jemand, der in verschiedene Märkte investiert.

Tipp: Gehen Sie auf Entdeckungsreise und versuchen Sie, ein Unternehmen zu finden, dessen Kursprognosen rosig sind. Schreiben Sie sich alle Fakten auf und versuchen Sie, nachzuvollziehen, warum eben diese Aktien große Gewinne abwerfen könnten und was Sie verpassen könnten, wenn Sie auf die Investition verzichten. Wenn Sie sich die Mühe machen und die Fakten schwarz auf weiß aufs Papier bringen, wird es Ihnen leichter fallen, sich in fremdes Territorium zu wagen – denn Sie haben schließlich herausgefunden, dass besagte Aktien hohe Gewinne versprechen können.

VIELE ANLEGER ÜBERSCHÄTZEN SICH

Auch wenn es viele Anleger gibt, die eher von Angst und Vorsicht geleitet werden, gibt es natürlich auch Anleger, die sehr risikofreudig sind und über ein großes Selbstbewusstsein verfügen. Diese sind davon überzeugt, dass sie gut mit Aktien umgehen können und über die Fähigkeiten verfügen, rentabel mit Aktien zu handeln. Nicht selten werden sie dann schnell eines Besseren belehrt.

In der Psychologie wird diese Charaktereigenschaft als over-confident, also als überselbstbewusst beschrieben. Besonders in schwierig zu bewältigenden Situationen, wie beispielsweise in Finanzkrisen, werden regelmäßig die eigenen Fähigkeiten überschätzt und so hohe Verluste eingefahren.

Tipp: Setzen Sie sich eine Grenze für Kursschwankungen und handeln Sie dann rechtzeitig. Versuchen Sie, Verluste durch objektive Ziele zu minimieren, und bleiben Sie realistisch. Wenn Sie der überselbstbewusste Typ sind, können Sie auch Ihren Handel dokumentieren und Ihre Entscheidungen im Nachhinein analysieren, um zu erkennen, an welchem Punkt Sie falsche Entscheidungen getroffen haben und in welchen Punkten Sie sich verbessern könnten. Außerdem haben Sie natürlich immer die Möglichkeit, sich mit Freunden oder Bekannten auszutauschen.

ALLE MENSCHEN LIEBEN POSITIVE STATEMENTS

Dadurch, dass die Nachrichten mit negativen Berichten gefüllt sind und somit im Mittelpunkt stehen, haben positive Nachrichten eine verstärkte Wirkung und dienen so als Amplifier für das Statement. Positive Nachrichten werden daher so stark wahrgenommen, dass das Kurswachstum in den Augen der Anleger verstärkt wird und diese somit noch optimistischer gestimmt sind. Die Anleger laufen somit Gefahr, sich selbst zu überschätzen.

Meistens steigt der Kurs aber nicht so an, wie die Anleger es sich ausgemalt haben. Die Gefahr liegt dann darin, dass die Anleger enttäuscht sind und die Aktien eventuell zu lange behalten, um doch noch eine mögliche Kurssteigerung abzuwarten. Wir können also zusammenfassen, dass positive Nachrichten zu unrealistischen und zu optimistischen Kurserwartungen führen können.

Tipp: Es hilft immer ungemein, den kompletten Kursverlauf über einen längeren Zeitraum zu beobachten. Indem Sie den Kursverlauf aus der Ferne beobachten, wird es Ihnen leichter fallen, objektiv über die Prognose nachzudenken und rationaler zu handeln. Ferner können Sie die positiven Prognosen selbstständig entschärfen.

VIELE ANLEGER DENKEN VIEL ZU KURZFRISTIG

Insbesondere an der Börse ist es nicht empfehlenswert, zu kurzfristig zu denken. Leider beobachtet der gemeine Anleger lediglich den Kursverlauf der letzten Monate. In der Regel reichen ihm drei Monate, um eine grobe Aussage zur Kursprognose machen zu können und entsprechend zu handeln. Dies liegt daran, dass die meisten Menschen sich gerne an der Gegenwart orientieren. Nur wenige orientieren sich auch an der Vergangenheit, doch diese ist am Aktienmarkt unentbehrlich.

Die richtigen Profis betrachten den Kursverlauf von mindestens fünf Jahren. Wenn es in der Vergangenheit Krisenfälle gegeben hat, werden auch Verläufe der letzten zwanzig Jahre in Beobachtung genommen. Wichtig dabei ist, dass die

Graphen eine hohe Aussagekraft haben und keine Informationen „verheimlichen". Wenn Sie sich nur den Kursverlauf von drei Monaten ansehen, verpassen Sie eventuell wichtige Zeitpunkte, die sich eventuell auf den weiteren Kursverlauf auswirken können.

Tipp: Nehmen Sie sich genug Zeit, um die Kursverläufe genau zu analysieren, und stellen Sie sich die folgenden Fragen:

- Sind die Graphen vollständig?
- Sind die Graphen aussagekräftig?
- Gab es extreme Abweichungen in der Darstellung? Wenn ja, woran kann das gelegen haben?
- Ist es nötig, einen größeren Zeitraum zu betrachten?
- Welche Informationen könnte ich noch erhalten?

Es geht nicht darum, möglichst vorsichtig zu sein, sondern strategisch und analytisch vorzugehen, um den größtmöglichen Gewinn zu erwirtschaften.

NUR AM GEWINN INTERESSIERT SEIN

Natürlich sind Sie am Gewinn interessiert, sonst würden Sie sich gar nicht für Aktien interessieren, geschweige denn ein ganzes Buch zu dem Thema kaufen und lesen. Doch einer der größten Fehler von Anlegern ist es, auf Gewinne fixiert zu sein. Hier spielt erneut das körpereigene Belohnungssystem mit den begehrten Glückshormonen eine Rolle. Auch im sozialen Leben werden Gewinne gerne offen zugegeben, aber Verluste eher verschwiegen. Schließlich möchte man nicht zugeben, dass man eventuell eine schlechte Investition getätigt hat. In der Gesellschaft ist man häufig gezwungen, erfolgreich zu sein. Für Anleger bedeutet dies, dass sie oftmals Aktien auswählen, die einen hohen Gewinn ausschütten könnten. Das Risiko ist dann eher zweitrangig.

Unter Profis ist aber das Risiko der wichtigste Faktor. Es gilt hier beispielsweise, durch Diversifikation mögliche Risiken so gut wie möglich zu begrenzen. Die Rendite ist für Profis wichtig, aber erst, nachdem der Aspekt des Risikos betrachtet wurde.

Tipp: Sie können auch Gewinn erzielen, wenn Sie vorsichtiger mit Ihren Investitionen umgehen. Das große A und O ist dabei immer eine gut ausgeführte Recherche, eine ausführliche Analyse und die Anwendung von risikobegrenzenden Strategien, beispielsweise die Diversifikation. Nach der Analyse können Sie sich dann für die Aktien entscheiden, die unter Betrachtung des Risikofaktors vergleichsweise hohe Gewinne einbringen. Vertrauen Sie den Profis!

Generell kann beobachtet werden, dass die Effekte in der Börsenpsychologie den Anleger daran hindern, Entscheidungen auf rationaler Ebene anzustreben.

Dem erfahrenen Anleger ist natürlich bewusst, wie wichtig gerade an der Börse rationale und analytische Entscheidungen sind. Für Privatanleger, die erst seit einigen Monaten an der Börse den Handel mit Aktien betreiben, kann dies schwierig nachzuvollziehen sein. Es ist daher wichtig, dass Sie mit dem Wissen über die Börsenpsychologie Ihren Aktienhandel betreiben. Sie sollen verstehen, dass Fehlwahrnehmungen und Verzerrungen die eigene Entscheidung im Regelfall negativ beeinflussen und dass Ihre eigene Psyche Sie von Ihrem Erfolg abhält.

Vielleicht erkennen Sie sich sogar in den einzelnen Fällen wieder und haben jetzt handfeste Tipps, mit denen Sie arbeiten können. Im Zweifelsfall hilft es immer, durchzuatmen, sich nicht zu sehr zu fokussieren und den Sachverhalt aus einer anderen Perspektive zu betrachten. Auch die Zuhilfenahme von objektiven Kennzahlen wird Ihnen das objektive Entscheiden erleichtern. Durch das Einführen von Kennzahlen in Ihre Strategie können Sie objektiv handeln und sind nicht an Ihre Emotionen gebunden.

Schlusswort

Wie Sie sehen, ist die Anlage an der Börse gar nicht so schlecht, wie sie im Volksmund verrufen wird. Klar ist, dass sich eine Anlage Ihres Geldes in Tagesgeld in den letzten 10 Jahren praktisch nicht rentiert hat und dass sie dies wohl auch in den nächsten Jahren nicht tun wird – allenfalls, um kurzfristig Geld zu parken. Eine höhere Rendite können Sie nur an der Börse langfristig oder mit riskanteren Anlagen erzielen.

Mit den Informationen aus diesem Buch haben Sie nun eine solide Basis, um Ihr Wissen zu erweitern oder um sich die für Sie geeigneten Finanzprodukte auszusuchen und an der Börse genau diese Rendite zu erzielen. Sofern Sie dabei zumindest einige der Grundregeln aus diesem Buch beachten, sollte Ihre Anlage im Normalfall nicht im Bankrott enden. Behalten Sie im Kopf, sich zunächst genaue Gedanken über das zu machen, was Sie mit Ihrer Anlage erreichen wollen, gehen Sie Ihre vorhandenen Finanzen durch, diversifizieren Sie Ihr Depot, investieren Sie nie Geld, welches Sie für andere Dinge benötigen, und nehmen Sie auf keinen Fall einen Kredit auf, um Geld anzulegen.

Und behalten Sie einen klaren Kopf. Wenn Sie die Börse zu sehr stresst, ist dies vielleicht ein Zeichen dafür, dass Sie die falschen Produkte gekauft haben. Schalten Sie in der Renditeerwartung einen Gang zurück, denn wenn es auch nur einige Prozente Rendite pro Jahr sind, halten Sie damit immerhin die Inflation Ihres Geldes auf.

AKTIE	EINSTIEGSZEIT (DATUM UND UHRZEIT)	AUSSTIEGSZEIT (DATUM UND UHRZEIT)	KURSLEVEL (EINSTIEG)	KURSLEVEL (AUSSTIEG)	ANGEWENDETE STRATEGIE	KOMMENTARE

PLATZ FÜR NOTIZEN:

AKTIE	EINSTIEGSZEIT (DATUM UND UHRZEIT)	AUSSTIEGSZEIT (DATUM UND UHRZEIT)	KURSLEVEL (EINSTIEG)	KURSLEVEL (AUSSTIEG)	ANGEWENDETE STRATEGIE	KOMMENTARE

PLATZ FÜR NOTIZEN:

DAYTRADING FÜR EINSTEIGER

Das Grundlagen Buch zum Trading mit Aktien, CFD, ETF & Forex! Schritt für Schritt zum Profi durch technische Analyse. Intelligent investieren & Geld verdienen

Einleitung

Sie möchten wissen, was Daytrading ist? Sie haben sich schon immer für diese beeindruckende Welt der Börse interessiert? Dann sollten Sie unbedingt diesen Ratgeber lesen. Als Daytrading bezeichnet man den kurzfristigen Handel an der Börse. In diesem Vorgang versuchen Trader, die Schwankungsbreiten von Börsenkursen auszunutzen. Viele Menschen denken, dass man als Daytrader ein Zocker ist. Sie vergleichen den Handel mit Wetten und sehen die Börse als eine Art Casino. Das ist allerdings ein sehr großer Irrglaube, denn hinter dem Handel an der Börse steckt mehr als nur ein Glücksspiel. Daytrader sind stets auf der Suche nach rentablen Kursschwankungen und versuchen, von diesen zu profitieren. Es stimmt, dass viele Spekulationen mit Aktien, Devisen oder Futures aufkommen, aber hinter diesen Spekulationen steckt jede Menge Arbeit.

Als Daytrader müssen Sie bereit sein, jeden Tag zu handeln und Transaktionen zu tätigen, um am Ende einer Woche mit einem Gewinn abschließen zu können. Für Anfänger ist professionelles Daytrading eine aufwendige Prozedur. Es muss ein Trading-Plan erstellt, eine Trading-Strategie ausgearbeitet und viel Disziplin bewiesen werden. Ohne Geduld und Disziplin kann man in diesem Geschäft nämlich äußerst wenig erreichen. Ein Daytrader handelt, anders als normale Trader, in einer sehr kurzen Zeit. Sie eröffnen Positionen und ein paar Minuten oder Stunden später schließen sie diese Positionen auch schon wieder. Manchmal kann es sogar sein, dass es auf ein paar Sekunden ankommt.

Hört sich nach einem spannenden Business an? Ist es auch! Im Daytrading spielen die Kursentwicklungen die wichtigste Rolle. Allerdings können diese Kursentwicklungen auch sehr anfällig sein. Werden zum Beispiel negative Nachrichten veröffentlicht, können diese die Kursentwicklungen stark beeinflussen. Sie merken schon, dass man als Daytrader einem sehr hohen Verlustrisiko ausgesetzt ist. Aus diesem Grund fragen Sie sich bestimmt, ob Daytrading überhaupt ein richtiges Berufsfeld ist.

Schon einmal vorab: Es kann als echter Beruf angesehen werden! Doch wieso sind für das Daytrading weder Ausbildung noch Studium nötig? Wieso erwartet der Beruf eines Daytraders so viel Wissen, jedoch keinerlei berufliche Qualifikation? Was macht dieses Hobby, den Beruf oder auch den Zeitvertreib so interessant und wie kann man damit starten, wenn man keine Ahnung von der ganzen Thematik hat? Diese und noch viele weitere Fragen werden in diesem Ratgeber für Anfänger beantwortet.

Grundlagen

Um an der Börse bestehen zu können, ist es wichtig, einige Grundlagen kennenzulernen. Viele Anfänger stürzen sich beim Daytrading in das Geschäft, ohne sich vorher gut vorzubereiten – leider sind diese dann auch nicht sonderlich erfolgreich. Das nachfolgende Kapitel ist wichtig, damit Sie erfolgreich werden.

GRUNDLEGENDE INFORMATIONEN ZUR BÖRSE

An der Börse handelt man mit Aktien, Rohstoffen wie Gold und Silber, Anleihen und Zinsen. Die Preise variieren an der Börse sehr stark, sodass es vorab keine festgelegten Preise gibt. Doch wer kann an der Börse einkaufen? Jeder kann an der Börse als Käufer oder Verkäufer antreten. Jeder kann also, meist auf dem elektronischen Weg, am Börsenhandel teilnehmen. Wurden Aktien früher noch in physischer Form überbracht, werden sie heutzutage nur noch virtuell gehandelt. Damit alles fair und transparent zugeht, gibt es feste Regeln und Unternehmen, die die Transaktionen an der Börse überwachen. Im Grunde genommen ist die Börse nichts anderes als ein Markt, an dem Kauf- und Verkaufsangebote über Dritte zusammengebracht und abgewickelt werden.

Für Unwissende sind Aktien so eine Art Lotterie. Hat man eventuell etwas Glück, dann bekommt man sofort den Hauptgewinn. Ist vielleicht ein wenig Pech im Spiel, kann man jedoch auch ganz schnell wieder alles verlieren. Doch für Wissende ist die Börse definitiv kein Glücksspiel. Hinter dem Handel mit Aktien steckt mehr, als die Unwissenden denken. Erwirbt jemand eine Aktie, dann wird er theoretisch ein Unternehmer. Eine Aktie ist nämlich ein Anteil an einem Unternehmen. Wer einen Anteil eines Unternehmens kauft, wird zum Miteigentümer der Gesellschaft, ihm gehört also ein kleines Stück vom großen Kuchen –ein bisschen vom Fabrikgelände, ein Bruchteil der Maschinen und sogar einige der produzierten Waren. Eine Aktie attestiert den Wert dieses Unternehmensanteils, aus diesem Grund nennt man sie auch Wertpapier.

Doch wie kann man nun mit einer Aktie Geld verdienen? Wenn es dem Unternehmen, von dem man Aktien gekauft hat, gut geht, bekommt der Aktionär vom Verdienst einen Teil ab. Der Aktionär wird also am Erfolg des Unternehmens beteiligt. Dem Miteigentümer wird dementsprechend einmal im Jahr ein Teil des erwirtschafteten Gewinns ausgezahlt – eine Dividende. Geht es dem Unternehmen wirtschaftlich gesehen immer besser, werden auch die Aktien der Firmen begehrter, sodass der Kurs der Aktien des Unternehmens ansteigt.

Natürlich muss man auch die schlechten Zeiten beachten. Laufen die

Geschäfte des Unternehmens schlechter, bekommt das natürlich auch der Aktionär mit. Sinken die Gewinne, wird möglicherweise auch die Auszahlung gekürzt. Fährt das Unternehmen sogar Verluste ein, stellen die Aktien des Unternehmens eher eine unbeliebte Investition dar. Im Umkehrschluss sinkt also der Aktienkurs.

Wie Sie merken, hat die Börse wenig mit einer Lotterie gemeinsam. Der Aktionär sitzt also in der gleichen Achterbahn wie das Unternehmen und erlebt das wirtschaftliche Auf und Ab in jedem Moment mit. Natürlich hat der Aktionär auch einige Rechte. So darf er zum Beispiel einmal im Jahr an der Hauptversammlung teilnehmen und gemeinsam mit dem Anteilseigner entscheiden, was der nächste Schritt ist. Auch können sie Kritik an der Unternehmensführung äußern und mitentscheiden, wie viel als Dividende an sie ausgezahlt werden soll.

Wie viel Geld muss der Aktionär aufwenden? Im Prinzip reicht schon eine einzige Aktie, um Aktionär zu werden. Er kann also selbst mit einer sehr geringen Summe Mitspracherecht besitzen. Klingt ziemlich einfach, oder? Für viele Menschen mag die Börse ein ziemliches Durcheinander sein, allerdings ist sie das nicht. Stellen Sie sich doch einen Markt vor. Sie sehen frisches Obst und Gemüse, welches zum Verkauf angeboten wird. Normalerweise hängt an jedem Produkt ein Preisschild, allerdings ist es auf so einem Markt auch möglich, zu handeln. Wenn die Leute sich langsam auf den Heimweg machen und die Händler ihre Produkte loswerden müssen, weil sie vielleicht am nächsten Tag schon nicht mehr gegessen werden können, verkaufen die Händler das Obst und Gemüse möglicherweise zu einem günstigeren Preis. Das ist der typische Markt, aber so tickt auch die Börse. Je nach vorhandenem Angebot und dementsprechender Nachfrage wird der Preis ermittelt. Die Menschen, die an der Börse handeln, kaufen allerdings weniger Obst, sondern vielmehr Aktien, Rohstoffe, Schuldscheine, Nahrungsmittel wie Zucker und Kaffee oder sogar Strom.

An den Finanzmärkten werden die Abwicklungen von Händlern durchgeführt. Die Händler müssen Regeln einhalten, welche einer strengen Überwachung der deutschen Behörde und anderen speziellen Behörden unterliegen. Diese Behörden wollen einfach nur ausschließen, dass keine großen Schäden durch Betrüger entstehen. An der Börse geht es nämlich nur selten um Nahrungsmittel, größtenteils geht es um Anteile an wertvollen Unternehmen mit Arbeitsplätzen und sozialer Verantwortung.

Heutzutage sind Aktien nicht wirklich präsent beziehungsweise greifbar, das heißt, Wertpapiere wechseln nur noch virtuell den Besitzer. Vieles wird digital und elektronisch abgewickelt, sodass ein Wertpapier von einem Depot zum anderen wechselt. Der Kaufpreis wird also von einem Konto abgebucht und auf das andere Konto gutgeschrieben. An der Börse passiert vieles nur noch elektronisch. Früher haben sich die Aktionäre die Gegenstände ausliefern lassen, heute werden die Aktien aller Aktionäre innerhalb eines Unternehmens in einer einzelnen Sammelurkunde gesammelt und vermerkt. Diese Urkunde wird dann an einem neutralen Ort, der Wertpapiersammelstelle, gelagert.

Alle Transaktionen laufen nur noch über den Computer, selbst die Aktienkurse werden elektronisch übermittelt. Der direkte Kontakt zwischen Käufer und Verkäufer findet mittlerweile nicht mehr statt. In Deutschland gibt es allerdings noch ein paar Börsen, wo die Makler direkt vor Ort zu finden sind, doch dieses System wird mit der Zeit an Bedeutung verlieren und letztendlich aus der Börse verdrängt werden.

WAS IST DAYTRADING?

Mit Daytrading meint man den Kauf und Verkauf von Finanzinstrumenten, die man innerhalb eines Tages tätigt. Man bezeichnet so also die Börsengeschäfte an einem einzelnen Tag. Werden diverse Positionen eröffnet oder gekauft und in nur wenigen Stunden, Minuten oder sogar Sekunden wieder geschlossen oder verkauft, nennt man diesen Vorgang Daytrading. Die Personen, die versuchen, mit schnellen Käufen und Verkäufen und geringen Kursveränderungen Gewinne zu erzielen, nennt man Daytrader. Der Daytrader ist also in dem Sinne der Anleger. Das ultrakurze Trading in der Zeit von wenigen Stunden, Minuten oder Sekunden nennt man auch Scalping.

Nun stellen Sie sich vermutlich eine ganz wichtige Frage. Sie fragen sich mit Sicherheit, wieso es für einen Daytrader so wichtig ist, gekaufte Positionen am gleichen Tag wieder zu veräußern? Das ganze Spektakel dient einem besonderen Zweck, und zwar wollen die Daytrader vor allem schwer kalkulierbare Kursdifferenzen, sogenannte Gaps, verhindern. Diese Kurslücken entstehen nämlich genau dann, wenn die Positionen in der Nacht gehalten werden.

Meistens wird Daytrading mit hoch bewerteten derivativen Finanzprodukten betrieben, zum Beispiel in Form von CFD- und Forex-Trading. Beim CFD-Trading spricht man von einem Derivat. Das derivative Wertpapier ist ein Papier, dessen Wert, oder besser gesagt dessen Wertentwicklung, von der Entwicklung eines oder mehrerer Basiswerte abhängig ist. Man kann sich das ungefähr so vorstellen: Ein Derivat ist quasi wie ein Wettschein. Man spekuliert auf einen zukünftigen Kurs und fährt Gewinne ein, wenn man die Situation richtig eingeschätzt und analysiert hat. Wettet man zum Beispiel darauf, dass der Kurs in den nächsten Stunden rasant ansteigt, doch genau das Gegenteil trifft ein, dann kann es sein, dass man jede Menge Geld verliert.

Forex-Trading hat bestimmt jeder von Ihnen schon einmal betrieben. Wer schon einmal Geld umtauschen musste, weil im Urlaubsland eine andere Währung besteht, der ist schon einmal mit Forex-Trading in Berührung gekommen.

Der Forex-Markt wird auch als Währungs- und Devisenmarkt bezeichnet.

Wie werden also nun durch Daytrading mit derivativen Finanzprodukten Gewinne erzielt? In Form von CFD- und Forex-Trading kann man mit minimalen Kursdifferenzen enorme Gewinne einfahren, allerdings muss man sich auch vor Augen halten, dass ebenso hohe Verluste entstehen können. Daytrader versuchen täglich, sich auf dem neuesten Stand zu halten. Dank der aktuellen Meldungen und anhand der charttechnischen Analysen können viele zukünftige Kursentwicklungen vermutet werden.

Wer wünscht sich nicht, schnell und viel Geld zu erwirtschaften? Eben das ist das Verlockende, doch nicht nur das zieht viele Menschen zum Daytrading. Auch Menschen, die den gewissen Nervenkitzel oder das Risiko suchen, zieht es zu dieser Art von Geldanlage. Es ist eben ein krasser Gegensatz zum langfristigen Handel mit Wertpapieren, denn beim Daytrading wird nicht in Aktien investiert, die man über viele Jahre behält. Doch gerade Börsenanfänger sollten vorsichtig beim Daytrading sein. Bei diesem Prinzip kann man neben den hohen Gewinnen eben auch schnell sehr hohe Verluste erleiden.

Diese Art der Geldanlage ist und bleibt sehr riskant, denn das Prinzip muss verstanden werden und das können nur erfahrene Anleger, die gewisse Risiken gut einschätzen können. Auch die Psyche kann beim Daytrading mit der Zeit in Mitleidenschaft gezogen werden, da wichtige Entscheidungen bezüglich Anlagen häufig und innerhalb kürzester Zeit getroffen werden müssen. Natürlich müssen auch einmal Fehlentscheidungen verkraftet werden. Um ein guter Daytrader zu werden, benötigt man also viel Erfahrung, Wissen, Nervenstärke und Durchhaltevermögen. Nur so kann langfristig gutes Geld damit verdient werden.

Beim Daytrading besteht die Möglichkeit, sowohl von steigenden als auch von sinkenden Kursen zu profitieren. Wenn Sie eine Aktie kaufen, um sie in der Zukunft zu einem höheren Kurs wieder zu verkaufen, dann sind Sie eine „Long"-Position eingegangen. So profitieren Sie, wenn der Kurs steigt. Demgegenüber gibt es beim Daytrading auch eine „Short"-Position, wobei der Daytrader logischerweise dann Gewinn macht, wenn der Kurs fällt. Bei dieser Variante handelt es sich theoretisch um ein Leihgeschäft, denn die Veräußerung eines Wertpapieres fand schon vor dem Erwerb statt. Dementsprechend leiht sich der Daytrader eine Aktie und verkauft sie im gleichen Atemzug wieder. Fällt der Kurs, dann kann der Daytrader sie sogar zu einem geringeren Preis zurückkaufen. Die Differenz wird natürlich dann einfach als Gewinn verbucht.

Viele Einsteiger investieren zu wenig Zeit in diese wirklich komplizierte Materie. Die meisten Einsteiger besorgen sich ein Konto bei einem Broker, überweisen ein bisschen Geld und klicken ein wenig in diversen Plattformen herum. Wenn die ersten Trades gesendet wurden, ohne wirklich darüber nachzudenken und die einzelnen Sachverhalte zu hinterfragen, ist das Geld möglicherweise auch schnell wieder weg. Der nächste Punkt ist, dass mit einem so geringen Betrag kein vernünftiges Risikomanagement möglich ist, doch das sollte für einen Daytrader einer der wichtigsten Punkte sein. Meistens ist das eingezahlte Geld dann schnell weg, der Einsteiger schmeißt alles wieder hin und geht im Endeffekt als Verlierer wieder nach Hause.

Fakt ist, dass das Daytrading überdimensionale Gewinnchancen bietet, aber auch die Risiken sind deutlich höher. Bei einer konventionellen Geldanlage hätte man natürlich ein geringeres Risiko. Wer das Daytrading als eine Möglichkeit sieht, in kurzer Zeit schnell und mühelos reich zu werden, wird in naher Zukunft nicht mehr traden, sondern eher anfangen, zu pokern. Dass dieses Prinzip Sie in den Ruin treiben wird, ist Ihnen hoffentlich klar. Daytrading kann also eine Arbeit wie jede andere sein. Selbst wenn man sich die ersten Informationen beschaffen konnte und sich Wissen angeeignet hat, wird man eine Weile brauchen, um wirklich zu verstehen, wie dieses Geschäft auf Dauer funktioniert. Mit ein wenig Geduld und Ehrgeiz kann jedoch jeder eines Tages Daytrading lernen und auch verstehen.

DER UNTERSCHIED ZWISCHEN TRADEN UND INVESTIEREN

Betrachtet man die Unterschiede zwischen Traden und Investieren, fällt sofort auf, dass die beiden Positionen in mehreren Aspekten auseinandergehen. Um die Unterschiede verständlich zu überbringen, sollten Sie sich einmal die Frage stellen, ob Sie einen berühmten Investor kennen. Viele Menschen, die sich schon länger mit diversen Börsengeschäften beschäftigt haben, werden diese Frage sicherlich mit „JA“ beantworten. Ein großer Investor, den Sie bestimmt zumindest vom Hören kennen, ist Warren Buffet. Er ist DAS Investoren-Vorbild überhaupt und einer der reichsten Menschen der Welt. Damals hat er als Jugendlicher angefangen, sein Geld in Aktien zu investieren – mit Erfolg. Sein gutes Gespür hat ihm geholfen, günstige Aktien einzukaufen und sie im Nachhinein wieder teuer zu verkaufen. Warren Buffet hat zu diesem ganz einfachen Prinzip ein paar Regeln aufgestellt, die man immer beachten sollte, wenn man erfolgreich investieren möchte.

Die erste Regel lautet: *Verliere niemals Geld.*

Eine andere Regel: *Denken Sie immer an die erste Regel.*

Und die dritte Regel ist: *Nur in Gesellschaften, deren Tätigkeiten du kennst und nachvollziehen kannst, sollst du investieren.*

Ein anderer berühmter Investor ist George Soros. Er wird als Hedge-Fonds-Guru betitelt und ist für die weltweit beste Leistungsbilanz aller Investmentfonds bekannt. Er empfindet Finanzmärkte als chaotisch. Dementsprechend denkt er, dass die meisten Menschen eher emotional entscheiden. Wichtig ist daher die Beziehung zwischen den Aktienpreisen, den Anleihenpreisen sowie den Währungspreisen und den Menschen, die mit den Wertpapieren handeln, also kaufen und verkaufen. Rationale und logische Berechnungen stehen hingegen eher im Hintergrund, da die emotionalen Reaktionen der Menschen grundsätzlich entscheiden. Chancen ergeben sich bei ihm durch eine gründliche Untersuchung der Firmen. Dabei beeinflussen die vorherrschenden Vorurteile der Anleger die Markttransaktionen, die sich dann wiederum auf die Wirtschaft auswirken.

Zwei bekannte Investoren haben Sie nun kennengelernt, aber können Sie auch einen bekannten Trader nennen? Es gibt zwar erfolgreiche Trader, doch diese sind keinesfalls berühmt. Jemand, der sich etwas mehr mit Daytrading beschäftigt, kennt natürlich ein paar Namen aus dieser Szene, aber fragen Sie einmal Unwissende, ob sie einen berühmten Trader kennen. Um der Sache auf den Grund zu gehen, sollte man ein paar grundlegende Unterschiede zwischen Traden und Investieren kennen.

Zuerst sollte man die jeweilige Definition der Wörter kennen. Investition bezeichnet eine langfristige Lagerung finanzieller Mittel (also Geld) in materiellen und immateriellen Vermögensgegenständen. Man spricht hier von einer Bindung. Trading bezeichnet wiederum nichts anderes als den Handel. Will man die Sache ein wenig genauer betrachten, sollte man nach dem Begriff Daytrading Ausschau halten.

Im Daytrading wird mit Wertpapieren gehandelt. Dies funktioniert auf einer kurzfristigen und spekulativen Basis. Innerhalb eines Tages werden so verschiedene Positionen geöffnet und anschließend wieder geschlossen. Das Ziel ist es dementsprechend, von Kursschwankungen zu profitieren. Die Objekte, die bei diesem Handel genauer betrachtet werden, sind Aktien, Devisen und Derivate. Neben Daytradern sind auch noch Swingtrader an der Börse tätig. Diese behalten unterschiedliche Positionen für mehrere Tage oder sogar Wochen. Die Zeit spielt in diesem Fall eine sehr große Rolle.

Ein anderer Unterschied zwischen Investieren und Traden ist die zeitliche Perspektive. Während man beim Investieren eher ein langfristiges Engagement eingehen will, hat man als Trader eher Interesse an kurzfristigen Positionen. Beim Traden kann die Besitzdauer wenige Sekunden bis hin zu einer Woche dauern. Investoren haben da eher ein halbjährliches Engagement im Blick.

Beim Investieren spielt zudem der fundamentale Aspekt eine große Rolle. Dazu werden gerne einmal Auswertungen von Unternehmensbilanzen dazu geholt, um Investmentideen zu generieren. Hat man sich eine Zeit lang Gedanken über die Situation gemacht, entscheidet man sich nach reifer Überlegung, ob man in eine Sache investieren möchte oder eben nicht. Um sich zu entscheiden und einen passenden Einstieg zu finden, kann jedoch auch die Charttechnik benutzt werden.

Beim Traden ist erneut die zeitliche Einordnung ausschlaggebend. Der Trader, der diverse Positionen manchmal nur für wenige Sekunden oder Minuten hält, kann mit einer Fundamentalanalyse nicht sonderlich viel anfangen. Der Trader benutzt diese Art der Analyse höchstens, um sich einen groben Überblick zu verschaffen.

Trader handeln nur mit Werten, die eine hohe Schwankungsintensität aufweisen. Aus diesem Grund können sie in kurzer Zeit beachtliche Summen erwirtschaften. Deshalb benutzen die Trader bevorzugt Derivate, um mit einem geringen Kapitaleinsatz viel Gewinn zu erzielen. Sie zahlen an dieser Stelle eher einen Preis in Form von Zeitwert, Finanzierungskosten und vorgegebener Laufzeit.

Investoren handeln meistens mit einem reinen Basiswert, wie zum Beispiel einer Aktie. Die Anleger verfügen normalerweise über ein hohes Vermögen. Wenn sie zum Beispiel in eine Aktie 6 Millionen investieren, können sie trotz kleiner Rendite einen angemessenen Betrag kassieren. Beim Investieren besteht das Portfolio teilweise auch aus mehreren Anlagen, sodass auch hier ab und zu Derivate zum Einsatz kommen können. Das hat unter anderem spekulative Absichten.

Es gibt also durchaus Unterschiede zwischen dem Investieren und dem Traden, allerdings wirken die Grenzen meist ein wenig schwammig. Fakt ist: Wer als Trader viel Geld erzielen und Erfolg ernten will, der sollte sich ein hartes Fell zulegen. Seine Emotionen sollte er stets im Griff haben, sodass unüberlegte Fehlentscheidungen vermieden werden können. Der Investor hat es an dieser Stelle wesentlich leichter, doch auch er darf die Geduld nicht verlieren.

WAS TUT EIN DAYTRADER?

Haben Sie schon einmal davon geträumt, über Nacht reich zu werden? Ich bin mir sicher, dass wir uns alle dies wünschen. Es gibt einige Online-Plattformen für Daytrader beziehungsweise für Anleger, die versuchen wollen, aus ihrem Geld noch mehr Geld zu machen. Natürlich soll das auch noch in einem kurzen Zeitraum passieren. Wer will schon viel Zeit aufwenden, wenn das Leben doch zeitlich begrenzt ist? In kurzer Zeit soll also, wenn möglich, viel Geld erwirtschaftet werden.

Es gibt genug Plattformen, die mit überzeugenden Slogans den Menschen weismachen wollen, dass man in einer Viertelstunde traden lernen kann. Selbst für Einsteiger sollen die perfekt ausgearbeiteten Konzepte geeignet sein. Viele Menschen beschweren sich über die Banken, die sich anscheinend zu kurzfristig orientieren, meckern über die Banker, die angeblich zu viele Boni kassieren würden, aber haben nichts an der eigenen Person auszusetzen. Mit sich selbst sind die meisten Menschen überhaupt nicht kritisch. Manche legen ihr Geld bei einer ausländischen Bank an, damit sie einen Prozentpunkt mehr an Zinsen einfahren.

Andere wiederum zocken selbst gerne einmal und überschätzen sich in einem bestimmten Moment, sodass sie mit ein wenig Pech ihr ganzes Geld verlieren. Immer mehr Leute träumen vom schnellen Geld. Die Zahl der Deutschen, die mit Aktien handeln, steigt und steigt. Vor allem steigt auch die Zahl derer, die kurzfristig handeln. Zur jetzigen Zeit liegt die Zahl der Nutzer von Online-Plattformen bei bis zu 70.000. Diese Menschen handeln alle kurzfristig mit Währungen und spekulieren auf die besten Trades.

Durch die Online-Plattformen ist es allerdings auch jedem möglich, sich zu informieren und zu handeln wie echte Profis. Für jeden Privatanleger gibt es die Möglichkeit, seinen eigenen kleinen Handelssaal zu eröffnen und spekulativ zu handeln.

In der damaligen Zeit hat man sich noch Aktien angelegt, sein Leben normal weitergeführt und später dann das Ersparte bewundert. Den Anlegern ging es damals darum, das Ersparte stetig zu mehren. Heutzutage spielt eher das schnelle Geschäft eine Rolle. Ein schneller Handel soll dementsprechend schnelles Geld bringen. Die ganz eifrigen Daytrader kommen dann auf bis zu 200 Orders im Monat. Die Anleger werfen den Banken Gier vor, doch wieso verfallen dann immer mehr Anleger dem schnellen Handel mit Wertpapieren? Ist der Drang nach schnellem Geld etwa so groß?

Daytrader eröffnen an der Börse Positionen, die sie spätestens mit Ablauf des Tages wieder auflösen. Das Ziel eines Daytraders besteht darin, aus kleinen Kursbewegungen Gewinne zu erzielen. Dieser Vorgang wird übrigens auch als Scalpen bezeichnet. Der Daytrader muss also den entscheidenden Moment abwarten, indem er kurzfristige Veränderungen bemerkt und möglichst zeitig wieder aussteigt. Um die entscheidenden Veränderungen zu erkennen, nutzt er die Charttechnik. Auch kann zur Erzielung von Gewinnen ein Cutting Spread gebildet werden. Ein Spread ist die Handelsspanne zwischen dem Rücknahme- und dem Verkaufskurs. Zudem sollte man beachten, dass sich Daytrading meist nur an Märkten lohnt, die eine hohe Schwankungsintensität aufweisen.

Wer den Beruf des Daytraders wählt, hat die Möglichkeit auf ein hohes Einkommen bei freier Zeiteinteilung. Ein Mensch, der den Beruf des Daytraders ausübt, wird in der Gesellschaft oft sehr hoch angesehen. Die Gewalt und Kraft, mit der er sein Kapital innerhalb kürzester Zeit vervielfältigt hat, hinterlässt bei den Mitmenschen einen bleibenden Eindruck. Allerdings ist die Ausführung des Jobs auch extrem riskant, denn mögliche hohe Gewinne stehen einem risikoreichen Verlustpotenzial gegenüber. Das kann für einen Daytrader in manchen Fällen sehr böse enden.

Daytrader sollten langsam anfangen und nicht denken, dass sie durch das

Traden zum Übermenschen werden. Die meisten Menschen gehen einfach davon aus, dass, wenn sie eine gute Bildung genossen und derzeit ein gutes Einkommen haben, man ihre bisherige Laufbahn 1:1 auf das Daytrading übertragen kann. Die meisten Daytrader werden im Nachhinein leider enttäuscht. Wer an der Börse handeln will, muss nach den Regeln spielen. Diese Regeln muss man sich erst einmal aneignen, bevor man nach einer erfolgreichen Karriere als Daytrader strebt. Dass Daytrading meist erhebliche Risiken mit sich bringt und eine starke psychische Belastung bedeutet, wissen Sie nun bereits. Die wichtigste Regel für einen angehenden Daytrader ist allerdings der kleine Einstieg. Klein anfangen und von Zeit zu Zeit Erfahrungen sammeln, das ist die Devise. Anfänger, die ihre vorigen Erfolge und ihr großes Konto aus einem anderen Business mit in ihre neue Daytrader Karriere nehmen, müssen sich auf erhebliche finanzielle Risiken gefasst machen. Denn eine Tatsache sollte Ihnen klar sein: Die meisten Anfänger verlieren ihr komplettes Kapital! Wer also neu in diesem Beruf ist, sollte sich deshalb mit weniger Kapital ausstatten, Erfahrungen sammeln und das gesetzte Kapital Stück für Stück vergrößern.

Beim Beruf des Daytraders gibt es, wie bei allen anderen Berufen, ebenfalls keine Abkürzung, um viel Geld zu erwirtschaften. Die ersten Erfolge brauchen Zeit, auch einige Verluste müssen eingesteckt werden. Wer diese einfachen Regeln nicht beachtet, muss sich nicht wundern, dass er sein ganzes Kapital umsonst gesetzt hat.

Wie wird man als Daytrader erfolgreich? Wer Daytrader sein will, der muss seine Fehler erkennen können. Aus diesem Grund ist der Beruf für viele Quereinsteiger total schwer einzuschätzen. Sie wissen nicht, wie es funktioniert, weil sie eben noch keine Fehler gemacht haben. Wer kein Tagebuch über sein Verhalten beim Trading geführt hat, der kann seine Misserfolge nicht erkennen und logischerweise aus ihnen auch nicht wirklich etwas lernen. Erst durch das Erkennen der Fehlentscheidungen beim Trading ist es möglich, den Beruf eines Daytraders zu verstehen und zu erlernen. Hat man den Beruf verstanden und wurden die Fehler eingesehen, können mit der Zeit immer mehr Gewinne verbucht werden.

Hat man in der Wirtschaft alles im Griff und feiert Erfolge, bedeutet das noch lange nicht, dass man an der Börse mit Aktien richtig reagieren würde. Der Handel mit Aktien ist komplett anders. Die Emotionen eines Daytraders spielen nämlich auch eine sehr große Rolle in diesem Business, daher müssen sie kontrolliert und im Griff behalten werden. Dennoch kann man nicht alle Fehler beim Handeln verhindern. Aus diesem Grund ist es wichtig, dass man ein Handelssystem anwendet, um diese Verluste aus schwächeren Zeiten ohne Probleme wegstecken zu können. Das ersparte Geld wird so nämlich nicht unnötig zerstört.

Durch die sozialen Medien und die ständige Werbung im Internet oder im Fernsehen wird einem andauernd gepredigt, dass man große Gewinne in kürzester Zeit beim Daytrading erzielen kann. Auf Daytrader, die schon jahrelang in diesem Business sind, mag das vielleicht auch zutreffen, allerdings ist der Beruf des Daytraders für einen ganz normalen Anfänger alles andere als leicht. Im Normalfall sollten Sie davon ausgehen, dass Sie zum Anfang eher kleine Gewinne erwirtschaften werden. Wenn Sie dann nach ein paar Monaten Ihre Fehler erkannt und Ihre persönlichen Techniken erstellt haben, haben Sie gute Chancen, den Beruf erfolgreich auszuüben.

Was verdient eigentlich ein Daytrader? Diese Frage stellen Sie sich bestimmt schon die ganze Zeit. Die Verdienstchancen eines Daytraders sind extrem hoch. Wird das Kapital im Jahr verdoppelt, kann ein durchschnittliches Einkommen von ungefähr 70.000 Euro im Monat erzielt werden. Natürlich liegt das immer am Daytrader selbst, wie viel er bereit ist, zu riskieren, und wie viel Gewinn er im Monat macht. Für einen Daytrader sollte ein Gewinn von 15 % im Monat allerdings gar kein Problem darstellen. Beherrscht man seine Emotionen auch an schlechten Tagen und hat man die Absicht, sein Geld enorm zu vergrößern, dann ist der Beruf des Daytraders genau richtig für Sie. Ein toller Beruf, der Zeit, Geduld und viel Fleiß in Anspruch nimmt.

Daytrading-Strategien

Nun kommen wir endlich zu den Strategien! Es gibt viele Strategien, die Daytrader anwenden können, damit Sie jedoch die richtigen Strategien anwenden können, empfehle ich Ihnen, alle Strategien gut zu durchdenken. Nicht jede Strategie klappt für jeden Daytrader.

WAS WIRD GEHANDELT?

Beim Daytrading wird gehandelt. Es ist also eine Handelsstrategie, bei der am Anfang des Tages eine Position eröffnet und innerhalb eines Handelstages wieder geschlossen wird. Es geht beim Daytrading also nicht darum, langfristige Positionen zu halten, sondern eher darum, kurzfristige Schwankungen an der Börse zu analysieren und auszunutzen. Gerne wird vor allem mit Wertpapieren gehandelt, aber auch Forex, also der Handel mit Währungen, ist bei vielen Daytradern sehr beliebt.

Ein Daytrader sucht bewusst nach sehr liquiden Papieren, die eine hohe Volatilität aufweisen, um zum richtigen Zeitpunkt zu profitieren. Interessant sind hier Aktien, die aufgrund von Nachrichten oder verschiedenen Ereignissen große Kurslücken vor Börsenbeginn aufweisen, die sogenannten Momentum-Aktien.

Bei einer einfachen Aktie treten normalerweise an einem Tag keine großen Schwankungen auf, sodass sich das Traden hier kaum lohnt. Daytrader handeln daher oft mit von Basiswerten abgeleiteten Finanzinstrumenten, den Derivaten. Die Basiswerte können Aktien, Zinsen, Rohstoffe, Währungskurspaare oder Geldmarktinstrumente sein. Dementsprechend wird also geschätzt, dass sich der Basiswert in eine bestimmte Richtung verändert – entweder er steigt oder er fällt. Die Derivate, die am häufigsten genutzt werden, sind die Hebelzertifikate, Futures, CFDs, Optionsscheine, binäre Optionen und Forex Trading.

Der Daytrader setzt einen kleinen Teil seines Geldes ein, ungefähr so viel, wie der Basiswert wirklich kosten würde. Beim Kauf von Derivaten kann nun die Hebelwirkung genutzt werden. Der Hebel spiegelt das Verhältnis, wie sich der Kurs des Derivates in Bezug auf den Basiswert verändert hat. Mit diesem Hebel ist es möglich, mit geringem Kapitaleinsatz hohe Gewinne zu erzielen. Natürlich kann sich die Hebelwirkung auch negativ auswirken, sodass hohe Verluste entstehen können.

Welche Faktoren beeinflussen eigentlich die Aktienkurse? Aktien werden zu bestimmten Preisen gehandelt. In Deutschland werden die Aktien in Euro und die US-Aktien werden in US-Dollar angegeben. An manchen Tagen steigen die Aktien und an anderen Tagen fallen die Kurse. Man kann den Verlauf der Preise mit den heimischen Benzinpreisen vergleichen. Diese schwanken an einem Tag auch sehr stark. Doch warum ist das so? Wieso steigen die Aktienkurse drastisch an und wieso sinken sie danach wieder schlagartig? Hier spielt die starke Beeinflussung der Kurse durch Angebot und Nachfrage eine wesentliche Rolle.

Wollen viele Anleger in eine Aktie investieren, steigt die Nachfrage und der Preis steigt drastisch an. Werden dementsprechend viele Aktien auf einmal wiederverkauft, fällt logischerweise auch der Aktienkurs. Jedoch ist der wesentliche Akteur nicht die Nachfrage, sondern der Trader. Erwarten die Anleger steigende Kurse, wollen höchstwahrscheinlich viele Leute investieren. In diesem Fall klettert der Kurs natürlich in die Höhe. Gehen die Anleger aber davon aus, dass der Kurs sinkt, werden einige Leute ihre Wertpapiere mit Sicherheit verkaufen. Dann fällt der Aktienkurs natürlich ab. Welche Faktoren sind noch entscheidend? Natürlich hat die wirtschaftliche Situation einen großen Einfluss auf die Aktienkurse. Damals hat zum Beispiel die große Finanzkrise die Aktienkurse in den Keller fallen lassen.

Die Aussichten auf die Wirtschaft waren negativ, sodass viele Unternehmen weniger Umsatz erzielt haben und somit auch nur einen geringen Gewinn erwirtschaften konnten. Sind die Aussichten positiv, hat dies einen nicht zu vernachlässigenden Einfluss auf Anleger, sie spekulieren dementsprechend mit höheren Umsätzen und auch mit höheren Gewinnen. Fährt das Unternehmen zudem einen unerwarteten Gewinn ein, kann man einen Anstieg der Aktie beobachten. Doch nicht allein die Wirtschaft spielt eine große Rolle für die Aktienkurse, auch hat die politische Situation, ob im Inland oder im Ausland, Einfluss auf diverse Entwicklungen. Zum Beispiel führte der Angriff der Terrororganisation „Al-Kaida“ in den Vereinigten Staaten zu einer Krise, die sich auf die gesamte Welt auswirkte. Eine weltweite Instabilität machte sich breit und brachte unzählige Aktienkurse zum Einsturz.

Ein weiterer Faktor ist die Psyche. Die psychologischen Faktoren darf man in der heutigen Zeit auf keinen Fall unterschätzen, denn besonders die Faktoren Angst und Unsicherheit lassen die Aktienkurse oftmals abstürzen. Hat der Anleger nämlich Angst, dass das Unternehmen, in das er investiert hat, Verluste macht, dann verkauft er mit hoher Wahrscheinlichkeit seine Aktie, und zwar noch dann, bevor es überhaupt zum Kursabsturz gekommen ist. In solchen Fällen brechen die sogenannten Panikverkäufe aus. Dementsprechend sinkt der Aktienkurs, die Anleger verkaufen ihre Wertpapiere und im schlechtesten Fall stürzt der Kurs noch weiter ab, sodass noch mehr Anleger ihre Aktien verkaufen. Auch beeinflussen Gerüchte, Ankündigungen oder sonstige Nachrichten die Aktienkurse.

DAYTRADING IN ECHTZEIT

Beim Daytrading handelt man meist nicht mit physischen Finanzinstrumenten. Die gekauften Aktien werden direkt online verbucht und im perfekten Moment wiederverkauft. Der Echtzeithandel ist daher besonders bei Spekulationen mit Derivaten effektiv, das heißt, die gekauften Wertpapiere werden in Echtzeit direkt in ein Depot gebucht, sodass sie immer und überall zur Verfügung stehen. Je nachdem, wie sich der Kurs entwickelt, kann spekuliert und dementsprechend entschieden werden, ob die Papiere schnellstmöglich wiederverkauft werden sollen. Um den besten Überblick zu haben, wird meistens eine spezielle Software benutzt. Diese Software wird vom Broker ausgegeben. Die Software sollte top aktuell sein und eine lückenlose und perfekte Synchronisierung der Aktienkurse mit den aktuellen Werten an der Börse gewährleisten. Wenn die Kursentwicklung lückenlos übertragen wird, können Sie die Entwicklungen an der Börse ohne Zeitverzögerung mitverfolgen. Sind alle Werte immer aktuell, können Sie entsprechende Reaktionen tätigen.

Besonders gut geht dieses Modell beim Handel mit Derivaten. Bei den schnellen Wetten auf Kursgewinne oder Kursverluste sind natürlich auch einige Risiken nicht auszuschließen. Mittlerweile gibt es unzählige Plattformen von Brokern, die ein kostenloses Demokonto anbieten. Zusätzlich zum kostenlosen Konto gibt es einen kleinen Startwert, der zuerst bei einem normalen Depot als Einlage eingezahlt wird. Dieser Startwert kann natürlich bei sehr hohem Risiko komplett verloren werden.

Doch es gibt auch Vorteile beim Spekulieren mit Derivaten. Ein großer Vorteil ist, dass man auch mit kleinen Einsätzen relativ hohe Gewinne erzielen kann. Um das zu erreichen, sollte man erst an einem Demokonto üben. Besonders für Neueinsteiger ist das eine gute Möglichkeit, sich in diesem komplexen Thema zurechtzufinden und die gängigen Schritte des Handelns kennenzulernen. Allerdings sollte man als Anfänger nicht nur genau auf die einzelnen Funktionen achten, auch spielen allgemein die verschiedenen Märkte eine große Rolle. Jemand, der spekuliert, sollte dementsprechend in der Lage sein, die Gewinne und Verluste, die in den einzelnen Märkten auftauchen können, einzuschätzen, da schnelles Spekulieren mit Wertpapieren mit hohen Risiken verbunden ist. Die Errichtung eines Demokontos ist der erste Schritt eines Daytraders, ein weiterer sollte sein, sich im Internet nach passenden Portalen umzuschauen, um sich einige Tipps und Tricks rund um das Thema Daytrading verraten zu lassen. Hier sollte man die einzelnen Handelsarten kennen. Im Fall von Derivaten sollte auf den Kurs eines definierten Wertes gesetzt werden, ohne diesen jedoch zu besitzen.

Eine weitere Möglichkeit stellt beispielsweise der Forex-Handel dar. In diesem Fall wird mit Devisen gehandelt. Die geringen Kursveränderungen werden dementsprechend ausgenutzt. Die unterschiedlichen Kurse kommen unter anderem zwischen verschiedenen Börsen zu Stande. Die Schwankungen der Währungen werden so gekonnt ausgenutzt, um Gewinne zu erzielen. Um stets vorsichtig und mit möglichst wenig Risiko zu handeln, ist es empfehlenswert, sich erst eine gewisse Finanzrücklage anzusparen. Wie Sie nun schon gelernt haben, kann im Echtzeit-Daytrading die komplette Einlage verloren werden. Das vorhandene Risiko sollte also stets mit einberechnet werden.

Die Börse bietet ein breites Spektrum an Möglichkeiten, wie man am besten zu Geld kommen kann. Mittlerweile gibt es unzählige Bücher, die unterschiedliche Investitionsmodelle vorstellen und bewerben. Welche Möglichkeit jedoch die richtige für Sie ist, sollten Sie gut bedenken. Das hängt unter anderem auch von Ihrem individuellen Anlagetyp ab. Momentan ist der aktivste Anleger der Daytrader. Er handelt mit Aktien, Futures und anderen Finanzinstrumenten. Er tut das sogar fast täglich, manchmal sogar öfter am Tag.

Besonders hoch angesehen sind die High Frequency Trader, sie arbeiten sehr effizient und professionell. Außerdem arbeiten sie mithilfe von komplizierten Algorithmen und sind deshalb perfekt vorbereitet, um Positionen innerhalb von wenigen Sekunden zu eröffnen und wieder zu schließen. Doch nicht alle Daytrader sind so professionell ausgestattet wie ein High Frequency Trader. Auch gibt es genügend Privatanleger, die an der Börse als Daytrader agieren. Stimmen die mentale Einstellung und die Disziplin des Traders, kann er mit Sicherheit irgendwann auch so einen Erfolg verzeichnen. Allerdings muss beim Echtzeit-Daytrading auch mit Misserfolgen gerechnet werden. Verfolgt man eine feste Strategie, sollte man sich an diese stets halten, auch wenn hin und wieder einmal Perioden des Misserfolgs auftauchen. Gerade in solchen Zeiten ist es wichtig, dass man seinen Plan durchzieht und aus Fehlern lernt. Damit man nicht den falschen Weg geht, halten Sie sich an einen perfekt ausgearbeiteten Trading-Plan. Hat man keinen Plan erstellt, gehen Anfänger meist ein zu hohes Risiko ein, welches in hohen Verlusten resultieren kann.

Hat man eine Trading-Strategie entwickelt und verfolgt diese auch sehr streng, sollte man diese jedoch zusätzlich überwachen und kritisch überprüfen. Was nämlich vor einigen Jahren einmal funktioniert hat, wird nicht bedingt auch in der Zukunft funktionieren. Aus diesem Grund muss die ausgearbeitete Strategie oft verfeinert werden, nur das führt zum langfristigen Erfolg.

Ein Daytrader tätigt an einem Tag sehr viele Transaktionen. Dementsprechend bezahlt er einen erheblichen Betrag an seinen Broker. Was genau ein Broker ist und was er macht, erfahren Sie im nächsten Abschnitt. Broker spielen im Leben eines Daytraders eine sehr große Rolle. Unter Brokern variieren die unterschiedlichsten Gebühren, daher ist es eine sehr wichtige Aufgabe, den richtigen Broker auszusuchen. Dies hat vor allem den Vorteil, dass man so unter anderem die eigenen Kommissionen auf einem sehr niedrigen Level halten kann. Weist ein Daytrader ein hohes Handelsvolumen auf, kann er in den Genuss von möglichen Rabatten kommen. Auch bei diesem Thema kann der Broker weiterhelfen.

Allerdings sind niedrige Transaktionskosten nicht wichtiger als eine zuverlässige Handelsplattform. Für einen Daytrader kommt es nämlich nicht wirklich darauf an, ein paar Euro oder sogar Cent zu sparen. Er will seine geplanten Vorhaben so schnell wie möglich an die Börse übertragen, Positionen sollen nämlich so schnell wie möglich eröffnet und möglicherweise wieder geschlossen werden. Können die Handelsplattformen nicht schnell genug laden oder weisen sie sogar Fehler auf, kann das Geschäft des Daytraders in die Brüche gehen. Die Folgen wären dementsprechend katastrophal.

Neben einem guten Broker und einer zuverlässigen Handelsplattform ist es außerdem sehr wichtig, dass eine stabile Daten- und Kursversorgung garantiert wird. Für einen Daytrader spielen daher die Echtzeit-Marktdaten eine sehr wichtige Rolle. Das sind entscheidende Faktoren für die Kauf- und Verkaufsentscheidungen. Viele Broker bieten den Anlegern deshalb die Möglichkeit an, ein passendes Abonnement für Echtzeit-Marktdaten abzuschließen. Welches Abonnement Sie wählen, hängt von der Strategie ab, die Sie verfolgen, oder von den Produkten, mit denen Sie handeln. Zusätzlich muss darüber entschieden werden, ob eine Darstellung der aktuellen Kurse vollkommen ausreichend ist oder ob etwas genauer nachgeschaut wird. Einen tieferen Blick ins Orderbuch bekommt man beim Level-II-Datenpaket, dieses Paket wird allerdings nicht von jedem Broker angeboten. Hier sollte man sich natürlich im Voraus gründlich über die Möglichkeiten informieren. Gegen eine monatliche Gebühr kann ein Daytrader jedoch die Echtzeit-Marktdaten von einem Broker bekommen, um sich einen besseren Überblick über die Märkte zu verschaffen. Mithilfe der Daten können Handelsideen abgeleitet werden.

WAS VERSTEHT MAN UNTER EINEM BROKER?

Ein Broker arbeitet an der Börse, wo er die Ausführung von Wertpapieraufträgen und anderen Finanzinstrumenten für seine Kunden übernimmt. Wollen Privatpersonen an der Börse handeln, brauchen sie einen Broker. Dieser nimmt dann die Rolle des Maklers ein. Dabei ist es völlig egal, wie viel Kapital die Privatperson besitzt, denn sie kann nicht direkt mit Wertpapieren oder anderen Finanzinstrumenten handeln. Wer also aktiv handeln will, der braucht einen Broker.

Allerdings ist es heutzutage wesentlich einfacher für Privatanleger, denn die menschlichen Broker wurden bei den Online-Brokern größtenteils durch

Computer ersetzt.

Ein Broker ist also sozusagen ein Zwischenhändler, der zwischen Anlegern und Börsen sowie außerbörslichen Handelspartnern vermittelt. Dabei handelt er mit Wertpapieren oder mit anderen Finanzinstrumenten. Auch handelt er mit Termingeschäften auf Waren, Energie oder Rohstoffe. Als Lohn bekommt der Broker natürlich auch eine Courtage, die oft auch Brokerage genannt wird. Da Privatanleger nicht allein an der Börse tätig sein können, benötigt jeder Daytrader einen guten Broker, der ihn beim Handeln unterstützt.

Wenn Sie sich nun auf die Suche nach einem geeigneten Broker machen, können Sie sich von Direktbanken, Filialbanken, Großbanken oder Brokerhäusern Angebote einholen. Welcher Broker die beste Wahl ist, kommt natürlich immer auf die Strategie und auf das gewünschte Risikoprofil an, für Trading-Einsteiger bieten sich jedoch mehrere Broker an:

1. Spezialisierung auf den Aktienhandel
2. Günstiges Angebot für Viel- bzw. Wenig-Trader
3. Zertifizierte Broker, die unterschiedliche Trading-Strategien anbieten
4. Genug Kapital? Dann können Sie sich auch als Trading-Einsteiger für das Daytrading entscheiden.

Broker sind nicht nur für die Order-Übermittlungen zuständig, auch stehen sie einem in der Beratung, Vermögensverwaltung und Marktanalyse zur Seite. Doch nicht nur Privatanleger können die Kunden eines Brokers sein, auch Unternehmen, Vereine und andere Institutionen arbeiten teilweise mit Brokern zusammen. Um also an der Börse erfolgreich zu sein, müssen Anleger definitiv mehr wissen und aktiv werden. Im Endeffekt entscheiden Sie selbst, ob Sie schon für einen Online-Broker bereit sind.

STRATEGIEN, DIE WIRKLICH FUNKTIONIEREN

Daytrader nutzen sehr viele Strategien, um erfolgreich an der Börse zu handeln – entweder wird kontinuierlich eine Strategie ausgearbeitet oder es werden mehrere gleichzeitig angewandt. Der Markt ändert sich ständig, aus diesem Grund müssen die Strategien regelmäßig an die Situation angepasst werden. Sie müssen also in der Lage sein, den Markt zu analysieren und natürlich auch zu verstehen. Haben Sie die aktuelle Lage verstanden, sollten Sie versuchen, Ihre Strategie dementsprechend anzupassen, um erfolgreich zu bleiben. Um die passende Strategie zu entwickeln, gehört natürlich auch ein wenig Kreativität dazu. Es gibt viele Daytrading-Strategien. Manche Daytrader beobachten Nachrichten, die wirtschaftlich relevant sein könnten, während andere nur die Eröffnungen der Aktienmärkte traden. Die Auswahl der richtigen Strategie ist nicht immer einfach. Bevor Sie also damit anfangen wollen, sollten Sie sich zuerst an einem Demokonto ohne Risiko ausprobieren. Mit Hilfe eines Demokontos können Sie nämlich testen, wie Ihre Trading-Gewohnheiten aussehen und welche Strategie mit Ihren Ansichten vereinbar ist.

Der Anfang oder besser gesagt die ersten Schritte sind als Daytrader noch relativ einfach. Am Anfang empfiehlt es sich, mit virtuellem Geld zu arbeiten, um sich mit der komplizierten Software, den verschiedenen Märkten und den möglichen Strategien anzufreunden. Testet man das anfangs nicht mit echtem Geld, erspart man sich einige Fehltritte. Mittlerweile gibt es in diversen Demokontos absolut realistische Handelsbedingungen, sodass man das erlernte Wissen auch wirklich praktisch anwenden kann. Auch können vereinzelt Seminare, Schulungen und andere Fortbildungen helfen, sich kontinuierlich zu entwickeln.

Um die perfekte Strategie zu finden, sollten Sie sich einen guten Broker suchen. Achten Sie bei der Suche auf den Spread und die Kommissionen, die vom Broker angeboten werden. Als Daytrader plant man täglich eine Mindestanzahl an Trades, daher sollten sie möglichst günstig sein. Aus diesem Grund muss man verschiedene Broker-Optionen gründlich miteinander vergleichen.

SCALPING

Bei der Scalping-Strategie sind die Daytrader sehr aktiv. Es ist also eine sehr aktive Handelsstrategie. Die gerade eröffneten Positionen werden dementsprechend sehr schnell wieder geschlossen. Das Ziel dieser Strategie ist, möglichst viele kleine Gewinne zu erzielen. Behält man eine Position doch länger als geplant, spricht man schon nicht mehr vom Scalping. Beim Scalping werden meist Aktien zu einem günstigen Kurs gekauft. Wirtschaftsjournalisten oder Fondsmanager versuchen so, direkt positive Meldungen über das Wertpapier anzusteuern und es in der Öffentlichkeit zu empfehlen. Aus diesem Grund steigt die Nachfrage und die Aktie schnellt in die Höhe. Verkaufen die Scalper ihre Aktien wieder, sinken die Kurse oft stark, sodass die Anleger selten sehr hohe Verluste erfahren müssen. Nicht umsonst heißt skalpieren (engl. to scalp) auch „das Fell über die Ohren ziehen".

Ein Scalper führt häufig sehr viele Trades an einem Tag durch. Dadurch, dass die Scalper die Anlagen nur kurz besitzen, fallen die Gewinne auch meist sehr klein aus. Diese Strategie bedarf daher vieler Transaktionen. Zudem ist bei dieser Strategie ein hohes Maß an Disziplin sehr wichtig, da mit nur einem Trade der Gewinn eines ganzen Monats verloren werden kann. Auch beim Scalping gibt es unzählige Strategien, die man anwenden kann. Oft werden Währungen als Anlageklasse verwendet, da die Spanne in der Regel niedriger ist als bei anderen

Finanzinstrumenten. Mit kleinen Geldbeträgen können so schneller größere Summen bewegt werden. Eine etwas riskante Strategie beim Scalping ist es, wenn Sie Ihre Order für die Eröffnung der Position immer am Bid- oder Ask-Kurs positionieren. Der Bid ist der Geldkurs, den ein möglicher Anleger bereit ist, für eine Aktie zu zahlen. Der Ask ist genau das Gegenteil vom Bid. Diese Strategie ist allerdings sehr riskant, da man nichts gegen jede größere Bewegung tun kann. Unter anderem funktioniert dieses Vorgehen auch nur bei einem sehr ruhigen Markt mit wenigen Kursbewegungen.

MOMENTUM TRADING

Beim Momentum Trading ist man stets auf der Suche nach großen Kursbewegungen. Es spielt bei dieser Strategie keine Rolle, ob die Bewegungen positiv oder negativ sind. Der Trend spielt hier allerdings eine sehr entscheidende Rolle. Wurde der Trend vom Trader analysiert, werden die ersten Positionen eröffnet. Um jetzt also Gewinn zu erwirtschaften, schaut der Daytrader ins Orderbuch der Börse. Das steht ihm durch Level-II-Marktdaten jederzeit zur Verfügung. Mithilfe dieser ausführlichen Werte wird nun also innerhalb der Platzierungen im Orderbuch eine große Gruppe mit Käufern und Verkäufern zu finden sein. So können die Positionen mit Gewinn abgeschlossen werden.

Die Momentum Strategie ist eine der häufigsten genutzten Strategien. Doch nicht nur das, denn sie ist auch eine der einfachsten Strategien. Um den Wert des aktuellen Zeitpunktes zu berechnen, wird nur der Schlusskurs von vor X-Perioden vom aktuellen Schlusskurs abgezogen. Die Anzahl der Perioden können vom Trader selbst herausgesucht werden.

Momentum= Close (Wert zum heutigen Zeitpunkt) – Close (Wert von vor X-Perioden)

Ein Momentum kann in allen Zeitperioden berechnet werden, jedoch stellt man sich bei dieser Methode oft die Frage, was die richtige Periodenlänge ist. Was ist die perfekte Periodenlänge für den gewählten Basiswert? Zur genauen Bestimmung müssen auch hier wieder diverse Untersuchungen durchgeführt werden. Entweder man führt eine Zyklenanalyse durch oder es wird eine direkte Optimierung vorgenommen. Fakt ist: Je kleiner die Periodeneinstellungen im Indikator gewählt werden, desto nervöser wird dieser. Er reagiert dadurch viel sensibler auf diverse Kursschwankungen. Zu den Standardindikatoren zählt das Momentum. Zudem kann es als unterstützender Oszillator zur Analyse oder auch direkt zur Signalgenerierung genutzt werden.

KONTRA-TREND-TRADING

Das Kontra-Trend-Trading ist eigentlich genau das Gegenteil des Momentum Tradings. Der Investor hält nach Wertpapieren Ausschau, die eine große Kursbewegung aufweisen, und versucht, diesen Trend in die entgegengesetzte Richtung zu handeln. In diesem Fall geht er von einer einsetzenden Trendumkehr aus. Tritt dieser Fall tatsächlich ein, wird die Position zügig geschlossen. Man nennt diese Strategie auch Fading. Wie Sie sich wahrscheinlich schon denken, ist diese Strategie mit einem hohen Risiko verbunden. Was passiert, wenn der Trend nicht in die andere Richtung geht?

Die entstehenden Verluste können zwar teilweise von Stopps begrenzt, allerdings nicht ganz vermieden werden. Normalerweise besagt eine wichtige Regel, dass man immer mit dem Trend gehen soll. Statistisch gesehen ist es nämlich wahrscheinlicher, dass sich ein Trend fortsetzt, als dass er sich umkehrt. Bei der Kontra-Trend-Strategie besteht aber immer der Gedanke, dass kein Kurs sich permanent in eine Richtung bewegt. Es wird also nicht davon ausgegangen, dass sich der Kurs für einen kurzen Moment gegen den Trend bewegt. Ein Daytrader sollte diese Strategie zusätzlich zu anderen Strategien benutzen, um möglichst hohe Gewinne zu erzielen.

Bei vielen Verhandlungen gehört das Über- und Untertreiben dazu, auch bezüglich der Kurse von Basiswerten. Einige Trends werden so tatsächlich am Leben gehalten. Doch irgendwann ist das Fass am Überlaufen. Wann eben dieser Moment ist, sollten Trader erkennen können, um diese Strategie erfolgreich nutzen zu können. Die Kontra-Trend-Strategie kann für den kurzfristigen und langfristigen Handel ideal genutzt werden. Die Schwierigkeit liegt darin, dass der Trader die exakte Laufzeit der Option wählen muss. Das kann zu Komplikationen führen, denn es kann nicht genau vorhergesagt werden, wann sich ein Trend plötzlich ändert. Das Lesen des Kurscharts kann bei dieser Strategie Signale senden, die auf den Einsatz einer Kontra-Trend-Strategie hinweisen. Die Strategie kann in vielen verschiedenen Märkten eingesetzt werden, da kein Markt sich ständig nur in eine Richtung bewegt. Es werden immer einmal wieder kleine Richtungswechsel stattfinden. Besonders erfahrene Trader mit viel Wissen, welches sie bei der Chartanalyse direkt anwenden können, können mit dieser Strategie gutes Geld machen. Allerdings haben auch erfahrene Trader einen Nachteil bei dieser Strategie, da sie ein hohes Risiko für ihre Rendite eingehen.

PIVOT-PUNKTE-TRADING

Das Pivot-Punkte-Trading ähnelt ein wenig dem Scalping, da auch bei dieser Methode im Chart nach Widerstands- und Unterstützungspunkten geschaut wird. Anders als beim Scalper werden die Positionen vom Pivot-Händler länger gehalten. Außerdem sucht er nach extremen Widerständen und Unterstützungen. Das sieht er zum Beispiel sehr gut am Tageshoch und Tagestief, an denen der Einstieg normalerweise erfolgt. Erreicht ein Chart das Tageshoch, kann der Trader eine Short-Position einnehmen und diese schnell wieder schließen, wenn ein Richtungswechsel im Kurs stattgefunden hat. Platziert man bei dieser Strategie eine Stop-Loss-Order, also einen automatisierten Verkaufsauftrag, kurz über dem Tageshoch, kann man einen hohen Verlust vermeiden, wenn es zu einem Kurswechsel kommt. Die Position wird dann nämlich schnell wieder geschlossen, sodass der Verlust nur minimal ist.

Das Pivot-Punkte-Trading funktioniert normalerweise in sehr liquiden Märkten, wie zum Beispiel dem Devisenmarkt und dem Markt für Rohstoffe. Forex Trader sollten daher unbedingt auf diese Strategie zurückgreifen. Eines der wirksamsten Werkzeuge für Devisenhändler sind die Pivot-Punkte. Die Punkte lassen sich auf unterschiedlichen Websites abrufen, auch kann man sie mit einem speziellen Programm automatisch berechnen und sie dann auf den persönlichen Charts anzeigen lassen. Pivot kommt aus dem Französischen und bedeutet so viel wie „schwenken". Man kann es wie eine Ebene betrachten, auf der die Preise völlig automatisch ausgeführt werden.

Bevor man jedoch mit der Pivot-Methode anfängt, sollte man sie genau verstehen. Es wird also eine Strategie rund um die Pivot-Punkte gestaltet. Der Hauptpivot-Punkt ist zum Beispiel einfach nur der Durchschnitt der Preise des Vortages. Diese Kurse könnten Sie also am nächsten Morgen erwarten. Allerdings ist diese Ebene oftmals undicht, sodass nicht nur um die Hauptpivot-Punkte gehandelt werden sollte. Daher sollte man warten und sinnvoll handeln, bis die Preise die Support-Zonen erreicht haben, um einen langfristigen Trade zu sichern. Oder man wartet, bis die Preise die Widerstandszonen erreicht haben, um einen kurzfristigen Trade zu riskieren. Der Handel rund um die Widerstandszonen ist meist viel exakter als jener um den Hauptpivot-Punkt. Der Markt oberhalb des Hauptpivot-Punktes bezeichnet man als Kauf-Markt. Liegt der Markt unterhalb des Punktes, wird er oftmals als Verkaufs-Markt bezeichnet.

AUTOMATISIERTER HANDEL

Hat man eine gut funktionierende Strategie für sich entdeckt, kann man sie vollkommen automatisieren lassen. Verschiedene Programme können dabei helfen, auch dann zu handeln, wenn man einmal nicht am Bildschirm sitzt. Allerdings sollte man nicht stur die Gewinne verfolgen und sich nicht nur auf das Wort „Gewinn" konzentrieren. Vielmehr muss die eigene Trading-Strategie darauf abzielen, das Risiko zu kontrollieren und sich auf die Risikominimierung zu konzentrieren. Anfänger sollten auch nicht annehmen, dass sie – dank des automatisierten Handels – Tag für Tag hohe Gewinne einfahren. Zuerst sollten Daytrader, die gerade erst begonnen haben, lernen, die Risiken zu verstehen. Wenn Sie sich als Anfänger immer noch nicht sicher sind, welche Daytrading-Strategie Sie verfolgen wollen, sollten Sie auf folgende Merkmale achten, um Ihren Weg als Daytrader richtig zu beginnen.

TRADING-STRATEGIEN FÜR ANFÄNGER

Wer Anfänger im Trading ist, sollte sich erst einmal langsam herantasten – weniger traden ist in diesem Fall immer besser als zu viel traden. Traden Sie mit Bedacht, haben Sie mehr Zeit, aus Ihren Fehlern zu lernen. Auch werden Sie lernen, Ihre Emotionen besser in den Griff zu bekommen. Als Anfänger sollten Sie außerdem die Scalping-Strategie vermeiden und in einem größeren Zeitrahmen Positionen anlegen. Außerdem ist es von Vorteil, wenn man sehr kritisch ist und äußerst selektiv vorgeht, um nur die besten Trades zu nehmen.

Jeder Daytrader gibt oft und gerne damit an, dass er angeblich das Hoch und das Tief des Tages gefunden hat. Gelingt es einem Daytrader nicht, denkt er, er hätte alles falsch gemacht und ist ein absoluter Versager. Was ist die Schlussfolgerung aus seinem Verhalten? Er will den Trend bekämpfen beziehungsweise diesen kontrollieren, der anscheinend ständig im Fluss ist und sich fortdauernd bewegt. Allerdings ist es nicht das, worauf es beim Trading ankommt. Beim Trading geht es vielmehr um Eigenschaften wie Geduld und Beständigkeit. Wer sich mit dem Trend bewegen will, der muss sich in Geduld üben und abwarten, bis sich ein entsprechender Trend entwickelt. Er muss zudem auch nur Trends eingehen, die wirklich dem laufenden Trend entsprechen. Der Höchst- und Tiefst-Kurs ist bei dieser Methode völlig egal.

Wer mit dem Daytrading beginnt, sollte immer eine Stopp-Order und das Take-Profit für jeden Trade festlegen. Diese Funktionen regeln dann den Rest und bestimmen, wann Schluss ist. Anfänger neigen nämlich grundsätzlich dazu, ihre Stopps und Gewinnziele je nach Gefühl festzulegen. Sie nehmen meistens selbst Anpassungen vor, weil sie sich durch die leuchtenden Gewinn- und Verlustzahlen beeinflussen lassen. Nur erfahrene Trader wissen, dass sie das erst nach objektiver Analyse machen können. Kümmern Sie sich also nicht um Ihre Gefühle und lassen Sie Ihre Stopps und Ihr Gewinnziel so, wie sie sind. Überlegen Sie trotzdem, etwas zu ändern, nehmen Sie sich ein Blatt Papier und schreiben Sie auf, wie Sie handeln würden. Nur so können Sie sich wirklich verbessern und daraus lernen. Nach einer größeren Anzahl können Sie die Ergebnisse des passiven Managements Ihrer Trades und den aktiven Eingriffen von Ihnen selbst gegenüberstellen. Aufgrund dieser Ergebnisse können Sie selbst entscheiden, ob

Sie aktiv Ihre Trades managen wollen. Im Hinterkopf sollten Sie behalten, dass eine Stopp-Order zu den wichtigsten Kontrollinstrumenten zur Risikobegrenzung zählt und nicht zu vernachlässigen ist.

WAS GIBT ES NOCH ZU BEACHTEN?

Für einen Anfänger im Bereich Trading gibt es viel zu entdecken und vor allem zu lernen. Bevor allerdings ein Trade gemacht wird, sollten einige Grundlagen beachtet werden. Wer mit dem Traden beginnen will, sollte folgende Fragen sicher beantworten können:

Wie setzt sich so ein Preis überhaupt zusammen?
Welchen Marktteilnehmern werde ich begegnen?
Wer ermittelt die Kurse?
Was sind eigentlich die Handelszeiten?
Was muss ich bei meinem gewählten Finanzinstrument beachten?
Wie wirken sich Nachrichten im geopolitischen und geldpolitischen Bereich auf mein Vorhaben aus?

Wer auf diese Fragen keine Antworten findet, der hat sich nicht optimal auf die Börse vorbereitet. Neben den wahren Profis werden Sie also nicht die geringste Chance haben. Investmentbanken und Hedgefonds werden dann mit Abstand die echten Profis der Märkte bleiben.

Wer sich als Daytrader einen Namen machen will, braucht erst einmal nicht viel Startkapital. Es ist sogar besser, wenn man mit möglichst wenig Kapital an den Start geht. Denn als Trader sollte man die berühmte 90er Regel kennen:

> *„90 % aller privaten Trader verlieren 90 % ihres Kapitals in den ersten 90 Tagen."*

Und es stimmt tatsächlich. Zum Anfang ihrer Karriere zahlen Newcomer sehr viel Lehrgeld. Mit den richtigen Tipps und Tricks und einer perfekten Vorbereitung muss es gar nicht erst soweit kommen. Allerdings muss man, um seine Vorhaben zu realisieren, sehr viel Zeit einplanen und jede Menge Geduld mitbringen. Die Zeit spielt beim Daytrading eine sehr große Rolle. Die Zeit ist ein sehr kostbares Gut. Eine gute Planung muss her, wenn Sie neben dem Beruf, der Familie oder dem Hobby auch noch Zeit für das Daytrading aufbringen wollen. Sind alle Bereiche in Ihrem Leben mit ausreichend viel Zeit abgedeckt? Kommt niemand in Ihrem Leben zu kurz? Haben Sie auch Pausen für sich selbst zur Erholung eingeplant? Planen Sie deshalb genau ein, wann Sie sich dem Daytrading widmen wollen. In den ersten Wochen oder Monaten soll es nur darum gehen, Fachwissen aufzubauen und Strategien auf einem Demokonto zu testen. Machen Sie dabei nicht den Fehler, auf die Charts zu schauen. Das bringt wirklich gar nichts. Sie werden dabei nichts lernen und womöglich nur aus dem Bauch heraus entscheiden. Es gibt unglaublich viele Märkte, die es zu erforschen gibt. Es gibt zum Beispiel die Wertpapierbörse, an denen Aktien und festverzinsliche Wertpapiere gehandelt werden, dann gibt es die Devisenbörsen, die Warenbörsen, an denen Waren gehandelt werden, die Terminbörsen und die börsenähnlich organisierten Märkte, wie zum Beispiel die Briefmarkenbörse oder die Strombörse. Am Anfang der Karriere als Daytrader sollte man sich erst einmal mit CFDs im Devisen- oder Aktienmarkt beschäftigen. Wussten Sie übrigens, dass mittlerweile die bedeutendsten Börsen die Wertpapierbörsen in New York, Tokio, London, Paris, Frankfurt am Main und Zürich sind? Machen Sie sich vor dem Start also mit den wichtigen Informationen zu den Märkten vertraut. Sie sollten wissen, welche Handelszeiten sie haben und wie hoch das Volumen ist. Auch die Korrelation zu anderen Märkten ist ein wichtiger Faktor, der nicht zu vernachlässigen ist. Denn hier beginnt der Aufbau Ihrer Strategien für das Daytrading.

Zu Beginn sind Sie wahrscheinlich höchst motiviert und vielleicht ist Ihre Gier dadurch besonders ausgeprägt. Sie wollen in den meisten Fällen sehr schnell reich und hoch angesehen werden. Wer will das nicht? Allerdings ist das nicht sofort möglich. Am Anfang werden Sie bestimmt Broker-Empfehlungen zu einzelnen Trades locken. Sie werden Ihnen vermutlich eine 100%-ige Chance schmackhaft machen. Allerdings kann niemand genau wissen, nicht einmal ein Broker, ob eine Aktie, Währung oder ein anderes Finanzinstrument fällt oder steigt. Lassen Sie sich deshalb nicht von anderen Menschen beeinflussen, höchstens von neutralen Analysen.

Was sind eigentlich Handelszeiten? Auch dieses Prinzip sollte man verstehen, wenn man an der Börse erfolgreich sein will. Es gibt insgesamt drei wichtige Sessions am Tag. Die Asien Session, die London Session und die New York Session. In Asien beginnt der Handelstag, in London kommt richtig Volumen herein und in New York geht der Handelstag zu Ende. Zu den Hauptzeiten kann es an der Börse dann schon einmal unbeständig werden und es können neue Trends entstehen. Weist der Markt eine hohe Liquidität auf, wird der Spread geringer und somit auch Ihre Kosten für den Broker. Ist der Handelstag fast vorbei, werden die Spreads meistens wieder teurer. Das führt zu weniger Buchgewinn und dementsprechend mehr Buchverlust. Der Forex-Markt ist den ganzen Tag geöffnet, sodass man die ganze Woche von morgens bis abends handeln kann. Die amerikanischen Aktien werden hingegen nur bis 22 Uhr gehandelt. Auch kann es sein, dass offene Positionen in der Nacht weiterlaufen. Genau deswegen sollten Sie mit Limits arbeiten. Geschieht ein unerwartetes Ereignis, können die Märkte innerhalb weniger Sekunden einstürzen und ebenso die von Ihnen angelegte Position. Jeder Daytrading-Anfänger sollte deswegen mit Stop-Loss arbeiten, so ist man definitiv abgesichert und bleibt trotzdem noch handlungsfähig. Allerdings kann nicht immer ein Verlust vermieden werden, denn diese gehören im Trading einfach dazu. Es wird immer wieder dazu kommen, dass man einen Teil seiner Gewinne wieder abgeben muss. Deshalb merken Sie sich gut: Nicht immer ist ein Trade positiv! Mit dem Risikomanagement begrenzt man jedoch die Verluste.

Der Markt wird Sie immer auf eine harte Probe stellen. Wenn Sie einen Verlust nach dem anderen einfahren, sollten Sie in schlechten Zeiten unbedingt die Stärke besitzen und vom Schreibtisch aufstehen. Viele Trader machen in dieser schlechten Phase genau das Gegenteil, indem sie nach angeblich besseren Trades Ausschau halten. Sie wollen es dem Markt quasi zurückgeben und zeigen, wer der Stärkere ist. Tun Sie sich einen Gefallen und legen Sie sich niemals mit dem Markt an. Dieses Spiel können Sie leider nur verlieren.

Sollen tatsächlich Positionen eröffnet werden, müssen Sie sich zunächst einen Trading-Plan anlegen und sich auch strikt an diesen halten. Ihre persönliche Daytrading-Strategie sollten Sie selbst zusammenstellen. Aufgrund neu angeeigneten Wissens und erprobten Parametern kann eine erfolgreiche Strategie ausgearbeitet werden. Die Parameter können unter anderem technische Indikatoren, Kerzeninformationen, Nachrichten oder andere Dinge sein. In so einem Trading-Plan wird dann niedergeschrieben, wann genau gehandelt werden soll und wann man lieber verzichten sollte. Den Plan kann man mit einem einfachen Word-Dokument oder einer übersichtlichen Excel-Tabelle erstellen. Wurde der Trading-Plan erst einmal erstellt, muss der Trader sich täglich an diesem Plan orientieren und darf nur reagieren, wenn alle definierten Kriterien erfüllt sind.

WARUM IST DAS DAYTRADING SO SCHWER?

Wenn man an der Börse handelt, braucht man sehr viel Erfahrung und Fleiß, um mit den ganz Großen mithalten zu können. Der Börsenhandel ist vermutlich der schwierigste Job der Welt, da es sehr viele Faktoren gibt, die die Aktien beeinflussen können. Zuerst sollten Sie sich natürlich im Klaren darüber sein, dass Sie von professionellen Tradern und Investoren umgeben sind, die über die besten Technologien, Informationen und Verbindungen der Branche verfügen. Auch gilt es, zu beachten, dass jeder Tag an der Börse besonders ist. Der Chartverlauf ändert sich ständig, somit wird man keinen Chartverlauf eines Tages noch einmal am nächsten Tag sehen. Normalerweise will sich ein Mensch in Sicherheit wissen. Er möchte immer auf der sicheren Seite stehen. Die Börse ist allerdings voller Unsicherheit. Aus diesem Grund wird die Psyche eines Traders immer wieder gefordert, er muss immer Höchstleistungen bringen, doch oft stehen ihm die Gier und die Angst im Weg, sodass der Erfolg häufig ausbleibt. Sie sollten deshalb als angehender Trader offen für neue Erfahrungen sein und einen Veränderungsprozess mitmachen wollen. Dieser Prozess ist nämlich notwendig, um langfristig Erfolg zu haben. Wenn man eine Position nun zu einem bestimmten Zeitpunkt eröffnet hat, wann ist dann der perfekte Zeitpunkt, um einen Trade zu beenden? Es gibt verschiedene Varianten, einen Trade erfolgreich zu beenden. Zuerst sollten Sie sich für jeden Trade ein geeignetes Ziel setzen und sehr gut überlegen, wann es Sinn macht, vielleicht doch ein anderes Ziel zu verfolgen. Um nicht jeden Trade auf Dauer zu verfolgen, kommen wieder die Funktionen Stop-Loss und Take-Profit ins Spiel. Somit braucht man nicht seinen Trade zu observieren und man könnte auch mitten in der Nacht im Ziel landen, wenn man normalerweise schläft. Allerdings hängt es auch immer wieder von Ihrer Persönlichkeit und der Strategie ab, wann ein Trade beendet werden sollte.

Im Normalfall sollte man sein Ziel stets im Auge behalten. Allerdings kann einem die Psyche ganz schön den Weg versperren. Die größte Herausforderung im Börsenhandel liegt deswegen darin, ob man den Trade bis zum letzten Punkt ausreizt oder ob man sich mit dem aktuellen Buchgewinn zufriedengibt und diesen mitnimmt. Daher sollte das Ziel sein, das richtige Gleichgewicht zu finden. Oft hilft es, bestehende Positionen so selten wie möglich zu überprüfen. Heutzutage ist der Markt nicht mehr auf unsere Anwesenheit angewiesen, denn der jeweilige Trade wurde ja schon umgesetzt. Ein vorzeitiger Verkauf würde sich dementsprechend nur lohnen, wenn sich die Gegebenheiten massiv verändert haben. Das können in diesem Fall Nachrichten sein, die von den Medien verbreitet wurden, oder es findet ein kompletter Trendwechsel statt.

CHARTMUSTER UND INDIKATOREN

Ein Chart ist eine grafische Darstellung von Zahlenreihen. Die Charttechnik hilft Tradern, Ideen zu entwickeln und die Strategie zu optimieren. Zur Charttechnik gehört das Kerzenmuster, welches auch „Japanese Candlesticks" genannt wird. Ebenfalls gehört die Technische Analyse dazu, zum Beispiel die Trendlinien. Das Volumen ist nicht unbedingt eine Charttechnik, aber trotzdem ein wichtiger Indikator, also ein sehr nützliches Hilfsmittel, um bestimmte Entwicklungen anzuzeigen. Heutzutage gibt es unzählige charttechnische Indikatoren, allerdings sollten Sie bei jedem einzelnen Indikator kritisch hinterfragen, welchen Nutzen er erfüllt. Oft reichen die einfachen Trendlinien und Durchschnitte aus, um vernünftige Ergebnisse zu bekommen. Manche kritisieren die Charttechnik, da sie sich zu sehr auf die Vergangenheit bezieht. Allerdings stimmt das nicht wirklich, denn oft werden nur Zonen gesucht, die von vielen Anlegern beachtet werden und wo viele Trader die gleichen Gedanken entwickeln. Wichtig ist auch hier, zu wissen, dass der Kurs steigt, wenn die Positionen, die in den Markt gelegt werden, von mehr Käufern als Verkäufern gelegt werden. Resultierend steigt der Kurs. Auf der anderen Seite kann man auch sagen, dass der Kurs fällt, wenn mehr Verkäufer als Käufer ihre Positionen beenden wollen.

WAS ANFÄNGER JETZT ZU TUN HABEN

Hat man auf einem Demokonto die ersten Vorgänge testen können, wird man merken, welche Trading-Strategie einem liegt. Sagen einem gewisse Ansätze zu, geht es darum, die Strategie weiter zu optimieren und ein Portfolio aus mehreren Hilfsmitteln aufzustellen. Eine der besten Strategien ist das Newstrading. Werden verändernde Nachrichten von den Medien verbreitet, entsteht ein Momentum. Das Momentum gibt Aufschluss über Tempo und Kraft von Kursbewegungen sowie über Trendumkehrungen, das heißt, der Trader muss sich vor allem in der Ausbruchrichtung positionieren. Beim Newstrading existieren bestimmte Ereignisse, die die Kurse stark beeinflussen und extrem in Schwung bringen. Besonders gut funktioniert diese Strategie im Devisenmarkt, Währungen reagieren nämlich äußerst empfindlich auf politische Geschehnisse und auf das, was die Zentralbanken alles unternehmen. Damit Trades gründlich geplant werden können, müssen Sie regelmäßig auf diverse Newsfeeds blicken. Auch sollten Sie täglich in den Wirtschaftskalender schauen, denn dieser bietet stets aktuelle Programme an. Jeden Tag werden Wirtschaftsdaten veröffentlicht. Mit einem bestimmten Kalender weiß man in der Regel, wann neue Daten kommen, und kann sich dementsprechend schon darauf vorbereiten. Hat man ein wenig Erfahrung gesammelt, weiß man ganz genau, wann es sich lohnt, den Kurs am Bildschirm zu betrachten. Hat man auch herausgefunden, worauf Zentralbanken achten, kann man erahnen, welche Wirtschaftsdaten ein bisschen Bewegung in den Markt bringen. Die Zentralbank ist nämlich für die Geldpolitik zuständig, das heißt, die Zentralbank ergreift alle wirtschaftlichen Maßnahmen, um ihre Ziele zu erreichen. Das wichtigste Finanzinstrument ist der Leitzins für das Zentralbankgeld. Eigentlich will die Zentralbank immer eine Preisstabilität erreichen. Ihr Ziel ist es also, dass die Inflation sehr nahe ist, aber immer noch unter 2 % liegt.

Je nach Lage wird die zentrale Notenbank über Maßnahmen nachdenken, um ihr Ziel zu erreichen. Eine Zinssenkung wäre da eine logische Schlussfolgerung, diese würde auch den Kurs einer Währung senken. Im Umkehrschluss kann die Zentralbank natürlich auch die Zinsen steigern, um der Inflation entgegenzuwirken – die Währung steigt. Genau deswegen entstehen Schwankungen von Zeitreihen und das kommt jedem Daytrader zugute. Es eröffnet ihm sehr viele Chancen.

Erfolgreiches Trading

Der Schlüssel zum Erfolg liegt bei der Börse bestimmt in der Erfahrung. Man kann zwar auch mit viel Glück gleich zu Beginn sehr erfolgreich sein, aber dies ist eher der Ausnahmefall. Aber wie schafft man es, auf Dauer erfolgreich zu sein?

EIN JOB MIT HOHEM RISIKO

Einen Daytrader kann man keinesfalls mit einem Zocker vergleichen. Es gehört mehr dazu, als einfach nur Wetten auf Kursschwankungen abzugeben. Daytrader sehen in ihrem Job eine wichtige Aufgabe, doch in der Welt der Unwissenden ist ihr Job keine besondere, volkswirtschaftliche Aufgabe. Die meisten Menschen sehen tatsächlich nicht den Sinn in den Aufgaben eines Daytraders. Sie sind der Überzeugung, dass die Daytrader eher für sich arbeiten lassen, anstatt selbst zu arbeiten.

Doch Daytrader selbst sind anderer Meinung. Volkswirtschaftlich gesehen würden sie aus ihrer Sicht sogar die Liquidität auf den Märkten ankurbeln. Durch ständiges Kaufen von Anteilen und Verkaufen von Positionen sorgen sie dafür, dass jeder Konzern oder jeder Mensch so handeln kann, wie er es möchte. Die Finanzmärkte seien dadurch effizienter. Die Märkte sind riesig. Wenn man den Einfluss auf Kurse und Preise von einem einzigen Daytrader betrachtet, ist dieser sehr klein. Doch trotzdem können sie mit wenig Kapital innerhalb weniger Minuten oder Sekunden den großen Reichtum machen. Es kann natürlich auch genau das Gegenteil eintreten und sie können innerhalb weniger Sekunden sehr viel wieder verlieren. Durch das Medium Internet interessieren sich wesentlich mehr Menschen für den Handel an der Börse.

Als der Handel damals nur auf dem Parkett stattfand, waren es deutlich weniger. Heutzutage sind die Menschen wahrscheinlich getrieben von der Hoffnung, reicher zu werden, als es ein „normaler Job" erlauben würde. Mittlerweile gibt es sehr viele Brokerhäuser, die einem erzählen, worauf es beim Daytrading ankommt. Sie bieten unzählige Seminare an und erzählen den Anfängern und auch erfahrenen Tradern alles rund um die Börse – sei es die Technische Analyse, um sich in einem Kurschart zurechtzufinden oder das Risiko-Money-Management, bei dem die Teilnehmer genau lernen, wie sie ihr Geld richtig anlegen und einsetzen. Auch wollen die Kurse ihren Teilnehmern deutlich machen, dass es nicht nur auf die großen Gewinne ankommt, sondern vielmehr auf die regelmäßigen, kleinen Gewinne.

Hat man nach einer gewissen Zeit schon ein bisschen Kapital erwirtschaftet, ist es besonders wichtig, das Geld an einen sicheren Ort zu bringen. Um auf der sicheren Seite zu sein, sollte man deswegen niemals sein gesamtes Vermögen aufs Spiel setzen oder sich sein Startkapital von einer Bank leihen, indem man sich einen Kredit aufnimmt. Warum Daytrader einerseits große Chancen auf das große Geld und andererseits ebenso ein hohes Verlustrisiko haben, kommt daher, dass Daytrader nicht mit Aktien handeln, sondern mit Futures. Futures ermöglichen in kürzester Zeit sehr hohe Kursgewinne, sind aber gleichzeitig auch hochriskant. Bei Futures einigen sich Käufer und Verkäufer, den Basiswert zum festgelegten Preis am Ende der Laufzeit zu kaufen oder zu verkaufen. Futures oder Terminkontrakte beziehen sich auf die Preisentwicklung in der Zukunft. Der Wert orientiert sich dabei an einem Basiswert. Kauft ein Trader zum Beispiel einen Terminkontrakt, muss er am Fälligkeitstag eine bestimmte Menge der Anteile abnehmen.

In Deutschland orientiert sich der Preis am aktuellen Stand des Dax, dem bedeutendsten deutschen Aktienindex. Der Dax misst die Wertentwicklung der 30 größten Unternehmen auf dem deutschen Aktienmarkt. Beim Abschluss eines Terminkontraktes muss der Käufer lediglich eine Sicherheitszahlung hinterlegen, die sogenannte Margin. Doch die Händler können, anders als beim klassischen Aktienhandel, auch an fallenden Kursen verdienen.

Die meisten Experten raten dazu, auszusteigen, wenn man etwas verloren hat. Sie sollten also niemals abwarten oder sogar gegen den Trend nachkaufen. Von Gier oder Angst sollte man sich deswegen nicht treiben lassen und wirklich nur wenige Kontrakte gleichzeitig handeln. Auch das Fernsehen sollten Sie beim Handeln an der Börse ausgeschaltet lassen sowie fremde Meinungen und Emotionen ignorieren. Entscheidend sind nämlich nicht die Meinungen von Unwissenden, sondern nur die Zahlen, Linien und Charts. Am besten warten Sie auf das richtige Signal, um die perfekten Momente zum Handeln zu erwischen.

Wann das richtige Signal ist, kommt wieder nur auf die Strategie an. Es ist sozusagen das Geheimrezept unter Köchen, welches es selbst zu entdecken gilt. Disziplin ist das Allerwichtigste beim Handeln an der Börse. Dementsprechend fällt alles denen zu, die warten.

DAYTRADER ALS BERUF?

Am Anfang steht man ohne Wissen da. Man betrachtet das Handeln eher als eine Art Hobby. Jedes Hobby kostet eben Zeit und Geld. Vielen kommt dann der Gedanke auf, ob man nicht sein Hobby zum Beruf machen möchte. Schließlich investiert man sowieso schon viel zu viel. Wer träumt nicht von einem Unternehmen in den eigenen vier Wänden? Das hört sich mit Sicherheit erst einmal für jeden fantastisch an. Wer das Daytrading also zu seinem Beruf machen will, der sollte sich vorher über einige Sachen informieren. Ist zum Beispiel genügend Kapital vorhanden?

Der Mensch ist nämlich ein Kontrollfreak. Unter großem finanziellem Druck zu arbeiten und stets seine Gefühle unter Kontrolle zu haben, ist nicht für jeden das Richtige. Wenn Sie also hierzu nicht in der Lage sind, sollten Sie das Daytrading nicht zu Ihrem Beruf machen. Auch kann man vielleicht irgendwann den Spaß an seinem Hobby verlieren, wenn man auf Dauer immer nur Geld verliert oder gar nichts anderes mehr schafft. Daytrading setzt einen hohen Zeitaufwand voraus. Wer damit also seinen Lebensunterhalt verdienen und sich ernsthaft damit beschäftigen will, sollte sehr viel Zeit investieren. Wer nur mal eben einen Trade setzen will oder nur so nebenbei im Daytrading aktiv ist, kann normalerweise auch nicht erwarten, dass man ein großer Hecht in diesem Business wird. Dabei weist das Daytrading ein noch höheres Risiko auf als das „normale" Trading. Beim Daytrading handelt man nämlich größtenteils mit Hebelprodukten, die den Gewinn oder den Verlust vervielfachen können. Im schlimmsten Fall muss man noch mehr Geld lassen, da man möglicherweise geliehenes Geld der Bank verspielt hat. Je mehr Geld man von einer Band leiht, desto größer ist der Hebel. Je größer der Hebel, umso mehr wird der Gewinn oder eben auch der Verlust vervielfacht.

TYPISCHE ANFÄNGERFEHLER

Mittlerweile wissen Sie wahrscheinlich, wie schwer es ist, einen eigenen Trading-Plan zu erstellen. Seine eigene Strategie bekommt man nur durch Zeit. In dieser Zeit liegt es an einem selbst, welche Fehler man macht, welches Wissen man erfährt und wann man wirklich bereit ist. Es ist schwer, seinen eigenen funktionierenden Plan zu erstellen, zu warten, bis man diesen Plan anwenden kann und dann mit der nötigen Disziplin auch nach Plan zu handeln, ohne von dem ursprünglichen Vorhaben abzuweichen. Aber wie kann man dabei geduldig bleiben, wenn man sich sicher fühlt und täglich ungefähr fünf Trades anstrebt?

Die meisten Anfänger machen den Fehler und denken, dass, wenn sie sich nur auf 1-2 Märkte konzentrieren, sie nichts erreichen werden. Natürlich können Sie Ihre Trading-Strategien erst einmal auf einem Markt ausprobieren und diesen bei Erfolg auf anderen Märkten anwenden. Nehmen Sie sich aber nicht zu viel vor und überschätzen Sie sich nicht! Ein großer Trading-Fehler liegt also in dem Handel auf nur einem Markt. Die Ungeduld führt dazu, dass wir nicht mehr auf unseren Plan hören und zu voreilig handeln wollen. Die Ungeduld wird womöglich so groß, dass Sie anfangen, eine angeblich gewinnbringende Formation im Chart zu entdecken, obwohl diese gar nicht existiert. Das geht allerdings meist nach hinten los.

Die Lösung zu diesem ersten Anfängerfehler ist leicht und wurde bereits schon erklärt. Wenn man erfolgreiches Daytrading betreiben will, sollte man für sich persönlich einen oder mehrere Trading-Setups entwickeln, die Sie wie ein Template für andere Märkte übernehmen können. Ist Ihnen das gelungen, können Sie mehrere Basiswerte durchleuchten und auf Ihr Setup lauern. Taucht es auf, können Sie zuschlagen und auf das Beste hoffen. Durch dieses Schema verbessert sich normalerweise das Chance-Risiko-Verhältnis dramatisch. Da Sie die Anzahl der Märkte erhöht haben, ist die Chance auch wesentlich höher, dass Ihr Trading-Setup vermehrt vorkommt. Allerdings sollten Sie auf die Kommissionen, die Mindeststückzahl und die Spreads achten, damit Sie im Voraus planen können, ob es sich überhaupt lohnt.

Haben Sie schon einmal von der Aussage „Momentum killt den Trend" gehört? Nein? Das Momentum ist die Volumenzunahme in einem Markt. Das sorgt für extremes Auf- und Absteigen in dem zugrundeliegenden Basiswert. Der Trend ist hingegen sehr ruhig und stetig. Der Trend wird in zwei Teile, Bewegung sowie Korrektur, unterteilt, wobei die Bewegung größer ausfällt. Als Daytrader muss Ihnen klar werden, dass der Markt immer aus unterschiedlichen Phasen besteht, es gibt entweder trendige oder trendlose Phasen. Je nach Konfiguration können Sie mit dem Trend handeln. Es ist auch möglich, dass Sie mit der Bewegung oder dem Ausbruch handeln.

Das Momentum erweckt dementsprechend den Ausbruch zum Leben. Die meisten Anfänger haben Angst, etwas zu verpassen, so setzen sie hin und wieder ihren Einstieg viel zu weit oben an, also am Top des Ausbruchs. Sie sehen, wie der Kurs schnell in die Höhe eilt und glauben, dass das die Chance auf einen schnellen Gewinn ist. Dabei ist schnelle Bewegung endlich und oft der Trigger für eine gesamte Trendwende. Auch wenn es sich wenig spektakulär anhören wird, aber ein gewöhnlicher Trend bringt meist höhere Gewinne, da eine größere Strecke zurückgelegt wird. Allerdings müssen Sie ein wenig Zeit einplanen, denn diese Methode dauert etwas länger. Haben Sie einfach Geduld und die Zeit wird für Sie sprechen. Das häufigste Problem an diesem Prinzip ist allerdings, dass Neulinge einen Trend meistens erst als solchen erkennen, wenn er schon fortgeschritten ist.

Doch wie merken Anfänger, wann der richtige Zeitpunkt ist? Wichtig zu wissen ist schon einmal, dass es verschiedene Marktphasen gibt und wie nützliche Indikatoren in manchen Marktphasen funktionieren. Bevor man sich auf das Positionieren in einem Ausbruch versteift, sollte man besser wieder auf einen Rücklauf warten. Widerstands- und Unterstützungslinien können Ihnen dabei sehr gut helfen. Wer den Trend allerdings handeln möchte, muss die Korrekturen akzeptieren können. Stopps können nach der Korrekturbewegung natürlich nachgezogen werden.

Was ist überhaupt ein fehlerhafter Trade? Viele Anfänger sind der Meinung, dass ein fehlerhafter Trade dann passiert ist, wenn sie Geld verloren haben. So ganz stimmt diese Aussage allerdings nicht. Ein sogenannter Verlust-Trade kann ebenso ein guter Trade sein, denn das Trading besteht immer auch aus Verlusten. Es sollte allerdings darauf geachtet werden, dass die Verluste die Gewinne nicht übersteigen. Geschieht dies nicht, ist alles in Ordnung. Kein Daytrader kann ständig nur Gewinne einfahren. Dies ist auf keinen Fall möglich. Falls Sie also ein Plakat oder sonstiges sehen sollten, wo genau das beworben wird, sollten Sie die Finger davon lassen. Umgekehrt kann ein angeblich guter Trade, bei dem Sie Gewinne eingefahren haben, auch ein schlechter Trade sein. Vielleicht haben Sie nämlich nur durch Glück oder zu hohe Positionen gewonnen. Dementsprechend können Sie einen Trade als fehlerhaft beschreiben, wenn Sie ohne Grund gegen Ihren eigenen Plan verstoßen haben. In diesem Fall traden Sie nämlich nicht, sondern zocken eher. Das würde Sie in jedem Fall auf Dauer finanziell zerstören.

Eine passende Trading-Strategie ist wichtig, allerdings genügt es nicht, um auf Dauer erfolgreich zu sein. Meistens verlieren Anfänger trotzdem ihr Vermögen, obwohl sie einen ausgearbeiteten Plan haben. Das passiert meistens, wenn ein Geschäft aufgebaut wird, von dem man keine Ahnung hat. Die Lösung für dieses Problem ist leicht: Bilden Sie sich weiter! Man lernt nie aus, schon gar nicht im Bereich der Börse. Experten betonen daher oft genug, wie wichtig es ist, eine Forex-Ausbildung zu haben. Die meisten Anfänger beginnen einfach mit dem Geschäft, ohne vorher diverse Bücher oder Artikel über das Trading zu lesen. Lesen Sie ständig und besuchen Sie vielleicht sogar einige Seminare und Schulungen. Auch können Sie sich heutzutage sehr gut im Internet weiterbilden, indem Sie an Webinaren teilnehmen. Doch nicht nur in der Theorie sollten Sie sich viel über das Thema informieren, auch sollten Sie sich praktisch fortbilden, indem Sie sich ein Demokonto anlegen. Verbringen Sie viel Zeit mit Ihrem Demokonto und erkunden Sie Ihre Aha-Momente. Niemand weiß, wie viele Sie davon brauchen werden, um auf Dauer als Daytrader ein Einkommen zu verdienen

Neben dem ganzen Fachwissen muss unbedingt ein Trading-Plan her. Ohne einen Plan zu agieren, ist einer der größten Fehler an der Börse. Wieso manche Anfänger dazu neigen, ohne einen Plan loszulegen? Möglicherweise wissen sie einfach nicht, welche Form ein Trading-Plan hat und wie dieser zu gestalten ist. Ein Trading-Plan ist ein sehr strenger Plan mit Regeln, der sich aus einer gut ausgearbeiteten Strategie und dem Money Management des Handelnden zusammensetzt. Er enthält meist folgende Angaben:

Wann soll ein Trade eröffnet werden? Welche spezifischen Marktbedingungen müssen gelten? Welcher Geldbetrag wird mit einem Trade riskiert? Wie sehen die Marktbedingungen aus, wenn man falsch liegt? Wie sehen die Bedingungen aus, wenn man richtig liegt? Welche Zeit gibt man dem Markt, um die Ziele zu erreichen? Haben Sie alles aufgeschrieben und dokumentiert?

Die Entwicklung des Forex-Tradings kann man oftmals als sehr hektisch beschreiben. Dementsprechend sollte man sich vorher überlegen, ob man nur sein Risikokapital investieren will und ob man es sich auch leisten kann, es zu verlieren. Zudem sollte man sich auch überlegen, was der maximale prozentuale Anteil des Gesamtinvestments ist, den man in einem Handel riskieren will und wie hoch die maximale Anzahl an Trades ist, die man offen haben kann. Das Money Management kann sehr komplex werden, weil es extrem von der angepeilten Strategie abhängt. Wieder ein Grund mehr, erst einmal mit einem Demokonto zu üben, bevor man ein Live-Konto eröffnet.

Was denken Sie, ist das Richtige? Eher potenziell weniger Profit herausschlagen oder den größtmöglichen Gewinn erwirtschaften? Eine sehr schwere Frage für Anfänger, die noch keine Ahnung vom Daytrading haben. Als Daytrader darf es nicht der wichtigste Grund sein, Geld zu verdienen. Ist Geld verdienen das einzige Ziel, könnte das vor allem zur Anfangszeit ein Grund sein, warum man scheitert. Rennt man dem Geld quasi hinterher, bricht man höchstwahrscheinlich auch eine Regel des Trading-Plans. Teilweise führt der Regelverstoß sogar zu einer höheren Rendite, bricht man jedoch eine Regel nach der anderen, kann das auf lange Sicht zu einem leeren Konto führen. Bei diesem Anfängerfehler spricht man vom Overtrading. Einer der größten Fehler beim Daytrading ist es also, nicht über genug Kapital zu verfügen, um mit höheren Volumina zu handeln. Außerdem besteht auch die Gefahr zur Trading-Sucht, zum Beispiel zu dem Zeitpunkt, wenn der Trader zu viele Trades eröffnen will.

SCHRITT FÜR SCHRITT ZUR ERFOLGREICHEN TRADING-STRATEGIE

Klären wir zunächst die Frage, wieso man überhaupt so dringend eine erfolgreiche Trading-Strategie haben sollte. Durch den Einsatz des Hebels kann man beim Trading in kürzester Zeit sein Kapital vervielfältigen. Auch kann man sein Kapital damit ganz schnell vernichten. Um sein Kapital natürlich zu vermehren, benötigt man dringend eine funktionierende Strategie. Man könnte auch ohne Plan mit dem Traden beginnen, das könnte auch für einige Zeit funktionieren, doch irgendwann ist der entscheidende Punkt erreicht, an dem man es bereut, keine Strategie gehabt zu haben. Eine erfolgreiche Trading-Strategie ermöglicht stetige Gewinne, um sein Konto Stück für Stück zu vergrößern.

Viele Anfänger glauben nämlich daran, dass sie einfach nur einem erfolgreichen Trader folgen können, um einen großen Schritt nach vorne zu machen. Sie können zwar die Strategie des anderen Traders kopieren, allerdings wird auch das auf Dauer nicht funktionieren. Das klassische Copy-Trading wird leider nur kurzfristig etwas bringen und ein paar Gewinne einfahren. Doch das Handeln mit fremden Trades kann auch nach hinten losgehen. Wenn ein Trader seine Trades in Echtzeit abschickt, kann man frühestens mit einer Verspätung von 1-2 Minuten nachziehen und ebenfalls auf den Zug springen. Doch das gestaltet sich als ziemlich problematisch. Als Daytrader, der nur wenige Punkte anzielt, sind 1-2 Minuten eine sehr lange Zeit. Mit dieser Zeitverzögerung können die Kurse dann schon wieder weit weg sein. Wenn der Daytrader, dem man folgt, schon sehr erfolgreich in diesem Business ist, ist es zudem sehr schwer, mitzuhalten. Wenn er dann auch noch ohne Stop-Loss handelt, ist das ein sehr riskanter Trading-Stil. Kann man mit dem Profi-Trader, auch aufgrund des Millionenkontos, nicht mithalten, wird man einige Verlustphasen durchmachen müssen. Die Psyche spielt in diesen Verlustphasen oft nicht mit, sodass man vermutlich Entscheidungen treffen wird, die ebenfalls negative Konsequenzen mit sich ziehen werden. Um sich nicht in den Ruin zu treiben, sollten Sie deshalb eine eigene Trading-Strategie entwickeln.

Folgende Faktoren sollten Sie dabei dringend beachten:
Finden Sie eine Strategie, die zu Ihrer Kontogröße passt.
Ihre Strategie sollte zu Ihren Charaktereigenschaften passen.
Die Trading-Strategie sollte zu Ihrem Fachwissen und Ihren Kenntnissen passen.

Ein weiterer Grund, warum Sie unbedingt eine eigene Trading-Strategie benötigen und nicht auf andere vermeintlich erfolgreiche Trader setzen sollten, ist das falsche Bild, was Sie vermittelt bekommen. Wenn Sie nun eine Liste mit den Top-Tradern bekommen, können Sie auf dieser besagten Liste sofort erkennen, wer ein guter Trader ist? Nein, können Sie nicht. Eine gewisse Prozentzahl, die hinter den Namen der Top-Trader steht, kann Ihnen nicht verraten, wie die Fähigkeiten eines Traders sind und ob er gut ober eben nicht gut ist. Eine Prozentzahl von über 300 % sieht erst einmal sehr beeindruckend aus, aber wie ist diese Zahl wirklich zustande gekommen? Wenn die Person nur drei Trades benötigt hat, wäre das sogar eine Katastrophe, da sie vermutlich mit jedem einzelnen Handeln ein überdurchschnittlich hohes Risiko getragen hat und somit zu den wagemutigen Tradern gehört.

Wenn allerdings dafür 300 Trades innerhalb einer größeren Periode getätigt wurden und der maximale Drawdown 15 % nicht überschritten hat, ist der Daytrader wirklich ein Profi. Ein Drawdown ist ein Wertverlust, der den Verlust zwischen einem Höchststand und dem darauffolgenden Tiefstand widerspiegelt. Somit haben Sie nun einen kleinen Einblick bekommen, was eine gute Trading-

Strategie ist. Eine positive Rendite und einen maximalen Verlust von 15 % (diese sind auf das Kontokapital bezogen) sind der Grundstein für eine erfolgreiche Karriere als Daytrader. Wie Sie das nun erreichen können, werden wir mit Ihnen in einer einfachen Schritt-für-Schritt-Anleitung durchgehen. Ihre Trading-Strategie sollte Ihnen auf Dauer regelmäßige Profite einbringen. Dies können Sie nur erreichen, wenn Sie eine persönliche Strategie für sich gefunden haben, die zu Ihren Eigenschaften passt. Nehmen Sie sich Zeit und gehen Sie folgende Schritte durch, um Ihre auf Sie zugeschnittene Strategie zu finden.

Schritt 1

Im ersten Schritt gilt es, zu erforschen, welcher Stil zu Ihnen passt. Probieren Sie verschiedene Setups, also Hilfsprogramme aus und filtern Sie die Ansätze heraus, die möglicherweise infrage kommen könnten. Auch können Sie die Ansätze herausfiltern, die für Sie gar nicht infrage kommen. Zudem sollten Sie die Fragen klären, ob es einen bestimmten Markt gibt, an dem Sie handeln wollen, und welche Uhrzeit für Sie infrage kommt, um traden zu können. Außerdem sollten Sie den Punkt klären, ob Sie einen Trade nur für kurze Zeit, also für ein paar Sekunden oder Minuten, oder ob Sie einen Trade sogar mehrere Tage halten wollen. Auch ist die Familie oder allgemein die berufliche Situation entscheidend für die perfekte Trading-Strategie.

Wie passen diese Situationen zusammen? Wollen Sie die Trades nur für eine sehr kurze Zeit halten, dann sind Sie womöglich ein Scalp-Trader. Sind Sie daran interessiert, die Trades für mehrere Stunden zu halten, dann sind Sie ein Daytrader. Wenn Sie die Trades über mehrere Tage oder sogar Wochen besitzen, sind Sie ein Swing-Trader. Alle Stile können gutes Geld einbringen oder auch wieder vernichten. Es gibt normalerweise keine bessere oder schlechtere Variante, denn es liegt ganz allein an der Umsetzung des Traders.

Schritt 2

Um Ihre perfekte Strategie zu finden, sollten Sie sich auch über die Fundamentaldaten informieren. Die Analyse von betriebswirtschaftlichen Daten und dem ökonomischen Umfeld eines Unternehmens sind sehr wichtige Faktoren in Bezug auf die persönliche Trading-Strategie. Je nach Setup benötigen Sie also die Fundamentaldaten einmal mehr oder auch einmal weniger. Im Forex-Trading zum Beispiel machen diese betriebswirtschaftlichen Daten ungefähr 60 % der Strategie aus. Auch können charttechnische Ansätze für Ihre Strategie benutzt werden. Der Ausbruchshandel konzentriert sich zum Beispiel überwiegend auf die Chartkonstellation. Finden Sie ein paar Faktoren interessant? Haben Sie sogar schon mit einigen Indikatoren gute Erfahrungen gemacht? Super! Achten Sie allerdings darauf, dass diese Funktionen nur einen Teil der Strategie ausmachen und nicht die Basis einer Strategie sind.

Schritt 3

Hat man sich schon grobe Gedanken gemacht, muss man den richtigen Einstieg in die Thematik finden. Es gibt zwei Handelsansätze, den Trendhandel und den Korrekturhandel. Beim Trendhandel hat der Trader die Möglichkeit, einen zukünftigen oder bereits vergangenen Trend zu erkennen. Anschließend hat dieser die Chance, seine Position in dem Trend zu festigen. Der Trader geht automatisch long, wenn auch der Trade long ist. Wer also eine Position eingeht, die long ist, kauft man eine Aktie möglichst günstig ein, um sie zu einem späteren Zeitpunkt wieder möglichst teuer zu verkaufen. Ist der Trend short, geht auch der Trader short. Wer eine Position shortet, tätigt einen Leerverkauf, das heißt, er verkauft Aktien, die er selbst gar nicht besitzt. Man leiht sich die entsprechende Aktie also von seinem Broker und versucht, sie im Anschluss so teuer wie möglich wieder zu verkaufen, um sie danach wieder günstig zurückzukaufen. Der Trendkanal kann sogar als Hilfsmittel eingezeichnet werden.

Der Korrekturhandel ist hingegen etwas schwerer, aber dennoch lohnenswert. Bei diesem Handel sieht der Trader, dass eine Bewegung wahrscheinlich enden wird, und kann sich so entgegengesetzt der letzten Aktivitäten positionieren. Die passenden Funktionen für einen Korrekturhandel sind die Pivot Points und die Fibonacci Retracements. Allerdings sollten Sie darauf achten, dass Sie mehrere Zeiteinheiten im Blick haben.

Verfolgen Sie diese beiden Handelsansätze, werden Sie mit Sicherheit gute Gewinnaussichten haben. Selbstverständlich gibt es auch noch andere Ansätze, wie beispielsweise den Ausbruchshandel oder die Martingale-Strategie, doch alle Strategien vorzustellen, würde den Rahmen dieses Ratgebers sprengen. Die beiden vorgestellten Varianten sind mitunter die einfachsten Ansätze für Anfänger im Daytrading.

Schritt 4

Wo man einen Ausstieg aus einem Trade findet, können Sie in diesem Schritt erfahren. Mittlerweile sind Sie im Risikomanagement angekommen. Im Rahmen Ihrer Trading-Strategie müssen Sie einen Stop-Loss und ein Take-Profit festlegen, um Ihr Risiko einzudämmen. Bei einer Stop-Loss-Order bestimmt ein Anleger einen Kurs unterhalb des aktuellen Wertes, bei dem ein Wertpapier wieder veräußert werden soll. Gezielte Gewinne werden so ganz einfach gesichert und schwerwiegende Verluste verhindert. Eine ideale Regel zur Festsetzung gibt es leider nicht. In den häufigsten Fällen wird von Experten eine Spanne von 10 Prozent unter dem aktuellen Kurs genannt. Bei Aktien, die hohe Schwankungen aufweisen, wird der Abstand in der Regel etwas höher, etwa bei 20 Prozent, gesetzt.

In jedem Fall ist die Spanne jedoch vollkommen abhängig von Ihrer Risikoneigung, der Volatilität und der Aktie sowie von der aktuellen Marktlage.

Beim Take-Profit, auch Zielpreis genannt, verhält es sich genau umgekehrt. Die Order wird dem Broker mitgeteilt, damit er eine offene Position oder einen Trade bei einem bestimmten Höchstkurs schließen kann. Beim Take-Profit sollten Sie den Trade verlassen, wenn Sie einen ansehnlichen Gewinn erwirtschaftet haben. Warten Sie nicht zu lange und finden Sie heraus, ob es ein bestmögliches Niveau gibt, welches einen logischen Take-Profit zulässt. Jeden Trade sollten Sie als eigenes Geschäft behandeln und dementsprechend Chancen und Risiken gekonnt abwägen.

Pro Trade sollte man höchstens 1 % seines Kontokapitals riskieren. Diese Technik macht es möglich, dass man sich 100 fehlerhafte Trades am Stück leisten kann. Außerdem hat man durch diese Technik eine sehr geringe Depot-Volatilität. Das Konto sollte nämlich stets geschützt sein, erst danach sollte man sich um eine erträgliche Rendite kümmern.

Schritt 5

Sie fragen sich schon die ganze Zeit, welches Finanzinstrument zu Ihrem Trading-Setup passt? Eine gut durchdachte Strategie hilft Ihnen nicht, wenn das Finanzinstrument, mit dem Sie handeln, unberechenbar ist. Auch in diesem Schritt müssen Sie wieder testen und verschiedene Produkte ausprobieren. Welches Finanzinstrument passt am besten in Ihren Plan? Viele Daytrader schwören auf CFDs, also auf die Differenzkontrakte, man spricht von einem sogenannten Derivat. Ein Derivat ist ein Wertpapier, dessen Wert oder besser gesagt Wertentwicklung von der Entwicklung einer oder mehrerer Basiswerte abhängt. CFDs sind transparent und sehr leicht zu verstehen. Viele Broker handeln momentan mit CFDs, sodass die Qualität in der letzten Zeit enorm gestiegen ist.

Mit Optionsscheinen sollten Sie hingegen aufpassen, da die Banken oft den Spread oder den Zeitwert ändern und sozusagen spielen, sodass die Scheine nicht immer faire Preise bekommen. Egal, für welches Finanzinstrument Sie sich entscheiden werden, wichtig ist, dass dieses Instrument, mit welchem Sie handeln, zu 100 % von Ihnen verstanden wird. Ein anderer Faktor sind die Kosten, auf die Sie ebenfalls achten müssen. Die Gebührenstruktur eines bestimmten Finanzinstrumentes kann Ihnen ganz schön das Geld aus der Hand fressen.

Schritt 6

Was Sie bis jetzt herausgefunden haben, ist schon einmal ein großer Fortschritt und ein wirklich gutes Grundgerüst. Der Grundstein ist gelegt, doch jetzt muss Ihre neue Trading-Strategie noch zum Leben erweckt werden. In der Praxis heißt es nun: Probieren Sie es auf einem Demokonto aus! Ein Demokonto eignet sich hervorragend, um zu üben und ein Gefühl für das Trading zu bekommen. Testen Sie Ihre Strategie ganz bewusst über mehrere Wochen oder sogar Monate, um ein gewisses Gefühl dafür zu bekommen. Probieren Sie Ihre Trading-Strategie idealerweise in mehreren Marktphasen, um die Standhaftigkeit zu testen. Bei einem Demokonto handelt man mit Spielgeld, welches von vielen Brokern umsonst angeboten wird. Halten Sie Ihre Strategie schriftlich fest und vermerken Sie dabei, wann Sie traden und wann nicht. Vergessen Sie allerdings nicht, dass Sie nicht nur die wichtigsten Ergebnisse der einzelnen Trades notieren, sondern auch Ihre Gedankengänge, Emotionen und mögliche Fehler, die Ihnen aufgefallen sind. Auch sollten Sie sich ständig fragen, ob Sie von Ihrer Strategie abgewichen sind und wenn ja, was Sie dazu veranlasst hat. Außerdem sollten Sie sich alle Fehler notieren, die Sie gemacht haben. Nur so können Sie auch aus Ihren Fehlern lernen und sich beim nächsten Mal verbessern oder etwas ändern. Wenn Sie zu guter Letzt feststellen sollten, dass Ihre Strategie in der Summe mehr Gewinne als Verluste eingebracht hat, können Sie mit hoher Wahrscheinlichkeit davon ausgehen, dass Sie eine funktionierende Strategie erstellt haben. Wurde eine funktionierende Trading-Strategie erstellt, dann – und nur dann – sind Sie bereit für den Handel mit echtem Geld. Hier erwarten Sie dann wieder neue Herausforderungen – die Psyche.

Die einfachen Regeln

Im Folgenden finden Sie einfache Regeln, mit denen Sie schnell die ersten Erfolge beim Daytrading erzielen können. So können Sie von Anfang an hohe Risiken vermeiden und mit einem sicheren Gefühl den Handel angehen – denn ein gesundes Selbstbewusstsein hilft bei jeder Situation!

EINE KUNST MIT KLAREN REGELN

Goldene Regeln für Trading-Anfänger

Wer in die Welt des Tradings einsteigen will, muss natürlich auch wissen, was er da eigentlich macht. Beim Trading verhält es sich nicht wie beim Glücksspiel. Man kann nicht einfach aus Zufall sein Geld richtig positionieren und damit das ganze Leben lang hohe Gewinne einfahren. Das ist und bleibt einfach ein Ding der Unmöglichkeit. Trading bedeutet nichts anderes, als Schwankungen auf den unterschiedlichen Finanzmärkten zu nutzen. Man versucht also, die sogenannte Volatilität für sich zu nutzen, um Gewinne zu erwirtschaften. In der Praxis werden Wertpapiere, Währungen beim sogenannten Forex-Trading sowie Rohstoffe oder Differenzkontrakte gehandelt. Schon allein bei diesem Punkt kann auf Anfänger sehr viel Arbeit zukommen.

Sind Daytrader noch sehr unerfahren, müssen sie sich erst einmal mit allen Finanzprodukten vertraut machen. Außerdem sollten angehende Trader wissen, dass es in jedem Fall nicht um langfristige Investitionen geht. Als Trader eröffnet man Positionen, um sie kurz danach wieder zu schließen. Kurzfristige Käufe und Verkäufe stehen also im Fokus beim Trading. Aufgrund der kurzfristigen An- und Verkäufe muss beim Trading viel spekuliert werden. Spekulationen gehören zum Leben eines Traders also einfach dazu. Trader versuchen, eine Marktentwicklung zu entdecken und zu analysieren, um dann kurzzeitige Kurssteigerungen auszunutzen. In welches Finanzinstrument investiert wird, ist erst einmal zweitrangig.

Gerade Anfänger sind sich nicht darüber bewusst, welches Risiko hinter diesem Business steckt. Trading ist immer mit einem hohen persönlichen Risiko verbunden, sodass die oberste Regel immer lauten sollte: Niemals Geld einsetzen, welches man für den Lebensunterhalt unbedingt benötigt. Doch das könnte bei den meisten Menschen schon problematisch werden, da man mindestens im niedrigen vierstelligen Bereich investieren sollte, um langfristig gesehen nennenswerte Gewinne verbuchen zu können. Sie werden nun 5 goldene Regeln lesen, die Sie immer und überall beachten sollten, wenn Sie ins Trading-Geschäft einsteigen wollen.

Regel Nr. 1

Overtraden Sie niemals! Das Overtrading kann durch eine zu große Positionsgröße oder durch zu viele Trades in einer Zeitspanne entstehen. Damit es gar nicht erst dazu kommt, sollte das Money-Management eine sehr große Rolle spielen und niemals außer Acht gelassen werden. Aktiven Tradern wird daher empfohlen, niemals mehr als 2 % des Trading-Kapitals in einem Trade zu riskieren. Dieser Richtwert hängt allerdings auch von der Frequenz ab. Handelt man mit wenigen Trades im Jahr, kann pro Woche ein höheres Risiko eingegangen werden. Bei einem Trading-Ansatz mit sehr vielen Trades im Jahr sollte man hingegen ein geringes Risiko eingehen. Nach einiger Zeit wird jeder Trader seine eigene Strategie finden, sodass er selbst am besten weiß, wie viel er riskieren kann.

Regel Nr. 2

Niemals gegen den Trend! Anfänger, die gerade in das Trading-Business eingestiegen sind, neigen dazu, jede kleinere Bewegung mitnehmen zu wollen. Meistens endet das dann damit, dass sie verlieren. Oft lässt man sich durch seine Gier oder einen zuvor größeren Gewinn leiten, auch kleine Gegenbewegungen mitzunehmen. Diese sind aber viel unsicherer als die größeren Bewegungen, die mit dem Trend gehen. Sie orientieren sich nämlich selten an Chartmarken, sodass man keine ordentlichen Einstiegspunkte hat und seine Stop-Loss-Order blind setzen muss.

Regel Nr. 3

Wechseln Sie Ihre Strategie nicht nach jedem Trade. Jeder Trader hat seine eigene Strategie, die verschiedenen Vorgänge können aber noch so unterschiedlich sein, die Muster zur Problemlösung sind erschreckend gleich. Der Fehler beginnt meistens bereits bei der Wahl des Mentors oder dem Strategieansatz. Die meisten Anfänger schauen sich nach den besten Referenzen um, sich nach den schlechtesten Referenzen umzuschauen wäre natürlich auch äußerst unsinnig. Allerdings kommt es nicht nur auf die Performance an, viel wichtiger ist der Zeitraum.

Wichtig ist nicht, wie es zwischen den Monaten 12 und 24 ausschaut, viel wichtiger ist es, ob jemand über einen langen Zeitraum überlebt und stets wieder neue Hochs erhandelt. Wenn Sie stets zu dem Mentor gehen, bei dem das letzte Jahr vielleicht äußerst erfolgreich war, dann landen Sie womöglich bei jemandem, der aktuell eine Überrendite erhalten hat. Mathematisch gesehen bedeutet dies, dass demnächst eine Unterrendite fällig wird. Aus diesem Grund empfehlen Experten: Bringen Sie eine Konstante in Ihr Trading-Verhalten. Marktphasen laufen meistens zwei bis drei Jahre. Eine Strategie sollte daher verschiedene Marktphasen durchlaufen haben. Erst danach sollten Sie Bilanz ziehen und entscheiden, ob diese Strategie weiterverfolgt oder verworfen werden soll.

Regel Nr. 4

Handeln Sie stets nach Fakten und nicht nach diversen Meinungen! Menschen brauchen die Bestätigung von anderen Menschen, außerdem suchen Sie stets nach Sicherheit. Aus diesem Grund tun sich die Menschen auch immer wieder in Gruppen zusammen. Sie machen zusammen Sport, sie gehen gemeinsam in ein Restaurant, sie besuchen zusammen coole Partys oder machen andere Dinge zusammen. Auch gehen sie immer den absurdesten Trends nach, die ihnen von der Öffentlichkeit vorgelebt werden. Fakt ist: Die Masse lebt ihnen diese Welt vor. Auch ein Trader hat es nicht gerade einfach. Er eröffnet eine Position, die er gut und fundiert hergeleitet und begründet hat. Läuft diese allerdings nicht mehr so gut wie angenommen, beginnt der Trader, auf die Suche nach einer Bestätigung für seine Positionierung zu gehen. Normalerweise müsste er in diesem Fall seine Strategie abklopfen und seine Vorgehensweise auf Korrektheit prüfen. Doch meistens fehlt die Geduld und die Bestätigung von anderen ist leicht einzuholen.

Manche suchen in einer gängigen Suchmaschine nach Bestätigung und Meinungen von Analysten. Danach stöbert der Trader vermutlich durch unzählige Foren, um noch genauere Informationen zu bekommen. Doch in den meisten Fällen haben die sogenannten Experten genauso viel Wissen wie der Anfänger selbst. Ohne dies zu beachten, erhofft sich der Neuling Bestätigung durch andere, um sich sicher und bestätigt zu fühlen – ein schlimmer Fehler, denn es wird ihn höchstens noch mehr verunsichern. Meinungen entstehen durch subjektive und individuelle Prägungen, Präferenzen und Perspektiven. Entgegen unseren Hoffnungen sind Meinungen nie objektiv und können uns daher im Daytrading nur wenig helfen. Auch unsere eigene Meinung sollte man beim Trading außen vorlassen. Beim Trading sollten Sie eine emotionale Reaktion vermeiden und sich nur auf die aktuelle Faktenlage beziehen.

Meinungen sind nämlich oft gespickt von Halbwissen, wer etwas nicht studiert hat oder sich nicht ausgiebig mit der Materie beschäftigt hat, kennt die Sachlage nur oberflächlich. Dennoch kann eine Meinung geäußert werden, welche aber mit Sicherheit nicht wirklich hilfreich sein wird. Diese Meinungen sind häufig sehr subjektiv und wenig fundiert.

DER TRADING-PLAN

Das Vorwissen rund um die Börse, die Zeiteinheiten, CFDs, Forex sowie das Verinnerlichen von generellen Informationen zu Aktien und Trading werden ab sofort vorausgesetzt. Wenn Ihnen diese Begriffe noch immer nichts sagen, können Sie in diesem Ratgeber ruhig noch einmal an den Anfang gehen, damit Sie den kommenden Text ausreichend verstehen. Erst dann sollten Sie mit Ihrem Trading-Plan beginnen. Wer sehnt sich nicht danach, dem Hamsterrad zu entkommen, finanziell frei zu sein und das mit wenig Aufwand? Erfolgreiches Daytrading an der Börse scheint ein einfacher Weg zu sein, um schnell reich zu werden, ohne viel Kraft und Anstrengung zu investieren. Immer mehr Menschen zieht es nämlich dorthin, doch wenige von ihnen schaffen den Durchbruch oder, besser gesagt, erreichen die finanzielle Sicherheit. Das Leben an der Börse ist hart und verlangt einiges ab. Wer an der Börse starten will, der kann sich sicher sein, dass es nicht einfach werden und dass auch nicht immer alles funktionieren wird. Um schon am Anfang gut vorbereitet zu sein, sollten Sie sich einen Trading-Plan machen. Sie erhöhen damit die persönliche Wahrscheinlichkeit, zu den Gewinnern zu gehören. Ohne einen Plan brauchen Sie gar nicht erst anfangen, zu traden, da Sie dann nur Glücksspiel an der Börse betreiben.

Wenn das für Sie unverständlich ist, müssen Sie sich nur einmal einen Geschäftsführer vorstellen. Stellen Sie sich vor, Sie rufen Ihren Chef an und fragen ihn, wie sein Plan für die nächsten Wochen ist. Doch anstatt einer kompetenten Antwort stammelt er nur so vor sich hin und gibt zu, dass er noch nichts vorbereitet hat. Normalerweise erwarten Sie von einem ordentlichen Geschäftsführer, dass er neue Produkte vorstellt, neue Visionen und Ziele vor Augen hat und möglicherweise die Ausgaben minimieren will. Genau das erwarten Sie doch von Ihrem Chef, oder nicht? Sie erwarten zumindest, dass er seine Vorhaben grob benennen kann. Jedes vernünftige Geschäft mit der Absicht, erfolgreich zu sein, benötigt einen genauen Plan und natürlich auch jemanden, der diesen Plan vernünftig umsetzt.

Viele Trader sind darauf allerdings nicht vorbereitet und lassen sich einfach vom Marktgeschehen lenken. Das geht auf Dauer allerdings alles andere als gut. Wollen Sie beim Trading nachhaltig Erfolg nachweisen, brauchen Sie zwingend einen Trading-Plan. Der Trading-Plan ist wie ein Businessplan eines Unternehmens. In diesem Plan stehen nämlich alle wichtigen Fakten rund um Ihr Daytrading. Die Strategie, die Handelszeiten, die Finanzinstrumente und noch andere Sachen können mithilfe des Plans immer wieder aufgerufen werden. Manche Trader fügen sogar ihre persönlichen Daten hinzu, wie die Motivation oder die persönlichen Ziele.

Trader, die für ein Unternehmen arbeiten, erhalten oft Pläne, die ihnen vorgegeben werden. Private Trader sind hingegen natürlich komplett frei in ihrem Handeln. Sie können ihren eigenen Plan ausarbeiten und ebenso professionell handeln und klar strukturiert vorgehen, wie die Trader, die fest für ein Unternehmen arbeiten. Experten empfehlen daher jedem privaten Trader, einen Trading-Plan zu erstellen und zu versuchen, nicht von diesen Vorgaben abzuweichen.

Doch nicht jeder Trading-Plan ist gleich, jeder ist irgendwie individuell. Daher ist es äußerst schwer, einen kompletten Plan vorzugeben, weil sich die Ziele jedes Traders – und natürlich nicht nur die Ziele – unterscheiden. Man kann lediglich zeigen, worauf jeder Anfänger achten sollte, und zusätzlich ein paar nützliche Tipps geben. Sie können sich natürlich nach diversen Vorlagen umschauen und diese je nach Belieben an Ihre Situation anpassen.

Was sollte ein Trading-Plan enthalten?
Die Ziele
Die persönliche Motivation
Mit welchem Finanzinstrument wird gehandelt?
Welche Märkte streben Sie an?
Die Handelszeiten
Die Zeiteinheiten und die Haltedauer von Positionen
Wie viel Zeit soll am Tag aufgewendet werden?
Risikokapital
Wie sieht das Risikomanagement aus?
Trading-Routinen
Trading-Strategie
Trading-Regeln

Ein besonders wichtiger Punkt im Trading-Plan sind die Ziele. Die Ziele und die Motivation stehen fast im Einklang, nur mit einem großen Unterscheid: Die Ziele sollten immer messbar sein. Das bedeutet, dass Sie zu jedem Ziel eine Kennzahl benötigen, damit Sie die Zielerreichung objektiv messen können. Die Ziele sollten spezifisch, messbar, akzeptiert, realistisch und terminiert sein.

S.M.A.R.T.

Spezifisch bedeutet in diesem Sinne, dass Sie Ihre Ziele genau benennen sollten. Die W-Fragen werden Ihnen bei einer präzisen Zielsetzung garantiert helfen. Wer ist involviert? Wo soll etwas passieren? Wann soll etwas passieren? Warum setzen Sie sich dieses Ziel? Auch realistisch sollten Sie mit Ihren Zielen umgehen. Sie können nämlich nicht erwarten, dass, wenn Sie noch nie einen Ausdauerlauf hinter sich gebracht haben, Sie einen Marathon laufen können. Unrealistische Ziele sorgen für Wut und Frustration, außerdem fördern sie negative Handlungen. Wenn Sie diese Haltung haben, blockieren Sie selbst Ihren Erfolg. Setzen Sie sich also ein realistisches Ziel, an das Sie glauben können und von dem Sie überzeugt sind, dass Sie es schaffen. Welches Ziel erscheint in Ihrer derzeitigen Situation als realistisch?

Setzen Sie sich außerdem einen Termin fest. An diesem Termin muss nicht alles erreicht werden, oftmals reicht es schon, wenn kleine Teilerfolge zu sehen sind. Wenn Sie Sachen Schritt für Schritt erledigen, sind Sie jedes Mal aufs Neue motiviert, wenn etwas gut läuft. Die meisten Anfänger im Bereich Daytrading starten deshalb nur mit den Einstiegen. Haben Sie das gemeistert, versuchen Sie sich an besseren Stopps. Später kommen Indikatoren dazu und Schritt für Schritt wird man dann zum echten Profi auf diesem Gebiet. Entscheidend ist, dass man sich nicht zu viel vornimmt.

Setzen Sie sich selbst Deadlines und nehmen Sie dadurch Ihr Ziel gesteigert wahr. Nutzen Sie diese Wahrnehmung und arbeiten Sie stets mit einer gewissen Ernsthaftigkeit. Sehen Sie, wie sich Teilaspekte umsetzen lassen, bringt das neuen Mut und es sorgt für ein riesiges Motivationshoch. Haben Sie sich für Ihre Ziele keinen Termin gesetzt, geraten diese oft in den Hinterkopf und landen dort im Unterbewusstsein, bis sie irgendwann komplett in Vergessenheit geraten. Mithilfe der Fristen entwickeln Sie ein gesundes Verhältnis von Dringlichkeit und das wiederum fördert die Konzentration.

Was können Sie heute tun, um Ihrem Ziel ein Stück näher zu kommen?
Was können Sie in einem Monat erledigen, um Ihr Ziel zu erreichen?
Was können Sie in einem Jahr tun, um Ihr Ziel zu erreichen?

TRADING IST BUSINESS

Wer als Trader erfolgreich sein will, der sollte wie ein richtiger Unternehmer denken. Es ist sehr unwichtig, ob Sie nur in Ihrer Freizeit traden, als Teilzeit-Trader unterwegs sind oder hauptberuflich handeln. Wichtig ist nur, dass Sie die Börse verstehen. Das allein ist der Schlüssel zum Erfolg. Die Unternehmer-Perspektive ist in diesen Angelegenheiten eine wirklich nützliche Taktik, da sie emotionales Handeln, den ständigen Wechsel der Strategie oder das Eingehen zu hoher Risiken versucht, zu vermeiden. Vor einer Karriere als Trader überlegt und plant der Unternehmer allerdings gründlich, um erst gar nichts zu riskieren. Er entwickelt also einen richtigen Plan, einen Handels- und Businessplan, unter anderem, um die statistischen Wahrscheinlichkeiten seiner geplanten Strategie zu überprüfen. Um sich finanziell nicht zu überschätzen, bezieht er alle Kosten wie Verluste, Gebühren, Finanzierungskosten und Aufwendungen für verschiedene Dinge in seinen Plan ein. Hat der Trader alle Ausgaben kalkuliert, kann er sich mit diesen Werten ein realistisches Ziel für sein Trading-Einkommen setzen.

Hat der Trader oder Unternehmer seinen Plan bzw. seine Unternehmensstrategie inklusive des Handelsansatzes dargelegt, muss er diesen Plan auch konsequent durchziehen. Die einzelnen Ergebnisse von kleineren Trades dürfen eigentlich gar keine Rolle spielen, da nur in regelmäßigen Abständen, meist einmal im Quartal, etwas genauer auf die Zahlen geschaut wird. Dabei wird dann überprüft, ob die Strategie funktioniert hat oder ob sie tatsächlich etwas angepasst und geändert werden muss. In der Theorie sollte diese Vorgehensweise als Trader unbedingt angewandt werden, schon allein deshalb, um das Gefühl zu beruhigen und einen Plan zu haben, auch wenn es vielleicht einmal nicht so gut läuft.

In der Realität sieht das allerdings etwas anders aus. Ein Trading-Anfänger geht seine ersten Wege meistens sehr entspannt an. Seine Ziele sind klar definiert: Gewinne erzielen. Wozu braucht er dann einen Plan, wenn er schon weiß, was er will? Ein Anfänger im Daytrading plant meist von langer Hand, dabei dominieren die Gier und die Aussicht auf das schnelle Geld und den Reichtum. Meistens wird die Arbeit als Trader auch vollkommen unterschätzt. Ein Anfänger nimmt die Planung gern einmal auf die leichte Schulter und unterschätzt das Handeln mit Wertpapieren. Schließlich kann man ganz leicht von zu Hause aus arbeiten, es sich dabei bequem machen und einfach traden. Das sollten Sie so schnell wie möglich wieder vergessen!

Trading ist ein Geschäft wie jedes andere auch. Die Chancen auf den großen Gewinn und auf Erfolg kommen nicht von allein. Ein Geschäft, auch das Geschäft eines Traders, braucht Planung und eine professionelle Umsetzung. Doch auch mit sehr guter Planung und einem gut überlegten System wird es Zeiten geben, in denen Verluste entstehen. Auch kann es passieren, dass über Monate gar kein Geld verdient wird. Wie berücksichtigt man so eine Phase überhaupt? Für diese Phasen müssen genügend Rücklagen vorhanden sein. Es muss genug Kapital zum Decken aller Lebenshaltungskosten verfügbar sein. Erfahrene Trader berücksichtigen in solchen Fällen immer den zu erwartenden Drawdown. Der Drawdown stellt einen Wertverlust dar. Es ist der Verlust zwischen einem Höchststand und dem darauffolgenden Tiefstand innerhalb eines bestimmten Zeitraumes. Erfahrene Trader kalkulieren diesen Wertverlust also meistens von Anfang an mit ein.

Wer in der ersten Zeit sehr erfolgreich als Trader handelt, sollte trotzdem seinen normalen Beruf nicht sofort an den Nagel hängen. Wer nämlich als Trader einmal eine schlechte Phase hat und viele Verluste einfährt, hat trotzdem ein gesichertes Grundeinkommen. Das trägt natürlich auch positiv zur psychischen Verfassung bei, denn wer auf der sicheren Seite steht und dementsprechend ein gesichertes Einkommen hat, kann mit den Dürreperioden im Trading vermutlich mental viel besser umgehen.

Um sich als Trading-Anfänger zu beweisen, benötigt man einen richtigen Plan. Es gibt Dinge in diesem Geschäft, auf die Sie unbedingt achten sollten, und dann gibt es natürlich auch die Dinge, die Sie nicht anwenden sollten, wenn Sie erfolgreich traden wollen. Der Börsenhandel vermittelt immer den Reiz des raschen Reichtums. Es wird einem versichert, dass man ohne großen Aufwand und nur mit geringen persönlichen Investitionen schnell und viel Geld verdienen kann. Doch in Wahrheit sieht es an der Börse ganz anders aus. Jeder erfahrene Trader weiß, dass das, was an persönlichen Ressourcen investiert werden muss, ziemlich heftig ist.

Als Trader sollte man nicht nach dem schnellen Geld streben. Als Trading-Anfänger sollten Sie versuchen, schnell Fortschritte zu erzielen und ständig an sich zu arbeiten. Das sind zwei komplett unterschiedliche Dinge, die Sie versuchen sollten, zu verstehen, wenn Sie wirklich einmal großes Geld in diesem Business verdienen wollen. Bevor noch einige Tipps genannt werden, lassen Sie uns eine Frage klären:

WAS BEDEUTET ERFOLG IM TRADING WIRKLICH?

Will man den Erfolg ein wenig beschleunigen, sollte man als Anfänger zuerst verstehen, was den Handelserfolg eigentlich ausmacht. Trading-Anfänger denken grundsätzlich erst einmal, dass Erfolg gleichbedeutend mit Geld ist. Am Ende kann man es auch ganz gut so darstellen, doch startet man als Anfänger, sollte man die Denkweise von Anfang an auf einen anderen Fokus legen. Das Risikomanagement spielt hier eine ganz wichtige Rolle. Eine klare Strategie zum Thema Risikomanagement muss nämlich von Anfang an bestehen. Wird das Risikomanagement vom Anfänger auf die leichte Schulter genommen, wird sein Konto sang- und klanglos untergehen. Kleine Positionen, ein niedriger Hebel und eine perfekte Stop-Loss-Order spielen in diesem Fall eine sehr große Rolle. Wird nur einem Parameter zu wenig Beachtung geschenkt, können Sie finanzielle Schwierigkeiten bekommen.

In den ersten Monaten und vielleicht sogar Jahren geht es vielmehr darum, seine persönliche Trading-Strategie zu entwickeln. Die Strategie sollte zu Ihnen als Trader passen. Auch sollten Sie versuchen, die verschiedensten Emotionen im Trading zu erkennen und zu kontrollieren, denn diese werden Sie mit Sicherheit früh genug erfahren. Wer nämlich seine Emotionen und seine Verhaltensweisen im Trading kennt, kann aus ihnen lernen und dadurch ein erfolgreicher Trader werden. Um erst einmal auf der sicheren Seite zu stehen, sollten Sie mit kleinem Kapital Ihren Lernprozess stetig erweitern. Am Anfang werden Sie dabei Geld verlieren, davon können Sie ausgehen. Diese Leerkosten können Sie über das Risiko selbst bestimmen. Doch natürlich wollen Sie Ihre Ausgaben in der Regel sehr gering halten, nicht wahr?

Wenn Sie also über den Erfolg im Trading sprechen, dann sollten Sie Folgendes nennen: Handelserfolg ist dann, wenn ein Trading-Anfänger sich die Zeit nimmt, die er braucht, und einen Plan entwickelt, der für alle Eventualitäten eine Antwort weiß. Mithilfe des Plans lernen Sie Ihre Trading-Strategie inklusive der

Kriterien für den Ein- und Ausstieg, die entscheidenden Schritte für das Geldmanagement und das Risikomanagement sowie die Beachtung verschiedenster Emotionen. Durch das ständige Lernen im Bereich des Tradings wird mit der Zeit Wissen gesammelt. Dieses angeeignete Wissen wird zu einer Art Einheit. Das lässt den Trader wachsen. Wussten Sie, dass viele Trader bei diesem Punkt aufhören? Die meisten sehen nämlich nach kurzer Zeit noch keinen Fortschritt, aus diesem Grund verlieren sie ihre Geduld und geben auf. Die meisten Trader erwirtschaften zudem auch erst nach ein paar Jahren des Lernens nennenswerte Gewinne. Nachdem Sie die Notwendigkeit des Risikomanagements nun hoffentlich erkannt und akzeptiert haben, geht es zum zweiten Faktor.

Disziplin ist an der Börse ein wirklich großes Thema. Die Anfänger und auch die Profis müssen diszipliniert und geduldig sein, da sie sich zu jeder Tageszeit an den Handelsplan halten müssen. Der Handelsplan ist dabei nichts anderes als ein bloßes Regelwerk. Es zeigt Ihnen auf, wann Sie Trades machen und wann Sie lieber vom Markt wegbleiben sollten. Der Plan hilft Ihnen speziell, diszipliniert zu bleiben, und stellt Ihnen täglich das passende Konzept zur Verfügung. Nur so können Sie auf Dauer konstante Gewinne erzielen. Allerdings können schon einmal Jahre vergehen, bis Sie die perfekt für Sie ausgearbeitete Trading-Strategie erstellt haben. Die Strategie sollte natürlich aus dem Trading-Stil, dem Trading-Setup, unendlichem Fachwissen und dem Risikomanagement bestehen.

Ein wichtiger Kerngedanke ist, dass Sie sich nicht unter Druck setzen, sondern geduldig sind, denn Sie werden merken, dass Sie mit einem geringen Kapital zwar Jahre benötigen, um Ihren Lebensunterhalt mit Daytrading zu finanzieren, dafür ist jedoch das Risiko geringer und Sie werden langfristig viel erfolgreicher sein. Mit ausreichend Disziplin können Sie das immerhin erreichen. Mitunter gibt es genügend Möglichkeiten, auch in wenigen Jahren als Vollzeit-Trader arbeiten zu können. Dazu brauchen Sie nicht einmal zwingend eigenes Geld. Der Weg zum Handelserfolg ist lang und steinig. Wenn Sie es aber schaffen, in den ersten beiden Jahren erfolgreich zu traden, bei niedrigstem Risiko, werden Sie für viele Investoren interessant sein.

Was Sie allerdings immer wieder von Ihrem Plan abhalten könnte, sind Ihre Gier und Ihre mangelnde Disziplin. Weil viele Menschen am Markt einfach nur schnelles Geld machen wollen, neigen sie dazu, den wirren Emotionen zu folgen. Diese Gefühle sind meist schuld daran, dass zu große Stückzahlen pro Trade genommen werden und damit zu viel riskiert wird. Das führt natürlich dazu, dass Sie langfristig Geld verlieren würden, da Sie höchstens zwei bis drei Mal Glück haben werden, um Trades mit einem guten Gewinn abzuschließen. Der Markt ist gnadenlos und er wird sich das Geld mit Sicherheit in doppelter Menge von den Ungeduldigen und Undisziplinierten zurückholen.

WAS IST POSITION SIZING?

Wer in kurzer Zeit das Konto wachsen lassen möchte, kann das mittels Fremdkapitals tun. Sie können natürlich auch noch etwas anderes unternehmen, um Ihr Kontowachstum voranzutreiben. Während Sie mithilfe Ihrer Trading-Strategie und diszipliniertem Trading Ihr Konto wachsen lassen, können Sie auch vorsichtig beginnen, höhere Positionsgrößen auszusuchen. Anfänger allerdings sollten nie mehr als 1 % ihres Kontokapitals riskieren. Bei dieser Regelung sollten Sie sehr strikt sein, um möglichst lange an der Börse zu überleben. Fortgeschrittene oder Profis können da auch schon einmal 5-10 % riskieren. Anfänger sollten das natürlich vermeiden, weil ihnen einfach die nötige Erfahrung fehlt. Daher sollten Anfänger es sehr langsam angehen lassen. Überstürzen Sie nichts! Sie haben alle Zeit der Welt! Das ist ja schließlich das Schöne am Trading, denn Sie können es unabhängig von Alter, Geschlecht, Herkunft, etc. machen. Natürlich können Sie sich auch den Ort und den Zeitpunkt aussuchen, wann Sie Ihrer neuen Leidenschaft nachkommen.

Das Position Sizing macht dem Trader also klar, wie viel er in einen Trade investieren sollte. Es kann sehr verlockend sein, einen Handel abzuschließen, sobald er für Sie Gewinn abwirft. Besonders reizvoll ist es natürlich auch dann, wenn Sie kurz zuvor ein paar aufeinanderfolgende Verluste einstecken mussten. Allerdings müssen Sie dann auch einen Trade, der im Buchverlust landet, schnell wieder schließen. Das machen sehr wenige, denn die meisten Anfänger halten zu lange an schlechten Trades fest. Dazu muss allerdings auch Ihr Trading-Stil passen.

Verluste begrenzen und Gewinne laufen lassen.

WIE OFT SOLLTE MAN TRADEN?

Konnten Sie sich ein wenig an der Börse beweisen und haben Sie ein wenig Erfahrung in der Branche gesammelt, werden Sie erkennen, dass Sie, um erfolgreich zu sein, einfach weniger Trades am Tag durchführen sollten. Viele Anfänger neigen dazu, am Anfang möglichst viele Trades zu handeln, aber das ist ein großer Irrtum. Ein Trader hat einmal berichtet, dass er am Anfang am Tag 10-20 Trades durchgeführt hat, die aber nur selten begründet waren und seiner Trading-Strategie auch gar nicht wirklich entsprachen. Sobald er allerdings einmal einen fehlerhaften Trade hatte, wollte er sich aus Gier das Geld so schnell wie möglich zurückholen. Dementsprechend hat er irgendwelche sinnlosen Trades gesetzt, woraus sich eine eindeutige Abwärtsspirale widerspiegelte. Er stellte schnell fest, dass die sicheren und guten Trades, die waren, vorher ins kleinste Detail geplant wurden. Sie entsprachen also genau seinem Trading-Plan.

Der Markt ist ständig in Bewegung, allerdings wissen Sie nie genau, in welche Richtung, wie viel und wie weit. Sobald Sie also einen für Sie guten Trade platziert haben, denken Sie an Ihr Risikomanagement. Setzen Sie Ihre Stop-Loss-Order und Ihre Take-Profit-Order und lassen Sie die Zeit für sich sprechen. Außerdem müssen Sie dann nicht die ganze Zeit vor dem Monitor sitzen und alles ganz genau beobachten. Der Abstand vom Bildschirm wird Ihnen mit Sicherheit helfen, in der nächsten Phase diszipliniert zu sein und weniger emotional auf Veränderungen an der Börse zu reagieren. Sie stellen jetzt bestimmt fest, dass Trading eine tägliche Abarbeitung eines perfekt erstellten Plans ist, ein sicherer Plan in einem Umfeld voller Schwankungen und Unsicherheiten. Dabei sind Sie vermutlich selbst Ihr größtes Hindernis, um an der Börse schnell und auf Dauer gutes Geld zu verdienen.

Praxisbeispiel Daytrading

Unabhängig davon, ob man dem Traum, reich zu werden, oder seinem üblichen Tagesgeschäft nachgeht, spricht man gerne von Daytrading als eine "Fluch-oder-Segen-Unternehmung". Der Begriff "Daytrading" beinhaltet schon wesentliche Merkmale dieses unternehmerischen Handelns: Im Laufe eines Tages beobachtet man die Entwicklungen von Börsenkursen und versucht, Gewinnpotenziale zu erkennen, um diese dann auszunutzen, sprich mit Aktien, Devisen oder Derivaten zu handeln und schließlich einen reellen Gewinn zu erzielen.

In Deutschland ist das Daytrading allerdings weit und breit beliebt – laut Schätzungen von Experten auf dem Gebiet des Online-Tradings sind 50.000 bis 500.000 Menschen hierzulande in dem Trading-Feld tätig. Was für viele nach einer vielversprechenden Möglichkeit aussieht, wird von Sachkundigen aber manchmal eher kritisch beleuchtet. Laut einer im Auftrag von eToro (eine der weltweit erfolgreichsten Social-Trading-Plattformen) durchgeführten Studie ergibt sich im Jahresverlauf eine achtzigprozentige Chance, dass die Daytrader 36,3 % ihres kurzzeitig angelegten Geldes verlieren.

Daytrading gilt deswegen zugleich als Risikogeschäft und Profibereich. Wer sich dafür entschieden hat, Daytrading eine Chance zu geben, muss ein Auge auf Folgendes haben: Als erstes ist es wichtig, sich als Trading-Anfänger dessen bewusst zu werden, dass man bei Daytrading mit eigenem Kapital handelt, weswegen dieses unternehmerische Verfahren reale Risiken und unmittelbare Konsequenzen für den Ausübenden birgt. Um schwerwiegende Verluste in der Anfangsphase zu verhindern, empfiehlt es sich, ein risikofreies Demokonto anzulegen, über das man sich in die Praktiken und die Gewohnheiten einarbeiten und sich ein realistisches Bild von den Realbedingungen des Daytradings verschaffen kann. So entwickeln Sie ein Gefühl für lukrative Handelsstrategien und erwerben dazu ausreichende Kenntnisse der Marktfunktionsweisen. Später ergibt sich die Möglichkeit, zu einem offiziellen Konto zu wechseln und mit den Echtgeldinvestitionen anzusetzen.

Um dauerhaften Erfolg zu sichern, hat sich als Faustregel bewährt, dass man jeden Tag eine andere Strategie für die jeweilige aktuelle Marktsituation verwenden muss. Zwei der gängigsten Daytrading-Strategien sollten Sie als Anfänger unbedingt kennen – Scalping und Breakout. Unter dem Scalping-Ansatz versteht man das Trading-Vorgehen, bei dem man versucht, möglichst viele Handelsaktionen abzuschließen, die weniger als zehn "Prozentsätze in Punkten" Gewinn bringen und nebenbei dafür sorgen, dass mögliche Verluste in geringen Grenzen gehalten werden.

Die Breakout-Strategie ist davon gekennzeichnet, dass sie häufig in Anschluss an Pressemitteilungen zum Vorschein kommt. Bemerkt man infolge einer signifikanten Wirtschaftsmeldung starke Marktbewegungen, versucht man, sich Positionen in Richtung der jeweiligen Bewegung zu sichern, damit nach dem Ausbruch-Trade die bestmöglichen wirtschaftlichen Vorteile daraus gezogen werden können. Am Anfang ist als Nächstes von essenzieller Bedeutung, den richtigen Daytrading-Broker zu wählen. Dabei sollte man darauf achten, dass die Nutzungskosten mit den möglichen Gewinnaussichten bei dem jeweiligen Broker vereinbar sind. Ein international anerkannter Broker ist etwa Admiral Markets, der mit seiner Auszeichnung "Wahl zum Online-Broker 2018" erfolgreich überzeugt und trotzdem eher für fortgeschrittene Kapitalanleger passend ist.

Sollte Ihr Startkapital auch relativ erheblich sein, ist allerdings davon abzuraten, mit Forex oder CFDs ins Daytrading-Leben zu starten. Forex-Trading bietet zwar auf den ersten Blick beeindruckende Finanzvorteile wie etwa die hohe Hebelwirkung, aber es hat sich mit der Zeit erwiesen, dass das Risiko, mit Forex-Trading die gesamten Einnahmen zu verlieren, ziemlich hoch liegt. Am Ende des Tages ist es von ebenso großer Bedeutung, eine Bilanz über den Geschäftstag zu ziehen: Welche Trades sind erfolgreich abgeschlossen worden? Hat die Trading-Strategie die gewünschten Ergebnisse mit sich gebracht? Wie können begangene Strategiefehler in Zukunft umgangen werden? In der Analysephase kann man ein hilfreiches Tool wie etwa Admiral Connect Expert Advisor zur Hilfe heranziehen, um sich Klarheit über die Endergebnisse des Geschäftstages zu verschaffen und künftige, noch besser funktionierende Ertragssicherheitsstrategien zu entwickeln. Alles in allem darf man behaupten, dass Daytrading trotz der reichlichen Menge an Risiken auch viele Vorteile bieten kann.

Darunter sind die Swap-Kosten (Tausch von Forderungen in Währung) und die durch Traderaktivität beeinflusste Volatilität der Märkte zu nennen. Es besteht bei Daytrading die Möglichkeit, mit verschiedenen Währungspaaren zu handeln. Mit welchen lohnt es sich aber wirklich, Devisenhandel zu betreiben?

Das sind in aller Regel die Währungen der weltweit wirtschaftsstärksten Länder, welche die höchste Volatilität aufweisen. Die beliebtesten Daytrading-Währungspaare sind unter anderem Euro – US-Dollar, US-Dollar – Japanische Yen und Britische Pfund – US-Dollar.

Beim Handeln mit den oben genannten Währungen ist aber höchste Aufmerksamkeit geboten, da sich die hohe Volatilität zu jeder gegebenen Zeit als zweischneidiges Schwert erweisen kann. Denn bekannterweise sorgen Währungspaare, die hohe Liquiditätseigenschaften aufweisen, nicht nur für die Erwirtschaftung von Gewinnen, sondern auch für die Generierung von erheblichen Verlusten. Besonders für Einsteiger wird der Handel mit dem Währungspaar Euro/US-Dollar wegen seines niedrigliegenden Spread-Wertes (Differenz zwischen dem Ankaufspreis und dem Verkaufspreis) empfohlen. Es gibt jedoch mehrere Risikomanagementmethoden, die einem angehenden Trader die Arbeit erleichtern. Eine wichtige Methode ist dabei die Verlustminimierungsmethode bei der Hebelwirkung. Sie stellt sicherlich für jeden Anfänger ein verlockendes Angebot dar, doch es ist dringend notwendig, dass man den Hebeleffekt an die Kontogröße anpasst, um infrage kommenden Verlusten so gut wie möglich entgegenzuwirken. Je niedriger der Hebel, desto geringer fällt die Wahrscheinlichkeit nicht nur eines potentiellen Gewinns, sondern auch eines drohenden Verlustes aus. Da sich die Lage auf dem Währungsmarkt zu jeder Zeit im Handumdrehen verschlechtern kann, brauchen Sie außerdem einen effektiven Präventionsmechanismus, der Ihre Einnahmen davor schützt. Dabei spricht man von der Schnelligkeitsmethode, die durch eine automatisch angelegte Funktion, wie zum Beispiel "Stop Loss", die Verlustprozentsätze verwalten kann. Es ist allerdings wichtig, darauf hinzuweisen, dass solche Funktionen die Verluste nur noch in Grenzen halten, sie aber nicht komplett vermeiden können. Passen Sie außerdem auf, wenn Sie spontan entstandene Marktlücken bemerken. Sie wirken sich meist negativ auf Ihre Einnahmen aus.

Es ist aber keineswegs ausgeschlossen, dass von Kursrückgängen hervorgerufene Marktlücken manchmal für Gewinne sorgen können, auch wenn sie geringfügig ausfallen sollten. Es kommt noch die Frage der Risikominimierung bei der Besteuerung Ihrer Daytrading-Einnahmen hinzu. Um Ihre Steuerschuld in Hinblick auf diese besondere Einnahmesituation optimal zu reduzieren, müssen Sie Ihren Gewinn womöglich gering halten. Denn der Gesetzgeber sieht keine Besteuerung für Erträge vor, die unter der Grenze von 801 Euro pro Person liegen. Wer deutlich mehr Geld als 801 Euro mit seiner Beschäftigung verdient, darf mit maximal 25 % inklusive Solidaritätszuschlag und Kirchensteuer rechnen.

Allerdings muss man die Theorie mit der Praxis in Verbindung bringen, indem man die theoretischen Ansätze an einem anschaulichen Praxisbeispiel zu erklären versucht und so für ein besseres Verständnis sorgt. Vorweg muss man die grundlegenden Voraussetzungen für einen erfolgreichen Trade festlegen. Diese sind: 1. Eine starke Währung, die sich von einer schwachen Währung unzweifelhaft unterscheiden lässt; 2. Nachrichtenquellen mit relevanten wirtschaftlichen News und 3. ein passender Platz auf dem Währungschart, auf dem Sie Ihren Trade eventuell eröffnen könnten. Um mit dem Trade überhaupt beginnen zu können, müssen Sie zuerst feststellen, wie es momentan mit den Kursen der verschiedenen Währungen aussieht. Das lässt sich am leichtesten mithilfe von Anwendungen und Webseiten wie StrongWeak App und finanzen.net erledigen. Damit die Indikatoren-Trigger aufgezeigt werden können, muss man zuerst einen deutlichen Trend entdecken. Nachdem dieser Schritt vollzogen wurde, lohnt es sich zunächst, eine Pullbackbewegung abzuwarten. Folgt man dem Prinzip des Ausbruch-Pullbacks, so erhöhen sich die Chancen für einen lukrativen Trade nicht nur auf Käuferseite, sondern auch auf der Seite des Verkäufers. Die Strategie lautet also, sich nicht gleich auf vermeintlich gute "Deals" einzulassen, sondern ein Auge auf die Chartentwicklungen zu behalten und erst dann einen Trade zu eröffnen, wenn sich eine kontinuierliche, deutlich positive Bewegung auf dem Devisenmarkt durchsetzt. Daraus kann man auf alle Fälle den Vorteil ziehen, dass sich entweder Ihr Verdienst vermehrt oder ein möglicher Verlust abgeschwächt wird. Wie lässt sich aber mit Sicherheit festhalten, was eine starke beziehungsweise schwache Währung ist? Hierbei ist es wichtig, dass man neben den offiziellen Charts auch noch die Sentiment-Lage beachtet, sprich die Stimmungslage auf dem Markt. Marktrelevante News wiederum können dabei ebenfalls hilfreich sein. Man findet solche ausgewählten Nachrichten und Analysen meist auf Webseiten wie FXStreet und DailyFX, die auch Tickerfunktionen unterstützen, weil, wie gesagt, die Schnelligkeit der Entscheidungsfindung manchmal entscheidend für den Trade-Erfolg ist.

Nachrichten, die von einflussreichen Fernsehsendern wie CNN stammen, können ebenfalls als zuverlässige Informationsquellen herangezogen werden. Ein essenziell wichtiges Tool für jeden erfahrenen Trader stellt außerdem der Wirtschaftskalender dar. Er ist für die Überwachung von wirtschaftlichen Daten und die Abbildung von Trendwenden nützlich. Jeder Trader muss in kurzer Zeit auf Basis von laufenden Beobachtungen ein Gefühl dafür entwickeln, wann wichtige wirtschaftliche Nachrichten herauskommen. Einen übersichtlichen Forex-Kalender bietet unter anderem etwa Admiral Markets, in dem Informationen über Inflationsraten, Bruttoinlandsprodukte und Verbraucherpreisindizes für die jeweiligen Industrieländer neben allgemeinen Bekanntmachungen angezeigt werden. Manchmal werden die letzten heißen News in der Nacht veröffentlicht, wenn sie aus einer anderen Zeitzone stammen (zum Beispiel ein Bericht über den politischen Deal Trumps mit Kanada, der sich als ein fundamentaler Treiber für die wirtschaftliche Lage in den beiden Ländern erweist). Aus diesem Grund heraus bilden sich meist mindestens zwei Sessions, in denen Trades eröffnet werden.

Wenn man sich dem oben erwähnten Beispiel bedient, kann man damit rechnen, dass sich in diesem Fall zwei Sessions herauskristallisieren – die Washington Session und die Ottawa Session. Wegen des zeitlichen Abstands, dessen Auswirkungen auf die Ankaufs- und Verkaufspreise auf dem Chart deutlich zu sehen sind, dürfte es einem bei der Entscheidung schwerfallen, wo man seinen Trade abgeben sollte und ob es sich überhaupt lohnt, zu einem relativ späten Zeitpunkt das Risiko einzugehen. Alle bisher erwähnten Techniken und Strategien des Daytradings werden im Folgenden mithilfe eines konkreten Beispiels veranschaulicht. Am 29.08.2018 ist in der Presse die positive Nachricht erschienen, dass die Europäische Union bereit wäre, dem Vereinigten Königreich eine so starke Partnerschaft zu bieten wie keinem anderen Land – so der Wortlaut des Beauftragten der EU-Kommission für die Verhandlungen zu dem EU-Austritt des Vereinigten Königreiches (Michel Barnier). Wenn in dieser Situation mit US-Dollar und britischem Pfund gehandelt wurde, konnte derjenige, der an dem Kauf von amerikanischer Währung interessiert war, stark von der Währungslage der beiden Devisen profitieren. Wer seit langer Zeit die Bewegungen der beiden Währungen überwacht, weiß, dass der Kurs des Dollars zu diesem Zeitpunkt ziemlich schwach war im Vergleich zu dem verstärkten Pfundkurs, der durch die damaligen Erfolge der Brexit-Verhandlungen angekurbelt wurde, obwohl es zu keinem Deal im eigentlichen Sinne gekommen ist. Sonst hat der Kurs des britischen Pfunds vor diesem ausschlaggebenden Ereignis ständig unter den Rückschlägen des unerfolgreich durchgebrachten Brexit-Deals gelitten. Somit war das eine Entscheidung aus dem Bereich der EU-Politik, deren Auswirkungen sich im Kurs des britischen Pfunds widergespiegelt haben.

Im Forex-Trading handelt es sich bei diesem konkreten Beispiel um einen Long Trade. Das bedeutet, der Deal ist durch den Einkauf initiiert, mit der Erwartung, in Zukunft zu einem höheren Preis zu verkaufen und auf diese Weise einen Gewinn zu erzielen. Denkt man nun an das vorherige Beispiel mit dem Kanada-Deal, muss man zwischen Long Trades und Short Trades zu unterscheiden vermögen. Hierbei spricht man von einem Short Trade, der durch einen Verkauf vor dem eigentlichen Kauf gekennzeichnet ist, mit der Absicht, die Aktie zu einem niedrigeren Preis zurückzukaufen und davon zu profitieren. Nun zurück zu dem Brexit-Beispiel. In diesem Fall war es für mehrere Trader möglich, einen lukrativen Trade abzugeben, weil sich die Nachricht sehr schnell auf Twitter verbreitet hat, was mittlerweile zu einer sehr beliebten Quelle für marktrelevante News geworden ist – aus dem einfachen Grund, dass die größten Fernsehsender große Aufmerksamkeit auf sozialen Medien generieren und folglich die Social-Media-Plattformen für dieses Ziel einsetzen. Außerdem vernetzen sich die meisten aktiven Daytrader vermehrt auf Twitter.

Ein kostenloser Blog, der ebenfalls für die schnelle Verbreitung von wirtschaftlich relevanten News und sein schnelles Newsfeed bekannt ist, heißt ForexLive, dessen Vorteil außerdem die Live-Quotes-Funktion in Echtzeit ist. Im nächsten Schritt ist nicht zu vernachlässigen, dass man die gelieferten Informationen auf ihre Richtigkeit überprüfen muss, um Verwirrungen und mögliche Kostenverluste zu vermeiden. Mit einem Blick auf den Chart kann man dann das Momentum (die Dynamik) identifizieren und seinen Trade dort positionieren. Wenn man eine deutliche Tendenz erkannt hat, sich aber unsicher wegen der weiteren Chartentwicklung ist, sollte man (je nach Erachten) trotzdem den Trade abgeben, um das Risiko, eine gute Deal-Möglichkeit zu verpassen, gegebenenfalls zu umgehen. Diese Strategie gilt jedoch nur noch für solche Fälle wie den oben beschriebenen, wo man mit Sicherheit von der extrem positiven Auswirkung einer jeweiligen Bekanntmachung von wirtschaftlicher Relevanz auf den Kurs der interessierenden Währung ausgehen kann.

Daytrading – Vor- und Nachteile im Überblick

Fühlen Sie sich noch unsicher, ob Daytrading das Richtige für Sie ist? Tatsächlich ist Daytrading extrem beliebt und an jeder Ecke wird geraten, mit Daytrading schnelles Einkommen zu erzielen. Es gibt aber natürlich für alles Vor- und Nachteile.

VORTEILE

Daytrading ist in der heutigen Zeit sehr beliebt und das nicht völlig ohne Grund. Beim Daytrading gibt es einige Vorteile, die für das Geschäft an der Börse sprechen. Daytrader umgehen mit ihrem Prinzip zum Beispiel die Finanzierungskosten. Da Sie Positionen an nur einem Tag eröffnen und dann zügig wieder schließen, fallen die Finanzierungskosten weg. Die Finanzierungskosten werden auch als Übernachtgebühr bezeichnet und für die Positionen bezahlt, die auch noch nach Börsenschluss gehalten werden.

Die Kosten werden in der Regel prozentual ausgerechnet, das heißt, je höher die gehandelten Volumina sind, desto höher sind auch die Finanzierungskosten. Behält man eine Position über das Wochenende, verdreifachen sich die Gebühren sogar. Für Daytrader fallen diese Gebühren jedoch komplett weg, da sie ihre Positionen noch am selben Tag wieder schließen. Auch Gaps stellen für Daytrader kein Problem mehr dar. Daytrader werden nicht mit einem hohen Verlustrisiko konfrontiert. Das Verlustrisiko entsteht durch sogenannte Gaps. Nicht selten kommt es dazu, dass zur Eröffnung der Börse ein Kurs einen großen Sprung nach oben oder eben nach unten macht.

Wenn in der Nacht bedeutende Nachrichten veröffentlicht wurden, kann das enormen Einfluss auf die Entwicklung der Kurse haben. Dadurch, dass die Börse in der Nacht geschlossen und außer Betrieb ist, werden die Kursveränderungen mit einer großen Lücke deutlich visualisiert, die Gap. Daytrader umgehen auch dieses Risiko, da sie, wie zuvor gesagt, am gleichen Tag ihre Positionen schließen und neue Positionen erst am Morgen innerhalb der Öffnungszeiten der Börse eröffnen.

Auch der psychische Aspekt spricht für das Daytrading. Trader warten nicht lange auf einen Abschluss einer Position, sie erhalten schneller Ergebnisse und können dementsprechend in der Nacht besser schlafen. Sie machen sich einfach weniger Gedanken um den Verlauf der Positionen. Wer als selbstständiger Trader starten möchte, kann auf diese Weise sogar ein geregeltes Arbeitsleben führen. Morgens zur Eröffnung der Börse würde der Arbeitstag dementsprechend beginnen und am Abend nach der Schließung hätten Sie in Ruhe Feierabend.

Beim Forex-Trading können Daytrader ihrer Berufung ständig nachgehen. Im Gegenteil zum Handel mit Aktien oder anderen Finanzinstrumenten ist man beim Forex-Trading nicht wirklich an einen Börsenschluss gebunden. Daytrader können sich in diesem Fall die Märkte aussuchen. Dank der Zeitverschiebung aufgrund der verschiedenen Zeitzonen ist es den Tradern, die mit Währungen handeln, möglich, den Handel theoretisch 24 Stunden am Tag zu betätigen. Tagsüber können Sie sich an US-amerikanischen und europäischen Börsen tummeln und in der Nacht oder am frühen Morgen können Sie sich an den australischen und asiatischen Börsen beteiligen. Das sollten Sie allerdings nur machen, wenn Ihre Strategie es Ihnen erlaubt.

NACHTEILE

Daytrading bringt jedoch nicht nur Vorteile mit sich. Auch sind die Nachteile in diesem Business nicht zu unterschätzen. Erfahrene Trader wissen natürlich, welche Vor- und Nachteile dieses Geschäft mit sich bringt. Diese können zudem auch sehr vielfältig und umfangreich sein. Lassen Sie sich deshalb nicht von den Vorteilen ablenken. Wer schnelles Geld verdienen will, muss auch mit diversen Nachteilen rechnen. Viele Anfänger schreckt das hohe Verlustrisiko ab. Gerade unerfahrene Anfänger sollten sich immer stets bewusst sein, dass beim Daytrading die Zeitperiode für eine Kursumkehr aufgrund von falschen Voraussagungen extrem kurz ist. Dadurch kann ein sehr hohes Verlustrisiko entstehen. Für Daytrader gilt deshalb immer: Je kürzer die Phase, also das Zeitfenster, ist, desto präziser und zuverlässiger muss auch die Vorhersage sein.

Einen hohen Schaden bergen auch die Handelsgebühren für den Daytrader. Die Rendite eines Traders hängt nämlich auch davon ab, welche Gebühren berechnet werden, wie hoch diese sind und wie sie berechnet werden. Aus diesem Grund sollten Trader sich einen sehr guten Broker suchen, der die passenden Konditionen anbietet. Die Broker berechnen die Kommissionen oder auch die Provisionen und sind daher für jeden Daytrader sehr empfehlenswert. Spreads können ebenso einen Großteil des Gewinns vernichten, weshalb Daytrader davon Abstand nehmen sollten. Daytrader müssen außerdem beachten, dass sie ständig den Verlauf ihrer Positionen beobachten müssen. Sie müssen also andauernd am Computer sein und den Kursverlauf ständig im Blick haben. Wieso? Damit sie den perfekten Ausstieg nicht verpassen. Wenn die Volatilität besonders hoch ist, kann das Beobachten zu einem großen Zeitaufwand und einem hohen Stressfaktor führen. Wenn die Volatilität allerdings sehr gering ist, dann ist natürlich genau das Gegenteil angesagt. Der Daytrader wird sich vermutlich langweilen. Die ständige Präsenz kann sehr anstrengend sein, dem ist nicht jeder Trader auf Dauer gewachsen.

WER EIGNET SICH ALS DAYTRADER?

Nicht jeder Trader eignet sich auch als Daytrader. Vielen Tradern reicht der übliche Handel vollkommen aus, doch manche wollen auch einfach mehr. Sie wollen Daytrader werden, doch dafür benötigen sie ein hohes Maß an Wissen und Erfahrung. Auch sollten sie schon über eine geeignete Handelsstrategie verfügen, die sich auf das Daytrading übertragen lässt. Erfahrene Trader haben also sehr gute Chancen, auch als Daytrader durchzustarten. Bis einige den Schritt wirklich gehen, vergehen gerne einmal ein paar Jahre.

Natürlich kann man Daytrading auch nur als Hobby ansehen. Möglicherweise suchen manche Menschen nach Feierabend einfach nur den einen oder anderen Nervenkitzel. Dennoch sollten Trader, die Daytrading nur als Hobby verfolgen wollen, auch ein gewisses Grundwissen zum Börsenhandel mitbringen. Auch sollten sie keine Angst davor haben, Verluste einzufahren, denn das gehört nun einmal zu diesem Geschäft dazu. Als Hobby-Trader hat man möglicherweise wesentlich mehr Spaß an der Sache, da man sich fühlt, als wäre man im Kasino.

Hat man nicht allzu viel Zeit, um den Handel an der Börse zu betreiben und regelmäßig den Kursverlauf der Position, die man eröffnet hat, zu beobachten, ist Daytrading womöglich auch eine gute Alternative. Im Gegensatz zum normalen Trading passiert Daytrading innerhalb weniger Stunden, wodurch sich der Zeitaufwand extrem verringert. Die Positionen werden nämlich kurzzeitig eröffnet und nach nicht allzu langer Zeit auch schon wieder geschlossen. Daher eignet sich das Daytrading ideal zur Aufstockung des Gehalts oder zur Entspannung nach dem Feierabend.

Bringen Trader ein hohes Kapital und viel Erfahrung mit, können sie alle Vorteile nutzen, die Daytrading anbietet. Der Profit kann dabei sehr hoch sein. Hohe Trading-Gebühren oder andere Dinge können einen kaum unter Druck setzen. Auch temporäre Verluste zwischendurch sind mit einem hohen Startkapital definitiv kein Grund zur Panik. Hat man ein paar Positionen eröffnet und bringen diese einen sehr hohen Gewinn ein, kann man aufgrund des hohen Handelsvolumens diesen Gewinn als äußerst rentabel bezeichnen.

Money Management

Das Money Management ist eine Anlagestrategie im Wertpapierhandel. Ziel ist es, das Risiko eines Depots zu senken. Dabei enthält jedes Wertpapier im Depot eine maximale Positionsgröße. Steigt der Kurs über diese Positionsgröße, muss der Überschuss verkauft werden. Je nach Risiko wird eine hohe oder eine niedrige Positionsgröße festgelegt.

Die Kontrolle des Geldes spielt beim Money Management also eine sehr wichtige Rolle. Hat man sich erst einmal eine Strategie zusammengestellt, mit der man den Markt erobern möchte, muss man darauf achten, dass man das Kapital, welches einem zur Verfügung steht, perfekt mit der Strategie vereint. Das Kapital sollte also gezielt eingesetzt werden. Mit Hilfe des Money Managements soll verhindert werden, dass Daytrader ihr Geld unnötig falsch einsetzen. Das kann natürlich passieren, wenn der Trader seine Strategie nicht richtig verfolgt oder sich emotional leiten lässt. Das führt oft zu schweren Verlusten. Zudem vergessen Trader ohne Money Management häufig die Bildung von Rücklagen. In manchen Momenten sind nämlich gerade die Rücklagen von sehr großer Bedeutung. Handelt der Trader nur aus dem Gefühl heraus, ignoriert er seine Trading-Strategie. Dieses Vorgehen erinnert Sie vermutlich eher an Glücksspiel.

Doch worauf kommt es beim Money Management an? Will man ein gutes Money Management betreiben, ist es sehr wichtig, dass man realistisch bleibt. Erfolgversprechend sind in diesem Fall die Positionen, die kleinere Beträge abwerfen. Schafft man es, kontinuierlich Gewinne mit kleineren Beträgen zu erzielen, hat man gute Chancen, dass die möglichen Verluste nicht so hoch ausfallen.

Wenn Trader in einer gewissen Phase keinen guten Trend bemerken, werden sie oft ungeduldig und fangen an, zu spekulieren. Sie spekulieren dann auf irgendeinen Basiswert. Diese Spekulation führt sie jedoch nicht zum Erfolg. Verspüren manche Trader eine gewisse Langeweile, handeln sie in den meisten Fällen ebenso unüberlegt. Sie sollten sich daher immer vor Augen halten, dass es sich beim Daytrading um echtes Geld handelt, sodass der Spaß, die Langeweile oder ein anderer unsinniger Faktor nicht im Vordergrund steht. Das Money Management ist demnach eine der wichtigsten Strategien an der Börse, um das Risiko zu minimieren und Erfolg an der Börse zu haben.

Wer erfolgreich handeln will, sollte sich die richtige Strategie zulegen. Die Strategie ist die Basis eines erfolgreichen Traders. Sie sollte in jedem Moment seiner Karriere eingehalten werden. Wenn eine Unsicherheit besteht und man zweifelt, ob eine Order zur ausgewählten Strategie passt, sollte man doch besser abwarten und eine kurze Pause einlegen. Nach kurzer Ruhepause kann man wieder völlig erholt in das Daytrading einsteigen.

Beim Daytrading gibt es unzählige Strategien, nach denen man sich richten kann. Allerdings muss bei jeder Strategie darauf geachtet werden, dass man das eigene Kapital nicht zu sehr unter Druck setzt. Das Budget ist sehr wichtig, um auch noch in Zukunft aktiv handeln zu können. Erfahrene Trader oder Trader, die schon lange in diesem Business tätig sind, haben schon einige Erfahrungen mit dem Money Management sammeln können. Die Anfänger sind jedoch häufig sehr überfordert mit der ganzen Situation. Die meisten Neulinge wissen nämlich nicht, wie man vorgehen soll und auf welche Besonderheiten man achten muss. Damit das Budget dauerhaft stabil gehalten wird, ist das Money Management ein wichtiger Faktor. Bei diesem Prinzip gibt es allerdings auch einige Regeln zu beachten und es sollten diverse Analyseverfahren mit dem Money Management kombiniert werden. Nur so kann man die Erfolge für sich nutzen.

Money Management bedeutet eigentlich nichts anderes als die ideale Einteilung und Investition des eigenen Kapitals. Auch dieses Vorgehen benötigt eine passende und geeignete Strategie, die gut überlegt sein sollte. Die meisten Trader tätigen nicht einmal einen großen Kapitaleinsatz, wenn sie auf eine Aktie setzen, sie achten allerdings vielmehr auf die richtige Einteilung des Kapitals, wenn Sie handeln. Auch mit den Verlusten muss gut umgegangen werden. Das Ziel eines Trades sollte nämlich sein, den Verlust so gut es geht einzugrenzen, um nach ein paar Fehlversuchen immer noch genug Kapital für weitere Versuche zu haben. Zu dieser Strategie gesellt sich zudem auch das Risikomanagement. Eigentlich hat doch jeder das Ziel, möglichst viel Gewinn zu erwirtschaften und sein Geld stetig zu vermehren. Das ist allerdings nur dann möglich, wenn man seine Verluste den Gewinnen gegenüberstellt. Die Ziele des Money Managements sind also das Vermehren des Gewinns sowie die größtmögliche Vermeidung von Verlusten. Leider ist es jedoch so, dass sich die beiden Komponenten gegenseitig beeinflussen, das heißt, dass man klug handeln muss. Wer gut handelt, der kann sich auf eine höhere Gesamteinnahmequelle freuen.

Wie schon erwähnt, gibt es auch beim Money Management verschiedene Strategien. In diesem Ratgeber wollen wir Ihnen drei Methoden vorstellen. Die Core Equity Method, die Total Equity Method und die Adaptive Core Equity Method sollten jedem Daytrader ein Begriff sein. Bei der Core Equity Method handelt es sich um die Betrachtungsweise. Jeder eröffneten Position wird ein Betrag zugewiesen. Dieser Betrag wird dann vom Gesamtkapital abgezogen. Diese Methode ist auch unter dem Namen Kernkapital-Methode bekannt, man sieht häufig, wie sie auf dem Markt verwendet wird. Bei der Total Equity Method, also der Gesamtkapital-Methode, wird das gesamte zur Verfügung stehende Kapital zum Spekulationskapital gezählt. Es wird also kein Unterscheid gemacht. Bei der zweiten Methode würde also mehr Geld für das Daytrading bereitstehen. Die Adaptive Core Equity Method ist eine Mischung aus den ersten beiden Methoden.

Diese Verbindung verlangt nach einer Kapitalzuweisung. Anschließend wird sie dem erhöhten oder dem verminderten Risiko angepasst.

Das sind jedoch noch lange nicht alle Möglichkeiten, um sein Kapital so sicher wie möglich zu machen. Es gibt noch viele weitere Möglichkeiten, um den eigenen Einsatz verändert in Aktien einzusetzen. Bei der Martingale-Strategie zum Beispiel wird das Kapital mit einem höheren Risiko eingesetzt. Die Einlage wird quasi nach jedem Verlust vermehrt. Das Risiko steigt zwar dabei und auch der Gewinn vermehrt sich dadurch, die Erwartungen steigen bei dieser Methode jedoch enorm, sodass man Ergebnisse erwartet, die in keinem Fall entmutigen sollen. Auch wenn der Gewinn bei dieser Methode höher ausfällt, kann es sein, dass durch das Chance-Risiko-Verhältnis das Ergebnis schlechter ausfällt. Doch gerade Anfänger müssen zu Beginn wesentlich höhere Verluste einstecken. Die meisten Trades müssen anfangs abgebrochen werden. Dieser Vorgang kann nicht nur schmerzhaft sein, er kann auch noch das ganze Kapital auf den Kopf stellen.

Dennoch gibt es noch weitere Ansätze, die das Money Management unterstützen und zum Erfolg führen können. Nach einer Reihe von Gewinnen oder einer Reihe von Verlusten kann der Einsatz einfach erhöht oder eben vermindert werden, das Gewinner- und Verlierer-Modell. Auch kann zum Beispiel ein fester Betrag festgelegt werden, der pro Trade ausgegeben werden darf. Allerdings muss man strikt darauf achten, dass dieser Betrag nicht überstiegen wird. Außerdem können mithilfe der Technischen Analyse steigende Tendenzen wahrgenommen werden. Hat man diese Werte vor Augen und erkennt man einen klaren aufsteigenden Trend, dann sollte man schleunigst handeln. Sie merken schon, es gibt viele Methoden, um sein Kapital sicher zu verteilen und hohe Verluste zu vermeiden.

Daytrading - Psychologie

Sie haben nun schon einige Faktoren kennengelernt, auf welche es beim Daytrading ankommt. Es kommt auf die passende Strategie und auf das perfekte Money Management an. Doch ein Punkt wurde in diesem Ratgeber nur sehr knapp angesprochen: die Psyche. Jeder Daytrader sollte sich vermehrt auf die technischen Abschnitte konzentrieren, auf die Fakten und auf die verschiedenen Strategien. Sie wollen so schnell wie möglich alle nützlichen Indikatoren, Setups und Fachbegriffe lernen. Natürlich ist es keineswegs falsch, sich das fachliche Wissen anzueignen. Man sollte sich sogar ständig fortbilden, weil man in diesem Business einfach nie auslernt. Doch sich viele dicke Bücher über das Daytrading durchzulesen und unzählige Seminare zu besuchen, all das reicht einfach nicht aus, um ein erfolgreicher Daytrader zu werden.

Hat man sich genug Wissen über das Handeln an der Börse angeeignet, kommt nach einer Zeit das Geldmanagement hinzu. Auch dieser Faktor spielt beim Handeln eine sehr große Rolle. Man versucht, das Risiko richtig einzuschätzen und dementsprechend den Verlust des Kapitals so niedrig wie nur möglich zu halten.

Doch es gibt noch einen anderen Grund, der dazu führt, dass man ein erfolgreicher Daytrader wird. Sie wollen wissen, was einen Daytrader so erfolgreich macht? Sie werden gleich vermutlich schmunzeln oder es sogar gar nicht erst glauben, aber ein Daytrader ist erfolgreich, sobald er das mentale Spiel beherrscht. Manche behaupten sogar, dass der Erfolg im Daytrading zu 80 % von der Psyche abhängt. Doch wie kann das sein? Wie sehr beeinflusst unsere Psyche unser Daytrading?

Eigentlich ist es völlig egal, ob man ein guter oder ein schlechter Daytrader ist. Manchmal kommt man in den Genuss einer Reihe von gewinnbringenden Handelsaktivitäten. Es läuft alles gut, man macht das Geschäft seines Lebens. Wenn ein Daytrader so eine Phase durchlebt, in der einfach alles funktioniert, was er sich vorgenommen hat, nennt man diese Phase des psychischen Zustandes das Jesus-Syndrom. Der Daytrader fühlt sich eben so, als könne er über das Wasser gehen.

Der Daytrader ist in diesem Zustand sehr von sich überzeugt. Er ist von seinen Weisheiten überzeugt und glaubt fest daran, dass diese lohnenswerte Phase nie vorübergehen wird. Der Daytrader ist der festen Überzeugung, seine Strategie und somit einen langanhaltenden Gewinn auf dem Markt gefunden zu haben. Allerdings fängt er parallel zu diesen Gedanken an, ein wenig nachzulassen. Er lässt sich gehen und verfolgt die eigenen Regeln nicht mehr so streng, weil er sich in allem zu sicher ist. Was daraufhin schief gehen kann? So gut wie alles!

Wir haben Sie schon vorher gewarnt, dass die Psyche eine wichtige Rolle im Daytrading spielt. Wenn Sie jetzt immer noch nicht daran glauben, dann liegt es an Ihnen. Doch Sie sollten niemals voreilig handeln und die Psychologie im Daytrading als einfach abstempeln, denn dann gehen die Handelsergebnisse meistens schief. Experten sagen sogar, dass es durchaus das Schlimmste sein kann, wenn ein Daytrader gleich zu Beginn seiner Karriere nur Erfolg verzeichnet. Wieso? Es mag für Sie vielleicht komisch klingen, aber setzen Sie sich doch einmal in die Lage des erfolgreichen Anfängers. Sie erwirtschaften die ersten drei Monate so viel Geld an der Börse, dass Sie das Gefühl haben, Sie kann nichts mehr aufhalten. Sie haben nicht einmal mehr Respekt vor dem Markt und das führt früher oder später zum finanziellen Ruin. Viele Daytrader haben den Respekt verloren, als sie ihren Höhenflug erlebt haben. Ging das Geschäft nach einiger Zeit dann einmal nicht gut, hatten sie das Gefühl, als müssten sie sich am Markt rächen.

Es kann ja einmal vorkommen, dass Sie den ganzen Tag gehandelt haben. Sie haben lange vor den Bildschirmen gesessen und das Geschehen beobachtet. Trotz Ihrer Anwesenheit kann allerdings immer etwas schiefgehen. Die Regeln haben Sie alle eingehalten, doch der Markt war einmal gegen Sie. Der Markt kann jedoch nichts dafür, er hat ja schließlich keine Persönlichkeit. Der Markt verhält sich ebenso, wie er es tut. Jedoch bilden sich viele Händler einen Kampf ein – ein Kampf zwischen den Händlern und dem Markt an sich.

Wenn ein Händler schon so weit ist und an Rache denkt, ist er kurz davor, einen schweren Fehler zu begehen. Er handelt mit Positionen, die außerhalb seiner Strategie sind, und das alles nur, um sich an dem Markt zu rächen.

Wenn Sie eine Reizung gegenüber dem Markt beobachten, sollten Sie für ein paar Stunden den Bildschirm ausmachen und sich ein wenig von dem Handel entfernen. Machen Sie keine unüberlegten Sachen, schließlich ist am nächsten Tag wieder ein neuer Handelstag.

Wenn Sie merken, dass Sie nervös werden, Sie mit Ihren nassen Händen nur noch von der Tastatur abrutschen oder Sie den Schweiß auf der Stirn spüren, sollten Sie eine Pause vom Daytrading machen. Bemerken Sie diese Symptome, ist Ihr Adrenalinspiegel erhöht. Der übermäßige Adrenalinausstoß findet normalerweise dann statt, wenn Sie einen großen Fisch an der Angel haben und der Auftrag großen Einfluss auf Ihr Gesamtkapital haben wird.

Ist Ihr Adrenalinspiegel erst einmal erhöht, interpretiert Ihr Körper diese Situation als Gefahr. Ihr Körper geht also davon aus, dass Sie um Ihr Leben kämpfen müssen. Das kann zum Beispiel dann sein, wenn Sie einen Trade getätigt haben, bei dem es sein kann, dass er nach Abschluss einen großen Verlust des Handelskapitals bedeutet.

Sollten Sie andauernd dieses Gefühl der Nervosität oder allgemein einen hohen Adrenalinspiegel haben, kann das bedeuten, dass Sie viel zu hohe Risiken in Ihrem Handel eingehen. Ein Handel mit einer ausgearbeiteten Strategie sollte alles andere als nervenaufreibend und aufregend sein. Adrenalinschübe deuten auf Glücksspiel hin. Beim Daytrading allerdings sollte einer soliden Arbeitsweise nachgegangen werden. Diese Arbeitsweise sollten Sie pro Handel ständig wiederholen. Natürlich sollte darauf geachtet werden, dass dabei nur ein geringes Risiko eingegangen wird. Auf lange Sicht erzielt man nämlich so ein viel besseres Ergebnis mit Daytrading. Mit einer sinnvollen und disziplinierten Arbeitsweise können Sie objektiv, sachlich und mit weniger Risiko auf mehrere Handelsaktivitäten eingehen, auch wenn die Geschäfte immer wieder in die falsche Richtung zeigen.

Wenn Sie lange handeln wollen, sollten Sie immer Ihre Gesundheit berücksichtigen, auch Ihre psychische Gesundheit. Hilfreich ist es in diesem Fall vielleicht auch, sich ein Handelsjournal anzufertigen und über die vergangenen Geschäfte zu berichten. Schreiben Sie Ihre Gefühle klar und deutlich auf. Wie haben Sie sich bei jedem einzelnen Trade gefühlt? Waren Sie sehr ungeduldig und haben Sie dementsprechend nur vermutet, ob oder wie sich ein Markt verändern könnte? Haben Sie vielleicht einen Handel aus Frust angenommen? Diese und noch viele weitere Fragen können Sie im Handelsjournal festhalten.

Wenn Sie sich diese Gefühle notiert haben, verschafft Ihnen das einen detaillierten Überblick darüber, ob oder wie oft Sie in eine emotionale Falle geraten sind. Vielleicht können Sie anhand dieser Aufzeichnungen auch feststellen, wann genau Sie ungeduldig geworden sind und emotional gehandelt haben. Auf jeden Fall ist unsere Psyche sehr speziell und diese Tipps sind vermutlich einfacher gesagt als getan.

Versuchen Sie daher, eine Daytrading-Strategie zu entwickeln, die zulässt, dass Ihre Emotionen während des Daytradings so ruhig wie möglich bleiben. Zweifel, Rache, Ungeduld und andere negative Emotionen sollten Ihre schlimmsten Feinde sein und in jedem Fall beim Daytrading vermieden werden. Je mehr Sie diese negativen Gefühle ignorieren, desto erfolgreicher und disziplinierter werden Sie handeln.

Dennoch gibt es einen größeren Feind – die Angst. Wer Angst hat, entscheidet sich meist für das Falsche, das heißt, man verliert. Daraus resultiert beim Trading natürlich immer ein hoher Verlust. Doch wie bekommen Sie Ihre Angst in den Griff? Wie lernen Sie, ausgeglichen zu sein und sich zu konzentrieren? Börsenerfolg ist also die Folge kontrollierten Daytradings. Doch nicht nur die Psyche trägt zum Erfolg eines Traders bei. Zuerst sollten Sie sich einmal ernsthaft darüber Gedanken machen, ob Sie es wirklich wollen. Wenn man es nämlich wirklich will, es also versucht und auch richtig macht, kann man ebenso im Daytrading gewinnen.

Es gibt neben der Psyche noch weitere Faktoren, die einen Trader auf Dauer zum Gewinner machen. Wenn Sie das Daytrading als eine Art Job sehen, werden Sie sich mit Sicherheit noch mehr motivieren können. Geben Sie sich Mühe und verfolgen Sie Ihren Traum langfristig.

Außerdem sollten Sie nicht klüger als der Markt selbst sein. Der Markt wird immer Recht behalten. Selbst wenn es so scheint, als würde eine Aktie steigen, seien Sie immer darauf gefasst, dass die Mehrheit des Marktes anderer Meinung ist. Zu viel Selbstvertrauen kann das Konto sehr schnell minimieren.

Die Märkte ändern sich ständig. Aus diesem Grund sollten Sie Ihre Strategie regelmäßig den Veränderungen anpassen. Passen Sie sich an, kontrollieren Sie Ihre Strategie und hinterfragen Sie diese. Sie sollten bei all den Bedingungen immer bereit sein, etwas zu lernen und Zeit zu investieren. Daytrading ist ein sehr komplexes Thema, welches sich nicht innerhalb von ein paar Tagen aneignen lässt.

Wichtige Fachbegriffe

- **Abwertung** – Eine Abwertung ist der Wertefall einer Währung. Dies erfolgt stets im Vergleich mit einer anderen Währung.

- **Ask** – Der Ask ist ein Wechselkurs, er wird auch Briefkurs genannt.

- **Break Even** – ist eine Gewinnschwelle, an dem Erlös und Kosten plus/minus Null sind. Es wird also weder Gewinn noch Verlust gemacht.

- **Buchgewinn/Buchverlust** – Der Buchgewinn ist ein realisierter Gewinn oder eben Verlust aus offenen Positionen.

- **Call** – Long gehen, eine Möglichkeit auf zunehmende Kurse. Es ist das Gegenteil von Put.

- **CFD** – Contracts for Difference, auf Deutsch Differenzkontrakt. Es handelt sich um ein Derivat, dessen Wert oder, besser gesagt, dessen Wertentwicklung von der Entwicklung eines Basiswertes abhängt.

- **Drawdown** – Ein Rückgang des Kapitals als Folge von Verlusten auf einem Konto; kurzzeitige Phase des Verlustes innerhalb einer Strategie.

- **Hebelprodukt** – Ein Derivat, welches überproportional an den Kursbewegungen des Basiswertes partizipiert.

- **Limit-Order** – Ein Auftrag, der erst ausgeführt werden kann, wenn der Preis unter bzw. über einer bestimmten Marke notiert wird.

- **Long** – Position in einer Währung, mit der auf eine Aufwertung spekuliert wird. Gegenteil von Short.

- **Margin** – Sicherheitseinlage bei einem Broker, die nötig ist, um handeln zu können.
- **Momentum** – Dieser Indikator erlaubt Aussagen über eine Trendrichtung und über die Trendgeschwindigkeit eines Marktes.
- **Pip** – Vierte Nachkommastelle und kleinste Bewegung eines Wechselkurses.

- **Pivot-Punkte** – Indikatoren, um Unterstützungen und Widerstände ausfindig zu machen, die visuell fast nicht zu erkennen sind.

- **Profit and Loss** – Unrealisierte Gewinne und Verluste aus offenen Positionen.

- **Put** – Option auf fallende Kurse.

- **Spread** – Differenz zwischen Geld- und Briefkurs.

- **Stop-Order** – Auftrag, der nur dann ausgeführt werden kann, wenn der Preis über einer bestimmten Marke notiert ist oder unter eine gewisse Marke fällt.

- **Termingeschäft** – Handeln von Devisen per Termin.

- **Volatilität** – Es wird die Schwankungsbreite des Marktes gemessen. Perfekt geeignet als Risikoindikator.

Schluss

Wir hoffen, Ihnen hat dieser Ratgeber geholfen und Sie konnten einen groben Einblick in das Thema Daytrading bekommen. Anfänger, die sich von der Börse magisch angezogen fühlen, behalten hoffentlich die Disziplin, um erfolgreich als Daytrader durchzustarten. Das Thema Daytrading ist auf alle Fälle sehr interessant. Man analysiert den Markt auf jedes kleinste Detail hin, damit man täglich einen Gewinn erwirtschaften kann. Doch das ist nicht so einfach. Der normale Markt an der Börse ist das Spielfeld der Profis und um an dieses Niveau heranzukommen, muss man sich einfach ins Zeug legen. Weltweit gibt es Trader, die an den Börsen handeln. Sie eröffnen ständig neue Positionen und schließen diese nach kurzer Zeit wieder, und das mit den unterschiedlichsten Strategien. Jeder Trader versucht, sich seinen eigenen Profit aus den Marktbewegungen zu holen, doch mittlerweile herrscht eine extreme Konkurrenzsituation. Immer mehr normale Trader wollen in das Daytrading Geschäft einsteigen und ihr Können eben dort unter Beweis stellen.

Auf Knopfdruck reich werden, so sollte es sein, ist es aber definitiv nicht. Wir hoffen, wir konnten Ihnen das Allgemeinwissen rund um das Thema Börse, den Beruf eines Daytraders, die verschiedenen Strategien, die Risikofaktoren, die typischen Anfängerfehler, den Trading-Plan und andere spannende Informationen zum Thema Daytrading näherbringen. Der Handel an der Börse ist nämlich alles andere als einfach. Es ist der womöglich schwierigste Beruf weltweit, da es sehr viele Indikatoren gibt, die die Märkte beeinflussen können – ein wahres Haifischbecken, in dem Sie sich befinden, wenn Sie ohne Erfahrung oder Wissen als Daytrader an der Börse starten wollen. Sie werden zwischen den professionellen Tradern und den unendlich vielen Investoren stehen und zusehen, mit welchen Technologien, Informationen und Verbindungen sie arbeiten. Es ist eben ihr Beruf und sie erledigen das mit voller Leidenschaft. Auch diese Profis mussten früher einmal klein anfangen und ihr erstes Geld über ein Demokonto verlieren. Jeder Daytrader wird am Anfang seiner Karriere Lehrgeld bezahlen müssen, auch wenn man sich vorher an einem Demokonto probieren konnte. Der echte Markt ist immer noch anders als der künstliche Markt. Jedoch bietet das den perfekten Einstieg in die Welt der Börse. Erste Erfahrungen können gesammelt, es kann ein eigener Trading Plan erstellt und es kann sich schon einmal nach geeigneten Trading-Strategien umgeschaut werden. Das kann alles sehr nervig und zeitaufwendig sein, aber es sind wirklich notwendige Mittel, um als Daytrader erfolgreich zu sein. Es ist nicht verkehrt, sich Zeit zu lassen und in kleinen Schritten auf das große Geld zuzugehen. Daytrading bedeutet Zeit, Geduld und jede Menge Disziplin.

TECHNISCHE ANALYSE

Das 1x1 der Trading Psychologie & Chartanalyse

Wie Sie mit den Optionsstrategien der Super-Erfolgreichen zum Profi an der Börse werden, intelligent investieren und Geld verdienen

Einleitung

Jeder, der sich im Laufe seines Lebens einmal intensiv mit der Frage auseinandergesetzt hat, wie sein Vermögen vermehrt werden kann, kommt an der Möglichkeit des Handelns mit Finanzwerten an der Börse kaum herum. Schließlich ist das klassische Sparbuch schon seit Jahren ein auslaufendes Modell. Lebensversicherungen bzw. sonstige Sparprogramme werfen heute kaum noch Renditen ab und Banken drohen mit Strafzinsen für Finanzeinlagen.

Ganz anders jedoch zeigt sich die Entwicklung an der Börse. Jeden Tag erfahren wir über die Nachrichten, wie sich Kurse positiv entwickeln, wie Gewinne aufgebaut werden und wie viel die Anleger wieder einmal verdient haben – also eigentlich eine ideale Gelegenheit, selbst in diesen Finanzboom einzusteigen. Finanzprodukte, wie z. B. Aktien, sind heutzutage eine sehr gute Geldanlage, insbesondere dann, wenn man gerne spekuliert und nicht mit kurzfristigen Gewinnen plant. Trotz alldem sollte man aber nicht außer Acht lassen, dass Aktienkurse auch heftigen Schwankungen unterliegen und daher nicht nur mit Leichtigkeit Geld zu verdienen ist. Vielmehr besteht auch die Gefahr von Verlusten.

Um möglichst nicht in diese Situation zu kommen, ist es natürlich notwendig, über ausreichende Kenntnisse des Börsenwesens zu verfügen und dabei sämtliche Aktivitäten zu verstehen und auf besondere Ereignisse umgehend reagieren zu können. Niemand möchte zwar einem Finanzhändler (im Weiteren stets Trader/Broker genannt) unsachgemäßes oder leichtfertiges Handeln unterstellen, allerdings handelt es sich schlussendlich um Ihr Geld.

Zwei alte Sprichworte helfen Ihnen dabei, nicht unvorbereitet in das Abenteuer Börse einzusteigen. Das erste Sprichwort lautet: „Vertrauen ist gut, Kontrolle ist besser". Gehen Sie davon aus, dass ein Trader/Broker nicht nur Sie als Kunde betreut und damit kaum in der Lage ist, schnell und gezielt auf Ihre Handelsstrategien zu reagieren. Natürlich wird ein guter Trader/Broker im ständigen Kontakt mit Ihnen sein und Ihnen Anregungen über An- und Verkäufe geben. Schlussendlich sind aber Sie die verantwortliche und die veranlassende Person für Handelsaktivitäten. Das zweite Sprichwort lautet, „Es ist noch kein Meister vom Himmel gefallen", und dies gilt bekanntlich für alle Situationen und bisher unbekannten Tätigkeiten im Leben. Auch die Aktivitäten an und rund um den Finanzmarkt Börse mit seinen Finanzprodukten, zum Beispiel Aktien, Fonds und Zertifikate sowie mit seinen Fachausdrücken, zum Beispiel Kurs, DAX, Depot und viele mehr, wirken zu allererst nur verwirrend auf einen Neuling. So mancher zeigt schon deshalb von vornherein kein Interesse an diesen verwirrenden Börsenaktivitäten. Zugegeben, man muss schon einiges an Aufwand treiben, um die Spielregeln und die Abläufe an der Börse zu beherrschen. Aber um auf das am

Anfang erwähnte Sprichwort zurückzukommen: Es gibt nichts, was nicht erlernt werden kann. Ganz zu Anfang stellt sich natürlich eine sehr entscheidende Frage: „Kann und darf eigentlich jeder, somit auch ich als Interessierter, an der Börse handeln?“. Diese Frage kann weder mit einem „Ja“ noch mit einem „Nein“, beantwortet werden. Das direkte Handeln mit Finanzwerten, das sogenannte Traden oder auch Trading genannt, dürfen nur zugelassene Aktienhändler, auch Trader oder Broker genannt, vornehmen. Weitere Handelsberechtigte sind entsprechend ausgebildete Finanzmakler, die eine Zulassung als Händler besitzen. Sämtliche Handelsaktivitäten, An- bzw. Verkäufe von Finanzwerten, finden in den Räumen einer Börse, auf dem sogenannten Börsenparkett, statt.

Sie als Anleger können also nur indirekt im Börsenhandel aktiv werden. Für sämtliche Handelsaktivitäten müssen Sie entsprechende Aufträge, auch Ordern genannt, an diese zugelassenen Trader/Broker richten. Wollen Sie mit dem Handel von Finanzprodukten starten, benötigen Sie zuerst ein Wertpapier-Konto bzw. ein Wertpapier-Depot. Dieses Konto oder Depot können Sie bei jeder Bank oder jedem Finanzinstitut in Deutschland eröffnen. Alternativ können Sie sich auch an einen selbstständigen Finanzdienstleister bzw. Makler wenden und dort ein Konto bzw. Depot eröffnen. Die Funktion des Handelns aus Ihrem Konto bzw. Depot nennt man Brokerage oder Traden. Sie sind also indirekt ein Broker/Trader. Jegliche Aktivitäten, nicht nur die gestellten Ordern, müssen Sie aber über Ihren Börsenhändler, Ihre Bank oder Ihr Finanzinstitut veranlassen. Ihre Informationen zu den Finanzprodukten und die Beauftragung von Transaktionen an die Makler können Sie heutzutage bequem über die datentechnischen und elektronischen Wege einholen bzw. abwickeln. Es gibt heute tatsächlich Anleger, die ihren Finanzdienstleister noch nie persönlich gesehen oder gesprochen haben. Dies setzt natürlich ein großes Vertrauen gegenüber dieser Person voraus.

Zusätzlich werden wir nahezu regelmäßig in den Nachrichten aller Fernseh- und Rundfunksender Deutschlands mit dem Thema Börsenhandel konfrontiert. Der tagesaktuelle Bericht aus der größten Deutschen Börse, der Frankfurter Börse, gehört schon fast zum Standard. Dabei werden Sie als Zuschauer mit Prozentwerten, Wertverläufen sowie mit Grafiken bzw. Diagrammen, den sogenannten Charts, konfrontiert. Diese Kommunikationswege lassen es heute auch zu, dass immer mehr Kleinanleger sich trauen, am weltweiten Handel mit Finanzprodukten teilzunehmen. Dabei beschränkt sich der Handel nicht nur auf Aktien. Fonds, Zertifikate, Devisen und Rohstoffe sind nur einige Produkte aus der heutigen modernen Welt des Börsenhandels. Diese Leichtigkeit des Handelns hat aber auch einen entscheidenden Nachteil: die größtenteils fehlende Beratung. Sie müssen also selbst über ein entsprechendes Wissen im Börsenhandel verfügen und Hilfsmittel und Methoden kennen, um Kurse und deren Schwankungen zu erkennen. Sie sollten aber bei Ihrem Wunsch, mit Finanzprodukten zu handeln, auch vorab klären, ob dies für Sie überhaupt die geeignete Plattform ist, um Geld zu verdienen. Der Handel mit Finanzprodukten wäre für Sie als Anleger nur geeignet, wenn Sie folgende Interessen verfolgen:

- Eine kurz- oder mittelfristige Anlage mit dem Wissen, geringer ausfallende Gewinne zu erzielen.
- Eine langfristige Anlage mit dem Ziel, ein Investment-Paket aufzubauen, zu spekulieren und dadurch über An- und Verkäufe Gewinne zu erwirtschaften.

Grundsätzlich ist es aber unerheblich, ob Sie das Traden/Brokerage kurz-, mittel- oder langfristig durchführen. Der Grundgedanke des Handelns ist immer der finanzielle Zugewinn. Es sollte Ihnen aber auch bewusst sein, dass jeglicher Handel mit Finanzprodukten ein Risiko beinhaltet. Sind Sie also eine risikoarm eingestellte Person oder suchen Sie die absolut sichere Geldanlage, sollten Sie auf das Traden/Brokerage besser verzichten.

Sie werden sich jetzt fragen: Sehr schön, was hier beschrieben wird, aber was hat das alles mit dem Buchtitel „Technische Analyse" zu tun? Die Technische Analyse ist eine Methode bzw. ein Verfahren, Aktienkurse zu beobachten, zu analysieren und daraus Erkenntnisse für das Handeln zu gewinnen. Die Technische Analyse, auch Chartanalyse genannt, ist eine sehr beliebte Methode, die von Tradern/Brokern eingesetzt wird, um erfolgreich zu sein. Natürlich gibt es auch noch andere Analysemethoden, z. B. die Fundamentale Analyse. Alle Erkenntnisse aus den unterschiedlichen Methoden werden in entsprechenden Charts präsentiert, in der Technischen Analyse allerdings vermehrt. Auf den folgenden Seiten werden Sie daher zuerst behutsam an die verschiedenen Begrifflichkeiten des Börsenumfelds herangeführt. Sie erfahren Wissenswertes über:

- die unterschiedlichen Verfahren beim Traden/Brokerage
- den Einsatz von unterschiedlichen Methoden innerhalb der Technischen Analyse
- weitere Analysemethoden
- den Einsatz von gleitenden Durchschnitten
- die vielen unterschiedlichen Variationen der genutzten Charts

und noch vieles mehr.

Ziel soll es dabei sein, Sie in die Lage zu versetzen, erfolgreich an der Börse zu handeln.

Organisation der Börse

Sollten Sie sich zum Handel an der Börse entscheiden, müssen Sie nicht bis ins kleinste Detail wissen, wie eine Börse funktioniert. Allerdings ist es von großem Nutzen – sollten einmal Schwierigkeiten auftreten –, die Organisation einer Börse zu verstehen.

DEFINITION DES WORTES „BÖRSE"

Es liegen heutzutage sieben Kernaussagen vor, die eine Börse genauestens definieren:

- Die Börse und der dort ausgeübte Handel müssen behördlich genehmigt sein.
- Am Standort einer Börse bestimmen Angebot und Nachfrage den Handel.
- An der Börse handeln dürfen nur autorisierte Teilnehmer, sogenannte Finanzmakler.
- An der Börse werden hauptsächlich Aktien und Wertpapiere (z. B. Anleihen, Pfandbriefe, Investments), mittlerweile aber auch Waren (z. B. Rohstoffe, Edelmetalle) gehandelt. Alle Handelsobjekte werden allgemein als Finanzprodukte bezeichnet.
- Die gehandelten Aktien, Wertpapiere und Güter befinden sich nicht physisch am Handelsort.
- Der gesamte Handel wird strengstens überwacht und unterliegt einem festen Regelwerk.
- Es besteht für alle Handels - bzw. Vertragspartner die Verpflichtung, sich gegenseitig zu akzeptieren.

ORGANISATION EINER BÖRSE

In Deutschland gehört eine Börse zu den öffentlich-rechtlichen Organen des jeweiligen Bundeslandes. Das bedeutet aber nicht, dass aktuell jedes Bundesland eine Börse unterhält. Auch Zusammenschlüsse in den Bundesländern sind möglich. Zurzeit gibt es folgende Börsenstandorte in Deutschland:

- Einzelstandorte

o Frankfurt/Main
o Stuttgart
o Berlin
o Düsseldorf
o München

- Zusammenschlüsse
  - Hamburg + Hannover

Die Börse in Frankfurt/Main ist der größte und wichtigste Handelsplatz in Deutschland und steht in direkter Konkurrenz zu der Börse in London um den Rang als wichtigster Handelsplatz in Europa. Die Leitung und Organisation einer Börse erfolgt durch fünf Börsenorgane:

- der Börsenrat
- die Börsengeschäftsführung
- die Zulassungsstelle
- der Sanktionsausschuss
- die Überwachungsstelle für den Handel

DER BÖRSENRAT

Der Börsenrat entspricht vom Grundsatz her dem Aufsichtsrat einer Aktiengesellschaft. Er besteht aus Mitgliedern, die in gewissen Zeitabständen gewählt werden und aus börsenorientierten Unternehmen stammen. Der Börsenrat überwacht das Regelwerk der Börse und damit alle Aktivitäten rund um den Börsenhandel.

DIE BÖRSENGESCHÄFTSFÜHRUNG

Die Börsengeschäftsführung entspricht vom Grundsatz her dem Vorstand einer Aktiengesellschaft. Die Mitglieder der Geschäftsführung werden vom Börsenrat bestellt. Ihre Aufgaben bestehen unter anderem in der Zulassung der Handelsteilnehmer und in der Überwachung aller Aktivitäten des Börsenhandels. Dazu gehört die Organisation der Abläufe, die Einhaltung der allgemeinen Börsenregelungen sowie die Überwachung der Einstellung von Handelspreisen.

DIE ZULASSUNGSSTELLE

In die Zulassungsstelle werden in regelmäßigen Zeitabständen Mitarbeiter aus börsenorientierten Unternehmen durch den Börsenrat gewählt. Die Zuständigkeit besteht zum überwiegenden Teil in der Zulassung von Finanzprodukten für den Handel an der Börse.

DER SANKTIONSAUSSCHUSS

Der Sanktionsausschuss besteht im Regelfall aus einem Vorsitzenden und zwei Beiräten, die alle aus börsenorientierten Unternehmen stammen. Dieser Ausschuss greift bei Verstößen gegen börsenrechtliche Grundlagen ein, z. B. bei einer nicht ordnungsgemäßen Durchführung des Börsenhandels. Der Ausschuss ist auch berechtigt, Strafen in Form eines Ordnungsgeldes bei Verstößen zu verhängen.

DIE ÜBERWACHUNGSSTELLE FÜR DEN HANDEL

Die Überwachungsstelle wird von der Börse aufgrund der Vorgaben der Börsenaufsichtsbehörde (gem. § 1 (2) BörsG) eingerichtet. Sie überwacht alle Geschäftsvorgänge des täglichen Börsenhandels sowie sämtliche Aktivitäten der Börsengeschäftsführung und der Börsenaufsichtsbehörde. Die Überwachungsstelle ist unabhängig, weisungsfrei und für Sie als Trader/Broker die wichtigste Stelle innerhalb der Börsenstruktur. Sollten Sie eine Beschwerde über eine Handelsaktivität haben, wenden Sie sich an diese Stelle. Sie können sicher sein, dass Ihre Beschwerde objektiv geprüft wird.

EXTERNE AUFSICHTSBEHÖRDEN

Damit Sie als Trader/Broker auch durchgängig ein sicheres Gefühl beim Handeln haben, gibt es zusätzlich zu den Überwachungsstellen an der Börse intern auch noch zwei externe Überwachungsstellen:

- die Börsenaufsichtsbehörde
- die Bundesanstalt für Finanzdienstleistungen (BaFin)

DIE BÖRSENAUFSICHTSBEHÖRDE

Diese Behörden sind im Regelfall dem Wirtschaftsministerium der Bundesländer mit Börsenstandort zugeordnet. Eine Ausnahme ist hier Nordrhein-Westfalen, dort ist das Finanzministerium zuständig. Die Aufgabe der Behörde besteht in der Überwachung des ordnungsgemäßen Geschäftsbetriebs und der tagesaktuellen Geschäftsabwicklung am Börsenstandort. Bei Feststellung schwerwiegender Mängel schaltet die Aufsichtsbehörde sofort die entsprechende Überwachungsstelle der entsprechenden Börse ein.

DIE BUNDESANSTALT FÜR FINANZDIENSTLEISTUNGEN (BAFIN)

Die Bundesanstalt für Finanzdienstleistungen (BaFin) ist eine staatliche Behörde und übt die Aufsicht über sämtliche Banken, Finanzhandelsplätze, Versicherungen usw. in Deutschland aus. Sie selbst wird dabei vom

Bundesministerium für Finanzen beaufsichtigt sowie rechtlich und fachlich beraten. Die Ausübung der Aufsicht ist seit 2002 über das Finanzdienstleistungsaufsichtsgesetz (FinDAG) gesetzlich geregelt.

Informationen zum Traden/Brokerage

ALLGEMEINES

Die Definitionen der Worte "Traden" bzw. „Brokerage" wurden bereits in der Einleitung erklärt. Wissen sollte man aber, dass es unterschiedliche Modelle, klassifiziert nach Zeitabschnitten, beim Traden/Brokerage gibt. Diese sind:
- tagesaktuelles Traden/Brokerage
- kurzfristiges Traden/Brokerage
- mittelfristiges Traden/Brokerage
- langfristiges Traden/Brokerage

TAGESAKTUELLES TRADEN/BROKERAGE

Das tagesaktuelle Traden/Brokerage ist mit Abstand das risikoreichste Verfahren. Hierbei werden Börsenwerte am gleichen Tag gekauft und verkauft. Um bei diesem Verfahren keine Verluste zu erleiden, ist natürlich die genaueste Beobachtung der Börsenaktivitäten zwingend notwendig. Das tagesaktuelle Traden/Brokerage bietet die Chance zum schnellen finanziellen Gewinn, aber auch zum schnellen finanziellen Verlust. Es ist somit weder für Börsenanfänger geeignet noch sollten sich Trader/Broker, die das Risiko scheuen, mit diesem Verfahren beschäftigen.

KURZFRISTIGES TRADEN/BROKERAGE

Das kurzfristige Traden/Brokerage ist ein Verfahren, das für den unerfahrenen Trader/Broker auf den ersten Blick risikoärmer erscheint. Es ist aber auch der schwierigste und risikoreichste Einstieg in das Börsengeschäft. Dabei wird das Traden/Brokerage auf einen Zeitraum von zwei bis drei Tagen begrenzt. Hier können natürlich neben schnellen Gewinnen auch schnelle Verluste aufgrund fehlender Informationen oder falscher Planungen eintreten. Ein eventuell eintretender finanzieller Verlust wird dann die Euphorie für das Traden/Brokerage ebenso schnell beenden, wie es begonnen hat. Dies kann man aber vermeiden. Die erste Variante eines Charts kommt beim kurzfristigen Traden/Brokerage zum Einsatz, der sogenannte 30-Minuten-Chart. Bei dieser Methode werden im Abstand von 30 Minuten die Kurswerte notiert und der Kursverlauf beobachtet. Damit lässt sich über einen kurzen Zeitraum ein Risiko und der daraus möglicherweise entstehende Verlust beherrschbar machen.

MITTELFRISTIGES TRADEN/BROKERAGE

Das mittelfristige Traden/Brokerage beruht auf dem Handel mit Börsenwerten über einen Zeitraum von mindestens zwölf Monaten. Das Risiko eines schnellen Verlustes minimiert sich hier natürlich, verlangt aber gleichzeitig eine etwas tiefer einsteigende Analyse des Aktienkurses. Es gilt dabei, alle möglichen Informationen des beteiligten Unternehmens zu erfassen. Hierzu sollten unter anderem der Kurs und die Veränderungen der Aktie über den gesamten Zeitraum betrachtet werden. Gleichzeitig sollten alle Gewinn-/Verlustrechnungen, Quartalsberichte und Prognosen des Unternehmens genauestens analysiert werden. Diese Informationen können im Verfahren einer Technischen Analyse gebündelt werden.

LANGFRISTIGES TRADEN/BROKERAGE

Das langfristige Traden/Brokerage entspricht grundsätzlich dem mittelfristigen Traden/Brokerage, jedoch mit dem Unterschied einer längeren Bindung von Börsenwerten. Der Zeitraum für diese Bindung sollte länger als 12 Monate betragen. Natürlich sollte dabei auch die Entwicklung des Unternehmens als Ganzes über den gesamten Zeitraum betrachtet werden.

BEISPIEL FÜR DAS MITTELFRISTIGE BZW. LANGFRISTIGE TRADEN/BROKERAGE

An dem folgenden Beispiel (1) können Sie erkennen, wie schwierig eine Entscheidung für den Trader/Broker sein kann.

BEISPIEL (1) – START

Die Gewinn-/Verlustrechnungen des Jahres 2018 hat für das Unternehmen „XYZ" einen geringen Gewinn ausgeworfen. Dieser Gewinn entsprach aber der ursprünglichen Planung für das Geschäftsjahr 2018. Aufgrund der Planung 2018 und dem tatsächlich erwirtschafteten Gewinn 2018 blieb der Preis der Aktie konstant.

Im Geschäftsjahr 2019 will das Unternehmen „XYZ" einen Strukturumbau an allen Standorten vornehmen. Modernisierungen und Personalabbau inklusive eines Sozialplans sind in die Planung 2019 eingeflossen und man prognostiziert einen negativen Gewinn. Darauf fiel der Aktienkurs des Unternehmens „XYZ" um

12 Prozent.

Ende April 2019 will das Unternehmen seinen Geschäftsbericht über das erste Quartal des laufenden Jahres vorlegen. Im Vorfeld ist aber durchgesickert, dass trotz negativer Planung ein schwacher Gewinn ausgeworfen wurde. Die Analysten betrachten diese Entwicklung als positives Signal und der Wert der Aktie steigt um 3,5 Prozent. Als Trader/Broker müssen Sie sich jetzt für folgende Szenarien entscheiden:

- Verkauf der Aktien, da Ihnen das Risiko eines Verlustes 2019 zu groß ist und daher ein weiterer Verlust der Aktie kalkuliert werden muss.
- Halten der Aktien und eine weitere Spekulation auf einen Gewinn.

Für Ihre Entscheidung notieren Sie sich folgende Fakten:

- Das Unternehmen „XYZ" hat im Geschäftsjahr 2018 einen Gewinn erzielt.
- Der Wert der Aktien des Unternehmens „XYZ" blieben aufgrund der Gewinnmeldung konstant. „XYZ" prognostiziert allerdings für 2019 keinen Gewinn, eher einen leichten Minusertrag.
- Die Aktien des Unternehmens „XYZ" verlieren daraufhin 12 Prozent an Wert.
- Das Unternehmen „XYZ" wirft trotz alldem für das 1. Quartal 2019 einen leichten Gewinn aus.
- Die Aktien des Unternehmens „XYZ" steigen daraufhin im Wert um 3,5 Prozent.

BEISPIEL (1) - ENDE

Da Sie sehr genau wissen, dass positive Geschäftsberichte den Aktienkurs eines Unternehmens nach oben treiben, werden Sie sich vermutlich für das Halten der Aktien entscheiden. Das Problem dabei ist aber, dass Ihnen lediglich Erfahrungswerte über ein Jahr zzgl. ein paar Monate vorliegen, also über einen relativ kurzen Zeitraum. Sie wollen auch nicht ständig handschriftliche Notizen erstellen, diese jedes Jahr aktualisieren und entsprechend auswerten. Jetzt kann Ihnen ein Hilfsmittel, zum Beispiel ein Chart der Technischen Analyse, möglichst langfristig angelegt, weiterhelfen.

Technische Analyse verstehen

Mittlerweile nutzen die meisten Trader/Broker für ihre Handelstätigkeiten nicht mehr die Methoden der fundamentalen Analyse, sondern vielmehr die Methoden der Technischen Analyse, die auch als Chartanalyse bezeichnet wird. Zum Vergleich der beiden Analyseformen kommen wir etwas später. Die Technische Analyse bezieht sich ausschließlich auf die Kursentwicklung der Vergangenheit. Aus diesen Kenntnissen heraus versucht man, die Prognosen des Kurses für die Zukunft zu ermitteln. Auf welchen Eckpunkten diese prognostizierte Entwicklung beruht, ist dabei von geringerer Bedeutung. Wichtig dagegen ist die erkennbare Struktur des Kurses. Liegt ein Abwärts-, ein Aufwärts- oder vielleicht ein Seitwärtstrend vor? Man muss sich also keine Gedanken über unternehmerische Kennzahlen machen, diese sind in der Technischen Analyse bereits eingearbeitet – in der Summe eigentlich alles einfache Daten und eingearbeitete Erkenntnisse.

Aus dieser Einfachheit heraus begründet sich auch die Meinung, dass die Technische Analyse einfacher zu erlernen ist als z. B. die fundamentale Analyse. Allerdings sollten Sie diese Meinung nur bedingt zur Kenntnis nehmen. Sie werden auf den nächsten Seiten vieles erfahren, was durchaus verwirrend und teilweise auch schwer verständlich erscheint. Wenn Sie aber anfangen, zu üben, zu lernen, werden Sie sehr schnell die Einfachheit dieser Methode erkennen. Das gilt im Übrigen genauso für alle weiteren Passagen dieses Buches. Üben, üben, üben ist die Kernaufgabe. Ein optisches Werkzeug der Technischen Analyse ist die Nutzung der unterschiedlichen Diagramme, der sogenannten Charts. Hierzu erhalten Sie auf den folgenden Seiten weitere Informationen. Mit den Charts lassen sich Kurse sämtlicher Finanzwerte, egal, ob Wertpapiere jeglicher Art oder Güter, optisch darstellen. Mit einer entsprechenden Chartanalyse erzielen Sie sehr gute Ergebnisse und können eine voraussichtliche Kursrichtung, meistens auch einen Gewinn, sehr genau vorhersagen.

Sie werden auf den folgenden Seiten aber nicht nur Informationen zur Anwendung der Technischen Analyse erhalten. Um dieses Verfahren zu beherrschen, müssen Sie auch allgemeine Kenntnisse rund um den Börsenhandel erfahren und verstehen – nennen wir es einmal die Theorie, um sich mit der Technischen Analyse anzufreunden. Dabei ist es leider auch nicht zu verhindern, dass sich Information wiederholen. In der gesamten Abwicklung der Technischen Analyse ergänzen sich so manche Techniken und Werkzeuge. Es werden Ihnen auch durch einige Beispiele die Hintergründe der Technischen Analyse nähergebracht.

Das Fundament der Technischen Analyse

Sie haben bisher erfahren, welche unterschiedlichen Herangehensweisen und Denkansätze im Handel mit Finanzprodukten vorhanden sind. Noch nicht angesprochen wurde allerdings bisher, welches Ereignis jegliches Handeln an der Börse prägt. Es sind die Aufs und Abs, die Bewegung und die Entwicklung eines Kurses. Dieses Phänomen bezeichnet man als Trend.

Trends setzen sich in ihrer Tendenz vom Grundsatz her so lange fort, bis sich grundsätzliche Rahmenbedingungen verändern. Diese Rahmenbedingungen begründen sich in der Änderung des Angebots mit der daraus resultierenden Nachfrage. Man hat allerdings festgestellt, dass sich das Angebot bzw. die Nachfrage eines Produktes im Kursverhalten eines Finanzproduktes stets ähnlich verhält. Die Schwierigkeit liegt nun darin, dieses Kursverhalten kenntlich zu machen. Sie müssen dazu wissen, dass die Trader/Broker, die andere Methoden einer Analyse bevorzugen, hierfür eine Vielzahl von Informationen zusammentragen, um Entscheidungen zu treffen. Das ist natürlich sehr mühsam. Die Trader/Broker, die eine Technische Analyse bevorzugen, haben es über ein einfaches Hilfsmittel um ein Vielfaches einfacher. Dieses Hilfsmittel ist ein optisch dargestellter Chart. Mit einem einzigen Blick erkennt ein Trader/Broker hiermit die Kursentwicklung und kann seine Entscheidungen treffen.

Das Wort „Chart" kommt aus dem Englischen und bedeutet Diagramm. Alltäglich begegnen wir diesem Ausdruck. Denken Sie nur an die Charts in der Musikbranche. Hier erfolgt die Darstellung eines Charts in Form eines Rankings mit den Plätzen 1 – xx.

Der Trader/Broker dagegen greift bei Charts auf sichtbare Diagramme zurück. Diese Diagramme/Charts stehen ihm für seine Analysen in den unterschiedlichsten Varianten zur Verfügung. Die bekanntesten Muster innerhalb der Charts sind:

- Linien-Charts
- Balken-Charts
- Kerzen-Charts

Die Details zum Aufbau dieser Charts werden in einem der folgenden Kapitel beschrieben. Selbstverständlich haben fundamentale Trader/Broker ihre Bedenken hinsichtlich der Aussagekraft eines einfachen Charts, sie stellen die Analyse aus den Informationen eines Charts infrage. Es hat sich aber in der Vergangenheit herausgestellt, dass die Analysen aus den Charts der Technischen Analyse verlässlich sind – mindestens genauso verlässlich, wie Analysen aus der fundamentalen Herangehensweise, und das mit entsprechend weniger Aufwand. Nachvollziehbar wird dies dadurch, dass ein Verhalten von Anlegern an der Börse immer konstant bleibt. Dieses Verhalten ist der Trend und wird im Chart dargestellt. Zurück zum Fundament der Technischen Analyse.

Dieses Modell der Beobachtung steigender und fallender Kurse und die daraus konzipierte Charttechnik sowie die Definition eines Trends sind bereits über 130 Jahre alt. Als Entwickler dieser Theorie gilt der amerikanische Wirtschaftswissenschaftler Charles Dow (1851-1902). Für Charles Dow gab es im Handel drei Komponenten, die er auf einem schlichten Stück Papier mit Punkt und Linie darstellte. Der erste Punkt war der Höchstwert der Aktie, der zweite Punkt der Tiefstwert. Höchst- und Tiefstwerte wurden daraufhin von ihm mit einer graphischen Verbindung, einer Linie, verbunden. Daraus resultierend wurden von Charles Dow drei mögliche Trends definiert:

- die Höchstwerte als Trend
- die Tiefstwerte als Trend
- die Verbindung der jeweiligen Werte als Trendlinie

Charles Dow betrachtete in seinen Analysen ausschließlich die Tagesendwerte, was dem Grundsatz der Technischen Analyse entspricht. Somit kann man heutzutage durchaus behaupten, dass Charles Dow der „Erfinder" der Technischen Analyse ist. Charles Dow stellte in seiner Theorie zur Technischen Analyse einige Grundsätze in den Vordergrund, die wichtigsten sind:

- Der Ankauf von Finanzwerten spiegelt die Einschätzung aller Käufer wider. Im Preis bzw. im Kurs sind Erfahrungen aus vergangenen und zukünftigen Zeiträumen enthalten. Auch sonstige Unwägbarkeiten werden darin berücksichtigt.
- Im Handel gibt es lediglich drei Trends – aufwärts, abwärts und seitwärts.
- Der Umsatz muss in Richtung eines aufwärtsgerichteten Trends steigen, bei einem abwärts gerichteten Trend dagegen fallen.
- Die Gültigkeit eines Trends besteht nur so lange, bis er sich definitiv ändert.

Charles Dow ist auch der Begründer des Aktienindex. Bereits 1884 fasste er insgesamt elf Wertpapiere zusammen und begann den Handel als ganzes Paket. Die Beobachtung der Kurse gestaltete sich jetzt natürlich etwas schwieriger. Elf Kursentwicklungen optisch darzustellen wurde zwangsläufig unübersichtlich. Er berechnete daher aus den elf Aktien die Gesamt-Durchschnittswerte sowie die Höchst - und Tiefstwerte und stellte diese in einen Chart ein. Nicht umsonst trägt daher der bekannteste, vielleicht auch wichtigste Aktienindex seinen Namen: Dow–Jones-Index.

Informationen zu Analysen und Charts

ALLGEMEINES

Das Wort Analyse stammt aus dem griechischen „analysis“ und bedeutet so viel wie Auflösung bzw. Untersuchung. Im Finanzwesen werden durch Analysen unter anderem die Entwicklung des Basiswertes eines Börsenwertes (Aktie) und dessen Umsätze erfasst sowie die günstigsten Verkaufs- bzw. Ankaufszeitpunkte ermittelt – beides wichtige Eckpunkte im Trading an der Börse.

Die beiden am häufigsten umgesetzten Analyseformen sind die Technische Analyse und die fundamentale Analyse. Beide Analyseformen unterscheiden sich zwar in den Eckpunkten der Erfassung eines Kurses, gehen aber wie alle Analyseformen davon aus, dass es immer wieder Ereignisse gibt, die regelmäßig auftreten und in vergleichbaren Verläufen enden. Des Weiteren unterscheidet sich die Technische Analyse von der fundamentalen Analyse darin, dass Bewegungen eines Kurses vorausschauend berechnet und in Form einer Trendlinie in einem Chart optisch angezeigt werden. Für diese Voraussicht werden mathematisch aufgebaute Formeln herangezogen. Broker/Trader bezeichnen daher die Technische Analyse, etwas einfach ausgedrückt, als Mathematik. Das Ergebnis der Formeln und der optischen Anzeige wird innerhalb der Technischen Analyse auch als gleitender Durchschnitt bzw. gleitender Mittelwert bezeichnet. Hierzu aber später weitere Informationen.

Ein Chart wird in beiden Analyse-Formen zur besseren Betrachtung der Kursentwicklung eingesetzt. Diese eingesetzten Charts werden dabei als eigenständige Werkzeuge der Analyse betrachtet und können in den unterschiedlichsten Varianten dargestellt werden. Analysen, als Methoden betrachtet, führen bei den Brokern/Tradern immer wieder zu kontroversen Debatten und Fragen – um nur einige zu nennen:

- Hat die Technische Analyse Vorteile?
- Ist eine fundamentale Analyse nicht risikoärmer?
- Sind Charts zu den Analyseformen aussagefähig?
- Sind Analysen eigentlich nichts anderes als optische Spinnereien?

KURZERKLÄRUNG ZUR TECHNISCHE ANALYSE

Die Technische Analyse geht von folgenden Eckpunkten aus:

- **Basiswert:** Bei Aktien handelt es sich hierbei um den Wert, mit dem diese in den Aktienverlauf gestartet sind.
- **Schwankungen:** Unter Schwankungen versteht man die preisliche Entwicklung durch Verkäufe und Ankäufe.
- **Tendenzen:** Hierbei handelt es sich um offensichtlich erkennbare Entwicklungen des Börsenwertes durch sekundäre Einflüsse.

KURZERKLÄRUNG ZUR FUNDAMENTALEN ANALYSE

Die fundamentale Analyse geht von folgenden Eckpunkten aus:

- **Realistischer Wert:** Grundlagen des realistischen Wertes sind Faktoren, die unabhängig von der Entwicklung den Wert der Aktie beeinflussen können, dazu gehören z. B. veröffentliche Unternehmensbilanzen und Unternehmensprognosen.
- **Marktwachstum:** Hier wird ein Vergleich zu vergleichbaren, börsenorientierten Unternehmen und deren Aktienverlauf herangezogen.
- **Innerer Wert:** Hierbei handelt es sich um den theoretischen Wert des Unternehmens. Dieser Wert wird aus betriebswirtschaftlichen und volkswirtschaftlichen Daten des Unternehmens ermittelt und entspricht daher nicht dem aktuellen Börsenwert.

Charts der Technischen Analyse

ALLGEMEINES

Jeder Trader/Broker wird bemüht sein, über Charts und deren Analysen Erkenntnisse zu sammeln, um erfolgreich an der Börse handeln zu können. Für Neulinge sehen diese Charts am Anfang etwas verwirrend aus, aber die Informationen, die daraus gewonnen werden, können sehr entscheidend sein. Um eine aussagekräftige Analyse vornehmen zu können, ist aber einiges an Wissen nötig. Vergessen darf man dabei niemals, dass Chartverläufe und Kursverläufe Kapital, einfacher ausgedrückt, Ihr investiertes Geld anzeigen. Eine falsche Analyse und daraus resultierend eine falsche Entscheidung können daher sehr teuer werden.

Die Charts sind vom Grundsatz her recht deutlich aufgebaut und einfach zu interpretieren, ist doch für jeden Tag ein Wert angezeigt und kann man daraus, ebenfalls täglich, die Entwicklung nach oben bzw. nach unten erkennen.

Eigentlich zeigen Charts aber etwas ganz anderes: Sie können Verkaufsstrategien und sogar die Psychologie der Trader/Broker entschlüsseln. Jeder Handel lebt von den Entscheidungen der handelnden Personen und eine Kursentwicklung lässt Rückschlüsse zu, die dem Trader/Broker aus Informationen zum Wertpapier vorliegen. Finden diese Personen ein Produkt interessant, kaufen sie. Finden Sie es weniger interessant, kaufen sie eben nicht oder verkaufen sogar. Diese wichtigen Informationen erhält der Trader/Broker gebündelt über die Tageswerte und die Chartanalyse zeitnah, anders als zum Beispiel bei Veröffentlichungen von Quartalszahlen eines Unternehmens vier Mal im Jahr.

Die Mehrheit der Trader/Broker arbeitet daher mit der Technischen Analyse, die diese Tagesaktualität und die Informationen bereits enthält. Einige, mittlerweile allerdings wenige Trader/Broker wollen aber immer noch Aussagen zu Planungen, Neuerungen und Veränderungen bei und in den Unternehmen separat aufnehmen und daraus resultierend ihre Entscheidungen treffen. Diese Gruppe der Trader/Broker nutzt dann eher die fundamentale Analyse.

Nachfolgend werden Ihnen, wie unter Absatz 4 bereits erwähnt, die drei am häufigsten genutzten Chart-Methoden vorgestellt und bildnerisch dargestellt:

- Linienchart
- Balkenchart
- Kerzenchart (Candle Stick)

LINIENCHART

Ein Linienchart ist die allseits bekannteste und auch beliebteste Ansicht. Dieser Chart bildet täglich den Schlusskurs des Wertpapiers als Fixpunkt ab. Diese Fixpunkte werden dann durch eine Linie verbunden und der Kursverlauf wird sichtbar.

Zu beachten ist bei dieser Methode, dass lediglich die Schlusskurse des Wertpapiers angezeigt werden. Etwaige Schwankungen im Kurs werden dagegen nicht angezeigt. Nachfolgend das graphische Beispiel (2) für einen Linienchart mit einer Zeitachse von 10 Wochen.

BEISPIEL (2) - START

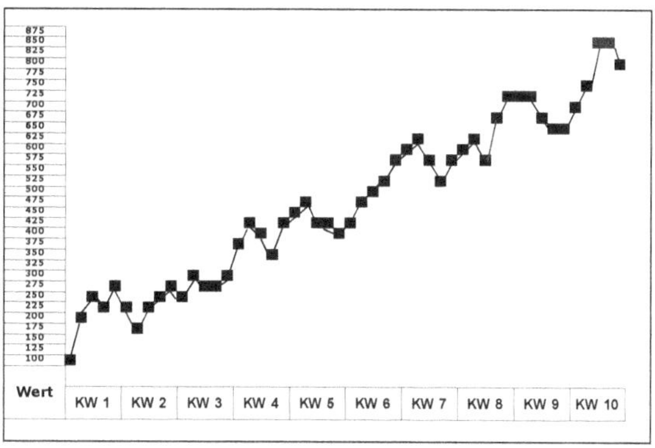

BEISPIEL (2) - ENDE

Doch was können Sie aus dem Beispiel lesen und wie funktionieren diese Liniencharts? Der Aufbau ist relativ einfach. Der Linienchart besteht aus zwei Achsen, von denen die eine senkrecht nach oben, die andere seitwärts nach rechts, manchmal auch nach links, verläuft. Die senkrecht verlaufende Achse ist mit einem Währungsfaktor, zum Beispiel „Euro", aufgeteilt. Die seitlich verlaufende Achse ist mit einem Zeitfaktor, zum Beispiel „Tag" oder wie im Beispiel „Kalenderwoche/Tag" aufgeteilt. Die Kalenderwoche beträgt allerdings nur fünf Tage, denn Börsen arbeiten im Regelfall nur von Montag bis Freitag.

Bleiben wir bei den Faktoren „Euro" und „Kalenderwoche/Tag". An jedem Ende eines Tages, besser gesagt am Ende der täglichen Handelsperiode, liegt ein aktueller Schlusswert des Finanzproduktes vor. Mit einem einfachen Fixpunkt wird dies an der Stelle des Diagramms hinterlegt, an dem eine Schnittstelle zwischen dem Wert und dem Tagesdatum besteht. Jeder weitere Tag wird auf die gleiche Weise hinterlegt. Schlussendlich werden alle Fixpunkte miteinander mit einer einfachen Linie, daher der Ausdruck „Linienchart", verbunden.

Dieser Chart ist aber nur aussagekräftig, wenn die Pflege der Daten stets zum selben Zeitpunkt erfolgt. Dabei ist natürlich am naheliegendsten der Tagesschluss eines Börsenhandels, theoretisch können aber auch andere Zeitrahmen, sowohl spätere als auch frühere, als Fixpunkte gewählt werden, zum Beispiel:

- alle „xx" Minuten
- alle „xx" Stunden
- jeweils zum Wochenende
- ein einzeln ausgewählter Wochentag
- jeweils zum Monatsende
- jeweils zum Quartalsende

Es muss Ihnen aber klar sein, dass die Kursschwankungen noch schwieriger zu bewerten sind, je größer der Zeitrahmen eingestellt wird, wie bereits im schwierigen täglichen Zeitfaktor. Kurzfristige Terminpunkte wie Minute oder Stunde sind daher die aussagefähigsten, aber nur sehr schwer umsetzbaren Fixpunkte. Nicht geändert werden darf der Finanzwert. Einmal „Euro" bleibt auch „Euro", einmal „Dollar" bleibt auch „Dollar".

BALKENCHART

Eine weitere beliebte Darstellungsvariante innerhalb der Technischen Analyse sind Balkencharts. Anders als bei dem Linienchart mit seinem einen Fixpunkt, dem Tagesendkurs, werden im Balkenchart vier Fixpunkte pro Tag angezeigt:

- Kurs-Höchstwert des Tages
- Kurs-Tiefstwert des Tages
- Kurs-Eröffnungswert des Tages
- Kurs-Schlusswert des Tages

Diese vier Erfassungspunkte sind in zwei Fällen fixiert (Eröffnungs- bzw. Schlusswert) und in zwei Fällen variabel (Tiefst- bzw. Höchstwert). Variabel bedeutet dabei, dass jeder dieser beiden Fixpunkte zu jeder Zeit des Handelstages eintreten kann. Der Zeitpunkt ist allerdings unwichtig, nur der erreichte Wert ist von Wichtigkeit.

Bei dieser umfangreicheren Darstellung lassen sich natürlich die Schwankungen innerhalb eines Handelstages feststellen. Auch besondere Angebots- bzw. Nachfragesituation lassen sich durch Preisentwicklungen erkennen.

Der Aufbau eines Balkencharts ist ähnlich wie der Aufbau eines Liniencharts. Auch beim Balkenchart kommen zwei Achsen zum Tragen, von denen die eine senkrecht nach oben, die andere seitwärts nach rechts oder nach links verläuft. Die senkrecht verlaufende Achse ist wieder mit einem Währungsfaktor, zum Beispiel „Euro", aufgeteilt. Die seitlich verlaufende Achse ist mit einem festgelegten Zeitfaktor „Tag" aufgeteilt.

Die Darstellungsweise erfolgt als senkrechter Balken pro Tag. Die Länge des Balkens entspricht der Differenz zwischen den beiden variablen Werten, Höchstwert und Tiefstwert des Tages. Die beiden fixierten Werte werden mit zwei kleinen waagerechten Strichen am Balken gekennzeichnet: der Eröffnungswert des Tages mit einem kleinen Strich an der linken Seite, der Schlusswert des Tages mit einem kleinen Strich an der rechten Seite des Balkens. Häufig werden Balkencharts in unterschiedlichen Farben dargestellt:

- Dabei erfolgt eine Darstellung in Rot, alternativ in Schwarz bei Tagesverlusten, das bedeutet: Der Kurs-Schlusswert des Tages liegt niedriger als der Kurs Eröffnungswert des Tages.
- Eine Darstellung in Grün, alternativ in Weiß bedeutet das genaue Gegenteil: Der Kurs-Schlusswert des Tages liegt über dem Kurs-Eröffnungswert des Tages

Um die richtigen Erkenntnisse aus dem Balkenchart zu gewinnen, benötigen Sie natürlich mehrere Tagesansichten. Im Linienchart werden, wie bereits beschrieben, tägliche Tagesschlusswerte visualisiert und mit einer Linie verbunden. Der Balkenchart wird dagegen täglich mit den vier Erfassungspunkten aufgebaut. Durch das tägliche Erfassen kann also ein längerer Zeitraum betrachtet werden. Nachfolgend sehen Sie drei graphische Beispiele eines Balkencharts:

- Ansicht über negativen Tagesausgang (rot) **BEISPIEL (3)**
  - Hier liegt der Schlusswert des Tages unter dem Eröffnungswert des Tages
- Ansicht über positiven Tagesausgang (grün) **BEISPIEL (4)**
  - Hier liegt der Schlusswert des Tages über dem Eröffnungswert des Tages
- Ansicht über eine 5-Tage-Woche **BEISPIEL (5)**

Nachfolgend das graphische Beispiel eines Balkencharts mit **negativem** Tagesausgang, also mit Verlust.

BEISPIEL (3) – START

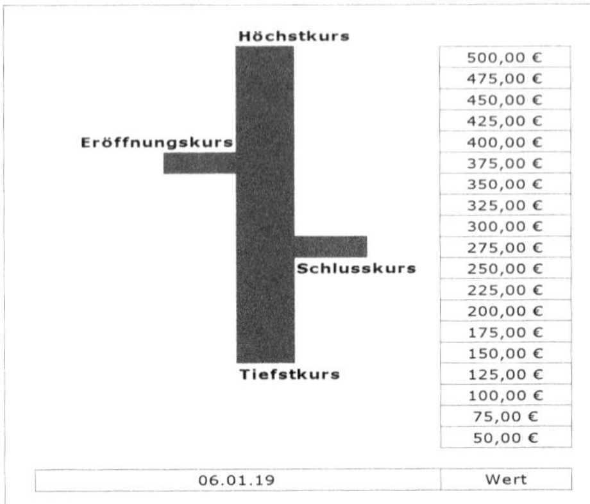

BEISPIEL (3) - ENDE

In diesem Beispiel erkennen Sie, dass der Höchstkurs der Aktie über dem Eröffnungskurs liegt. Da der Schlusskurs aber unter dem Eröffnungskurs, jedoch über dem Tiefstkurs liegt, ist ein klarer Rückschluss erkennbar. Die Aktie hatte im Laufe des Tages einige Bewegungen, die aber schlussendlich negativ ausgefallen sind.

Ein Trader/Broker hat natürlich mehrere solcher Ansichten, im Regelfall in einer Wochenansicht. Hierzu wird Ihnen aber noch ein Schaubild angezeigt. Nachfolgend das graphische Beispiel eines Balkencharts mit **positivem** Tagesausgang, also mit Gewinn.

BEISPIEL (4) – START

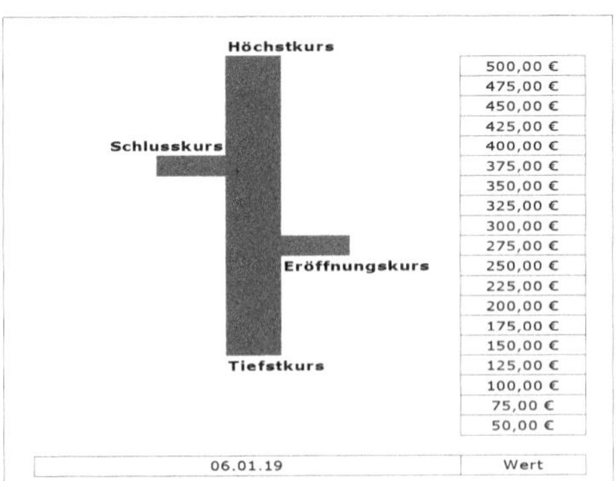

BEISPIEL (4) - ENDE

In diesem Beispiel sehen Sie das genaue Gegenteil zu dem vorherigen Beispiel. Auch hier liegen vermutlich einige Tagesbewegungen vor, allerdings mit einem positiven Ausgang. Der Schlusskurs liegt weit über dem Eröffnungskurs. Nachfolgend das graphische Beispiel eines Balkencharts für eine 5-Tage-Woche.

BEISPIEL (5) - START

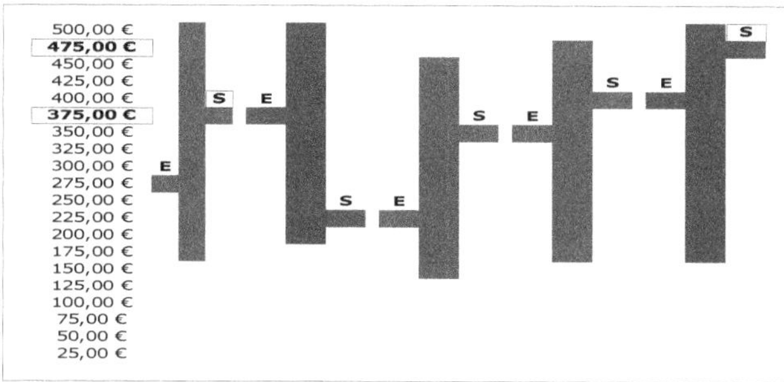

H = Höchstwert
T = Tiefstwert
S = Schlusswert
E = Eröffnungswert

BEISPIEL (5) - ENDE

An diesem Beispiel können Sie zwei starke Erkenntnisse feststellen:

- Sowohl der Tages-Höchstwert als auch der Tages-Tiefstwert verändern sich innerhalb der Woche nahezu täglich.
- Der Tages-Schlusswert ist jedoch von Tag 1 zu Tag 5 um 100 € (von 375 € auf 475 €) gestiegen.

Als geübter Trader/Broker werden Sie diesen Börsenwert vorerst halten!

KERZENCHART (CANDLE STICK)

Die professionellste Ansicht eines Charts ist der Kerzenchart, auch Candle Stick genannt. Wie der Begriff bereits ausdrückt, wird in dieser Methode eine Kerze als Hinweis der Kursbewegung herangezogen. Im Aufbau einer Kerze erkennen Sie den Körper und jeweils zwei Dochte, einen oberhalb und einen unterhalb der Kerze. Beide stehen mit dem jeweiligen Ende des Dochtes für den Tages-Höchstwert bzw. den Tages-Tiefstwert. Im Kerzenchart werden daher, ähnlich dem Balkenchart, beide Werte optisch angezeigt. Die Farben der Kerzen stehen dabei für fallende Kurse (rot oder schwarz) und steigende Kurse (grün oder weiß). Zu erkennen ist dies auch daran, dass der Eröffnungswert und der Schlusswert je nach Farbe getauscht sind. Die Kerzenansicht ist also eigentlich analog dem Balkenchart zu betrachten. Das folgende graphische Beispiel (6) zeigt Ihnen den Kerzenchart in einer Darstellung.

BEISPIEL (6) - START

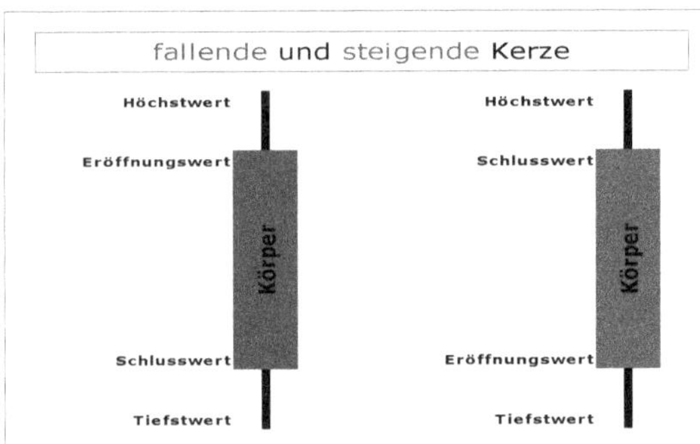

BEISPIEL (6) - ENDE

Die eigentlichen Unterschiede zum Balkenchart sind dabei die Bewegung der Kerzenkörper und die Zeitschritte der Erfassung. Die Erfassung erfolgt nicht ein Mal pro Tag (zum Börsenschluss), sondern in Minuten-Schritten über den Tag bis zum Börsenschluss verteilt. Die gängigste Variante ist dabei ein 15-Minuten-Takt, es kann aber auch jedes andere Zeitintervall von Minuten über Stunden bis zu Tagen, Wochen oder Monaten individuell festgelegt werden. Auch bei dieser Methode gilt jedoch: Je größer der Zeitrahmen eingestellt wird, umso schwieriger sind die Kursschwankungen zu bewerten,

In der Ansicht des Gesamtcharts bewegen sich dabei die Körper der roten Kerzen nach unten, die der grünen dagegen nach oben. Das führt dazu, dass aufgrund der kürzeren Zeitschritte die Kursentwicklung noch besser beurteilt werden kann als beispielsweise beim Balkenchart. Es gilt dabei: Je mehr Informationen, umso besser ist die Einschätzung!

Die beiden wichtigen Punkte des Höchstwertes und des Tiefstwertes werden durch den Docht der Kerzenfigur angezeigt. Folgende Möglichkeiten der Anzeige durch den Docht sind möglich:

- Docht oben = Anzeige des Höchstwertes
- Docht unten = Anzeige des Tiefstwertes
- Docht oben und unten = Anzeige sowohl des Höchstwertes als auch des Tiefstwertes

Der Tages-Schlusswert wird aber grundsätzlich durch das Ende oder den Anfang des Kerzenkörpers angezeigt. Sollte im Chart kein Kerzenkörper, sondern lediglich ein Docht angezeigt werden, liegt das darin begründet, dass es keine Veränderung des Eröffnungswertes bzw. Schlusswertes gegeben hat.

Das folgende graphische Beispiel (7) zeigt Ihnen die Darstellung eines Kerzencharts über den Zeitraum von 2 Stunden mit einem Intervall von 15 Minuten.

BEISPIEL (7) - START

BEISPIEL (7) - ENDE

Candle Stick – Charts und Muster

Die Entwicklung der Technischen Analyse und ihren Chartmethoden hat ihre Grundideen geschichtlich schon sehr früh entwickelt. Bereits im 16. Jahrhundert gab es in Japan einen Handelsplatz, die Börse in Osaka. Überwiegend wurde hier mit Reis gehandelt. Der erfolgreiche Abschluss eines Handelsvorganges wurde dabei mit einem verbindlichen Vertrag schriftlich niedergeschrieben. Doch bereits zu dieser Zeit wollte man den Handel und seine Entwicklung nicht nur dokumentieren, sondern auch optisch darstellen. Als Hilfsmittel hierfür dienten Kerzen. So wurde also vor über 500 Jahren die Methode der Candle-Stick-Charts entwickelt, die nahezu unverändert noch heute ihren Einsatz in der Technischen Analyse findet. Mit Candle-Stick-Charts wurde also bereits weit vor Einführung moderner Chart-Methoden gearbeitet. Diese Darstellungsweise wird auch als „Japanische" Kerzenchart-Methode bezeichnet.

Wie bereits im Absatz 6.4 beschrieben, kann man mit einem Candle-Stick-Chart alle vier entscheidenden Fixpunkte (Eröffnung, Hoch, Tief und Schluss) eines Kurses darstellen. Auch die Zeitintervalle der Darstellung sind variabel einstellbar. Die Kerzenkörper werden dabei in unterschiedlichen Farben dargestellt. Grün bzw. weiß signalisiert einen Aufwärtstrend, rot bzw. schwarz einen Abwärtstrend.

Auch eine Einzelbetrachtung innerhalb der gesamten Kerzendarstellung wird gerne vorgenommen. Die Muster (Einzel- oder Gesamtbetrachtung), die dabei zu erkennen sind, lassen unterschiedliche Rückschlüsse zu, aus denen sich wiederum verschiedene Bedeutungen ableiten lassen. Konzepte für Angebot und Nachfrage werden dabei klar und deutlich abgebildet. Die Form dieser Einzel-Darstellungen bezeichnet man als Candle-Stick-Pattern (Kerzenmuster).

Die Candle-Stick-Pattern ist mittlerweile die beliebteste Darstellungsform bei Tradern/Brokern.

CANDLE-STICK-PATTERN

Wie man es an der Börse vermuten kann, werden alle Varianten der Betrachtung, egal, ob einzeln oder in einer Kombination, in Klassen gegliedert und mit Bezeichnungen/Namen belegt. Die Aufteilung von Candle-Stick-Pattern erfolgt in zwei Klassen, die entsprechende Stimmungen im Börsenhandel wiedergeben:

- Bullish (Bullenmarkt)
  - Stimmung = Es wird mit steigenden Kursen gerechnet.
- Bearish (Bärenmarkt)
  - Stimmung = Es wird mit fallenden Kursen gerechnet.

Aufgrund der signalisierten Stimmungslage gibt es nahezu identische Darstellungen, jeweils im umgekehrten Erscheinungsbild.

Um die Klassifizierung einer Kerzenformation in bullish oder bearish vorzunehmen, muss die Trendrichtung des Finanzproduktes vor seiner Ausprägung genau betrachtet werden. Das bedeutet z. B., dass in einem Aufwärtstrend (bullish) keine Umkehrformationen, also Abwärtstrends, entstehen dürfen. Wäre dies der Fall, handelt es sich um eine bearish-Formation. Für Sie bedeutet dies, den Trend des Kurses sehr genau zu bestimmen und dann eine entsprechende Candle-Stick-Formation zu nutzen.

Bevor auf einzelne Candle-Stick-Pattern eingegangen wird, werden Sie sich jetzt erst einmal fragen, was die Begriffe Bullen- bzw. Bärenmarkt bedeuten. Beides sind symbolträchtige Bezeichnungen für den Handel an der Börse.

- Bullenmarkt
  - Die Bezeichnung Bullenmarkt steht für einen Aktienmarkt, der für einen langen Zeitraum steigende Kurse erwirtschaftet. Anleger (Bullen) investieren dabei in diesem Markt mit optimistischen Erwartungen in die Finanzpapiere und erwarten, neben einem hohen Aufschwung natürlich einen entsprechend hohen Gewinn. Selbstverständlich ist die Bezeichnung „Bulle" lediglich eine symbolische Darstellung, sie bezieht sich aber darauf, dass ein Bulle von kämpferischer Natur ist und dabei mit seinen spitzen Hörnern stets von unten nach oben angreift. Somit wurde der Ausdruck „Bulle" zum Symbol steigender Kurse.

- Bärenmarkt
  - Die Bezeichnung Bärenmarkt ist das genaue Gegenteil zum Bullenmarkt. Dieser Ausdruck steht für einen Aktienmarkt, der für einen längeren Zeitraum sinkende Kurse erwirtschaftet. Anleger (Bären) investieren hier entsprechend bedacht und vorsichtig. Auch die Bezeichnung „Bär" ist natürlich eine symbolische Darstellung. Ein Bär greift seine Beute mit einem Prankenhieb von oben nach unten an. Diese Bewegung symbolisiert den Abwärtstrend eines Finanzwertes.

Sowohl Bullen als auch Bären sind Wahrzeichen der Börsen. Vor den meisten Gebäuden, in denen Börsen angesiedelt sind, stehen beide Figuren als mächtige Statuen und symbolisieren damit den Handel mit Finanzprodukten.

Die wichtigsten Candle-Stick-Pattern sind:

- Inverted Hammer (Beispiel 8)

ERKLÄRUNG: Diese Darstellung ähnelt dem Pattern „Hammer".
Er signalisiert am folgenden Handelstag die Kurswende nach einem vorangegangenen Abwärtstrend in einen Aufwärtstrend. Bei der optischen Darstellung

handelt es sich um einen kleinen Kerzenkörper mit einem langen Schatten oberhalb.

BEISPIEL (8) - START

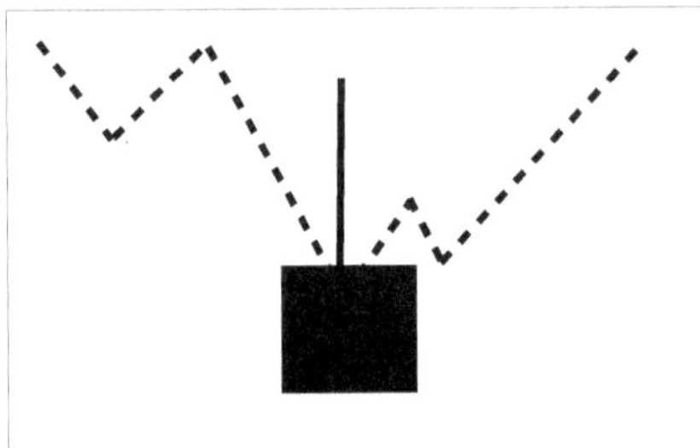

BEISPIEL (8) – ENDE

- <u>Hammer</u> (Beispiel 9)

ERKLÄRUNG: Diese Darstellung entspricht dem genauen Gegenteil vom Pattern „Inverted Hammer". Er signalisiert am folgenden Handelstag die Kurswende nach einem vorangegangenen Aufwärtstrend in einen Abwärtstrend. Optisch dargestellt wird dabei ein kleiner Kerzenkörper mit einem langen Schatten unterhalb, der möglichst die doppelte Größe des Kerzenkörpers hat, und einem deutlich kleineren, am besten gar keinem Schatten, oberhalb des Kerzenkörpers.

BEISPIEL (9) – START

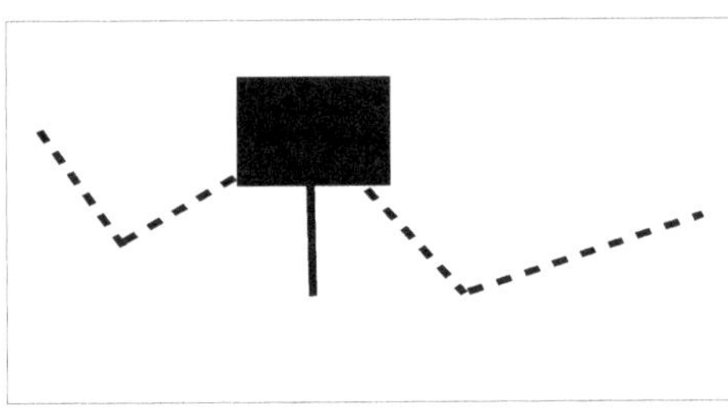

BEISPIEL (9) – ENDE

- <u>Three White Soldier</u> (Beispiel 10)

ERKLÄRUNG: In dieser Ansicht wird ein Aufwärtstrend dargestellt, der durch drei aufeinander folgende Candle Sticks begründet wird. Diese Form der Darstellung erfolgt unter folgenden Voraussetzungen:

1. Der erste Candle Stick beendet einen Abwärtstrend

2. Der zweite Candle Stick wird am nächsten Tag angezeigt, muss aber innerhalb der Kursspanne des ersten Tages starten.
3. Der dritte Candle Stick muss die Kriterien des zweiten Tages wiederholen.

BEISPIEL (10) - START

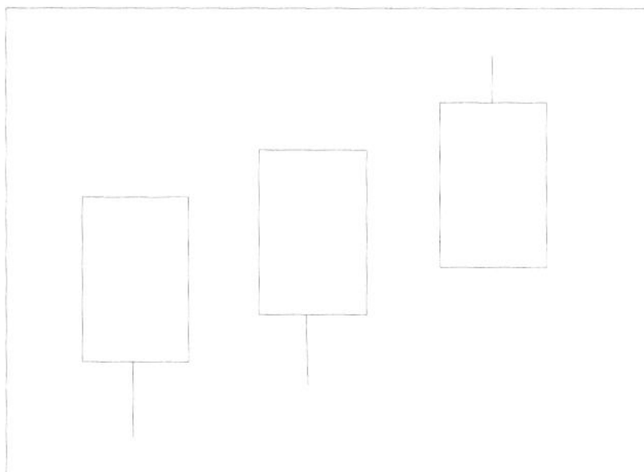

BEISPIEL (10) - ENDE

- Bearish Engulfing (Beispiel 11)

ERKLÄRUNG: Engulfing im Allgemeinen beschreibt ein Chartmuster, das einen definierten Zeitraum analysiert. Der kleinste Zeitraum ist dabei 1 Tag (wenig sinnvoll), der längste 1 Monat (sinnvoll). Dabei wird der Kerzenkörper jeweils mit einem Schatten oben und unten dargestellt. Ein Bearish Engulfing wird mit zwei Kerzen dargestellt und prognostiziert das Ende eines Aufwärtstrends. Das ist gleichzeitig ein Warnsignal für den Verkauf des Finanzproduktes.

BEISPIEL (11) - START

BEISPIEL (11) - ENDE

- Bullish Engulfing (Beispiel 12)

ERKLÄRUNG: Hierbei handelt es sich um das Gegenstück zum Bearish Engulfing. Auch in diesem Muster werden zwei Kerzen dargestellt, die allerdings den Anfang eines Aufwärtstrends darstellen.

BEISPIEL (12) - START

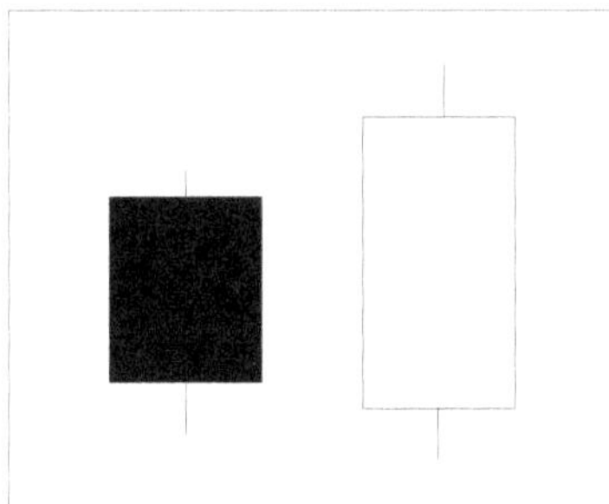

BEISPIEL (12) - ENDE

- Bearish Harami (Beispiel 13)

ERKLÄRUNG: Auch dieser Darstellung liegt eine Trendumkehr zugrunde. Um diese Kerzeninformation deuten zu können, benötigt man mehrere Kerzen, die einen Aufwärtstrend anzeigen. Innerhalb dieses Trends signalisiert allerdings eine Kerze einen Abwärtstrend, der jedoch vom aktuellen Kurswert nicht unterhalb des Eröffnungskurses liegt.

BEISPIEL (13) - START

BEISPIEL (13) - ENDE

- Bullish Harami (Beispiel 14)

ERKLÄRUNG: Diese Darstellung ist wieder das genaue Gegenteil zum Bearish Harami. Hierbei zeigen die Kerzen einen Abwärtstrend an, indem eine Kerze einen kurzen Aufwärtstrend anzeigt, der jedoch nicht oberhalb des Schlusskurses liegt.

BEISPIEL (14) - START

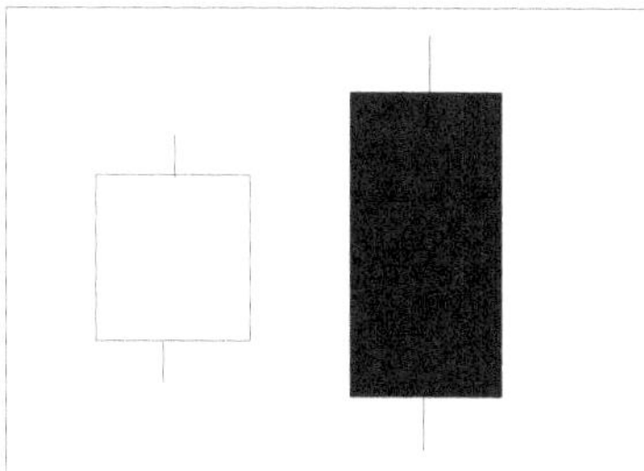

BEISPIEL (14) - ENDE

- Dark Cloud Cover (Beispiel 15)

ERKLÄRUNG: Bei dieser Ansicht handelt es sich erneut um eine Kerzeninformation, die nach einem Aufwärtstrend erfolgt und somit einen bevorstehenden Abwärtstrend andeutet. In dieser Darstellung kommen drei Kerzen in Betracht. Die erste Kerze zeigt einen Aufwärtstrend, mit der zweiten Kerze dagegen beginnt bereits der Abwärtstrend. Die dritte Kerze zeigt schlussendlich den kompletten Abwärtstrend.

BEISPIEL (15) - START

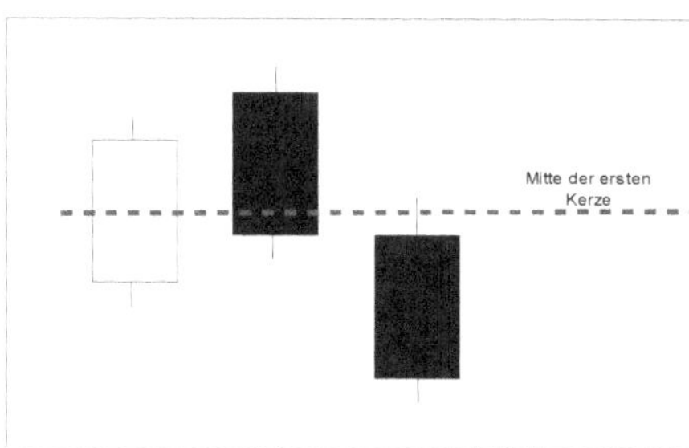

BEISPIEL (15) - ENDE

- Bearish Abandoned Baby (Beispiel 16)

ERKLÄRUNG: Auch in dieser Darstellung erkennt man die Umkehrung eines Trends. Es kommen erneut drei Kerzen in Betracht, wobei die erste Kerze einen Aufwärtstrend anzeigt, die dritte Kerze dagegen einen Abwärtstrend. Die mittlere Kerze ist neutral, das heißt, der Eröffnungs- und der Schlusskurs sind identisch. Die Ansicht der mittleren Kerze, im Regelfall durch ein einfaches Kreuz dargestellt, nennt man Doji. Ein Doji weist entweder auf die Unentschlossenheit der Händler oder auf eine Pause im Trendverlauf hin.

BEISPIEL (16) - START

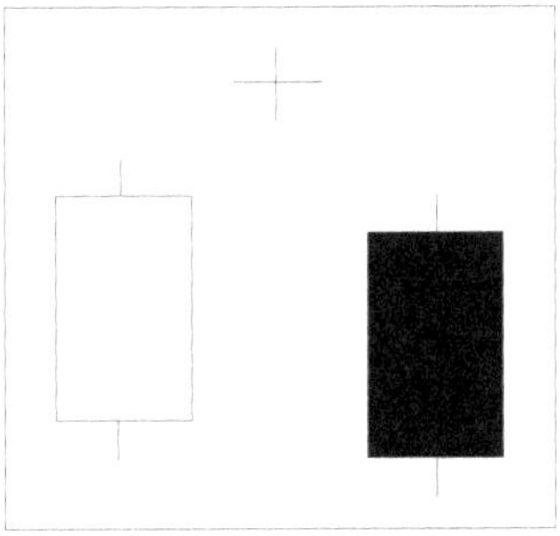

BEISPIEL (16) - ENDE

- Bullish Abandoned Baby (Beispiel 17)

ERKLÄRUNG: Auch diese Darstellung ist wieder das genaue Gegenteil zum Bearish Abandoned Baby. Der Kerzenaufbau ist entsprechend umgekehrt. Die erste Kerze zeigt den Abwärtstrend, die dritte Kerze den Aufwärtstrend. Dazwischen liegt erneut ein Doji.

BEISPIEL (17) - START

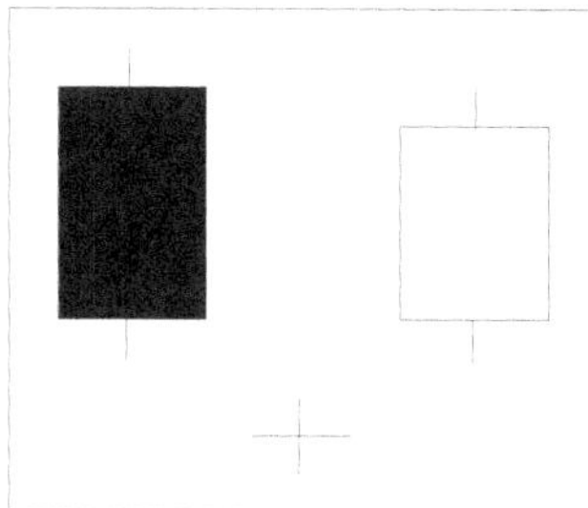

BEISPIEL (17) - ENDE

- Evening Star (Beispiel 18)

ERKLÄRUNG: Die Ansicht eines Evening Stars zeigt die sichere Änderung des Kursverlaufs an und signalisiert gleichzeitig einen Verkauf des Finanzwertes. In dieser Darstellung kommt erneut eine Formation von drei Kerzen in Betracht. Dabei zeigt die erste Kerze noch einen Aufwärtstrend an, die dritte Kerze aber den Beginn des Abwärtstrends. Zwischen beiden Kerzen liegt eine kleinere Kerze, die sowohl zur ersten als auch zur dritten einen Abstand einhält. Das ist der entscheidende Punkt für das Signal zum Verkauf des Finanzwertes. Die kleinere dritte Kerze wird auch als Stern (Star) bezeichnet – da es sich um einen zukünftigen Abwärtstrend handelt, eben als Evening Star (Abendstern = Untergang).

BEISPIEL (18) - START

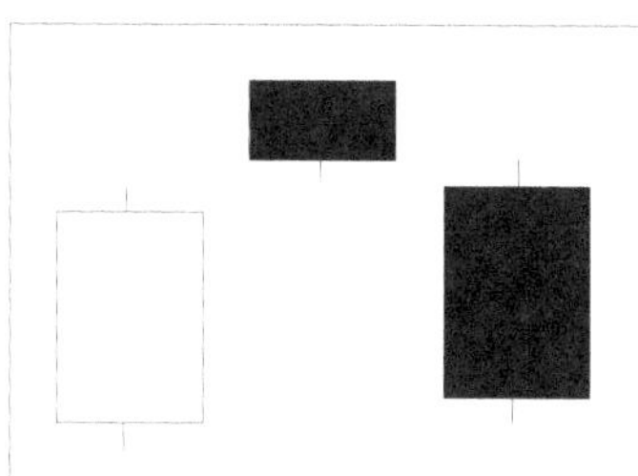

BEISPIEL (18) - ENDE

- Morning Star (Beispiel 19)

ERKLÄRUNG: Auch hierbei handelt es sich um eine gegenteilige Darstellungsform. In diesem Fall zum Evening Star. Der Aufbau ist identisch, allerdings befindet sich die dritte Kerze unterhalb der ersten und der dritten Kerze. So wird der Beginn eines Aufwärtstrends angezeigt, daher auch die Bezeichnung Morning Star (Morgenstern = Aufgang).

BEISPIEL (19) - START

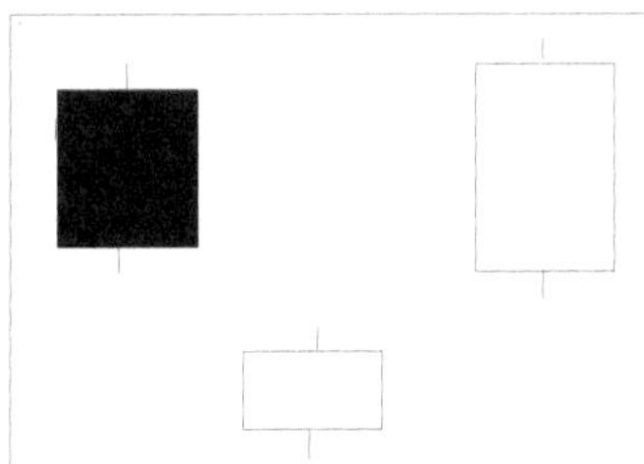

BEISPIEL (19) - ENDE

- Piercing Line (Beispiel 20)

ERKLÄRUNG: Diese Darstellung besteht aus zwei Kerzen und ist nur aussagefähig, wenn sich die zweite Kerze am Ende eines Abwärtstrends befindet. Somit zeigt diese Darstellung eine Umkehr des Trendverlaufs an. Dabei wird die erste Kerze (Abwärtstrend) von der zweiten Kerze (Aufwärtstrend) um mehr als die Hälfte verdeckt. Je mehr die zweite Kerze verdeckt wird, umso größer ist das Umkehrsignal.

BEISPIEL (20) - START

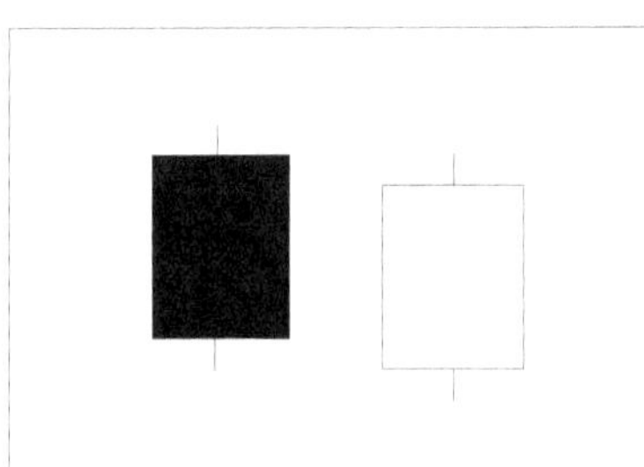

BEISPIEL (20) - ENDE

- Bearish Three Line Strike (Beispiel 21)

ERKLÄRUNG: Hierbei handelt es sich um eine Formation von vier Kerzen. Die ersten drei Kerzen zeigen einen deutlichen Abwärtstrend an. Die vierte Kerze jedoch zeigt einen Aufwärtstrend, wobei der Kerzenkörper mit seinem Schlusskurs über dem Eröffnungskurs der ersten Kerze liegt. Aber Vorsicht: Es ist äußerst wahrscheinlich, dass es sich nur um eine einmalige Verbesserung des Trends handelt. Es ist vielmehr davon auszugehen, dass sich der Abwärtstrend, angezeigt durch die ersten drei Kerzen, im Folgenden fortsetzt. Bei dieser Formation handelt es sich um eine der sichersten Darstellungen innerhalb der Candle-Stick-Pattern.

BEISPIEL (21) - START

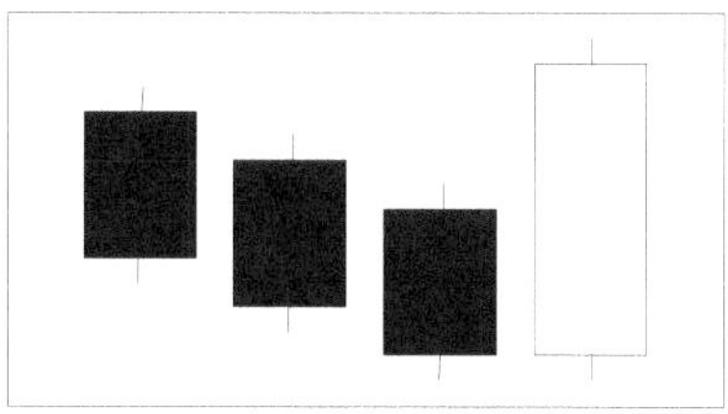

BEISPIEL (21) - ENDE

- Bullish Three Line Strike (Beispiel 22)

ERKLÄRUNG: Mit dieser Darstellung haben wir wieder die Umkehrung des Bearish Three Line Strike. Die Ausgangssituation zeigt erneut drei Kerzen, die in diesem Fall einen Aufwärtstrend anzeigen. Die vierte Kerze zeigt allerdings einen Abwärtstrend, wobei der Kerzenkörper mit seinem Eröffnungskurs unter dem Schlusskurs der ersten Kerze liegt.

BEISPIEL (22) - START

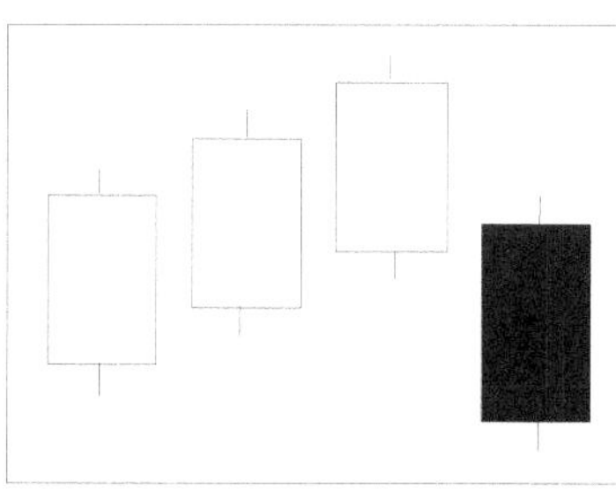

BEISPIEL (22) - ENDE

Trends in der Technischen Analyse

ALLGEMEINES

Unter einem Trend versteht man die Entwicklung über einen definierten Zeitraum und den daraus zu gewinnenden statistischen Kennzahlen. Innerhalb der Technischen Analyse (Chartanalyse) handelt es sich bei einem Trend um eine Kursbewegung, die über einen ausreichend definierten Zeitraum erkennbar ist. Ziel der Technischen Analyse ist es nun, über die vorhandenen Charts positive Trends herauszufiltern, um dann zu investieren. Es muss noch einmal erwähnt werden: Die Technische Analyse (Chartanalyse) ist ohne erkennbaren Trend und ohne eine optische Darstellung in Form eines Charts nicht umsetzbar!

RICHTUNGEN VON TRENDS

Ein Trend, der in einer Geraden verläuft, ist kein Trend, er ist lediglich eine einfache Linie ohne Aussagekraft. Ein Trend muss in kantigen Bewegungen verlaufen. Diese Bewegungen zeigen Richtungen auf und unterstützen Sie in der Beurteilung Ihrer Entscheidungen, zu investieren oder zu verkaufen. Optimale Bewegungen innerhalb eines Trends verlaufen kontinuierlich und nicht in einem extremen Auf und Ab.

Ein Trend gliedert sich in drei Richtungen, die wie folgt benannt werden:

- Aufwärtstrend
- Abwärtstrend
- Seitwärtstrend

Nachfolgend werden Ihnen diese drei Varianten als graphische Beispiele (23-25) dargestellt und die Erkenntnisse der Trends beschrieben.

BEISPIEL (23) - START

Aufwärtstrend

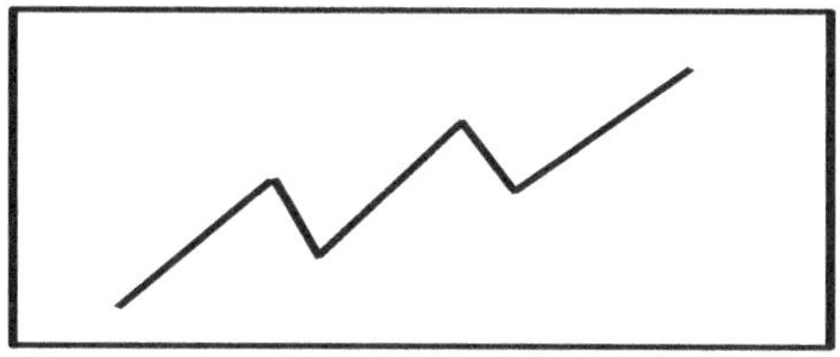

BEISPIEL (23) - ENDE

In diesem Trend können Sie regelmäßige Trendbewegungen, sowohl aufwärts als auch abwärts, feststellen. Der Trend im gesamten Verlauf deutet aber auf einen Aufwärtstrend hin.

Die Entscheidung durch den Trade /Broker würde in diesem Fall auf Halten der Aktien fallen.

BEISPIEL (24) - START

Abwärtstrend

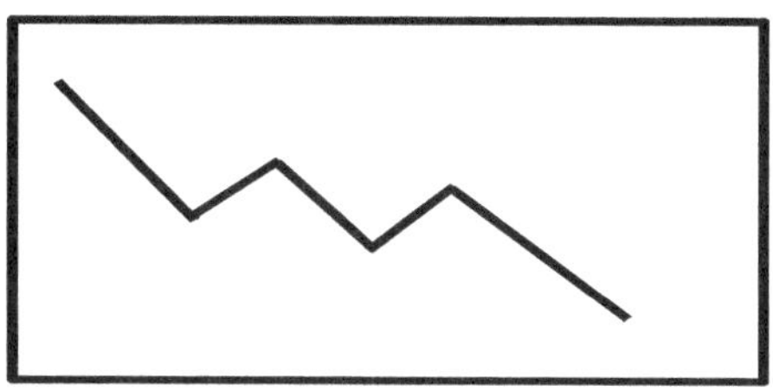

BEISPIEL (24) – ENDE

In diesem Trend können Sie zwar auch regelmäßige Trendbewegungen auf- und abwärts erkennen, der Trend im gesamten Verlauf deutet aber auf einen Abwärtstrend hin.

Die Entscheidung durch den Trader/Broker hätte hier schon viel früher auf den Verkauf der Aktien fallen müssen. Spätestens jetzt sollte eine derartige Entscheidung fallen.

BEISPIEL (25) - START

Seitwärtstrend

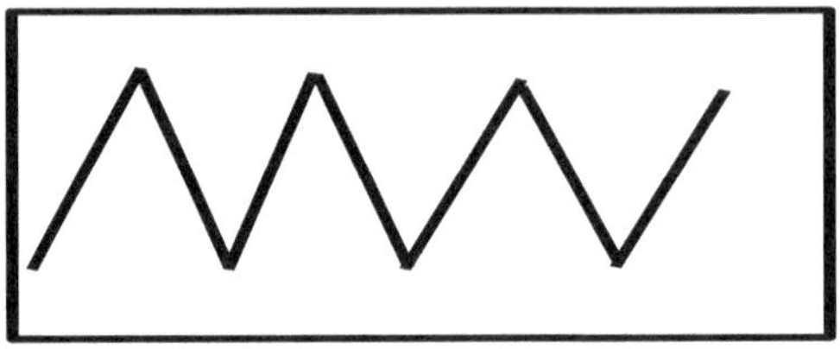

BEISPIEL (25) - ENDE

In diesem Trend erkennen Sie zwar regelmäßige Hochs und Tiefs, im Gesamtergebnis bewegt sich diese Aktie aber nicht. Für einen Trader/Broker wird in dieser Konstellation eine Entscheidung schwerfallen. Es entsteht zwar kein Verlust, aber auch kein Gewinn. Allerdings ist das Handeln an der Börse gewinnorientiert. Wenn also nicht die Grundsatzentscheidung getroffen wird, diese Aktie zu halten, sollte ein Abstoßen zum Zeitpunkt eines neuen Hochs in Erwägung gezogen werden.

Bei den Erläuterungen zu den Trends sind Ihnen erneut die Geheimnisse des Börsenhandels dargestellt worden. Zusammengefasst bedeutet dies:

- In Aufwärtstrends sollte gekauft werden!
- In Abwärtstrends sollte möglichst rechtzeitig verkauft werden!
- In Seitwärtstrends sollte abgewartet oder zu einem günstigen Zeitpunkt verkauft werden!

Nicht unerwähnt sollte dabei aber bleiben, dass natürlich die Entscheidungen aufgrund einer Chartanalyse nicht nur durch die drei Trendrichtungen getroffen werden sollte. Auch der Zeitrahmen der Wertanlage spielt dabei eine Rolle. Trends werden folglich analog der Anlageform benannt:

- langfristiger Trend (auch Primärtrend genannt)
  - Zeitrahmen: mindestens 1 Jahr, eher länger
- mittelfristiger Trend (auch Sekundärtrend genannt)
  - Zeitrahmen: zwischen 1 und 10 Monaten
- kurzfristiger Trend
- Zeitrahmen: unter 1 Monat

ANALYSEN VON TRENDS

Die Analyse einer Trendlinie ist sehr einfach. Fixpunkte miteinander über eine Linie zu verbinden, ist auch keine neue Erfindung. Dieses Verfahren wird innerhalb der Mathematik bei verschiedenen Methoden angewandt. Allerdings ist diese Technik nur sinnvoll, wenn Fixpunkte als Höhen und Tiefen angezeigt werden. Optimal haben sich diese Fixpunkte konstant entwickelt, aber auch variable Fixpunkte, soweit die Streuung nicht allzu groß ist, können mit einer Trendlinie verbunden werden.

Das Prinzip von Trendlinien ist ziemlich simpel. Bei der Technischen Analyse werden mit der Charttechnik die Höchst - und Tiefstwerte des Kurses mit Linien verbunden. Diese Linien werden als Trendlinien bezeichnet. Die Trendlinien grenzen den Trendverlauf in seinen Höchst- bzw. Tiefstwerten ein. Negative oder positive Signale sind dadurch sehr schnell erkennbar. Nachfolgend das graphische Beispiel (26) einer Trendlinie in einer konstanten Aufwärtsbewegung:

BEISPIEL (26) - START

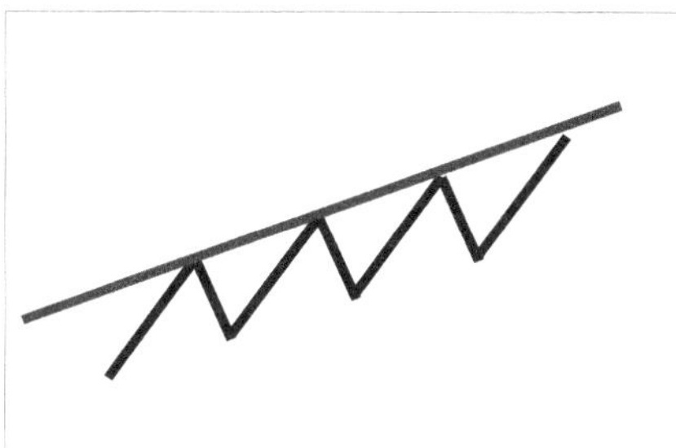

BEISPIEL (26) - ENDE

Kann man eine Trendlinie in einem Chart einzeichnen, dient diese in der Einschätzung einer weiteren Kursentwicklung als weitere Unterstützung. Je mehr Fixpunkte in dieser Trendlinie vorhanden sind, umso aussagefähiger ist diese. Natürlich kann man eine Trendlinie mit zwei Fixpunkten einzeichnen, allerdings ist hierbei die Aussagekraft eher gering einzuschätzen. Als Faustregel gilt, dass mindestens 3 Fixpunkte vorhanden sein müssen. Dann können sogar Trendlinien mit einer variablen Aufwärtsbewegung aussagefähig werden.

Nachfolgend das graphische Beispiel (27) einer Trendlinie in einer variablen Aufwärtsbewegung:

BEISPIEL (27) - START

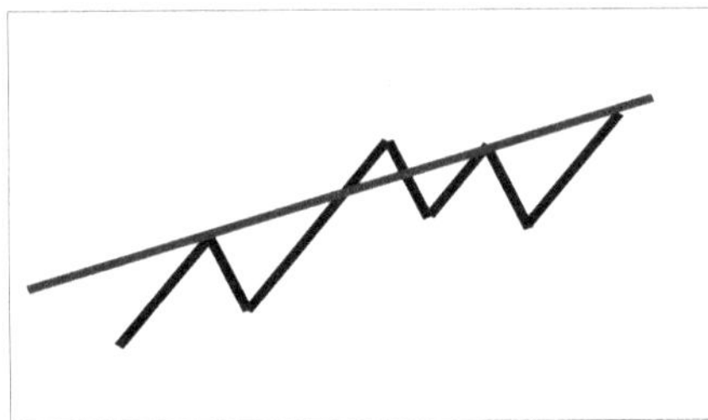

BEISPIEL (27) - ENDE

Das genaue Gegenteil einer positiven Trendlinie zeigt sich bei einem entsprechenden Abwärtstrend.

Nachfolgend das graphische Beispiel (28) einer Trendlinie in einer konstanten Abwärtsbewegung:

BEISPIEL (28) - START

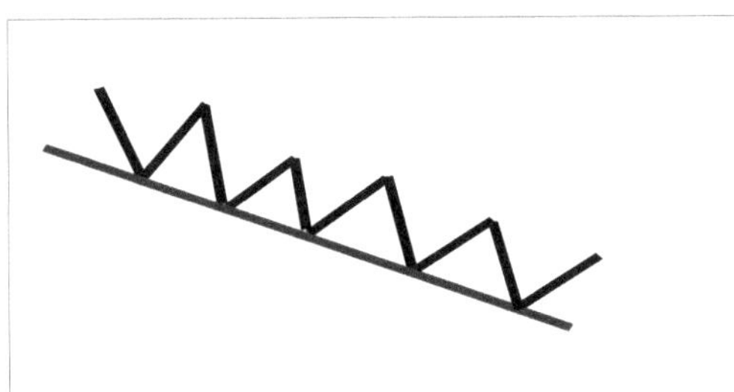

BEISPIEL (28) – ENDE

Nachfolgend das graphische Beispiel (29) einer Trendlinie in einer variablen Abwärtsbewegung:

BEISPIEL (29) – START

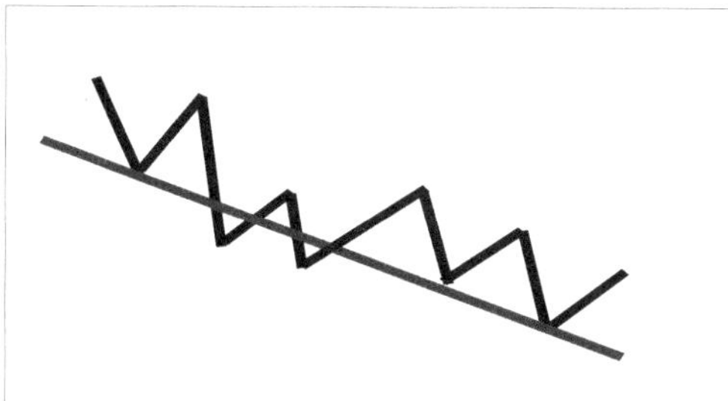

BEISPIEL (29) - ENDE

AUSSAGEKRAFT VON TRENDLINIEN

Um Trendlinien richtig zu deuten und daraus richtige Entscheidungen zu treffen, sollte man 3 Grundregeln beachten:

- Je extremer sich ein Neigungswinkel der Trendlinie darstellt, desto unwahrscheinlicher wird sich diese Kursentwicklung so fortsetzen.
- Die Länge einer Trendlinie bestimmt deren Aussagekraft. Dabei gilt, je länger die Trendlinie ist, umso aussagefähiger wird sie. Selbst ein kurzzeitiger Einbruch der Kursentwicklung wird an der Aussagefähigkeit der Trendlinie nichts verändern. Eine Trendlinie, die z. B. über mehrere Jahre angezeigt wird, spiegelt einen umfassenderen Trend, insbesondere bei Einbrüchen, wider als eine Trendlinie mit einer Laufzeit von wenigen Wochen.
- Eine Trendlinie, die mehrere Auf - bzw. Abwärtsbewegungen beinhaltet, gleichzeitig aber ein stetiges Wachstum anzeigt, bedeutet eine dynamische und stabile Entwicklung des Kurses.

WIDERSTÄNDE UND UNTERSTÜTZUNGEN IN TRENDS

Bei der Betrachtung eines Trends lassen sich innerhalb des Verlaufs selten gleichbleibende Entwicklungen erkennen, insbesondere nicht bei längerfristig angelegten Trenddarstellungen, bei denen Höchst - und Tiefststände die Entwicklung des Kurses bestimmen. In der Fachsprache bezeichnet man die Endpunkte als Reaktionstiefs bzw. Reaktionshochs. Die Änderungen der

Kursentwicklung bezeichnet man als:

- Widerstand = Ein Aufwärtstrend stoppt, ein Abwärtstrend beginnt
- Unterstützung = Ein Abwärtstrend stoppt, ein Aufwärtstrend beginnt

Nachfolgend das graphische Beispiel (30) von Widerstand / Unterstützung bei einem Aufwärtstrend:

BEISPIEL (30) - START

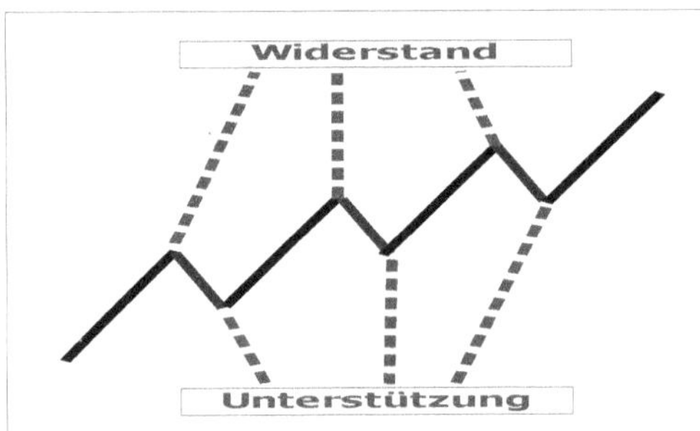

BEISPIEL (30) - ENDE

Nachfolgend das graphische Beispiel (31) von Widerstand / Unterstützung bei einem Abwärtstrend:

BEISPIEL (31) - START

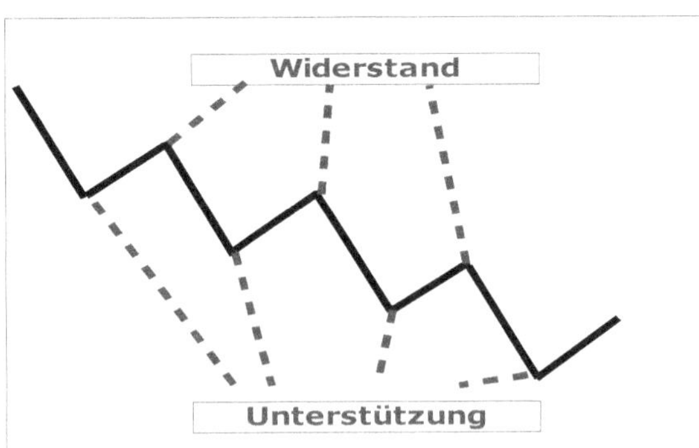

BEISPIEL (31) - ENDE

In beiden angezeigten Beispielen von Widerstand und Unterstützung ist ein klares Konzept ersichtlich. Ein kontinuierlicher Aufwärtstrend kann sich nur fortsetzen, wenn ein zwischenzeitlich erreichter Tiefstwert vom folgenden Tiefstwert übertroffen wird. Allerdings muss auch jeder Höchstwert vom folgenden Höchstwert übertroffen werden. Bei einem kontinuierlichen Abwärtstrend sind die Voraussetzungen natürlich umgekehrt.

FORMEN DER TRENDWENDE

Die ganze Erkenntnis von Widerstand und Unterstützung wäre allerdings zu einfallslos, wenn das Markieren dieser Punkte nur für eine optische Anzeige genutzt wird. Es werden daraus natürlich Tendenzen sichtbar, die die Entscheidungen eines Traders/Brokers sehr stark beeinflussen. Nicht umsonst werden diese Situationen als Trendwende angesehen und erfordern auf jeden Fall eine Entscheidung für die zukünftige Ausrichtung. Im Klartext: Diese Situationen können dazu führen, dass die erwähnten Kriterien „Unterstützung" und „Widerstand" nun ihre angedachten Rollen vertauschen. Die dabei entstehenden sogenannten Trendumkehr-Formationen bezeichnet man als Doppeltop bei einem Aufwärtstrend bzw. als Doppelboden bei einem Abwärtstrend.

DOPPELTOP (M-FORMATION)

Betrachten wir zunächst einmal den Aufwärtstrend. Besteht an einer Widerstandslinie nicht genug Kaufdruck für das Börsenpapier und entwickelt sich der Kurs daher nur kurzfristig in den Aufwärtstrend, um anschließend wieder auf das ursprüngliche Niveau abzusinken, bezeichnet man diese Darstellung im Chart als Doppeltop. Diese graphische Darstellung gleicht dem Buchstaben „M". Daher wird der Doppeltop auch gerne als M-Formation bezeichnet. Es stellt sich nun die Frage, welche Entscheidung Sie bzw. ein Trader/Broker in dieser Situation treffen sollte/n.

1. Bereits am Anfang eines erkennbaren Doppeltops setzt der Trader/Broker eine Kennmarke kurz über dem letzten, nicht über dem aktuellen Hoch. Diese Kennmarke bezeichnet man als Zwischentief. Sollte die Kursentwicklung dieses Zwischentief erreichen, könnten Sie als risikoreicher Wertpapier-Inhaber dem Trader/Broker den Auftrag erteilen, einen Teil der Börsenwerte zu verkaufen, den anderen Teil aber erst einmal zu halten, um die Kursentwicklung weiterhin zu beobachten. Als risikoarmer Wertpapier-Inhaber würden Sie den Trader/Broker beauftragen, den kompletten Satz dieses Börsenwertes zu verkaufen.
2. Eine etwas sicherere Spekulation wäre analog zu Punkt 1, mit zwei

Zwischentiefs zu operieren. Dabei werden die Entscheidungen über Verkauf und Halten dupliziert, aber gleichzeitig auch von der Beobachtung der Kursentwicklung optimiert.

Beide Varianten spiegeln somit die Aktivität „Kaufen – Verkaufen" und ein bedingt risikoarmes Handeln wider. Nachfolgend das graphische Beispiel (32) eines Doppeltops bei einem Aufwärtstrend:

BEISPIEL (32) – START

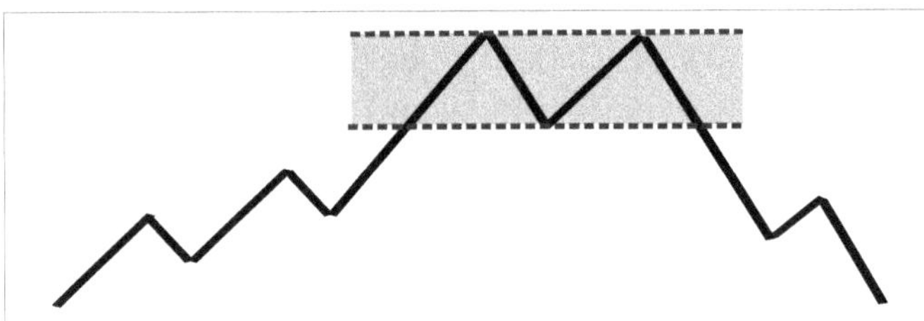

BEISPIEL (32) – ENDE

DOPPELBODEN (W-FORMATION)

Betrachten wir jetzt den Abwärtstrend. Bei einem Doppelboden handelt es sich genau genommen um das Spiegelbild des Doppeltops, allerdings im negativen Bereich. Hierbei erreicht der Kurs einen neuen Tiefstwert, steigt danach kurz wieder an, um anschließend erneut auf den vorherigen Tiefstwert zurückzufallen. In der graphischen Darstellung gleicht diese Trendlinie dem Buchstaben „W". Daher wird der Doppelboden auch gerne als W-Formation bezeichnet. Auch in dieser Situation stellt sich nun die Frage, welche Entscheidung Sie bzw. ein Trader/Broker in dieser Situation treffen sollte/n. Auch hier wird am Anfang eines erkennbaren Doppelbodens durch den Trader/Broker eine Kennmarke gesetzt, nun über dem letzten, nicht über dem aktuellen Tief. Diese Kennmarke bezeichnet man, durchaus leicht irreführend, als Zwischenhoch. Sollte die Kursentwicklung diesen Punkt auf dem Abwärtstrend erreichen, werden Sie als Wertpapier-Inhaber dem Trader/Broker den Auftrag erteilen, den gesamten Bestand dieses Börsenwertes zu verkaufen. Nur absolut risikoreiche Wertpapier-Inhaber würden in diesem Fall den Trader/Broker beauftragen, Anteile dieses Börsenwertes zu kaufen. Nachfolgend das graphische Beispiel (33) eines Doppelbodens bei einem Abwärtstrend:

BEISPIEL (33) - START

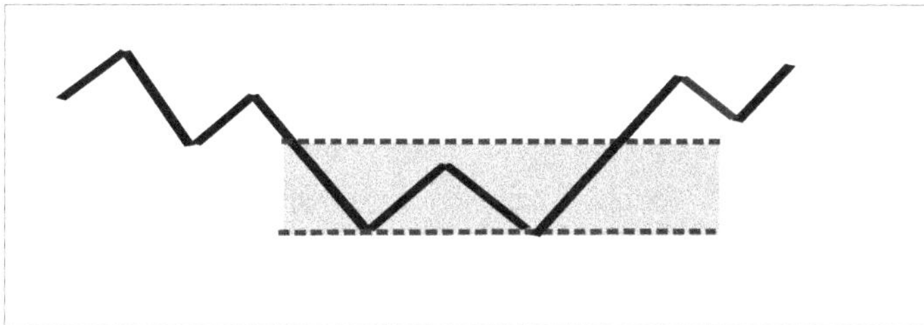

BEISPIEL (33) - ENDE

Kurs-/Chartmuster in der Technischen Analyse

Innerhalb der Technischen Analyse werden alle Bewegungen, sämtliche Trendwenden, alle Fortsetzungen einer Auf- bzw. Abwärtsbewegung oder sonstige Ereignisse in der Entwicklung des Kurses als Chart bzw. Kursmuster angezeigt. Diese Kursmuster liefern rechtzeitig die Signale, die dazu führen, zum richtigen Zeitpunkt in einen Börsenwert zu investieren bzw. diesen abzustoßen. Diese Zeitpunkte sind durch entsprechende Gegenbewegungen im Kursverlauf zu erkennen. Diese Gegenbewegungen nennt man in der Technischen Analyse bzw. Charttechnik Korrekturen oder Korrekturphase.

Korrekturen bzw. Korrekturphasen haben alle eine Gemeinsamkeit: Sie richten sich generell gegen den Trend eines Börsenwertes, sowohl im Auf- als auch im Abwärtstrend. Solange Gegenbewegungen nicht mit voller Kraft einen Trend aus dem Gleichgewicht werfen, betrachtet der Trader/Broker diese Phasen zunächst eher als Konsolidierung des Marktes und weniger als Gefahr für den Börsenwert. Letzteres wird allerdings intensiver betrachtet, sollte diese Gegenbewegung über einen längeren Zeitraum anhalten.

Zurück aber zu den Kursmustern, die sich in einer gewissen Regelmäßigkeit optisch darstellen lassen. Dem Erfindergeist der Trader/Broker geschuldet, werden diese Kursmuster in sogenannten Formationen betrachtet, die alle unter festgelegten Begriffen kommuniziert werden. Die bekanntesten Begriffe sind dabei Flaggen-, Wimpel- oder Kopf-Schulter-Kopf-Formation.

In den nachfolgenden graphischen Beispielen (34) sehen Sie die graphischen Muster dazu:

BEISPIEL (34) – START

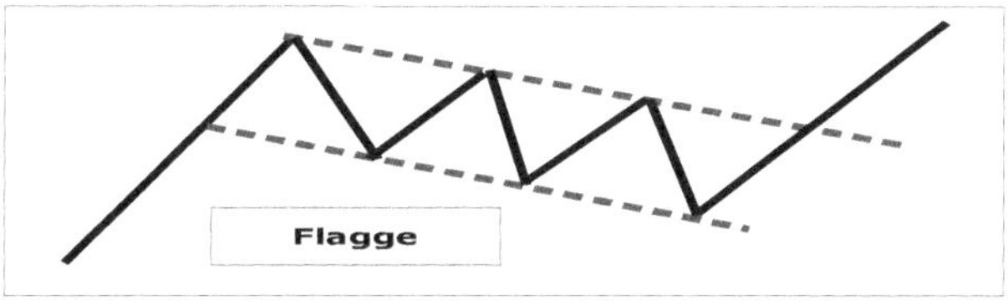

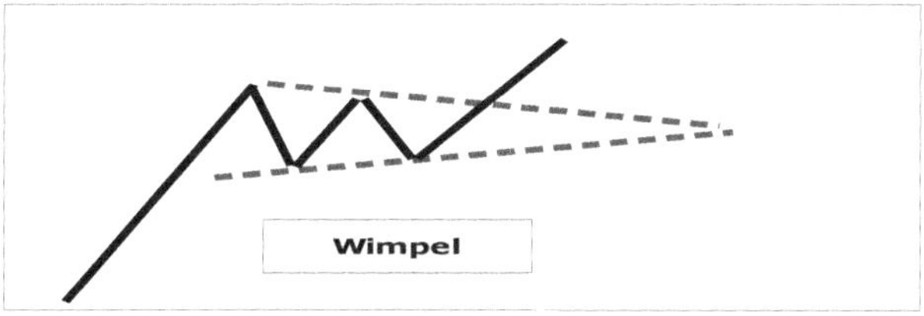

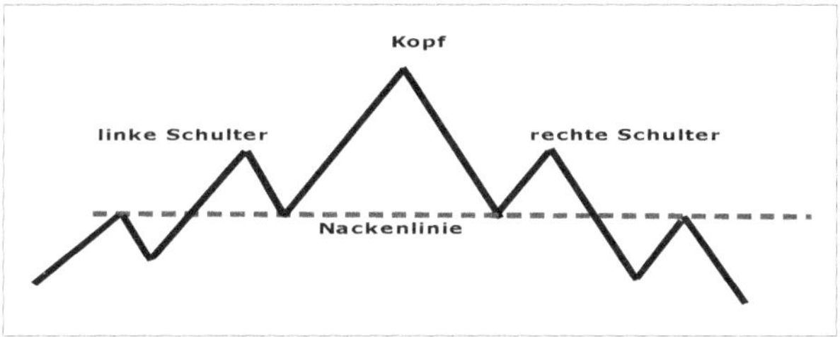

BEISPIEL (34) - ENDE

Um die Technische Analyse oder Chartanalyse einzusetzen, gilt es, grundsätzlich eine Vielzahl von Werten zu betrachten, diese darauf in eine Trendlinie zu bringen und dabei alle Phasen einer Kursentwicklung sichtbar zu machen. Diese Phasen sind dann für das weitere Handeln oder für den sofortigen Verkauf der Börsenwerte sehr entscheidend. Da aber jede Trendphase von einer Korrektur angestoßen wird, ist sehr genau zu ermitteln, ob diese Phase aufgrund bestimmter Entwicklungen entstanden ist oder ob es sich um einen immer wiederkehrenden, fast schon regelmäßigen Verlauf des Trends handelt. In der Betrachtung teilen sich Trends bzw. Kursmuster in zwei Kategorien auf:

- Fortsetzungsmuster
  - Hierbei wird eine Phase beschrieben, in der sich der Trend nach einer Kurskorrektur – egal, ob auf- oder abwärts – wieder dem vorherigen Verlauf des Trends nähert. Zu diesen Kursmustern bzw. Chartformationen zählen z. B. Flagge und Wimpel.
- Wendemuster
  - Hierbei handelt es sich um Phasen, in denen ein laufender Trend abgebremst wird oder im schlechtesten Fall sogar abstürzt. Zu diesen Kursmustern bzw. Chartformationen gehört z. B. Schulter-Kopf-Schulter.

Sie sollten bei Kursmustern allerdings drei Dinge beachten, die durchaus wichtig sind:

- Wendemuster und Fortsetzungsmuster haben gerade am Anfang ihrer Entwicklung ähnliche Grundzüge. Im Laufe der Kursentwicklung kann sich aber aus einem Fortsetzungsmuster durchaus ein Wendemuster entwickeln. Handeln Sie in dieser Situation behutsam, beobachten Sie noch gründlicher die Entwicklung und reagieren Sie erst bei einem extremen Ausbruch des Kurses. Es gibt nichts Schlimmeres, als dass der Markt Sie „kalt" erwischt.
- Eine mögliche Wechselanzeige von einem zum anderen Muster ist grundsätzlich richtig. Sie oder der Trader/Broker als Einzelner können bzw. kann Börsendaten nicht persönlich beeinflussen. Es können lediglich Prognosen ermittelt werden, um Informationen zu Einstiegszenarien, Chancen und Trendänderungen stets aktualisiert bereitzustellen.
- Muster entstehen nicht durch theoretisches Denken und Aufzeichnen. Allein die Kursentwicklung steuert die unterschiedlichen Varianten einer Chart-Darstellung. Teilweise können diese Entwicklungen bereits vor dem Termin Ihres Einstiegs in den Börsenwert liegen.

KURSZIELBEMESSUNG IN DER TECHNISCHEN ANALYSE

Innerhalb der Technischen Analyse besteht die Möglichkeit, aufgrund der Bewegungen von Preisen über Zielbestimmungen mögliche Kursziele zu ermitteln und zu überwachen. Dabei können Sie bzw. kann der Trader/Broker natürlich ausgewählte Chartformen nutzen. Die grundsätzliche Zielrichtung des Handels mit Börsenwerten ist die Gewinnoptimierung. Einfache Hilfsmittel, um dies zu erreichen, sind festgelegte Kursziele. Um diese Ziele allerdings nicht aus den Augen zu verlieren, bedarf es einer Überwachung der festgelegten Teilziele oder Zielzonen. Es erübrigt sich, darauf hinzuweisen, dass diese Methode natürlich nur bei einer regelmäßigen Überprüfung aller dieser Zielsetzungen erfolgreich sein wird. Bei sehr guter Beherrschung dieser Methode können auch Komplikationen, z. B. entscheidende Veränderungen des Kursverlaufs, sehr schnell erkannt werden. Dies kann zu einem wichtigen Faktor werden, um sichere Entscheidungen über einen zwischenzeitlichen An- oder Verkauf von Börsenwerten zu treffen. Die Methode einer Kurszielbemessung ist also sehr empfehlenswert und hilfreich. Wie und welche Ziele Sie setzen, müssen Sie sich erarbeiten. Man kann natürlich auch mathematische Formeln verwenden, allerdings sind frei definierte Ziele durchaus sinnvoller, da diese auch ohne komplizierte Rechenverfahren neu definiert werden können. Die vier wichtigsten Zielfaktoren sind dabei:

- Das Hochziel (Gewinnoptimierung)
- Die definierte Gewinnspanne
- Das Niedrigziel (Verlustvermeidung)
- Die definierte Verlustspanne

Nachfolgend Beispiele (35 + 36) einer Zielbemessung mit positivem bzw. negativem Ergebnis:

BEISPIEL (35) - START (Negatives Ergebnis)

Fakten: Sie haben eine Aktie des Unternehmens „XYZ" zu einem Kaufpreis von 120 € erworben.

- Sie wollen diese Aktie bei einem erreichten Wert von 200 € verkaufen.
- Sie erwarten somit einen Verkaufserlös von mindestens 80 €.

Bemessung des Kurszieles

- Sie legen folgende Ziele fest:
  - Verkaufswert (hoch) ist 200 €
  - Verkaufswert (niedrig) ist 120 €

Praxis

- Die Aktie erreicht innerhalb weniger Wochen einen Börsenwert von 195 €.
- Danach erfolgt ein rapider Kurseinbruch innerhalb eines Tages.
- Die Aktie sinkt auf einen Börsenwert von 105 €.
- Da der Verkaufswert (niedrig) unterschritten wurde, erfolgte der Verkauf der Aktie bei 105 €.

- **Sie haben einen Verlust von 15 € erwirtschaftet.**

Warum: Der Anstieg des Börsenwertes auf 195 € lag unter dem vorgegebenen Verkaufswert von 200 €. Es lag also kein Handlungsbedarf vor. Der

anschließende Kurseinbruch auf 105 € führte zu einem Verkauf der Aktie mit Verlust.

BEISPIEL (35) - ENDE

Es wurde bereits darauf hingewiesen, dass mehrere Ziele eine Kurszielbemessung positiv beeinflussen. Diese Signale können auch als Zielkorridore eingestellt werden.

BEISPIEL (36) - START (Positives Ergebnis)

Fakten

- Sie haben eine Aktie des Unternehmens „XYZ" zu einem Kaufpreis von 120 € erworben.
- Sie wollen diese Aktie bei einem erreichten Wert von 200 € verkaufen.
- Sie erwarten somit einen Verkaufserlös von mindestens 80 €.

Bemessung des Kurszieles

- Sie legen somit folgende Ziele fest:

o Verkaufswert (hoch) ist 200 €
o Gewinnspanne (hoch) liegt zwischen 180 € und 200 €
o Verkaufswert (niedrig) ist 120 €
o Gewinnspanne (niedrig) liegt zwischen 169 € und 140 €

Praxis

- Die Aktie erreicht innerhalb weniger Wochen einen Börsenwert von 195 €.
- Danach erfolgt ein rapider Kurseinbruch innerhalb eines Tages.
- Die Aktie sinkt auf einen Börsenwert von 105 €.
- Da der Verkaufswert (hoch) im Zielkorridor lag, erfolgte der Verkauf der Aktie bei 180 €.
- **Sie haben einen Gewinn von 60 € erwirtschaftet.**

Warum: Der Anstieg des Börsenwertes auf 195 € lag in dem vorgegebenen Zielkorridor von 180 € und 200 €. Es lag also eine Verkaufsvorgabe vor. Der anschließende Kurseinbruch auf 105 € wirkte sich nicht mehr aus.

BEISPIEL (36) - ENDE

An den Beispielen können Sie erkennen, dass es grundsätzlich von Vorteil ist, mehrere Zielpunkte zu setzen, denn trotz bester Zielplanung kann es vorkommen, dass die Aktie das bestimmte Ziel nicht einmal annähernd erreicht oder auch sehr schnell übersteigt. Das ist grundsätzlich nicht ungewöhnlich, da jeder Kurs in Abhängigkeit vom Händlerverhalten steht.

Daher muss eine Kurszielbemessung immer auf den aktuellen Stand gebracht werden. Zielpunkte sind in der Chartansicht schließlich schnell eingearbeitet.

Methoden zur Kurszielbemessung

Wenn Sie sich im Umgang mit den verschiedenen Chart-Formationen, die in der Technischen Analyse angeboten werden, „fit“ genug fühlen, sollten Sie sich mit weiteren Möglichkeiten innerhalb dieser Technik beschäftigen.

So können Sie zum Beispiel mögliche Ziele einer Kursbewegung im Vorfeld ermitteln. Dafür stehen Ihnen mehrere Methoden zur Verfügung. Nachfolgend einige Möglichkeiten:

- Sie können die Preisbewegungen innerhalb einer Kursbewegung, dargestellt durch einen Chart, nutzen.
- Sie können weitergehende, spezielle Darstellungsformen eines Kurses nutzen.
- Sie können mathematische Berechnungen einsetzen.

Zu beachten ist, dass die Methoden einer Kurszielbemessung entscheidenden Einfluss auf eine Prognose und auf die zukünftige Entwicklung einer Kursbewegung haben. Selbstverständlich können die Ergebnisse der Methoden einer Kurszielbemessung nur Schätzungen sein. Ein Trader/Broker kann aber bei richtigem Einsatz dieser Methoden eine hohe, wenn nicht sogar sehr hohe Trefferquote gegenüber dem tatsächlichen Ziel erreichen. Als Minimum lassen sich sehr genaue Zielzonen eines Kurses ermitteln. Zwingend notwendig ist es allerdings, alle eingesetzten Methoden regelmäßig und in einem fortlaufenden Rhythmus durchzuführen.

Die Erkenntnisse aus diesen eingesetzten Maßnahmen nutzt der Trader/Broker für seine Entscheidungen über den An- und Verkauf von Finanzprodukten.

Ein entscheidendes Problem besteht allerdings in Persona des Traders/Brokers und in einer grundsätzlich vorhandenen menschlichen Schwäche = dem Wunschdenken. Nur allzu schnell werden dann die einfachsten Regeln für das Handeln mit Finanzprodukten verdrängt, insbesondere das Augenmerk auf die tatsächliche, aktuelle Situation des Kurses. Trotz aller Genauigkeit einer Kurszielbemessung können nicht vorhersehbare Ereignisse einen Kurs entscheidend verändern. Solche Ereignisse können z. B. auftreten, wenn aufgrund ungewöhnlich hoher Nachfragen die kontinuierliche Kursentwicklung in ein Umkehrmodus umschwenkt und der Kurs dadurch an Wert verliert. Diese Ereignisse kann aber niemand vorhersehen, geschweige denn mathematisch errechnen. Hierzu nachfolgend ein Beispiel (37):

BEISPIEL (37) - START

- Sie haben 10 Aktien zu einem Einzelpreis von 110,00 EUR gekauft = Gesamtwert 1.100,00 EUR
- Das Ziel eines Verkaufs haben Sie mit 195 EUR pro Aktie festgelegt = Gesamtwert 1.950,00 EUR
- Sie rechnen also mit einem Reingewinn von 850,00 EUR
- Während des Kursverlaufs steigt der Wert der einzelnen Aktie auf einen Höchstkurs von 194,00 EUR = Gesamtwert der 10 Aktien 1.940,00 EUR
- Am gleichen Tag tritt aber auch eine Kurswende ein und die einzelne Aktie fällt auf einen Tiefstkurs von 105,00 EUR = Gesamtwert der 10 Aktien 1.050,00 EUR
- Der Verlust beträgt somit 5,00 EUR pro Aktie = Gesamtverlust 50,00 EUR

Betrachten wir das Ergebnis:

- Das Verkaufsziel von 195,00 EUR wurde knapp verfehlt
- Der Wunsch des hohen Gewinns von 850,00 EUR wurde ebenfalls nicht erfüllt
- Der Tagesschlusswert lag mit 105,00 EUR unter dem Einstiegspreis
- Es ist ein Verlust von 50,00 EUR entstanden

BEISPIEL (37) - ENDE

Die Erkenntnis aus diesem Beispiel unterstreicht die Feststellung, dass ein Wunschdenken niemals Einfluss auf ein gestecktes Kursziel, egal, ob festgelegt oder ermittelt, nehmen darf.

Das Ergebnis der Analyse eines Kurszieles kann nur über den Vergleich mehrerer Eigenschaften bzw. Signale unterschiedlicher Instrumente einer Kurszielbemessung erreicht werden. Wenn diese Fakten vorhanden sind, kann ein Trader/Broker mit hoher Wahrscheinlichkeit aussagekräftige Kursziele bestimmen, die sich durch Überlagerungen der ermittelten Kursziele anderer Kurszielbemessungen und deren eingesetzten Instrumenten ergeben. Die häufigsten genutzten Methoden einer Kurszielbemessung sind folgende:

Trendlinien-Differenz-Methode

Projektionen bei Ausbrüchen aus Handelsspannen

Projektionen bei Ausbrüchen aus Trendkanälen

Dies Methoden bzw. deren Instrumente können auf Charts sämtlicher Finanzprodukte, wie zum Beispiel Aktien, Fonds, Futures oder Anleihen, angewendet werden.

TRENDLINIEN-DIFFERENZ-METHODE

Diese Methode der Kurszielbemessung beruht auf einer Bewertung von Trendlinien. Man geht dabei davon aus, dass Trendlinien einer gewissen Regelmäßigkeit folgen, dadurch aber den realen Wert eines Finanzproduktes darstellen. In der Sprache der Trader/Broker wird dieser reale Wert auch mit den Bezeichnungen „Ruhewert" oder „fairer Wert" beschrieben.

Bei der Bemessung des „fairen Wertes" wird vom Prinzip ausgegangen, dass alle Trendlinien die aktuellen Eigenschaften eines Finanzproduktes widerspiegeln. Trendlinien bewegen sich aufwärts bzw. abwärts und treiben dabei den Wert des Finanzproduktes nach oben bzw. nach unten. Besonders langfristig angezeigte Trendlinien weisen diese Schwankungen auf. Doch genau diese Schwankungen lassen den Rückschluss zu, dass zu jeder ausschlagenden Bewegung eine entsprechende Gegenbewegung folgt. Im Handelsalltag wird für diese Feststellung immer gerne das Beispiel eines Gummibandes herangezogen (Beispiel 38), dessen Bewegungen die Entwicklungen der Trends widerspiegeln.

BEISPIEL (38) – START

1. Nehmen Sie ein Gummiband zur Hand = Sie haben einen Basiswert = <u>„fairer Wert"</u>
2. Ziehen Sie am Gummiband = Sie erzeugen eine bestimmte Länge = <u>Aufwärtstrend</u>
3. Lockern Sie das Gummiband = Sie erzeugen eine Gegenentwicklung = <u>Abwärtstrend</u>
4. Das Gummiband befindet sich wieder in seiner ursprünglichen Form = <u>„fairer Wert"</u>
5. Aufwärtstrend = Kursentwicklung und Abwärtstrend = Trendumkehr also ungefähr identisch.

BEISPIEL (38) – ENDE

Umgesetzt auf den Börsenhandel zeigt dieses Beispiel die Entwicklung des Kurses eines Finanzproduktes. Das ist das Prinzip der Bemessung von Kurszielen nach der Trendlinien-Differenz-Methode.

Wie ist nun die Vorgehensweise der Trendlinien-Differenz-Methode im Detail? Beim Umkehren einer bestehenden Trendlinie lässt sich der zu diesem Zeitpunkt feststehende Kurswert ermitteln.

Denken Sie jetzt bitte an den bereits vorgestellten Kopf-Schulter-Kopf-Chart mit der Nackenlinie (siehe Absatz 8 „Kurs-/Chartmuster der Technischen

Analyse“). Dieses Chartmuster wird analog auf die Trendlinien-Differenz-Methode umgesetzt.

- Die Kursentwicklung (Aufwärts- und Abwärtstrends) des Finanzproduktes werden in einem neuen Chart eingezeichnet.
- Der Trend der Kursentwicklung wird mittels einer Trendlinie ermittelt.
- Die Entfernung vom insgesamt höchsten Kurswert wird zur Trendlinie ermittelt.
- Die ermittelte Entfernung wird genau an der Stelle, an der die Trendwende zum Höchstwert einsetzte, in die entgegengesetzte Richtung ermittelt.
- So ermitteln Sie eine sogenannte Kurs-Zone.

Diese Maßnahme muss natürlich bei jeder Veränderung des höchsten Kurswertes neu betrachtet werden. Allerdings kann die Bezeichnung „Kursziel“ durchaus zu Verwirrungen führen, da in der Bemessung ja eine Zone festgelegt wird. Jedoch beinhaltet diese Zone wiederum genau zwei Ziele. Das erste und wichtigste Ziel ist es, die untere Grenze der Zone nicht noch weiter zu unterschreiten. Das zweite Ziel (es wird Sie etwas überraschen!) ist es, die obere Grenze nicht zu überschreiten. Der auf den ersten Blick positive Effekt würde im Umkehrschluss bei der nächsten Kurszielbemessung dazu führen, dass die untere Grenze noch weiter sinkt und etwaige Verluste noch höher ausfallen.

PROJEKTIONEN BEI AUSBRÜCHEN AUS HANDELSSPANNEN

Bei einer Handelsspanne, häufig auch als Marge bezeichnet, handelt es sich um den Wert zwischen Einstellungswert und Verkaufswert. Bei Ausbrüchen von Handelsspannen wird ein ähnliches Verfahren wie die Trendlinien-Differenz-Methode eingesetzt. In der graphischen Darstellung wird ebenfalls davon ausgegangen, dass es zu Kursausbrüchen nach oben bzw. unten kommt. Es ist für diese Methode allerdings keine Trendlinie der Ausgangspunkt für die Bemessung, vielmehr nutzt man Schwankungsbreiten einer Seitwärtsbewegung (siehe Absatz 7.2 „Richtungen von Trends“/Beispiel 3). Grundvoraussetzung für den Einsatz dieser Methode ist jedoch, dass sich der Markt über einen längeren Zeitraum stabil gezeigt hat. Im Detail geht man folgendermaßen vor: Zuerst muss beachtet werden, dass die jeweilige Grenze, entweder oben oder unten, komplett durchbrochen wird. Dieser Durchbruch darf nicht kurzfristig durch die Funktionen einer Unterstützung bzw. eines Widerstands (siehe Absatz 7.5 „Widerstände und Unterstützungen in Trends“) verändert worden sein. Ein Kursziel muss bei dieser Methode nicht dauerhaft erreicht werden, es wird lediglich davon ausgegangen, ein Minimalziel zu erreichen.

PROJEKTIONEN BEI AUSBRÜCHEN AUS TRENDKANÄLEN

Unter einem Trendkanal versteht man eine Chartformation der Technischen Analyse, in der sich ein Kurs zwischen zwei Linien bewegt. Diese Linien verbinden Kurs-Höchstwerte und Kurs-Tiefstwerte miteinander, sodass daraus optisch ein Kanal angezeigt wird. Innerhalb dieses Kanals bewegt sich der Kurs hin und her. Bei der optischen Anzeige kann der angezeigte Kanal aufwärts oder abwärts bzw. seitwärts gerichtet sein. Ankauf bzw. Verkauf werden durch zwei Signale angezeigt – beim Durchbrechen der Linien nach oben bzw. nach unten.

Einsatz des Gleitenden Durchschnitts in der Technischen Analyse

ALLGEMEINES

Bei jedem Einstieg in ein neues Börsenpapier oder bei jeder grundsätzlichen Entscheidung für ein weiteres Handeln ist eine Frage immer die wichtigste: „In welche Richtung verläuft der Trend dieses Börsenwertes?“. Für den Trader/Broker ist es schon enorm wichtig, insbesondere bei längerfristigen Anlagen, wie sich der Börsenwert in einem bestimmten Zeitfenster entwickelt hat und vermutlich noch entwickeln wird. Der erfahrene Trader/Broker weiß sehr genau, dass Trends sich eher lang- als kurzfristig entwickeln. Er kennt auch die Marktdynamik in einem festgelegten Zeitfenster. Daher wird kein Trader/Broker, der sich mittel- oder langfristig orientiert, bei kurzzeitigen Einbrüchen eines Börsenwertes eine besondere Nervosität an den Tag legen. Ganz im Gegenteil: Der Trader/Broker will erkennbare Trendphasen zum Handeln nutzen. Da wir uns jetzt sehr stark in die Mathematik bewegen und vermutlich kein Trader/Broker diese Formeln händisch berechnen wird, wurden diese Formeln in vorhandene Softwareprodukte eingearbeitet. Die nachfolgenden Beispiele sind daher nur für das Verständnis dieser Methoden heranzuziehen.

DURCHSCHNITTSERMITTLUNG AM BEISPIEL DAX

Das anschaulichste Beispiel ist, auch wenn es sich dabei nicht um einen einzelnen Börsenwert handelt, die Entwicklung des DAX, dem deutschen Aktienindex, einer Bündelung von insgesamt 30 Aktien.

Betrachten Sie dabei im Beispiel (39) den Zeitraum 2015 bis heute. Sie erkennen einen Trend, der sehr viel Bewegung zeigt und gerade ab 2018 mit einigen Einbrüchen verläuft. Trotz alldem ist in der Gesamtentwicklung eine deutliche Steigerung erkennbar.

BEISPIEL (39) – START Zeitraum 2015 - 2019

BEISPIEL (39) - ENDE

Im Detail betrachtet zeigt dieser Trend ab Mitte 2014 mehrere Einbrüche, die Mitte 2015 zum absoluten Tiefpunkt des Trends und damit zum finanziellen Verlust führte. Seit diesem Zeitpunkt erholte sich der Kurs wieder und der Trend stieg im 1. Quartal 2017 auf den bisher höchsten Stand seit 2015. Danach kam eine erneute Phase, die mit einigen Aufwärtsbewegungen, aber in der Summe zu einem neuen Tiefststand im 1. Quartal 2018 führte. Ab diesem Zeitpunkt geht es wieder aufwärts und der ursprüngliche Höchststand von 2017 ist schon fast wieder erreicht.

Noch besser können Sie diese positive Trendentwicklung am Beispiel (40) erkennen. Hier wird der sehr lange Trend ab 1964 angezeigt, also ein Zeitraum von 55 Jahren!

BEISPIEL 40 – START Zeitraum 1964 - 2019

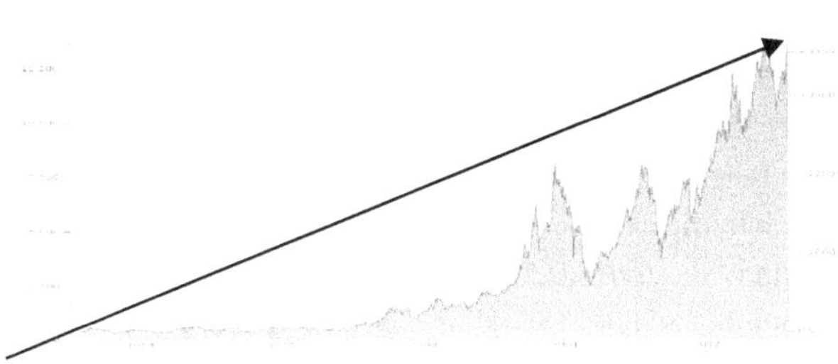

BEISPIEL (40) - ENDE

Wie bereits erwähnt, will der Trader/Broker erkennbare Trendphasen zum Handeln nutzen. Er will aber nicht erst handeln, wenn das Ergebnis vorliegt. Er will bereits vorher vorausschauend reagieren. Jetzt kommt der gleitende Durchschnitt oder auch der gleitende Mittelwert zum Tragen, der selbstverständlich auch in einer optischen Darstellung hinterlegt werden kann.

Der gleitende Durchschnitt beruht auf einer mathematischen Berechnung und soll den durchschnittlichen bzw. mittleren Kurswert eines Finanzproduktes ermitteln. Grundlage ist hierbei die Analyse dieses Wertpapiers über einen definierten Zeitraum, die mittels einer einfachen Rechenformel erfolgt. Zwei Eckpunkte werden für diese Formel benötigt:

- Der Tages-Schlusskurs eines Wertpapieres
- Die Zeitperiode einer Berechnung

Das nachfolgende tabellarische Beispiel (41) für den Zeitraum von 10 Tagen zeigt Ihnen die Vorgehensweise:

BEISPIEL (41) – START

	Schluss-Kurs	**Wochen-Tag**	
	100,00 €	Montag	
	110,00 €	Dienstag	
	90,00 €	Mittwoch	
	85,00 €	Donnerstag	
	80,00 €	Freitag	
	90,00 €	Montag	
	95,00 €	Dienstag	
	100,00 €	Mittwoch	
	105,00 €	Donnerstag	**Durchschnittswert**
	110,00 €	Freitag	
Gesamt	965,00 €	10	96,50 €

BEISPIEL (41) - ENDE

Der Schlusskurs des Wertpapiers wird über einen Zeitraum von 10 Tagen erfasst und danach in eine Gesamtsumme (965,00 €) summiert. Diese Summe wird daraufhin durch die Gesamtanzahl der Tage (10) dividiert. Das Ergebnis ergibt einen durchschnittlichen täglichen Kurs des Wertpapiers (96,50 €).

Um das Ganze auf einem Chart zu dokumentieren, wird dieser erste durchschnittliche Kurs mit einem Punkt auf dem Diagramm markiert. Um den zweiten

Punkt zu markieren, wird die bereits erwähnte Datei um den 11. Tag ergänzt, gleichzeitig wird der 1. Tag gelöscht.

Das nächste tabellarische Beispiel (42) zeigt den aktualisierten Zeitraum von 10 Tagen:

BEISPIEL (42) – START

	Schluss-Kurs	Wochen-Tag	
	110,00 €	Dienstag	
	90,00 €	Mittwoch	
	85,00 €	Donnerstag	
	80,00 €	Freitag	
	90,00 €	Montag	
	95,00 €	Dienstag	
	100,00 €	Mittwoch	
	105,00 €	Donnerstag	
	110,00 €	Freitag	Durchschnittswert
	115,00 €	Montag	
Gesamt	980,00 €	10	98,00 €

BEISPIEL (42) - ENDE

Der neue durchschnittliche Kurs liegt nun bei 98,00 €. So geht es Tag für Tag weiter. Im Chart werden daraufhin die einzelnen Punkte mit einer Linie verbunden. Für jeden weiteren Punkt wird die Linie erweitert. Diese Linie bezeichnet man als gleitende Durchschnittslinie, in der, in unserem Fall, immer der 10-tägige Durchschnitt des Finanzwertes gebildet wird. Der jeweils errechnete durchschnittliche Wert ist der bereits erwähnte Mittelwert.

Selbstverständlich kann man den Zeitraum der Datenerfassung auch verändern, jedoch sollten Sie sich nicht von der Tagesvariante abweichen. Ob der Erfassungszeitraum 10 Tage oder mehr beträgt, ist lediglich eine Datei-Pflegeaufgabe. Längere Zeitspannen, wie z. B. eine Woche oder ein Monat, können natürlich durch die vorhandene Spanne der Erfassung etwas ungenauer werden. Eine

Tageserfassung bildet die genaueste Durchschnittslinie.

KRITIKPUNKTE

So gut sich ein gleitender Durchschnitt auch errechnen und darstellen lässt, ist dieses Verfahren nicht frei von Kritik. Zwei Kritikpunkte werden dabei stets herangezogen, die beide ineinandergreifen:

- Jeder Tag innerhalb der Zeitleiste wird gleich betrachtet. Das bedeutet, dass eine Gewichtung nicht nach Aktualität des Kurswertes herangezogen wird. Der Kurswert des 1. Tages wird in der Betrachtungsweise gleich gewertet wie der Kurswert des 10. Tages. Das kann natürlich bedenklich sein, da die Gründe, die zur Festlegung eines Tages-Schlusswertes geführt haben, sehr unterschiedlich sein können.

- Es wird lediglich die Zeitachse herangezogen, für deren Einzeltage ein Durchschnitt errechnet wurde. Dies kann zum einen ein relativ kurzer Zeitraum sein, zum anderen werden außergewöhnliche Kursbewegungen in der Zeit vor dem Start der Zeitschiene nicht berücksichtigt.

Um diese Kritikpunkte abzuwehren, wurden einige weitere Methoden eines gleitenden Durchschnitts entwickelt. Die beiden am häufigsten genutzten Varianten sind dabei:
- der linear gewichtete gleitende Durchschnitt
- der exponentiell geglättete gleitende Durchschnitt

DER LINEAR GEWICHTETE GLEITENDE DURCHSCHNITT

Die Methode des linear gewichteten gleitenden Durchschnitts versucht, genau diese Lücken, die in Absatz 9.3 beschrieben wurde, zu schließen. Es wird bei dieser Methode erreicht, dass der Höchstkurs des aktuellen Tages höher bewertet wird als der Höchstkurs des 1. Tages. Um diese Ausgangssituation zu erreichen, wird für jeden Tag ein Gewichtungsfaktor, der bei dieser Methode individuell festgelegt wird, zur Berechnung eingesetzt. Durch Multiplikation des Tages mit dem Faktor des Gewichtungswertes ergeben sich die neuen rechnerischen Bewertungen des Finanzproduktes.

Beachten muss man allerdings bei dieser Methode, dass der Gewichtungsfaktor gleichbleibend steigt, eben linear. Nachfolgend das tabellarische Beispiel (43) für einen linear gewichteten gleitenden Durchschnitt:

BEISPIEL (43) - START

	Tag	Gewichtung	Tages - Höchstkurs	Gewichteter Preis	
	Montag	1	20,00 €	20,00 €	
	Dienstag	2	21,00 €	42,00 €	
	Mittwoch	3	22,00 €	66,00 €	
	Donnerstag	4	23,00 €	92,00 €	
	Freitag	5	24,00 €	120,00 €	
	Montag	6	25,00 €	150,00 €	
	Dienstag	7	26,00 €	182,00 €	
	Mittwoch	8	27,00 €	216,00 €	Durchschnitts-wert
	Donnerstag	9	28,00 €	252,00 €	
	Freitag	10	29,00 €	290,00 €	
Gesamt	10			1.430,00 €	143,00 €

BEISPIEL (43) - ENDE

An diesem Beispiel ist die lineare Gewichtung genau zu erkennen. Der 10. Tag, also der aktuelle, wird zwar mit einem höher gewichteten Preis (10 x 29,00 €) als der 1.Tag (1 x 20,00 €) zugrunde gelegt, der Gewichtungsfaktor steigt dabei allerdings linear.

DER EXPONENTIELL GEGLÄTTETE GLEITENDE DURCHSCHNITT

Der exponentiell geglättete gleitende Durchschnitt wird auch als Exponential Moving Average, kurz EMA, bezeichnet. Die Methode des exponentiell glättenden gleitenden Durchschnitts nutzt ebenfalls eine Gewichtung der Datenpunkte auf einer Zeitleiste, geht dabei aber nicht statisch linear vor, sondern nutzt zugewiesene Prozentsätze. Dabei wird der letzte, also der aktuelle Tag mit einem Prozentwert belegt. Dieser Wert wird dann zum Wert des Vortages addiert, wobei beide Werte zusammen exakt 100 % betragen müssen. Soll zum Beispiel ein exponentiell geglätteter gleitender Durchschnitt von 20 % berechnet werden, ist das Verfahren wie nachfolgend beschrieben. Weitere Methoden, die aber alle nicht zu den gängigsten gehören, sind zum Beispiel:

- gleitender Durchschnitt mit dynamischem Fenster
- Durchschnitt mit spektralen Eigenschaften
- einfach gewichteter gleitender Durchschnitt

Merkmale innerhalb der Technischen Analyse

Eine der wichtigsten Unterscheidungen innerhalb der Technischen Analyse bzw. der Markttechnik wird durch zwei Fachbegriffe bzw. Merkmale bestimmt:

- Trendfolger
- Oszillator

Bei einem Trendfolger handelt es sich um ein Merkmal, das innerhalb einer Trendbewegung, mit entsprechenden Auf- und Abwärtstrends und einer angezeigten erkennbaren Richtung, Kauf- und Verkaufssignale für den Trader/Broker anzeigt. Die Kauf- und Verkaufssignale aus der Charttechnik werden allerdings erst angezeigt, wenn die Richtung der Trendbewegung eine konstante Entwicklung aufweist. Damit eine genaueste Aussagefähigkeit besteht, werden diese Signale mit einer gewissen Verzögerung angezeigt. So erreicht man durch die mittelfristige Betrachtung Vorteile beim An- und Verkauf von Finanzprodukten.

Allerdings birgt dieses Merkmal auch Risiken. Bei Trendentwicklungen, die durch ihre ständige Seitwärtsbewegung (siehe Absatz 7.2 „Richtungen von Trends") erkennbar sind, werden durch die eigentlich vorteilhafte Verzögerung ständig Fehlsignale angezeigt. Diese wiederum erschweren die Entscheidung über An- und Verkauf entscheidend.

Anders sieht es bei einem Oszillator aus. Dieses Merkmal pendelt ständig zwischen festgelegten Begrenzungen. Diese Begrenzungen, die sogenannten „Zonen", werden vor dem Höchstwert und dem Tiefstwert eingerichtet. Der Oszillator pendelt nun dauerhaft zwischen diesen Zonen. Das Erreichen einer dieser Zonen wird, wie bei dem Trendfolger, angezeigt. Der Trader/Broker bezeichnet ein derartiges Signal als „Übertreibung" und definiert die Phase des Erreichens der oberen Zone als „Überkauft", die Phase des Erreichens der unteren Zone als „Über**ver**kauft". Des Weiteren setzt er die Wahrscheinlichkeit voraus, dass sich mit Erreichen der Zonen ein Trend in die Gegenrichtung entwickelt. Weitere markttechnische Merkmale innerhalb der Technischen Analyse sind:

- Trend-Stärke
- Trend-Breite

Unter Trend-Stärke versteht man eine dauerhafte und kontinuierliche Entwicklung des Kurses. Trend-Stärken errechnen sich dabei aus dem Abstand des

Kurses zu einer imaginär eingerichteten 200-Tage-Linie, ausgehend vom entsprechenden Basiswert des Finanzproduktes. Je positiver eine berechnete Differenz im Aufwärtstrend ausfällt, umso ergiebiger zeigt sich der Aufwärtstrend im Detail. Das genaue Gegenteil dazu ist eine eher negativ berechnete Differenz.

Trotzdem sollte man in beiden Fällen, auch bei einem positiven Ergebnis, die Entwicklung des Trends nochmals im Detail betrachten und Vorsicht walten lassen. Sowohl das negative als auch das positive Ergebnis kann immer noch Fehlsignale beinhalten. Entscheiden Sie sich aber trotz allem für eine Investition, sollte möglichst nur kleines Kapital eingesetzt werden.

Unter Trend-Breite versteht man die Informationen zu Bewegungen eines Trends und wie intensiv diese unterstützt werden. Als Hilfsmittel dient wieder die bereits erwähnte 200-Tage-Linie. Je häufiger der Trend diese Linie überschreitet, umso stärker kann die Trendentwicklung prognostiziert werden. Sollte der Trend allerdings immer weniger diese Linie überschreiten, kann man von einem abnehmenden Interesse der Investoren und einem anstehenden Kurswechsel ausgehen. In dieser Situation sollte über einen Verkauf des Finanzproduktes nachgedacht werden.

Um kurzfristigere Informationen zu erhalten, kann auch das Verfahren der gleitenden Durchschnitte eingesetzt werden, alternativ auch Zeitlinien mit geringerer Laufzeit, z. B. 100 oder 50 Tage.

Anlageprodukte

Wenn man das Wort Börse liest oder hört, identifiziert man dies sofort mit dem Handel von Aktien. Mittlerweile gibt es aber eine Vielzahl von weiteren Finanzprodukten, die an der Börse gehandelt werden. Hierzu zählen u. A. Bonds, Derivate oder Zertifikate. Aber auch außerhalb der Börse hat sich mittlerweile ein Handel entwickelt, der immer mehr an Bedeutung gewinnt. Die bekanntesten Produkte sind hierbei Forex oder CFDs. Von entscheidender Bedeutung beim außerbörslichen Handel ist, dass Sie ohne Finanzmakler bzw. Finanzinstitut agieren können. Es setzt allerdings ein hohes Wissen über diese Finanzprodukte und deren Risiken voraus.

Nachfolgend erhalten Sie einige Informationen, wichtige Unterscheidungen, strategische Vorgehensweisen und Tipps zu diesen Produkten, die für einen Handel sehr wichtig sind. Für sämtliche Anlageprodukte gilt dabei, dass sie auf grundlegenden Eigenschaften basieren. Hierzu zählen u. A.:

- der Kaufpreis
- die Laufzeit
- der Gewinn bzw. Ertrag
- das Risiko

ANLAGEKLASSEN

Unter dem Begriff Anlageklassen versteht man die Zusammenfassung von Finanzprodukten mit einheitlichen Merkmalen, wie z. B. Wertentwicklungen und Risiken. Das bedeutet, das sich börsentechnische Veränderungen bei diesen Produkten gleich, mindestens aber ähnlich, darstellen. Aufgrund der hohen Anzahl der unterschiedlichsten Finanzprodukte erleichtern Anlageklassen den Überblick über das Angebot und unterstützen die Entscheidung des Traders/Brokers, in das richtige Produkt zu investieren. Die Anlageklassen werden in der Fachsprache auch als Assetklassen bezeichnet. Die bekanntesten Assetklassen sind dabei:

- Aktien
- Anleihen/Bonds
- CFDs
- Cryptocoins
- Derivate
- Direkthandel
- Fonds

- Forex
- Futures
- Rohstoffe
- Währungen
- Zertifikate

DEFINITION DER ASSETKLASSEN

Nachfolgend eine Beschreibung der unter Absatz 12.1 aufgeführten Assetklassen.

Aktien

Der allgemein bekannteste Begriff zum Thema Börse ist die Aktie. Doch was verbirgt sich im Detail hinter einer Aktie? Vom Grundsatz her handelt es sich hierbei um eine Urkunde, die einen entsprechend definierten Anteil an einem Finanzkapital beschreibt. Eine Aktie besteht dabei aus zwei Teilen:

- dem Aktienmantel
- dem Aktienbogen

Der Aktienmantel verbrieft dabei Ihren Anteil am Finanzkapital einer Aktiengesellschaft oder, etwas einfacher ausgedrückt, Ihr Teilhaberecht an diesem Unternehmen. Der Aktienbogen dagegen besteht wiederum aus zwei Teilen:

- dem Dividendenschein (kann aus mehreren Einzelbelegen bestehen)
- dem Erneuerungsschein (Talon)

Dividenden werden von Unternehmen auf deren Hauptversammlungen festgelegt und der Dividendenschein berechtigt Sie zur Auszahlung dieser Dividende. Der Erneuerungsschein (Talon) dient als Nachweis für den Erhalt neuer Dividendenscheine, sollten diese aufgebraucht sein.

Anleihen

Unter einer Anleihe versteht man ein Wertpapier, mit dem bestimmte Forderungen geltend gemacht werden. Meistens handelt es sich hierbei um festverzinsliche Wertpapiere, Rentenpapiere oder Schuldverschreibungen. Genau genommen handelt es sich bei dieser Assetklasse um einen einfachen Kredit. Unternehmen oder auch der Staat nutzen diese Form, um sich Fremdkapital von Anlegern zu beschaffen. Nach einer, vor Ausgabe der Anleihe, festgelegten Laufzeit muss dieses Kapital mit einem entsprechenden Zinszuschlag wieder zurückbezahlt werden. Im englischen Sprachgebrauch bezeichnet man diese

Anlageform auch als „Bond“. Da Anleihen oder Bonds auch an der Börse gehandelt werden, sprechen Insider auch von dem sogenannten „Rentenmarkt“. Eine Anleihe besteht analog zur Aktie aus zwei Teilen, dem Mantel und dem Bogen. Beide Teile erfüllen den gleichen Zweck wie bei der Aktie.

Derivate

Entgegen dem Handel mit Aktien oder Anleihen, bei denen sofort Geld gegen ein Wertpapier getauscht wird, sind Derivate eine Vertragsform innerhalb eines Termingeschäftes. Hierbei werden die Abschlüsse in der Gegenwart getätigt, das Handelsergebnis aber erst in der Zukunft erfüllt. Derivate basieren auf einem zu erwartenden Kurswert. Das klingt zuerst einmal sehr kompliziert, ist aber eigentlich relativ einfach zu erklären. Stellen Sie sich das Ganze z. B. bei einem Autokauf und folgendem Beispiel (44 Teil 1 + 2) vor:

BEISPIEL 44 / TEIL 1 - START

Sie bestellen in einem Autohaus ein neues Fahrzeug. Vereinbart haben Sie dabei einen Kaufpreis in Höhe von 40.000,00 EUR und einen Liefertermin in 6 Monaten. Am Liefertermin übernehmen Sie das Auto, bezahlen die 40.000,00 EUR und fahren zufrieden vom Hof. Das Geschäft ist abgeschlossen.

BEISPIEL 44 / TEIL 1- ENDE

Beim Handel mit Derivaten läuft es nahezu ähnlich, allerdings zum Ende hin mit einem ungewissen Ausgang. Auch hierzu nachfolgend ein Beispiel:

BEISPIEL 44 / TEIL 2 - START

Sie bestellen heute 10 Wertpapiere zu einem Einzelpreis von 25,00 EUR. Der Gesamt-Bestellwert beträgt somit 250,00 EUR. Als Laufzeit vereinbaren Sie 2 Monate. Nach Ablauf der Laufzeit erhalten Sie Ihre Wertpapiere und bezahlen 250,00 EUR. Jetzt greift das Risiko:

- Haben die 10 Wertpapiere am Laufzeitende einen höheren Kurswert, z. B. 30,00 EUR Einzelpreis, also insgesamt 300,00 EUR, haben Sie einen Gewinn von 50,00 EUR erzielt.

- Haben die 10 Wertpapiere am Laufzeitende einen niedrigeren Kurswert, z. B. 20,00 EUR Einzelpreis, also insgesamt 200,00 EUR, haben Sie einen Verlust von 50,00 EUR erlitten.

BEISPIEL 44 / TEIL 2 - ENDE

CFDs (**C**ontracts **F**or **D**ifference)

Bei CFDs, auch Differenzkontrakte genannt, handelt es sich vom Grundsatz her um Derivate. Allerdings sind CFDs im Gegensatz zu Derivaten, die für sich schon spekulativ gehandelt werden, äußerst hochgradige Spekulationsobjekte. CFDs eignen sich daher nur für sehr erfahrene Trader/Broker, die sich über die Problematik des Handelns mit CFDs im Klaren sind.

Die Möglichkeiten für Gewinne sind größer als bei Derivaten, gleichzeitig aber auch die Risiken für große Verluste enorm groß. Der Aktienhandel und der Handel mit CFDs unterscheiden sich in folgenden Punkten:

- Aktien spiegeln den Anteil des Aktieninhabers am Eigenkapital eines Unternehmens wider. Zudem sind mit dem Besitz von Aktien die entsprechenden Rechte und Pflichten eines Aktieninhabers nach dem deutschen Aktiengesetz rechtlich abgesichert.
- CFDs dagegen sind nicht an das Eigenkapital eines Unternehmens gebunden, sondern vielmehr an die Kursentwicklung (siehe Absatz „Derivate"). Sie sind auch nicht rechtlich abgesichert. ***Ca. 75 Prozent der Anleger verlieren Kapital beim Handel mit CFDs.***

Cryptocoins

Unter Cryptocoins versteht man ein Geld- und Zahlungssystem aus der digitalen Welt. Cryptocoins werden nicht als offizielle Währung angesehen. Währungen sind „echtes Geld" und damit händisch ein greifbares Zahlungsmittel, z. B. Euro, Pfund oder Dollar. Sie werden durch Zentralbanken der entsprechenden Länder ausgegeben, verwaltet und durch Banken im Währungskreis im Umlauf gehalten.

Cryptocoins dagegen stellen keine Währung dar, sondern ein künstlich geschaffenes Zahlungssystem aus der ständig wachsenden digitalen Welt. Grundsätzlich kann man Cryptocoins auch als einfaches Tauschmittel bezeichnen. Sinn und Zweck dieses Zahlungssystems ist allerdings der bargeldlose Zahlungsverkehr, jedoch ohne Aufsicht von Behörden und ohne Mitwirkung der offiziellen Finanzinstitute. Genau genommen sind Cryptocoins künstlich geschaffenes Geld. Um Cryptocoins zu erschaffen, benötigt man eine Gemeinschaft von Nutzern, die gemeinsam die Anzahl der Finanzeinheiten festlegt und darstellt. Alle folgenden Finanz-Transaktionen werden dann über den Computer abgewickelt und gespeichert. Um dies datentechnisch abbilden zu können, wird eine Datenbank, die sogenannte Blockchain, aufgebaut. In dieser Blockchain sind Käufer und Verkäufer somit direkt verknüpft.

Zwei große Vorteile bieten Cryptocoins:

- Finanztransaktionen werden ohne ein beteiligtes Finanzinstitut abgewickelt.
- Finanztransaktionen werden in Echtzeit abgewickelt.

Zwei große Nachteile von Cryptocoins sind:

- Große Schwankungen des Finanzwertes in kurzen Zeitabständen.
- Schwieriger Start in dieses Zahlungssystem durch zeitraubende Einstiegsvarianten.

Fonds

Diese Variante einer Assetklasse ist relativ einfach zu erklären. Eine bestimmte Anzahl von Anlegern legt dabei ihr Kapital in einen „Geldtopf" an und lässt diesen von einem Bevollmächtigen, dem sogenannten Fondmanager, verwalten. Das gemeinsame Kapital wird nun durch den Fondmanager in verschiedensten Finanzwerten angelegt, dadurch gestreut und in einem Fond gebündelt. Es gibt die unterschiedlichsten Arten eines Fonds. Die bekanntesten sind Aktien-, Renten- und Immobilienfonds. Die Streuung der Finanzprodukte minimiert dabei das Risiko von Verlusten und die Anzahl der Anleger sorgt für einen festen Finanzwert. Das Prinzip ist dabei, dass ein möglicher Verlust eines Finanzproduktes durch den Gewinn eines anderen ausgeglichen, mindestens aber minimiert wird. Grundsätzlich gilt aber, dass sowohl die Gewinne als auch die Verluste innerhalb der Anlegergruppe paritätisch verteilt werden.

Wichtig!!! Fonds können von Ihnen eigenständig gehandelt werden. Sie benötigen lediglich die Unterstützung eines Vermittlers oder eines Finanzinstitutes für die Eröffnung eines Depots auf einer Fondsplattform. Ist dies abgeschlossen, können Sie starten.

Wichtig!!! Fonds werden als Sondervermögen verwaltet. Ein Sondervermögen wird vom Kapital eines Unternehmens getrennt und in einer unabhängigen Depotstelle (Bank) verwaltet. Im Falle eines Konkurses der Gesellschaft ist das Fondsvermögen rechtlich geschützt. Gläubiger dürfen nicht aus diesem Kapital bedient werden. Auch das Unternehmen kann nicht, z. B. bei kurzfristiger Zahlungsschwierigkeit, auf dieses Kapital zugreifen. Fonds bedeuten somit für Sie als Anleger nicht nur eine rechtlich geschützte, sondern auch eine sichere Anlageform.

Forex (**For**eign **Ex**change)

Die alternative Bezeichnung für Forex ist Devisenhandel. Forex beschreibt den Handel sämtlicher Währungen der Welt außerhalb einer Börsenaktivität. Auch hier können Sie, wie bei den bereits beschriebenen Fonds, direkt in den Handel einsteigen. Auch für diesen Handel benötigen Sie ein entsprechendes

Depot bei einem Forex-Trader/-Broker.

Das Prinzip des Forex liegt in dem Tausch von Währungen in Abhängigkeit ihres Tageswertes. Da Währungen tagesaktuellen Schwankungen unterliegen, ergeben sich mit diesem Verfahren gute Möglichkeiten der Gewinnoptimierung. Betrachten Sie hierzu folgendes Beispiel (45):

BEISPIEL (45) - START

Das Währungsverhältnis zwischen Euro und Dollar beträgt heute:
1,00 EUR = 1,2357 Dollar
Sie investieren 1.000,00 EUR und erhalten dafür 1.235,70 Dollar.

Am nächsten Tag verändert sich das Währungsverhältnis wie folgt:
1,00 EUR = 1,2310 Dollar
Für Ihre investierten 1.000,00 EUR erhalten Sie somit nur noch 1.231,00 Dollar.
Sie haben einen Verlust von insgesamt 4,70 Dollar erlitten.

Am übernächsten Tag steigt das Währungsverhältnis wieder an:
1,00 EUR = 1,2427 Dollar
Für Ihre investierten 1.000,00 Euro erhalten Sie nunmehr 1.242,70 Dollar.
Sie haben einen Gewinn von insgesamt 7,00 Dollar erzielt.

BEISPIEL (45) - ENDE

Futures

Unter Futures versteht man terminisierte Verträge zwischen Käufer und Verkäufer. Die Verpflichtungen, die beide Seiten mit diesem Vertrag vereinbaren, sind dabei nach einem festgelegten Standard geregelt. Die Handelsplattform ist die Börse. Mit diesem Finanzprodukt können in kürzester Zeit enorm hohe Gewinne erzielt werden. Allerdings drohen auch massive Verluste, die sogar den Einstiegsbetrag nicht nur aufbrauchen, sondern sogar übersteigen können. Der Umgang mit Futures wird daher nur von absoluten Experten durchgeführt und gilt im Allgemeinen als Premiumhandel an der Börse.

Bei Futures unterscheidet man zwei Gruppen von Handelswaren:

- Aktien und Anleihen = Auch als Commodity Futures benannt
- Indizes und Währungen = Auch als Financial Futures benannt

Bei Vertragsabschluss verpflichtet sich der Käufer bzw. Verkäufer, eine festgelegte Menge mit einer entsprechenden Qualität zu einem bestimmten

Zeitpunkt in der Zukunft zu kaufen bzw. zu verkaufen (liefern). Der entsprechende Kauf- bzw. Verkaufspreis wird zum Zeitpunkt des Abschlusses eines Vertrags festgelegt. Grundlage des Preises ist der aktuelle Basiswert des Finanzproduktes, der ebenfalls vertraglich festgelegt wird.

Steigt jetzt der Basiswert bis zum vereinbarten Endtermin des Vertrages, bedeutet das für den Käufer einen Gewinn, für den Verkäufer einen Verlust. Fällt der Basiswert bis zum vereinbarten Endtermin des Vertrages, ergibt sich eine umgekehrte Situation – der Verkäufer erzielt einen Gewinn, der Käufer erleidet einen Verlust.

Um diese extremen Situationen ein wenig sicherer zu machen, wurde zwischenzeitlich eine Vorsichtsmaßnahme eingeführt. Futures werden üblicherweise auf Gewinnspanne gekauft bzw. verkauft. Der Käufer bezahlt dafür nicht den vollen Wert des Vertrages, sondern leistet lediglich eine Anzahlung, die als Sicherheitsleistung zu verstehen ist und in einem entsprechenden Verhältnis zum Vertragswert steht. Steigt nun während der Laufzeit des Vertrages die Marge und damit das Verhältnis von Vertragswert zu der bereits gezahlten Sicherheitsleistung, erhält der Käufer eine Zinsgutschrift. Sinkt die Marge, kann der Verkäufer eine Nachschusszahlung zu der bereits entrichteten Sicherheitszahlung einfordern.

Eine Kündigung eines Vertrages, z. B. während einer Konjunkturkrise, ist nicht möglich. Beide Vertragsparteien unterliegen dabei gleichen Regeln. Nur durch einen Weiterverkauf des Vertrages kann sich eine Partei den eingegangenen Verpflichtungen entziehen.

Rohstoffe

Wichtig: Der Handel mit Rohstoffen ist für private Investoren eingeschränkt und nicht an jeder Börse möglich. So ist das direkte Handeln an Warenterminbörsen nicht zulässig. Sie haben aber Alternativen, um trotzdem an diesen Geschäften teilzunehmen. Nutzen Sie dafür z. B. CFDs oder Fonds (bereits beschrieben), können Sie quasi indirekt am Handel teilnehmen. Allerdings werden Sie nicht ohne das Engagement eines ausgebildeten Traders/Brokers auskommen. Zum einen ist diese Handelsvariante auch sehr risikoreich, zum anderen ist der Handel nicht an allen Börsenstandorten möglich. Die größten Handelsplätze für Rohstoffe findet man u. A. in Frankfurt, Zürich, Chicago, New York oder Sydney.

Zu beachten ist aber beim Handel mit Rohstoffen, dass Preise durch verschiedenste Faktoren, die üblicherweise nichts mit dem Handel direkt zu tun haben, beeinflussbar sind und zu heftigsten Preisschwankungen führen können. Politische Entscheidungen, Kriege, Unruhen und Naturkatastrophen haben erheblichen Einfluss auf die Preise. Es erübrigt sich also eigentlich, darauf hinzuweisen, dass der Handel mit Rohstoffen höchst spekulativ und damit auch sehr risikoreich ist.

Direkthandel

Der Direkthandel ist einer der Wege, außerhalb einer Börse und deren Regularien zu handeln. Diese Variante, auch außerbörslicher Handel genannt, lässt einen Handel mit Finanzprodukten auf direktem Weg zu. Ganz einfach: zwischen Käufer und Verkäufer. Ein Vorteil dieser Handelsvariante ist dabei, dass Sie nicht den Kursschwankungen an einer Börse ausgesetzt sind. Sie können Einkaufs- bzw. Verkaufspreise individuell festlegen und damit durchaus günstigere Preise verhandeln. Ein Nachteil ist dabei allerdings, dass Sie von späteren positiven Wertsteigerungen nicht profitieren können. Um den Direkthandel zu verdeutlichen, nachfolgend ein Beispiel:

BEISPIEL (46) – START

- Sie wollen einen Teil Ihrer Finanzprodukte verkaufen. Der Wert dieses Finanzpaketes beläuft sich auf 10.000 EUR. Zur Abwicklung des Verkaufes beauftragen Sie Ihre Hausbank. Der außerbörsliche Handel startet!!!!!
- Ihre Hausbank kennt aufgrund ihrer geschäftlichen Verbindungen einen Finanzmakler, der auf der Suche nach genau diesen Finanzprodukten ist. Sie bietet Ihr Finanzpaket zum Verkauf an, verlangen aber als Ankaufssumme den aktuellen Tageswert der Finanzprodukte zzgl. eines entsprechenden Spekulationswertes – in der Summe 11.500,00 EUR.
- Der Finanzmakler willigt einem Ankauf zu, drückt allerdings den Gesamtpreis auf 11.000,00 EUR herunter.
- Die Bank willigt in den Verkauf ein und erhält die 11.000,00 EUR.
  - Nach Abzug Ihrer Provision überweist Ihnen die Hausbank einen Betrag von 10.500,00 EUR.
- Sie haben einen Gewinn in Höhe von 500,00 EUR erzielt.

BEISPIEL (46) – ENDE

Währungen

Zuerst muss einmal der Begriff „Währung" definiert werden. Unter Währungen versteht man gesetzliche Vorgaben, die das entsprechende Geldwesen in den Staaten bzw. Wirtschaftsregionen regeln. Die wohl wichtigsten Währungen der Welt findet man mit Bestimmtheit in den Ländern oder Wirtschaftsregionen mit einer sehr hohen Wirtschaftskraft. Zu diesen wichtigsten Währungen zählen der Dollar aus den Vereinigten Staaten von Amerika, der Yen aus Japan, der Franken aus der Schweiz, aber auch als Gemeinschaftswährung der EURO aus der Eurozone.

Währungen unterliegen allerdings Schwankungen, mal mehr, mal weniger.

Der Grund liegt im Regelfall immer in der konjunkturellen Entwicklung der Länder bzw. Wirtschaftszonen. Genau diese Situation birgt das Risiko im Handel mit Währungen.

Ein weiteres Risiko beim Handeln mit Währungen liegt in der Tatsache, dass abseits der Börsenaktivitäten mit Währungen direkt spekuliert werden kann. So kann man z. B. direkt Währungen tauschen oder in diversen Fonds, insbesondere Immobilienfonds, investieren. Je umfangreicher diese Handelsaktivitäten ausfallen, umso größer ist die Wahrscheinlichkeit, dass sich der Wert einer Währung deutlicher verändert, als dies über die Steuerung mit Leitzinsen der jeweiligen Zentralbanken erfolgt. Diese Situation wiederum kann dazu führen, dass gegen bestimmte Währungen gehandelt wird, deren Kaufkraft entsprechend verliert und dies schlussendlich Finanzkrisen zur Folge hat.

Das beste Beispiel hierfür ist die Eurokrise aus dem Jahr 2011. Länder, wie Griechenland und Spanien standen kurz vor dem Bankrott und eine Vielzahl der Anleger stießen ihre Euros ab und investierten dafür in den starken Franken der Schweiz. Allerdings nicht mit der Absicht, jetzt in der Schweiz handelsaktiv zu werden, sondern lediglich, um das Geld in Sicherheit zu bringen, besser gesagt „zu bunkern".

Das Ergebnis dabei war, dass der Franken an Wert gegenüber dem EURO massiv verlor. Vor der Eurokrise war das Verhältnis 1,50 Franken = 1,00 EUR. Während der Krise erreichte das Verhältnis nahezu einen Gleichstand. Das Ergebnis war, dass Produkte aus der Schweiz immer teurer und Kredite in der Fremdwährung Franken uninteressant wurden.

<u>Zertifikate</u>

Unter Zertifikaten versteht man Finanzprodukte, die von Banken extra für Privatanleger konzipiert wurden. Zertifikate müssen mittlerweile aus mindestens einem, möglichst aus mehreren Finanzprodukten bestehen. Alternativ können auch derivative Finanzprodukte beigefügt sein.

Rechtlich betrachtet sind Zertifikate nichts anderes als Inhaber-Schuldverschreibungen. Genau an diesem Punkt besteht aber ein Risiko. Sollte nämlich der Herausgeber eines Zertifikats in eine finanzielle Schieflage, z. B. in eine Insolvenz, geraten, droht ein Totalverlust der Einlage. Das beste Beispiel für diese Situation ist die Pleite der amerikanischen Investmentbank Lehman Brothers aus dem Jahr 2008. Sie sollten also bei der Investition in Zertifikate nicht nur auf die beteiligten Werte, sondern auch auf die Bonität der beteiligten Unternehmen achten.

Zertifikate ermöglichen Ihnen als Privatanleger, an der Entwicklung vieler Basiswerte teilzuhaben. Die Bandbreite der möglichen Anlageprodukte ist vielfältig, da nahezu jedes Finanzprodukt in Ihr Wertpapierkonto eingebunden werden kann.

TERMINE BEACHTEN

Ein weiterer wichtiger Aspekt im Handel an der Börse sind der Zeitpunkt und der Zeitraum. Hierbei unterscheidet man den Handelsmarkt in zwei Klassen, den sogenannten Spots:

- Kassa- bzw. Spotmarkt
- Future Markt

Beim Kassa- bzw. Spotmarkt liegen der „Beginn" und das „Ende" einer Handelsaktivität dicht beieinander, in der Regel beträgt die Spanne maximal zwei Tage. Unter Beginn versteht man dabei den Kauf, unter Ende den Verkauf eines Finanzproduktes. Beim Future Markt liegen „Beginn" und „Ende" der Handelsaktivität dagegen weit auseinander.

Vergleich der Technischen Analyse mit der Fundamentalen Analyse

GRUNDLAGEN DER TECHNISCHEN ANALYSE

Die Technische Analyse, auch Chartanalyse genannt, ist die mittlerweile beliebteste Form der Überwachung einer Kursentwicklung, da sie die tägliche Entwicklung eines Kurses mit einem Basiswert am Morgen startet und mit einem Schlusswert am Abend beendet. Das Prinzip dieser Analyseform basiert auf sämtlichen Informationen, die aus den täglich aktuellen Entwicklungen des Wertes und dessen Kursschwankungen resultieren. Aufgrund dieser durchaus geringen Menge an Informationen können weitere Vorgehensweisen in der Beurteilung eines Börsenpapiers eingeschätzt werden. Die optische Anzeige dieser Informationen erfolgt durch den Einsatz einer Chartform, die, wie bereits beschrieben, in vielfältiger Form zur Verfügung steht. Auf einen Blick lassen sich Vergangenheits- und Zukunftsverläufe des Kurses abbilden. Auch Störfaktoren, die regelmäßig auftreten, den Kursverlauf aber nur kurzfristig beeinflussen, sind sofort erkennbar. Vereinfacht ausgedrückt: Bei der Technischen Analyse wird der Trend der Aktie beurteilt. Diese Beurteilung erfolgt durch bereits feststehende und bekannte, nicht veränderbare Faktoren. Der Trader/Broker muss sich dabei lediglich drei Fragen stellen:

- Steigt der Wert einer Aktie? In der Ausdrucksweise der Trader in einem Aufwärtstrend.
- Fällt der Wert einer Aktie? In der Ausdrucksweise der Trader in einem Abwärtstrend.
- Bleibt der Wert einer Aktie nahezu konstant? In der Ausdrucksweise der Trader in einem Seitwärtstrend.

Durch diese Menge an vorhandenen Kennzahlen und den daraus resultierenden Erkenntnissen ergibt sich ein großer Vorteil gegenüber der Fundamentalen Analyse (dazu nachfolgend mehr Informationen).

Der Einsatz der Technischen Analyse ist relativ leicht erlernbar und dessen Risikofaktor ist relativ gering. Aufgrund der unterschiedlichen Vorgehensweise gibt es allerdings Befürworter und Gegner der einen oder anderen Variante (dazu nachfolgend mehr Informationen).

Sicher ist aber auch, dass es für die Technische Analyse keine Garantie gibt, sehr viel Geld zu verdienen. Es kann, trotz vielfältiger Informationen, leider auch entsprechend viel Geld verloren werden.

Um eine besondere Sicherheit in der Beurteilung des Trading-Vorgehens zu erlangen, ist mittlerweile eine Vielzahl der Trader dazu übergegangen, mehrere Methoden anzuwenden. Die beliebteste Kombination besteht aus der Technischen Analyse und der Fundamentalen Analyse.

GRUNDLAGEN DER FUNDAMENTALEN ANALYSE

Die Fundamentale Analyse baut anders als die Technische Analyse nicht nur auf aktuellen, täglichen Zahlen und Entwicklungen auf, sondern berücksichtigt noch eine Vielzahl weiterer Daten. Diese Daten müssen nicht unbedingt mit der tagesaktuellen Entwicklung des Kurses zu tun haben. Nachfolgend die häufigsten herangezogenen Informationen:

- Vergangenheitswerte (teilweise über Jahre zurück)
- Berichte aus den Unternehmen, z. B.:
  - Geschäftsentwicklung
  - Quartalszahlen
  - Jahresbilanzen
  - Umsätze
  - Wettbewerbssituationen
  - Produktionsauslastung
- Mitteilungen aus der Wirtschafts- und Finanzpolitik, z. B.:
  - Neue Gesetze
  - Preisstatistiken
  - Gesetzliche Lohnentwicklungen

Der riesige Berg an Informationen, der in die Fundamentale Analyse einfließt, erzeugt zwangsläufig auch eine riesige Menge an Arbeit. Genau an diesem Punkt setzt die Diskussion über Sinn und Zweck der einen oder anderen Analyseform ein. Die eine Gruppe der Trader/Broker ist davon überzeugt, dass, je mehr Informationen zur Verfügung stehen, eine bessere Einschätzung der Kursentwicklung erfolgen kann. Die andere Gruppe besteht auf die Aussage, dass mit weniger Informationen die gleichen Einschätzungen vorgenommen werden können.

Die Fundamentale Analyse ist aufgrund der vielfältigen Faktensammlung nicht ganz leicht, vielleicht sogar schwer erlernbar. Der Risikofaktor beim Einsatz der Fundamentalen Analyse ist allerdings nicht unbedingt größer als bei der Technischen Analyse. Aber auch bei der Fundamentalen Analyse gibt es keine Garantie für einen entsprechenden Kursgewinn.

Um eine besondere Sicherheit in der Beurteilung des Trading-Vorgehens zu erlangen, ist mittlerweile eine Vielzahl von Tradern dazu übergegangen, mehrere Methoden anzuwenden. Die beliebteste Kombination besteht aus der Technischen Analyse und der Fundamentalen Analyse.

VERGLEICH DER TECHNISCHEN ANALYSE MIT DER FUNDAMENTALEN ANALYSE

Stellen wir noch einmal die drei wichtigsten, entscheidenden Unterschiede beider Analyseformen in einer Kurzform gegenüber.

Technische Analyse	Fundamentale Analyse
Alle wichtigen Informationen zum Produkt sind im Tageskurs enthalten.	Nicht alle Informationen zum Produkt sind im Tageskurs vorhanden.
Vergangenheitswerte werden nicht für weitere Vorgehensweisen berücksichtigt.	Vergangenheitswerte müssen für weitere Vorgehensweisen berücksichtigt werden.
Der Broker/Trader legt sein Augenmerk ausschließlich auf Kurs und Preis.	Der Broker/Trader legt sein Augenmerk auf Kurs, Preis sowie auf Unternehmens- und Wirtschaftsinformationen.
Der aktuelle Kurswert des Produktes wird zugrunde gelegt.	Aus den vorhandenen Informationen wird ein fiktiver Wert, der sogenannte „innere Wert", des Produktes festgelegt.

Zusätzlich liegen weitere Unterschiede in der Betrachtungsweise in den Erkenntnissen der angelegten Charts. Innerhalb der Technischen Analyse legen Trader/Broker ihr Hauptaugenmerk auf das Verhalten der Käufer bzw. Verkäufer. Dabei wird davon ausgegangen, dass sich spezielle Verhaltensmuster wiederholen und gleiche, zumindest ähnliche Reaktionen im Kursverlauf nach sich ziehen. Die Trader/Broker schließen daraus eine Vorhersage für die zukünftige Kursentwicklung des Finanzproduktes. Keine Rolle spielt dabei der Zeitfaktor der Anlageform, also kurzfristig, mittelfristig oder langfristig.

Nachfolgend finden Sie das Beispiel einer Kursentwicklung, die für einen Broker/Trader, der mit der Technischen Analyse arbeitet, folgende Erkenntnisse bringt. Die Basis dieses Chart ist die Erfassung erreichter Höchstwerte des Kurses über einen Zeitraum von 7 Jahren und in Teilschritten von 2 Monaten.

Nachfolgend das graphische Beispiel (47):

BEISPIEL (47) - START

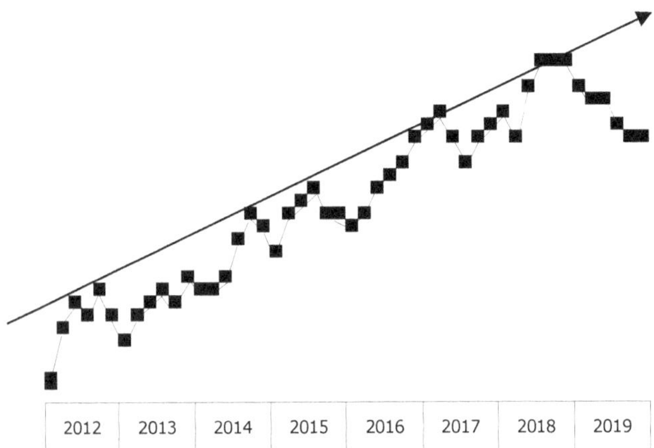

Erkenntnisse:

- Erkennbar ist ein anhaltender, wenn auch geringwertiger Anstieg des Kurses im Zeitraum von 2012 bis Mitte 2019 (siehe Pfeilrichtung).
- Mitte 2018 wurde die absolute Bestmarke erreicht.
- Danach brach der Kurs ein und fiel unter die bisherige Durchschnittsmarke (siehe Pfeilrichtung).
- Eine über 7 Jahre währende kontinuierliche Steigerung des Kurses fand rapide ein Ende.

Maßnahmen: Bei einer technisch ausgerichteten Denkweise würde diese Entwicklung bedeuten, vorerst nicht weiter in diesen Wert zu investieren. Im Gegenteil: Sollte der Kurs noch weiter sinken, wäre über einen Verkauf nachzudenken. Noch ist ein entsprechend großer Handlungsspielraum vorhanden, da der Einstiegswert 2012 ja um ein Vielfaches niedriger war. Sollte jedoch die Entscheidung zum Verkauf erfolgen, ist natürlich der Zeitpunkt des Verkaufs entscheidend. Je näher der Wert an den Einstiegswert fällt, umso niedriger ist der dann noch zu erwartende Gewinn. Bei Unterschreitung des Einstiegswertes tritt sogar ein Verlustgeschäft ein. Wie würde jetzt ein Trader/Broker mit einer Fundamentalen Analyse bei diesem Kursverlauf reagieren? Er würde jetzt versuchen, für die Kursbewegung eine fundamentale (daher auch die Bezeichnung dieser

Analyseform) Begründung zu finden. Dabei helfen ihm die bereits dargestellten unternehmerischen Informationen. Zwei Erkenntnisse kommen für einen Fundamentalisten infrage:

Die bisher vorliegenden Unternehmensinformationen versprechen eine Erholung des Kurses. Vielleicht liegt der Einbruch des Kurses an temporären Maßnahmen des Unternehmens. Er sieht die Entwicklung also positiv. Sein Ergebnis wäre: Aktie halten oder - mutig - sogar investieren.

Die bisher vorliegenden Unternehmensinformationen deuten bereits auf Schwierigkeiten hin. Der Kurseinbruch ist also nur das wirtschaftliche Indiz für diese Problematik. Sein Ergebnis wäre: Aktie sofort verkaufen, um keinen Verlust zu riskieren und zumindest noch mit einem Gewinn zu schließen. Allerdings muss diese Entscheidung relativ schnell getroffen werden, denn ein Verkauf gehaltener Aktien durch andere Trader/Broker führt unweigerlich zu einem noch schnelleren Kursverlust.

BEISPIEL (47) - ENDE

Um die Komplexität der Fundamentalen Analyse noch deutlicher zu machen, lohnt sich ein Blick auf die unterschiedlichen Festlegungen eines Arbeitswertes. Der „innere Wert" ist dabei noch die einfachste Variante. Wie bereits beschrieben kommen hier die unternehmerischen Daten ins Spiel. Auch die Veranlassung eines Handelsvorgangs verläuft relativ einfach. Nachfolgendes Beispiel (48) verdeutlich dies:

BEISPIEL (48) - START

Die Aktien des Unternehmens „XYZ" werden aufgrund der Unternehmensfaktoren mit einem Wert von 100,00 € pro Aktie festgelegt. Nun kommt es auf den gehandelten Wert an. Aktuell liegt der Wert der Aktie bei 90,00 €, ist also unterbewertet. Der Wert lag aber vor ein paar Wochen bereits bei 110,00 €, also überbewertet. Daraus resultierend kann es für den Trader/Broker nur 2 Alternativen geben:

- Unterbewertet = weitere Aktien kaufen
- Überbewertet = Aktien verkaufen

BEISPIEL (48) - ENDE

Ein geübter Trader/Broker wird mit diesem Verfahren wenig Probleme haben. Sie aber als privater Auftraggeber müssten schon über reichlich Erfahrung verfügen, um Ihrem Makler entsprechende Aufträge zu erteilen. Um es Ihnen hier etwas einfacher zu machen, stellen Ihnen die Banken bzw. sonstige Finanzinstitute einige Hilfsmittel zur Verfügung, die durch geübte Fachleute mit allen verfügbaren Erkenntnissen erarbeitet werden und Ihnen eine Entscheidung zum Handeln vereinfachen sollen. Diese Hilfsmittel nennen sich Ratings. Die einfachsten Ratings sind:

- buy (Kaufen)
- neutral (Halten)
- sell (Verkaufen)

Etwas schwieriger einzuschätzen sind die Performer-Ratings:

- Outperformer
  - Hierbei handelt es sich um Finanzprodukte, die eine bessere Entwicklung über einen definierten Zeitraum erzielt haben als entsprechende Vergleichsprodukte.
- Market Performer
  - Hierbei handelt es sich um Finanzprodukte, bei denen Fachleute eine bessere Entwicklung gegenüber der Gesamtentwicklung entsprechender Vergleichsprodukte vorhersagen.
- Underperformer
  - Hierbei handelt es sich um Finanzprodukte, die eine schlechtere Entwicklung über einen definierten Zeitraum erzielt haben als entsprechende Vergleichsprodukte.

Zum Abschluss dieses Kapitels noch eine weitere Variante der Fundamentalen Analyse, die sogenannte Peer-Group-Analyse. Hierbei handelt es sich um Börsenwerte von Unternehmen, die zu 100 Prozent vergleichbar sind. Vergleichbar bedeutet: gleiche Größe, gleicher Umsatz, gleiche Tätigkeit usw. Dazu zählen z. B. Werte der Automobilindustrie, der Windenergie, der Stahlindustrie usw. Verglichen werden folgende gleiche Kennzahlen:

- KGV = Kurs-Gewinn-Verhältnis
  - Diese Kennzahl errechnet sich aus dem Verhältnis des Aktienkurses zu dem erwartenden Gewinn dieser Aktie in einem festgelegten Zeitraum.
- KBV = Kurs-Buch-Verhältnis
  - Diese Kennzahl beschreibt das Verhältnis zwischen dem aktuellen Kurswert der Aktie und dem Buchwert des entsprechenden Unternehmens. Der Buchwert errechnet sich aus dem Eigenkapital des Unternehmens, dividiert durch die Anzahl der ausgegebenen Aktien.

- KCV = Kurs-Cashflow-Verhältnis
  - Diese Kennzahl beschreibt das Verhältnis des aktuellen Kurswertes der Aktie zum Cashflow der Aktie. Ein Cashflow bezeichnet die Differenz zwischen einem Zufluss und einem Abfluss von Finanzmitteln. Aus dieser Differenz, auch Saldo genannt, lässt sich die Liquidität eines Unternehmens erkennen. Zur Verdeutlichung des Cashflows folgende Berechnung:

A.	Zufluss von Finanzmitteln:	8.700.000 €
B.	Abfluss von Finanzmitteln:	7.300.000 €
C.	Cashflow:	1.400,000 €
D.	Anzahl Aktien:	200.000 Stück
E.	Cashflow der Aktie:	7,00
F.	Aktueller Aktienkurs:	86,00 €
G.	KCV-Wert:	12,29

Für die Mathematiker nachfolgend die Rechenformel:

A - B = C / D = E

F / E = G

Wie eine Peer-Group-Analyse aufgebaut ist und welche Erkenntnisse man daraus gewinnen kann, sehen Sie im nachfolgenden Beispiel (49):

BEISPIEL (49) - START

Firma	**KGV**	**KBV**	**KCV**
A B	**8,07**	**1,20**	**5,37**
X	**7,87**	**1,06**	**5,23**
A X	**7,77**	**1,06**	**5,20**
X O	**7,99**	**1,37**	**5,55**
Durchschnitt	**7,93**	**1,17**	**5,34**

BEISPIEL (49) - ENDE

Das eindeutig günstigste Ergebnis erzielt in diesem Beispiel das Unternehmen „A X". Diese Aktie ist zurzeit am günstigsten bewertet. Ein Broker/Trader würde in diese Aktie anlegen, da eine umsatzgünstige Entwicklung gegenüber den anderen Werten zu erwarten ist. Bei der Aktie des Unternehmens „X O" würde er von einem Kauf zurzeit abraten.

Risikomanagement beim Traden/Brokerage

ALLGEMEINES

„**Verluste begrenzen, Gewinne laufen lassen**" ist die klassische Regel im Handel mit Finanzprodukten. Klingt doch logisch, schließlich möchte man beim Handeln Geld verdienen und nicht verlieren. Dafür verlangt aber eben dieses Handeln an der Börse vor allem, die eigenen Finanzen richtig zu verwalten und diese ständig im Auge zu behalten. Natürlich stehen Ihnen dafür die unterschiedlichsten Hilfsmittel zur Verfügung. Schlussendlich sind Sie aber selbst für alle Aktionen beim Handel an der Börse verantwortlich. Es ist daher zwingend notwendig, dass Sie sich ein passendes Risikomanagement aufbauen. Vermutlich werden Sie sich jetzt fragen:

- Weshalb benötige ich überhaupt ein Risikomanagement?
- Wenn das Handeln an der Börse so risikoreich ist, sollte ich da nicht besser meine Finger davonlassen?

Natürlich sollen Sie handeln! Natürlich sollen Sie ein Faible für das Handeln entwickeln! Natürlich sollen Sie möglichst nur Gewinne erwirtschaften! Es ist aber an der Börse nicht anders als überall in der freien Wirtschaft:

- Risiken müssen grundsätzlich einkalkuliert werden!
- Man muss sich mit ihnen kritisch auseinandersetzen!
- Es müssen Rückschlüsse daraus gezogen werden!

Wer mit Geld und Devisen handelt, ist diesen Risiken ständig ausgesetzt – Risiken, die Sie persönlich eigentlich nicht zu verantworten haben, die aber sehr unangenehm werden und weitreichende Folgen nach sich ziehen können. Wer mit Geld und Devisen handelt, ist diesen sekundär auftretenden Risiken ständig ausgesetzt. Nachfolgend zwei Beispiele:

- Liquiditätsrisiko
  - Jeder kann mit diesem Ausdruck umgehen. Im allgemeinen Sprachgebrauch bedeutet dieses Wort nichts anderes als „pleite". Das gilt sowohl für Firmen als auch für Privatpersonen. An der Börse ist damit allerdings etwas anderes gemeint. Es zeigt sich für einen Finanzwert, z. B. für eine Aktie, keine Handelsbewegung. Es liegen keine Angebote und auch keine Nachfragen vor. Der Markt zeigt Stillstand! Sollten Sie jetzt im Besitz dieses Finanzwertes sein, befinden

Sie sich in einem hohen Liquiditätsrisiko. Es treten für Sie 3 Risiken auf:

- Sie haben einen unbewegten Kurs, der zurzeit keinen Gewinn signalisiert.
- Es wird ein Verkauf aufgrund der fehlenden Nachfragen nicht realisierbar sein.
- Es besteht die Gefahr, dass der Kurs final einbricht und Sie einen Verlust einfahren.

- Emittentenrisiko

Hierbei handelt es sich um einen speziellen Fall im Finanzwesen. Es bezeichnet das bestehende Risiko, dass ein Herausgeber (Emittent) von Wertpapieren, z. B. ein Unternehmen, seinen Zahlungsverpflichtungen nicht mehr nachkommen kann. Dies bedeutet nichts anderes als Insolvenz. Egal, ob es sich hierbei um eine vorläufige oder eine endgültige Insolvenz handelt, Sie müssen mit einem teilweisen, im schlechtesten Fall mit einem kompletten Verlust rechnen. Sie besitzen zwar eine gesetzliche Sicherheit über eine bestehende Einlagensicherung, allerdings greift diese nicht für den Gesamtverlust und mit ziemlicher Sicherheit wird das Geld nicht zeitnah erstattet.

Aber Vorsicht! Neben den klassischen Unternehmen können auch Banken als Herausgeber von Wertpapieren auftreten. Läuft allerdings eine Bank in die Insolvenz, gilt die gesetzliche Einlagensicherung nicht. Diese gilt in diesem besonderen Fall nur für Sparguthaben. Das Ergebnis wäre: Ihr Geld ist verlustig! Ausgenommen von den Risiken einer Insolvenz sind Aktienfonds. Diese gelten als Sondervermögen und sind somit kein Bestandteil einer Insolvenzmaße. Sie bleiben Ihnen mit dem letzten ausgeworfenen Wert erhalten. Was können Sie aber selbst beachten, um Ihr Risiko beim Handeln möglichst gering zu halten?

- Bewahren Sie Ruhe!
- Analysieren Sie sehr genau!
- Nutzen Sie die technischen Hilfsmittel, die Ihnen zur Verfügung stehen!
- Behandeln Sie alle Trades gleich, egal, ob hoch oder niedrig lukrativ!
- Auch bei sicheren Kursen nicht mit einkalkuliertem Risiko handeln!

Entwickeln Sie für sich ein Paket von „Spielregeln", die Ihnen beim Minimieren des Risikos Ihrer Investitionen helfen. Dazu folgende Vorschläge:

- Betrachten Sie die Aktivitäten rund um die Börse nicht als Glücksspiel, sondern als ernsthaftes Handeln. Sie sind natürlich kein Hellseher und können folglich die Entwicklung von Kursen nicht vorherbestimmen. Verstehen Sie aber die vielen Hilfsmittel, die Techniken der Analysen, die Chartansichten usw., um Verluste zu vermeiden.
- Bestimmen Sie grundsätzlich die Höhe einer Investition. Sollten Sie bereits im Besitz von Finanzprodukten sein, legen Sie das besondere Augenmerk auf die

Aufteilung/Streuung Ihres Kapitals. Aufteilung und Umfang einer Anlage sind entscheidende Faktoren für Ihr gesamtes Finanzpaket.

- Legen Sie eine Verlustobergrenze für jedes einzelne Finanzprodukt fest. Reagieren Sie auch unmissverständlich bei Erreichen dieser Positionsgrenze. Durch Ihre Aufteilung/Streuung des Finanzpaketes minimieren Sie somit Ihre Verluste.
- Belegen Sie jedes einzelne Finanzprodukt in Ihrem Depot mit einem anteiligen Prozentwert des Gesamtbestandes. Ein Vorteil ist, dass Sie im Ernstfall den Verlust minimieren, ohne den Gesamtbestand in Gefahr zu bringen. Ein weiterer Vorteil liegt in der Tatsache, bei dringendem Kapitalbedarf Einzelwerte zu verkaufen, ohne den Gesamtbestand im Detail prüfen zu müssen.

Wichtig ist es, dass Risiken rechtzeitig erkannt werden. Neben den bereits beschriebenen Möglichkeiten stehen Ihnen auch noch folgende Prozesse zur Verfügung:

RISIKOIDENTIFIKATION

Als Inhaber von Finanzwerten haben Sie das Interesse, Gewinne zu erzielen. Vor einem Gewinn kommt aber immer zuerst die Entscheidung zum Kauf eines Finanzwertes. Für eine Entscheidung zugunsten des Finanzwertes sollten Sie aber alle Risiken analysieren, diese sammeln und erst dann entscheiden.

Wie können Sie aber Risiken ermitteln? Es kommen dabei mehrere Möglichkeiten in Betracht. Auf der einen Seite können Sie mit Erfahrungswerten aus der Vergangenheit arbeiten. Bei Aktien lässt die Streuung der bisherigen Renditewerte aus den letzten x-y Monaten eindeutige Rückschlüsse zu. Bei festverzinsten Wertpapieren benötigen Sie allerdings ein anderes Hilfsmittel, das sogenannte Rating. Das Wort Rating stammt aus dem englischen Sprachgebrauch, „to Rate" bedeutet so viel wie „Bewerten" oder „Abschätzen". Unterstützung finden Sie dabei in den aktuellen Veröffentlichungen bestimmter Ratingagenturen. Die bekanntesten Ratingagenturen in der Finanzwelt sind Moody´s, Standard & Poor´s und Fitch.

Diese Agenturen decken 97 % des Marktes ab. Die Ratingagenturen stellen durch ihre Recherchen die Bonität eines Unternehmens fest. Dazu werden unter anderem folgende Kriterien herangezogen:

- Firmenhistorie
- Muttergesellschaft
- Branche
- Bilanzen
- Beteiligungen an anderen Unternehmen
- Insolvenzinformationen

- Inkassoinformationen
- Bonitätsinformationen
- Gesellschafterwechsel

Die Ergebnisse dieser Nachforschungen werden durch die Ratingagenturen in eine lineare Bewertungstabelle eingestellt und, ganz wichtig, regelmäßig überarbeitet.

Gliedert man diese Einzel-Ergebnisse in Überbegriffe, ergeben sich vier Schwerpunkte für das jeweilige Unternehmen, die stets in der Gemeinsamkeit und nie einzeln betrachtet werden sollten:

- ein allgemeines und externes Risiko
- ein leistungsbezogenes und wirtschaftliches Risiko
- ein finanzbezogenes und wirtschaftliches Risiko
- ein internes Risiko

<u>Das allgemeine und externe Risiko</u>

Unter diesen Kriterien versteht man bekannte Risiken, wie z. B. politische Entscheidungen, Technologie-Änderungen, Naturkatastrophen oder Gesetzesänderungen. Hierbei handelt es sich um erhebliche Risiken, die nur schwer vorhersehbar sind. Allerdings wirken sie sich genauso schwer auf den Kurs eines Finanzwertes aus. Dieser Risikofaktor wird in Börsenkreisen auch als Basis-Risiko bezeichnet.

<u>Das leistungsbezogene und wirtschaftliche Risiko</u>

Unter dieser Bezeichnung versteht man innerbetriebliche Kriterien, wie z. B. Einkauf, Fertigung und Absatz eines Unternehmens. Dazu werden aber auch volkswirtschaftliche Kriterien hinzugezogen, wie z. B. die Kaufkraft innerhalb des Wirtschaftsmarktes und der Güterverkehr. Sollten Sie diese Risiken einkalkulieren und eine Investition in einen Finanzwert des Unternehmens in Betracht ziehen, sollten Sie allerdings die nachfolgenden Fragen im Vorfeld betrachten:

- Läuft der Einkauf des Unternehmens reibungslos, das bedeutet plan- und termintreu?
- Ist das Unternehmen an keinen Lieferanten vertragsmäßig gebunden?
- Beliefert das Unternehmen überwiegend Großkunden?
- Ist das Unternehmen innovativ aufgestellt?
- Investiert das Unternehmen in Wissenschaft und Forschung?

Beantworten Sie alle Fragen positiv, steht dem Kauf von Finanzwerten dieses Unternehmens nichts mehr im Weg.

Das finanzbezogene und wirtschaftliche Risiko

Der Ausdruck „finanz" weist bereits darauf hin, dass es sich hierbei nicht um die wirtschaftlichen Kriterien eines Unternehmens handelt, sondern dass Vermögenswerte, Kapital und Bilanzen herangezogen werden. Zu den häufigsten festgestellten finanzwirtschaftlichen Risiken zählen z. B.:

- Unternehmensverluste in den vergangenen Jahren
- Abhängigkeiten von Lieferanten
- Schwierigkeiten in der Materialbeschaffung
- Marktpreise
- Einhaltung der Zahlungsziele für die Kunden
- Hohe Vertriebskosten
- Fehler im Management
- Forderungsausfälle gegenüber den Kunden

Das interne Risiko

Im Gegensatz zu den externen Risiken, die von einem Unternehmen nicht beeinflussbar sind, handelt es sich bei den internen Risiken ausschließlich um „hausgemachte" Einflüsse. Interne Risiken sollte jedes börsenorientierte Unternehmen auf ein Minimum begrenzen, sie ganz abzustellen ist allerdings nahezu unmöglich. Die wichtigsten internen Risiken sind z. B.:

- fehlende Motivation der Mitarbeiter
- eine fehlende Unternehmenskultur
- Führungskräfte ohne Entscheidungskraft
- kein Informationsfluss im Unternehmen
- unzureichende Weiterbildung der Mitarbeiter
- Kündigungen von Leistungsträgern
- keine Nachfolgeregelung für Führungskräfte bzw. für den Vorstand

Um Erfolg an der Börse zu haben, sollten diese aufgeführten Risiken natürlich weitestgehend ausgeschlossen sein. Woher erhalten Sie aber diese Informationen? Kein Unternehmen wird diese Probleme freiwillig der Öffentlichkeit präsentieren. Hier gilt das Prinzip: "Vor der Investition, recherchieren". Informieren Sie sich z. B. durch Presseberichte oder durch Bewertungen auf Internet-Portalen. Nutzen Sie alle erdenkbaren Möglichkeiten, um Informationen einzuholen. Das interne Risiko kann durchaus als der Faktor beschrieben werden, der das Handeln an der Börse, aufgrund der hohen Ungewissheit, sehr schnell in einen finanziellen Verlust führen kann.

RISIKOMESSUNG

Die Risikomessung ist der wichtigste Bestandteil des Risikomanagements. Das Risikomanagement ist eine ISO-zertifizierte Führungsaufgabe, die in jedem Unternehmen, nicht nur in der Bilanzwelt, beachtet werden sollte. Dieser Prozess regelt den Umgang mit Maßnahmen, die Risiken erkennen und analysieren, diese anschließend bewerten und überwachen sowie abschließend steuern und kontrollieren. Erkenntnisse daraus sind an Kursbewegungen der Finanzpapiere erkennbar. Für das Handeln an der Börse bedeutet dies, Risiken eines Unternehmens genauestens zu messen. Als Resultat sollten sich dabei folgende Fragen ergeben:

- Wie hoch ist die Wahrscheinlichkeit, dass ein gemessenes Risiko eintritt?
- Wie häufig kann dieses Risiko auftreten?
- Welche Schadenshöhe würde ein eintretendes Risiko erzeugen?

Um Risiken messen zu können, stehen Ihnen heute technische Hilfsmittel zur Verfügung. Es handelt sich dabei um quantitative bzw. qualitative Messmethoden, sowie Simulationsverfahren. Die am häufigsten angewandte quantitative Messmethode ist zurzeit:

VALUE-AT-RISK

Diese Methode nutzt Vergangenheitswerte und die daraus statistische Errechnung eines Risikos. Es wird dabei die Obergrenze des Verlustes bestimmt, die durch einen Wahrscheinlichkeitsfaktor, dem sogenannten Konfidenzniveau (zwischen 90 % und 95 %), und einen sehr kurzen festgelegten Zeitraum (z. B. 1 Tag) berechnet sowie festgelegt wird und nicht überschritten werden darf.

Der Value-at-Risk muss täglich neu errechnet werden und soll einen hohen Verlust begrenzen, indem das Finanzpapier bei einem Kursverfall rechtzeitig verkauft werden kann. Zur Verdeutlichung nachfolgendes Beispiel (50):

BEISPIEL (50) – START

- Sie besitzen ein Portfolio von 100 Aktien des Unternehmens „XYZ“ mit einem Stückwert von 50,00 €. Der Gesamtbestand beträgt also 5.000,00 €.

- Die Handelstage der Börse belaufen sich im Jahr auf 240 Tage, davon wurde an 12 Tagen (5 % der Gesamttage) ein Kursverlust des Aktienbestandes von mehr als 750,00 € erzielt.
- An 228 Tagen (95 % der Gesamttage) war der Kursverlust aber niedriger bzw. es wurden sogar Gewinne erzielt.

- Der Value-at-Risk beträgt somit 750,00 € (12 Tage = 5 %), der Wahrscheinlichkeitsfaktor dagegen 95 (228 Tage = 95%).

- Die Ableitung daraus ist nun, dass mit einer Wahrscheinlichkeit von 95 % der Value-at-Risk von 750.00 € nicht überschritten wird.

BEISPIEL (50) - ENDE

MONTE-CARLO-SIMULATION

Bei der Monte-Carlo-Simulation geht man nicht von der analytischen Vorgehensweise eines Value-at-Risk aus. Vielmehr nutzt man eine Zusammenstellung von Zufallszahlen. Hier zeigt sich sehr stark, dass die Technische Analyse zum großen Teil auf mathematischen Grundlagen basiert. Für diese Simulation stehen Ihnen mittlerweile einige Rechenprogramme zur Verfügung. Die Methode basiert dabei auf vier Schritten, von denen die ersten zwei in den folgenden Beispielen (51) erläutert werden.

BEISPIEL (51) – START

Es werden in der Monte-Carlo-Simulation im ersten Schritt die Risiken R 1 (blau) und R 2 (orange) festgelegt, die in jeweils 5 Wertigkeiten (-2, -1, 0, 1, 2) gegliedert werden. Somit liegt die Wahrscheinlichkeit, dass einer dieser Werte als Ergebnis dieser Simulation herangezogen wird, bei 20 %. Die jeweiligen Summen der Risiken R 1 + R 2 ergeben insgesamt 25 Möglichkeiten eines Risikofaktors, der Wertigkeit von -4 und +4 ausweist.

Tabelle 1 – Mögliche Szenarien für das Gesamtrisiko „R“: Es folgt im zweiten Schritt der Monte-Carlo-Simulation die Festlegung der möglichen Ausprägungen von „R“ im Verhältnis zu der Häufigkeit und der Wahrscheinlichkeit. Hierfür benötigt man erneut 2 Zufallszahlen (Z 1 + Z 2), die jeweils größer oder gleich 0 und kleiner als 1 sein müssen.

Tabelle 2 – Wahrscheinlichkeit von „R“ und dessen Ausprägungen

Z1	Schadenswert	-4	-3	-2	-1	0	1	2	3	4
Z2	Häufigkeit	1	2	3	4	5	4	3	2	1
	Wahrscheinlichkeit	4%	8%	12%	16%	20%	16%	12%	8%	4%

Für das Gesamtrisiko liegt der analytische Erwartungswert damit bei 0 (Tabelle 1 = 20 % / Tabelle 2 = 0). Um Sie jetzt nicht zu sehr mit mathematischen Formeln zu quälen, wird der weitere Ablauf etwas verkürzt erläutert.

BEISPIEL (51) - ENDE

Im dritten Schritt wird unter Berücksichtigung der Wahrscheinlichkeit aus Tabelle 2 eine weitere Funktion generiert. Hierbei wird einem Risiko eine weitere Zufallszahl zugewiesen. Im vierten Schritt werden jetzt mehr als 10.000 Möglichkeiten durchgespielt, mit dem Ergebnis eines wahrscheinlichen, aber sehr genauen Risikowertes (R).

RISIKOSTEUERUNG

Bei der Risikosteuerung soll mit den richtigen Maßnahmen erreicht werden, dass eine Wahrscheinlichkeit des Eintritts eines Risikos vermieden wird. Diese Methode wird von dem „normalen" Trader/Broker kaum angewandt, es ist mehr Bestandteil der Geschäftstätigkeit von Banken und Kreditinstituten. Dabei wird davon ausgegangen, dass sowohl Banken als auch Kreditinstitute aufgrund ihres finanziellen Rückhalts durchaus Risiken eingehen sollen. Beide Unternehmungen dürfen allerdings zwei Dinge nicht außer Acht lassen. Zum einen muss die Tragfähigkeit eines Risikos in der gleichen Größe vorhanden sein, wie die Möglichkeit eines Verlustes. Zum zweiten müssen Banken und Kreditinstitute berücksichtigen, dass die Chancen für einen derartigen Handel im gleichen Verhältnis zu den Risiken stehen. Es muss also beides für ein Risikoeinstieg in den Handel passen:

- Die Fähigkeit, ein Risiko einzugehen
- Das Abwägen zwischen dem Risiko und der Chance

FEHLERBAUMANALYSE

Die Fehlerbaumanalyse stammt ursprünglich aus der Wirtschaft und beschreibt eine Analyse-Methode zum rechtzeitigen Erkennen und Beseitigen von Risiken. Diese Methode ermittelt eine Wahrscheinlichkeit eines möglichen Kurssturzes. Der Fehlerbaum ist innerhalb dieser Methode ein optisches Hilfsmittel. Einfach erklärt: Die Risiken bilden den Ast, die Bereinigung den Zweig. So entsteht die Form eines Baumes. Weitere Methoden, auf die jetzt aber nicht weiter eingegangen wird, sind u. a.:

- Flow-Chart-Analyse

- SWOT-Analyse
- Produkt-Markt-Analyse
- Konkurrenz-Analyse

Alle beschriebenen Maßnahmen dienen ausschließlich dazu, dass Sie sich Gedanken über Ihr zur Verfügung stehendes Kapital machen. Es sollte in Ihrem Interesse sein, ständig einen Überblick über Ihr Kapital zu haben. So vermeiden Sie Überraschungen, die im Ernstfall auch Verluste bedeuten können. Betrachten Sie Ihr Risikomanagement also als ein hilfreiches Warnsystem.

Anlagefehler im Handel an der Börse

Sie haben jetzt jede Menge Informationen zum Handeln an der Börse und dem Einsatz der Technischen Analyse erfahren. Trotzdem sollten Sie noch einmal einen Blick auf die klassischen Fehler werfen, die in der nachfolgenden Aufstellung erwähnt werden. Sie treten immer wieder beim Handel an der Börse, gerade bei Neulingen, auf.

1. HANDELN AN DER BÖRSE OHNE GRUNDKENNTNISSE

Betreiben Sie keinen Handel mit Finanzwerten ohne Grundkenntnisse des Börsenwesens. Hören Sie nicht auf die Aussagen von Familienangehörigen, Freunden oder Bekannten, die Ihnen suggerieren, wie einfach es doch ist, an der Börse eine Menge Geld zu verdienen. Denken Sie daran, dass es Ihr Geld ist, das Sie zu Anfang investieren müssen, und wie schmerzhaft es ist, dieses Geld auch zu verlieren. Börsenhandel beinhaltet grundsätzlich auch ein Verlustrisiko.

2. VERTRAUEN SIE KEINEN EMPFEHLUNGEN

Vertrauen Sie grundsätzlich keinen Empfehlungen von Familienangehörigen, Freunden oder Bekannten. Informieren Sie sich lieber selbst über die Finanzwerte dieser Empfehlungen. Nehmen Sie folgenden Tipp ernsthaft auf: Suchen Sie nach negativen Fakten zu diesem Finanzpapier. Das klingt zuerst einmal verrückt, aber je weniger Negatives Sie recherchieren, umso sicherer ist dieser Finanzwert.

3. KEIN KREDIT FÜR EINEN BÖRSENHANDEL AUFNEHMEN

Grundsätzlich sollte das Kapital für den Handel an der Börse nicht nur vorhanden, sondern auch im allgemeinen Haushalt übrig sein. Die Investition an der Börse über einen Bankkredit oder ein Darlehen zu finanzieren, kann Ihnen bei einem Verlustgeschäft teuer zu stehen bekommen. Wenn Sie sich für Börsenaktivitäten entscheiden und noch nicht über ausreichend Kapital verfügen, sparen Sie es erst einmal an. In dieser Zeit können Sie sich auch intensiv mit den

Kenntnissen des Börsenhandels vertraut machen.

4. SETZEN SIE NICHT ALLES AUF EINE KARTE (AKTIE)

Gerade am Anfang Ihrer „Börsenkarriere" ist es zweckmäßig, nicht Ihr gesamtes Kapital in ein Wertpapier zu investieren. Natürlich reizt bei einem offensichtlich lohnenden Geschäft der Gewinn, aber wie schon oft erwähnt, kann das Ganze auch in einem Verlust enden. Als Anfänger sollten Sie mit kleineren Margen handeln. Eine Streuung auf 8 bis 10 verschiedene Börsenwerte in Ihrem Depot wäre ideal.

5. VERLUSTE UNBEWERTET LASSEN

Sie werden mit Sicherheit auch einmal im Besitz eines Wertpapiers sein, das von einem Tief in das nächste Tief abstürzt. Warten Sie jetzt nicht ab, in der Hoffnung auf einen Wechsel des Kurses. Bevor Sie Aktien kaufen, sollten Sie eine Schmerzgrenze festlegen, die bei Unterschreitung einen sofortigen Verkauf signalisiert. Bei vorhandenen Aktien, die dann ja ebenfalls mit dieser Schmerzgrenze belegt sein sollten, können Sie bei einem Anstieg des Kurses (Gewinnaussicht) diese Schmerzgrenze jederzeit weiter nach oben verschieben. So vermeiden Sie unplanmäßige Verluste.

6. NICHT TEUER EINKAUFEN

Finanzwerte, die im Kurs bereits sehr hochstehen, sollten nur mit äußerster Vorsicht gekauft werden. Sehen Sie sich sehr genau den Kursverlauf an. Jeder Verlauf hat auch einmal ein Ende. Sie werden sich mächtig ärgern, sollten Sie teuer eingekauft haben und später billig verkaufen müssen.

7. NICHT BILLIG VERKAUFEN

Der Verkauf einer Aktie kommt eigentlich immer zum falschen Zeitpunkt. Falsch!!!! Unter Punkt 5 wurde Ihnen bereits nahegelegt, eine Schmerzgrenze einzustellen und bei Unterschreitung entsprechend zu reagieren. Aber auch das Festhalten an Ihrer eigenen Renditevorstellung kann gefährlich sein. Betrachten Sie einmal folgendes Beispiel: Sie haben beschlossen, ein Aktienpaket über einen Zeitraum von 3 Jahren zu halten und dieses dann mit einer festgelegten Rendite zu verkaufen. Soweit so gut. Es liegen klare Fixpunkte vor. Was aber nun, wenn dieses Aktienpaket bereits nach 2 Jahren Ihr angepeiltes Renditeziel erreicht hat?

Behalten Sie jetzt vorrangig Ihr Renditeziel im Auge. Verkaufen Sie jetzt und riskieren Sie keinen Verlust in der ursprünglich verbleibenden Laufzeit von 1 Jahr.

8. KEINE STRATEGIE VERFOLGEN

Entwickeln Sie vor Kauf eines Finanzwertes Ihre persönliche Strategie über einen längeren Zeitraum. Bleiben Sie Ihrer Strategie treu und verändern Sie diese nicht regelmäßig. Bedenken Sie daher genau, welchen Finanzwert Sie kaufen und zeitmäßig halten wollen.

Stichwortverzeichnis

A **Abwärtstrend** = Ersichtbarer Wertverlust einer Aktie
Aktie = Wertpapier einer Kapitalgesellschaft
Aktienindex = Kennzahl für die Entwicklung zusammengefasster Finanzwerte
Aktienkurs = Entwicklung des Handelswertes (Preis) einer Aktie
Aktienwert = Aktueller Handelswert (Preis) einer Aktie
Analyse = Systematische Untersuchung eines Vorgangs
Anlage = Kauf eines Finanzproduktes
Anleger = Inhaber eines Finanzproduktes
Anleihen = Wertpapier
Aufwärtstrend = Ersichtbare Wertsteigerung einer Aktie
B **BaFin** = Bundesanstalt für Finanzdienstleistungen
Balkenchart = Darstellung einer Kursentwicklung in Balkenform
Basiswert = Einstandswert bei Eröffnung eines Aktienhandels
Börse = Handelsplatz für Aktien, Devisen und sonstige Finanzwerte
Börsenaufsichtsbehörde = Gremium, angesiedelt bei den Bundesländern
Börsengeschäftsführung = Gremium zur Überwachung aller Abläufe der Börse
Börsenhandel = An- und Verkauf von Aktien, Devisen und sonstigen Finanzwerten
Börsenparkett = Räumlichkeit der Börse
Börsenrat = Gremium zur Überwachung des Börsenablaufs
Broker = Börsenhändler, Makler
Brokerage = Dienstleistung eines Börsenhändlers
Buy = Handelsempfehlung für den Kauf eines Finanzproduktes
C **Candle Stick** = Englisch für Kerzenchart-Darstellung
Cashflow = Zahlungsstrom eines Finanzproduktes
Chart = Optische Darstellungsform für einen Kursverlauf
Chartanalyse = Alternative Bezeichnung für Technische Analyse
Chartmuster = Darstellungsform einer Kursentwicklung
D **DAX** = Abkürzung für Deutscher Aktienindex
Depot = Fiktiver Aufbewahrungsort für Wertpapiere
Devise =Ausländische Zahlungsmittel
Doppelboden = Begriff aus der Chartanalyse
E **Emittentenrisiko** = Gefahr eines unternehmerischen Wertverlustes
Eröffnungswert = Kurswert zur Eröffnung des Handelstages
F **Fehlerbaumanalyse** = Methode zum Erkennen von Risiken
Finanzeinlage = Wertpapiere des Anlagevermögens
Finanzmakler = Zertifizierter Händler von Finanzprodukten

Finanzwert = Wert des Anlagevermögens
Flaggen-Formation = Begriff für die Darstellungsform eines Trends
Flow-Chart = Graphische Darstellung einer Analyseform
Fonds = Geldmittelbestand in Form von Wertpapieren
Fortsetzungsmuster = Weiterentwicklung eines bestehenden Kurses
Fundamentale Analyse = Ermittlungsform für die Preise von Finanzprodukten
G **Gleitender Durchschnitt** = Methode aus der Technischen Analyse
Gleitender Mittelwert = Methode aus der Technischen Analyse
H **Höchstwert** = Der höchste erreichte Wert eines Handelstages
I **Innerer Wert** = Theoretischer Wert eines Unternehmens, gebildet aus Kennzahlen
Investment = Geldanlage
J
K **Kerzenchart** = Darstellungsform einer Kursentwicklung in Form von Kerzen
KBV = Kurs-Buch-Verhältnis
KCV = Kurs-Cashflow-Verhältnis
KGV = Kurs-Gewinn-Verhältnis
Konkurrenzanalyse = Graphische Darstellung einer Analyseform
Konto = Alternative Bezeichnung für Depot
Kopf-Schulter-Formation = Begriff für die Darstellungsform eines Trends
Kurs = Wertentwicklung eines Finanzproduktes
Kurszielbemessung = Ermittlung einer Kursbewegung
Kurzfristiges Brokerage = Anlageverfahren mit begrenztem Zeitablauf
L **Langfristiges Brokerage** = Anlageverfahren mit begrenztem Zeitablauf
Linienchart = Darstellungsform einer Kursentwicklung in Form einer Linie
Liquiditätsrisiko = Gefahr eines finanziellen Wertverlustes
M **Marketperformer** = Finanzprodukt mit besserer Entwicklung als Vergleichsprodukte
M-Formation = Alternative Bezeichnung für Doppeltop
Mittelfristiges Brokerage = Anlageverfahren mit begrenztem Zeitablauf
Monte-Carlo-Verfahren = Verfahren zur Simulation eines Risikos
N **Neutral** = Handelsempfehlung für das Halten eines Finanzproduktes
O **Order** = Auftrag an einen Finanzhändler/Makler
Outperformer = Finanzprodukt mit besserer Entwicklung als Vergleichsprodukte
P **Pfandbrief** = Form einer Finanzanlage
Produkt-Markt-Analyse = Graphische Darstellung einer Analyseform
Q

R **Realistischer Wert** = Faktoren, die den Wert eines Finanzproduktes beeinflussen

Risikoidentifikation = Feststellung für die Kaufentscheidung eines Finanzproduktes

Risikomessung = Messverfahren für Unternehmensrisiken

Risikosteuerung = Maßnahmen zur Vermeidung von Risiken

Rohstoffe = Unverarbeitete Produkte aus der Natur

S **Sanktionsausschuss** = Gremium zur Überwachung von Verstößen im Handelsablauf

Schlusskurs = Kurswert am Ende des Handelstages

Schwankung = Gewinn - und Verlustberechnung eines Finanzwertes

Seitwärtstrend = Nahezu konstant verlaufender Wert eines Finanzproduktes

Sell = Handelsempfehlung für den Verkauf eines Finanzproduktes

SWOT-Analyse = Graphische Darstellung einer Analyseform

T **Tagesaktuelles Brokerage** = Anlageverfahren mit begrenztem Zeitablauf

Technische Analyse = Ermittlungsform für die Preise von Finanzprodukten

Tendenz = Entwicklung bestimmter Ereignisse

Tiefstwert = Der tiefste erreichte Wert eines Handelstages

Trader = Händler von Finanzprodukten an der Börse

Traden = Handel mit Finanzprodukten an der Börse

Trend = Kursentwicklung eines Finanzproduktes

Trendlinie = Graphische Verbindungslinie von Höchstwerten eines Kurses

Trendwende = Verhalten einer Kursentwicklung

U **Überwachungsstelle** = Unabhängiges Gremium zur Prüfung von Beschwerden

V **Value-at-Risk** = Methode zur Berechnung eines Risikos

W **W-Formation** = Alternative Bezeichnung für Doppelboden

Wendemuster = Veränderte Entwicklung eines bestehenden Kurses

Wertpapier = Oberbegriff für Finanzprodukte

Wertverlauf = Entwicklung eines Handelswertes (Preis)

Wimpel-Formation = Begriff für die Darstellungsform eines Trends

X

Y

Z **Zertifikat** = Form eines Finanzproduktes

Zulassungsstelle = Gremium zur Zulassung von Finanzprodukten

Quellenverzeichnis

https://www.verbraucherzentrale.de/wissen/geld-versicherungen/sparen-und-anlegen/worauf-sollte-man-beim-kauf-eines-etf-achten-kriterien-fuer-die-auswahl-16605
https://www.finanzen.net/ratgeber/wertpapiere/etf-kaufen
https://www.boerse.de/boersenlexikon/ETF-Exchange-Traded-Funds-
https://boersenlexikon.faz.net/definition/etf/
https://www.handelsblatt.com/finanzen/anlagestrategie/fonds-etf/ratgeber-etf-teil-1-das-sind-die-vor-und-nachteile-von-indexfonds/23085890.html?ticket=ST-12791266-NCgeYFdtAsxdtqxRzbtD-ap3
https://www.financescout24.de/wissen/ratgeber/sparplan
http://www.vorsorge.net/vermoegensbildung/
https://www.finanztip.de/indexfonds-etf/

Bortenlänger, C. Kirstein, U., Aktien für Dummies, WILEY-VCH Verlag GmbH & Co. KGaA, Weinheim, 2014
Rasch, M., Die geheime Kunst der Börsenanalyse, Verlag Neue Züricher Zeitung, Zürich, 2014
Schwarzhaupt, A., Grundkurs technische Analyse, FinanzBuch Verlag, 2000
www.bafin.de, Bundesanstalt für Finanzdienstleistungsaufsicht, 2019
www.godmode-trader.de, Börse Go AG, 2019
www.finanzen.net, Axel Springer SE, 2019
www.finanztreff.de, finanztreff GmbH, 2019
Wellcome Trust. "Why Losing Money May Be More Painful Than You Think." ScienceDaily. ScienceDaily, 2 May 2007 . www.sciencedaily.com/releases/2007/05/070502072658.htm.

www.finanzen.net
www.godmode-trader.de
www.boerse.de

Wir danken Ihnen für Ihr Interesse und Ihr Vertrauen. Als Dankeschön dafür, haben wir eine besondere Überraschung. Wir haben einen **ultimativen Leitfaden für Einsteiger ins Aktien- und Börsengeschäft** für Sie. Und dieses erhalten Sie vollkommen kostenlos. Das klingt wunderbar? Dann warten Sie nicht lange und holen Sie sich Ihr Gratis-Geschenk.

Hier geht es zu Ihrem Gratis-Geschenk:

https://forms.gle/gduy3doWN5ejuaub9

1. **Öffnen Sie die Kamera-App auf Ihrem Smartphone und richten Sie die Kamera auf den QR-Code.**
2. **Klicken Sie auf den Link, der Ihnen angezeigt wird und schon werden Sie zur Website weitergeleitet.**

Impressum

Verlag: Orbita Media Verlag GmbH & Co. KG / Ericusspitze 4 / 20457 Hamburg / Deutschland
Website: https://orbita-media.de
Cover Image: Shutterstock
ISBN: 9783989358775

Haftungsausschluss:
Die Nutzung dieses Buches und die Umsetzung der enthaltenen Informationen, Anleitungen und Strategien erfolgt auf eigenes Risiko. Der Autor kann für etwaige Schäden jeglicher Art aus keinem Rechtsgrund eine Haftung übernehmen. Haftungsansprüche gegen den Autor für Schäden materieller oder ideeller Art, die durch die Nutzung oder Nichtnutzung der Informationen bzw. durch die Nutzung fehlerhafter und/oder unvollständiger Informationen verursacht wurden, sind grundsätzlich ausgeschlossen. Rechts- und Schadenersatzansprüche sind daher ausgeschlossen. Dieses Werk wurde sorgfältig erarbeitet und niedergeschrieben. Der Autor übernimmt jedoch keinerlei Gewähr für die Aktualität, Vollständigkeit und Qualität der Informationen. Druckfehler und Falschinformationen können nicht vollständig ausgeschlossen werden. Es kann keine juristische Verantwortung sowie Haftung in irgendeiner Form für fehlerhafte Angaben vom Autor übernommen werden.

Die bereitgestellten Analysen, Vorschläge, Ideen, Meinungen, Kommentare und Texte sind ausschließlich zur Information bestimmt und können ein individuelles Beratungsgespräch nicht ersetzen. Alle Informationen dieses Buches entsprechen dem Kenntnisstand zum Zeitpunkt des Verfassens dieses Buches. Eine Haftung für mittelbare und unmittelbare Folgen aus den Informationen dieses Buches ist somit ausgeschlossen. Informieren Sie sich weitläufig aus unterschiedlichen Quellen und bedenken Sie, dass am Ende nur Sie für die Entscheidungen verantwortlich sind.

Haftung für externe Links
Unser Angebot enthält Links zu externen Websites Dritter, auf deren Inhalte wir keinen Einfluss haben. Deshalb können wir für diese fremden Inhalte auch keine Gewähr übernehmen. Für die Inhalte der verlinkten Seiten ist stets der jeweilige Anbieter oder Betreiber der Seiten verantwortlich. Die verlinkten Seiten wurden zum Zeitpunkt der Verlinkung auf mögliche Rechtsverstöße überprüft. Rechtswidrige Inhalte waren zum Zeitpunkt der Verlinkung nicht erkennbar.

www.ingramcontent.com/pod-product-compliance
Lightning Source LLC
LaVergne TN
LVHW050842051026
849532LV00006BA/2072
9783989358775